지금 살고 싶은 집에서 살고 있나요?

지금 살고 싶은 집에서 살고 있나요?

HOME

가장 완벽한 삶의 공간을 향한 7가지 인생 질문

모나 숄레 지음 — 박명숙 옮김

부·키

지은이 **모나 숄레**Mona Chollet

스위스 제네바 출신 기자 겸 에세이스트. 현재 프랑스 젊은 여성들에게 가장 사랑받는 에
세이 작가 중 한 명이다. 제네바에서 문학 학사를 취득한 뒤 릴 고등저널리즘 학교에서 저
널리즘을 공부했다. 《샤를리 엡도》에서 프리랜서 기자로 일했으나 2000년 팔레스타인인
을 일컬어 '비문명인'이라고 한 편집장의 기사에 항의한 뒤 해고됐다. 지금은 파리에 거주
하면서 《르몽드 디플로마티크》의 기자와 에세이 작가로 활동 중이다. 저서로 《현실의 횡포
La Tyrannie de la réalité》《우파의 꿈Rêves de droite》《치명적 아름다움Beauté fatale》《마녀Sorcières》가
있다.

옮긴이 **박명숙**

서울대학교 사범대학 불어교육과를 졸업하고 프랑스 보르도 제3대학에서 언어학 학사와
석사 학위를, 파리 소르본 대학에서 프랑스 고전주의 문학을 공부하고 '몰리에르' 연구로
불문학 박사 학위를 받았다. 서울대학교와 배재대학교에서 강의했으며, 현재 출판기획자와
불어와 영어 전문번역가로 활동 중이다. 파울로 코엘료의 《순례자》, 에밀 졸라의 《목로주
점》《제르미날》《여인들의 행복 백화점》, 오스카 와일드의 《심연으로부터》《오스카리아나》
《와일드가 말하는 오스카》, 알베르 티보데의 《귀스타브 플로베르》 등을 우리말로 옮겼다.

지금 살고 싶은 집에서 살고 있나요?

2019년 2월 25일 초판 1쇄 인쇄 | 2019년 3월 8일 초판 1쇄 발행

지은이 모나 숄레 | 옮긴이 박명숙 | 펴낸곳 부키(주) | 펴낸이 박윤우 | 등록일 2012년
9월 27일 | 등록번호 제312-2012-000045호 | 주소 03785 서울 서대문구 신촌로3길 15
산성빌딩 6층 | 전화 02) 325-0846 | 팩스 02) 3141-4066 | 홈페이지 www.bookie.co.kr
| 이메일 webmaster@bookie.co.kr | 제작대행 올인피앤비 bobys1@nate.com
ISBN 978-89-6051-697-7 03330

이 도서의 국립중앙도서관 출판예정도서목록(CIP)은 서지정보유통지원시스템 홈페이
지(http://seoji.nl.go.kr)와 국가자료공동목록시스템(http://www.nl.go.kr/kolisnet)에서
이용하실 수 있습니다.(CIP제어번호: CIP2019003020)

| 차례 |

6장

7장

나를 숨 쉬게 해 주는 곳

2006년, 베니스 건축 비엔날레에 프랑스 대표로 초대된 건축가 파트리크 부생은 사람들의 허를 찔렀다. 행사가 열리는 석 달 동안 전시관을 주거 공간으로 변화시키기로 결정한 뒤 그는 신생 건축 디자이너 팀 EXYZT에 전권을 부여했다. 팀은 고전적이고 위압적인 열주列柱들의 신전에 환상적이면서 시끌벅적한 공간, 일명 메타빌라를 창조해 냈다. 관管 구조의 침실, 거대한 부엌 겸 식당, 아틀리에, 사우나와 미니 수영장, 주위 나무들을 감상할 수 있는 지붕 위 테라스…….

이런 준비 과정 내내 팀원들은 행사의 주최자들을 엄청 성가시게 했다. 예를 들어, 행사 참가자들은 전시 예산으로 컴퓨터와 오버헤드 프로젝터를 구입할 수 있었지만, 식기나 취사도구, 침대 시트와 베개 등은 구입할 수 없었기 때문이다.

"어째서 매트리스보다 컴퓨터를 사는 게 건축에 더 가깝다는 거죠? 왜 함께 먹는 것보다 이미지를 보여 주는 게 이해에 더 도움이 된다는 거죠?"

전시관을 개관한 뒤 팀은 매일 한 명을 대표로 보내 비엔날레 관장에게 무료입장 방문객 목록을 제출했다. 후원자는 누구나 자유롭게 입장할 수 있었기 때문에 부생과 그의 팀원들은 친구들에게 1유로씩 후원금을 내고 등록하게 한 것이다……. 난처해진 관장은 마침내 더는 받아들일 수 없다며 선을 긋고는, 전시관에 가끔씩 들러 휴식을 취하면서 마티니를 한 잔씩 마시곤 했다.

메타빌라의 거주자들은 비엔날레가 열리는 자르디니에서 약 100여 미터 떨어진 곳에 있는 베니스 상인들에게서 필요한 물품들을 구했다. 상인들은 매일 아침 빵을 배달해 주었다. 거주자들은 식사와 빨래도 했다. 그리고 그곳 전부를 '뜻밖의 일'에 할애하기 위해 2주에 한 번씩 장소에 관한 프로그램을 짰다. 건축가는 그때를 이렇게 회상했다.

"그곳은 진정한 집이었습니다. 안에 들어가면 좋은 냄새가 났죠. 틸로슈가 음식을 만들었고, 느지막이 일어나서 그때까지 아침을 먹고 있는 친구들도 있었죠. 무엇보다 방문객들이 보기엔 그 모든 게 '진지해 보이지 않았다는 겁니다.' 사람들은 안으로 들어와서는 그곳에 우리가 살고 있는 걸 보고 놀라곤 했어요. 대체로 이런 반응을 보였죠. 처음엔 '이게 다예요?'라고 했다가는 이내 '그러네요, 이게 다겠네요'라고 말하곤 했죠."[1]

"이게 다다."

난 바로 이것에 관한 책을 쓰고 싶었다. 나 역시 진지해 보이지 않기를 바라면서. '자기 집'에 관해서, 우리가 사는 집이 우리 삶에서 의미하는 것, 우리의 집이 가능하게 하는 것, 주거 환경에 대한 우리의 바람 등에 대해 이야기하고 싶었다. 그런데 이런 주제에 신경을 쓰기만 해도 왜 속물로 취급될까? 내 고향 제네바에 유난히 많은 무단 거주자squat의 역사를 이야기한 사진집[2]에 대한 기사를 썼다는 이유로 트위터에서 거센 항의를 받은 적도 있다. 한 스위스 무정부주의자는 무단 거주자들을 옹호하는 이케아 카탈로그 같은 책은 필요 없다며 내게 언성을 드높였다. 사람들은 아주 당연하다는 듯이 공공장소를 되찾아야 한다고 말하곤 한다. 그러면서 그런 장소들을 매우 단순한 방식으로 가정적인 세계와 비교한다. 많은 사람의 인식 속에서 가정적 세계는 소심하게 움츠러드는 곳, 미키마우스 실내화를 신고 텔레비전 앞에서 후줄근하게 퍼져 있는 곳, 가전제품을 강박적으로 쌓아 두는 곳, 단호하게 세상에 대해 무관심으로 일관하는 등의 전혀 영예롭지 않은 이미지들을 떠올리게 하는 곳이다. 집은 중요하지 않은 일이나 해결해야 하는 곳, 또는 사람을 둔하고 무기력하게 만드는 덫쯤으로 전락하고 만 것이다.

그런데 요즘처럼 가혹하고 갈피를 잡을 수 없는 시대에는 그 반대로 우리의 삶을 이루는 구체적인 조건들에서 다시 시작하는 게 의미가 있지 않을까. 게으름 피우고, 잠자고, 공상에 잠기고, 읽고, 곰곰 생각하고, 무언가를 만들고, 놀고, 혼자 고독을 즐기거나 지인들과 어울리고, 좋아하는 음식을 만들어 먹는 것 등등. 이런 행위들과 우리에게 필수적인 에너지를 공급해 주는 기본적인 즐거움에서 삶을 다시 출발하는 것 말이다. 사방이 꽉 막힌 것 같은 세상에서 집이라는 공간은 우리로 하여금 잠시나마 무기력, 모방하기, 적의 그리고 때로는 폭력으로 가득한 사회에서 벗어나 우리를 죄고 있던 압박감에서 자유롭게 해 준다. 우리를 숨 쉬게 해 주고, 애써 투쟁하지 않아도 존재할 수 있게 해 주며, 자신의 욕망을 탐구하게 만든다. 물론 이런 삶이 극단적 개인주의를 불러올 우려도 있다. 하지만 내가 좋아하는 미국 건축가 크리스토퍼 알렉산더의 비유를 상기시키고 싶다. 자신만의 영역을 갖지 못한 누군가에게 공공의 삶에 기여하기를 바라는 것은 "물에 빠진 사람이 다른 사람을 구하기를 기대하는 것"[3]과도 같다.

처음에는 집에서 홀로 보내는 시간, 오로지 나만을 위해 존재하며, 내게는 절대적으로 필요하지만 주변의 몰이해나 비난을 불러일으키는 시간을 옹호하고 싶은 마음이 컸다.(1장) 또한 인터넷과 소셜 네트워크를 돌아다니다 보면 흔히 마주치는 사람들처럼 내가 비이성적 행위를 해서 야기하는 혼란을 고려하면서, 집에 콕 틀어박혀 칩거하기의 장점에 대한 묘사를 수정하는 데 페이지를 얼마간 할애하고도 싶었다.(2장)

그러나 집이라는 공간은 우리가 당면한 가장 논란이 많은 문제 가운데 일부와 관련이 있다. 상당히 많은 사람이 지난 15년간 이어진 엄청난 물가 폭등과 더불어 적당한 주거지를 찾는 과정에서 불평등과 지배 관계라는 폭력과 마주치게 되었다. 자기 집에서 살기, 좀 더 정확히 말하면 (각자 알아서 해야 하는) 제대로 살기가 어려워지면서 수백만 사람이 삶에 속박당하고 지치게 되었다.

(3장) 가끔씩 나는 만약 '공간'이 대도시를 포함한 어디서나 흔히 구할 수 있는 상품이라면 우리 삶이 어땠을까 상상해 보곤 한다.

공간만큼 명백하게 문제시되지는 않지만 그에 못지않게 중요하며, 그만큼 부족한 것이 또 하나 있다. 세상에 제대로 뿌리내리려면 우리에겐 공간뿐 아니라 '시간'도 필요하다. 자신만의 공간에서 떠다니려면, 수시로 시와 분을 따져 보는 일은 그만두고 시간을 넉넉하게 마음대로 쓸 수 있어야 한다. 그런데 우린 가차 없는 시간 준수에 예속된 채 살아간다. 게다가 어느새 시간을 꽉꽉 채워야 하고, 어떻게든 가치 있게 만들어야 하며, 일종의 수익을 내야 하는 수동적이고 일률적인 상품처럼 여기게 되었다. 그리하여 끊임없이 경계 태세를 갖추고, 시간을 낭비하는 것에 대한 죄의식을 마음 한 구석에 늘 감춘 채 살아가는 것이다.(4장)

게다가 거주 공간은 집을 유지해야 하는 필요성에서 비롯되는 치열한 갈등 관계의 온상이기도 하다. 사람들은 가사 노동을 무가치하고 보람 없는 일로 치부하고 피지배 계층에 떠넘기곤 한다. 그러면서 그런 노동 분화가 그들을 어떤 삶의 조건으로 몰아넣는지에는 아무런 관심도 없다. 하인 제도가 거의 사라지거나 아예 사라진 나라에서는, 집안일은 가정부 또는 대부분 여성의 몫으로 간주되어 왔다. 이런 현상은 19세기부터 '집안일 요정'의 이미지를 강요한 이래로 더욱 심화되어 왔다.(5장) 더 크게 보면, 여성이 자신을 꽃피울 수 있는 유일한 장소, 곧 가정적 세계의 활력에 몸 바치는 여성성이란 이미지는 놀라운 호소력과 쇄신의 능력을 간직하고 있다. 이런 이미지는 핵가족 모델을 유일하게 정상적이고 바람직한 유형의 가족으로 영속시키는 데 기여한다. 삶의 방식이 부단히 변화하고 있고, 조금만 과감하면 얼마든지 새로운 이미지들을 만들어 낼 수 있는데도 말이다.(6장) 또한 '집콕'을 공간적이고 물질적인 영역에서 이야기할 필요가 있다. 나이를 불문하고 많은 사람이 이상적인 거주 공간을 그려 보면서, 자신을 상상의 공간 속으로 투영하는 일을 즐긴다. 집에 대한 우리의 꿈은 어떤 상황에서도 미래에 대한 믿음의 지표가 되면서 언제나 세상이 재창조될 수 있다고 확언한다. 루럴 스튜디오Rural Studio의 책임자들은 "우리는 건축가이고, 건축가들은 낙관주의자다"라고 단언한 바 있다. 20년 전부터 이들은 학생들과 함께 앨라배마의 오지에 사는 빈민들을 위해 재활용한 재료로 공공 주택과 건물을 짓고 있다.⁴ (난 솔직히 그들이 얻은 이런 기회가 부럽다. 건축가를 저널리스트로 대체하면 곧바로 문장이 어색해지기 때문이다.)

아이들이 즐겨 보는 책에는 공상적인 건축물이 가득하다. 또한 벽지 위에 문, 창문, 지붕, 연기 나는 굴뚝 등을 끊임없이 그리는 아이들이 얼마나 즐겁게, 스스로 전능한 것 같은 느낌으로 그런 행위에 매료되는지 모른다. 어른이 된 다음에는 환상을 충족시키기 위해 잡지나 실내장식과 관련된 방송을 이따금 보는 것에 만족해야 한다. 우리가 사는 건물들이 우리 삶의 많은 부분을 결정짓는데도 불구하고, 쾌적하고 실현 가능하며 생태적으로 살기에 적합한 주거지 형태에 대해 토론할 기회를 만나기조차 어렵다. 그래서

적어도 내가 보기에 이상적인 건축을 나타낼 수 있는 것들을 대략적으로 그려 보고자 했다.(7장)

소설가 샹탈 토마는 "책을 펼쳐서 책등을 위로 향하게 할 때 만들어지는 조그만 지붕은 가장 안전한 안식처 가운데 하나"[5]라는 말을 한 적이 있다. 이 글을 쓰는 동안 그녀의 저작들을 여러 차례 참고했다. 난 지금 안락함과는 거리가 먼, 비좁고 복잡한 아파트에서 살고 있다. 뚝딱뚝딱 무언가를 잘 고치거나 요리를 잘하는 것도 아니다(제대로 표현하려면 완곡어법으로는 부족하다). 누군가를 초대해 접대하는 방법은 더더욱 알지 못한다. 하지만 이 책에서 그와 같은 안식처를 발견하는 독자들이 있기를 바랄 뿐이다.

1장

나쁜 평판:
"그러니 이제 좀 방에서 나가!"

책에서 얻어지는 지식과 직접경험은 끊임없이 서로 대화하고 서로를 밝혀 주고 북돋아 주다가는 마침내 한데 합쳐짐으로써 그 폭을 넓혀 가는 것이다. 헨리 밀러가 그의 책에서 말한 것처럼. "현자는 자기 집을 벗어나 여행을 떠날 필요가 없다. 어리석은 사람만이 무지개 아래에서 황금 냄비를 찾는다. 그러나 두 사람 모두 필연적으로 서로 만나 하나로 합쳐지기로 예정되어 있다. 그들이 만나는 지점은 길이 시작되고 만나는, 세상의 중심이다."

"여행자는 자신이 언젠가 집으로 돌아올 것인지 아닌지를 알지 못한다. 하지만 관광객은 떠나기도 전부터 돌아올 것을 생각한다."

폴 볼스의 소설을 각색한 베르나르도 베르톨루치의 1990년작 영화 〈마지막 사랑The Sheltering Sky〉의 앞부분에서 존 말코비치가 분한 모험가가 한 말이다. 이렇게 구분하면 자연스럽게 다음과 같은 이미지들을 떠올리게 된다. 여행자는 고귀하고 대담한 존재로, 자신의 운명과 맞서기 위해 기꺼이 목숨을 걸 준비가 돼 있는 사람이다. 반면 관광객은 소소한 안락과 물질적 소유에 집착하며, 낯섦 속에서 자신의 구원을 발견하거나 머나먼 지평선이 전해 주는 가르침을 깨닫지 못하면서 삶에 대한 통제를 유지하고자 하는 소심한 부르주아다.

이 영화를 보던 중에 냉소적인 이 대사에 웃지 않은 사람은 내가 유일했던 것 같다. 다른 관객들의 반응에 기분이 상하기까지 했다. 당시에도 지금도 나는 의심할 여지가 없이 관광객이다. 난 여행을 떠날 때마다 돌아오지 못하면 어쩌나 두려움을 느끼곤 한다.

아주 어릴 적부터 집에 돌아오는 것을 유난히 좋아했다. 부모님 이야기에 따르면, 어릴 적에 난 여름휴가가 끝나 집에 돌아오면 문지방을 넘어서기 바쁘게 얼굴에 미소를 띤 채 이 방 저 방 뛰어다녔다. 그러고 나서 정원으로 뛰어나가 숲과 강물에 인사를 건넸다. 그 모든 과정과 그때 느낌이 지금도 생생하다. 이른 아침부터 짐들을 끌며 거대하고 몰개성적이며 북적거리는 공항의 통로를 성큼성큼 걷고 기다리느라 진이 빠질 때면, 얼른 집으로 돌아가고 싶다는 마음이 강렬해지고 커져만 간다. 그럴 때마다 집에 돌아가면 그날 밤, 그리고 그다음 날에 꼭 하리라 다짐하는 수많은 즐거운 일이 내 머릿속에서 춤을 춘다. 비행기가 활주로에 내리면 이제 집이 아주 가까이 있음을 느낄 수 있다. 우리를 둘러싼, 되찾은 도시의 낯익은 풍경은 집이 나타내는 친근함의 절정을 예고하고, 막다른 골목 끝에 있는 집으로 향하는 길로 차가 들어설 때까지 초조함과 흥분이 점점 커진다. 마침내 차가 뜰에 멈춰 서는 즉시 여행의 피로는 씻은 듯이 사라진다.

문이 열리면 눈이 휘둥그레진다. 우리의 부재가 집을 낯선 곳처럼 만든 것이다. 마치 부재가 집 전체를 천으로 감싼 채 박박 문질러, 판에 박힌 일상으로 인해 1년간 켜켜이 쌓인 먼지를 말끔히 닦아 낸 것처럼 보인다. 그리하여 완전히 새것 같은, 아니 새것보다 더 좋아 보이는 집이 돌아온 나를 반겨 준다. 오랫동안 축적된 추억들과 내 눈에만 보이는 많은 의미들이 더욱 짙어지고 깊어진 채 사방에서 뿜어져 나온다. 난 그 모든 것을 알아보았다. 각각의 부분과 그것들이 모여서 이루는 전체를. 대부분 오직 기억만이 부여할 수 있는 강렬함과 함께. 이런 왕국을 소유하고 있다는 사실이 얼마나 행운인지 어느 때보다 절실히 깨달았다. 가능성으로 가득한 나의 왕국은 더없는 기쁨과 놀라운 계시를 약속하는 듯했다. 아마도 오늘날까지 이런 부름에 호응하는 것이 삶에서 가장 내 관심을 끄는 것일 터다. 내가 여행에 기대하는 것은, 여행 자체보다는 여행이 어떻게 '그 후의 삶'을 풍요롭게 할 수 있느냐다. 내게 가장 중요한 것은 일상이 멈추는 순간이 아니라 평범한 일상 속에서 이루어지기 때문이다.

맞다. 난 은밀하고 다소 수줍은 부류인 집콕족에 속한다. 주위 사람들에게 당혹감과 더불어 연민이나 공격성까지 불러일으키는데 익숙하며, 시간이 흐름에 따라 주변인들의 비아냥에도 의연하게 대처할 줄 아는 부류 말이다. 어느 날 우리 집에서 친구들과 함께 저녁 식사를 하던 중에 내 반려자는 나와 함께 떠나는 휴가는 자신에겐 또 하나의 업무라고 주장해 좌중을 웃겼다. 휴가지에서 내가 너무 혼란스러워하지 않도록 우리가 머무는 곳을 최대한 우리 거실처럼 꾸며 놓아야 한다는 것이다. 난 마음껏 웃게 내버려 두었다. 그리고 그들에게 심판관 노릇을 하리라 마음먹었다. 스웨텐산 펠트 실내화를 신은 심판관. 그러자 우리가 마치 복면을 한 채 검은 군마를 타고 즐기는 사람들처럼 느껴져 슬그머니 웃음이 나왔다. 나와 나를 닮은 사람들을 위해 나는 복수를 꾀하기로 마음먹었다. 즉 오래전부터 지인들 가운데서 발견한 사람들 그리고 진행

중인 내 작업에 대한 이야기 덕분에 새로이 알게 된 사람들을 위해 이 책을 펴내기로 한 것이다.

　예술 비평가이자 문학 교수인 마리오 프라츠는 기념비적인 저서 《삽화를 곁들인 실내장식의 역사》¹ 서문에서 인류를 두 부류로 분류하고 있다. 자기 삶의 배경에 신경 쓰는 사람들과 아닌 사람들로. 만약 중간 성향이란 게 있을 수 있음을 인정한다고 해도, 그는 지구상에 집의 환경 따위에 아무런 관심도 없는 사람들이 있다는 준엄한 현실과 마주해야만 할 것이다. 행여 그런 사람을 만나면 그의 개방성과 관용은 혹독한 시험에 들게 될 터다. "그 사람은 집에 아무런 관심이 없다." 프라츠의 입에서 나오는 단호하고 유감스러운 이 말은 그로서는 결정적인 단죄나 마찬가지다. "누가 내게 '조심하세요. 누군가 카드에서 속임수를 쓰고 있으니까요'라고 말한다고 해도 난 눈 하나 깜짝하지 않을 것이다. 그러나 수년 전부터 알던 친구들을 처음으로 그들의 집에서 마주하고는 얼굴이 새하얗게 질린 적이 종종 있다." 프라츠가 '집에 대한 감각'이라고 일컫는 것은 단순한 미학적 관심사를 훨씬 넘어서기 때문이다.

'끊임없이 움직이기'의 과대평가된 덕목들

카니발에서 전통적인 위계가 잠시 뒤집힐 때처럼, 마리오 프라츠가 선언한 가치 체계는 우리에게 설욕과 위안을 아주 잠깐 느끼게 할 뿐이다. 더구나 나는 저널리스트다. 그것도 '집콕족' 저널리스트.

이보다 당혹스러운 말이 있을까? 말하자면 채식주의자 푸주한만큼이나 신빙성이 없는 기자인 셈이다. 이 직업이 결정적으로 사라져서 이처럼 위태로운 상황에 종지부를 찍는 날이 빨리 왔으면! 기자 생활 15년간 가운데 10년 가까이 국제정보를 다루는 월간지에서 일하는 동안, 염두에 둔 르포르타주가 없을 경우 초조함을 금치 못하는 동료들을 여럿 보았다. 그러다 어딘가로 떠나게 되었다는 소식이 들리면 그들의 눈빛이 반짝였다. 그들은 모든 걸 새로 익혀야 하는 나라에 발을 내디딜 때에야 비로소 자신이 살아 있음을 강렬하게 느끼는 것 같았다. 난 그런 동료들을 존경하면서 한편으로는 콤플렉스를 느낄 때도 있다. 그리고 그들에게 한군데에 머무는 삶이 내겐 아주 잘 맞는다는 말을 하기가 망설여진다. 나는 호기심이 부족해서 괴로울 일이 조금도 없으며, 다만 호기심을 다른 데에 쏟는 것뿐이라는 사실을 설득시키기가 어렵기 때문이다.

내게도 어쩌다 한 번씩, 아주 드물게 어딘가로 떠날 일이 생긴다. 어떤 주제가 본거지를 벗어나게 할 만큼 충분한 매력을 지녔거나 때로는 일종의 의무감 때문에 그러기도 한다. 나도 정상처럼 보이는 삶을 한번 살아 보기 위해서, 나도 할 수 있다는 걸 입증하기 위해서, 그리고 어쩌면 주변 사람들에게 인정받기 위해 그러는 건지도 모른다. 언젠가 확인했던 것처럼, "베이루트로 취재를 갈 거야"라고 말하는 것이 "주말 내내 집에 틀어박혀서 기사를 쓸 생각이야"라는 말보다 상대방에게 존경심을 드러내는 "아!"와 "오!", 열렬한 코멘트, "나중에 꼭 얘기해 줘" 같은 반응을 더 많이 이끌어 내는 법이다. 이런 여건이다 보니 그런 식의 취재로 작성된 기사들이 독서와 숙고를 기반으로 쓰인 기사들만큼 커다란 만족감을 주지 못한다고 솔직히 말하는 건 쉬운 일이 아니다. 난 취재 기사들에서는 숙고를 통한 기사들만큼 성취감을 느끼지 못한다. 내가 가진 최선의 것을 투영했다거나 독자들과 더 깊은 소통을 이루어 냈다는 느낌도 받지 못한다. 관찰한 것만 이야기해야 한다는 건 몹시 실망스럽게 여겨지기 때문이다.

우리 직장도 나처럼 길을 헤매는 몽상가들을 위해 접이식 의자를 펼치는 걸 허용했으면 좋겠다. 심지어 한구석에 휴식용 소파를 놓아 두는 것도. 어떤 주제에 관한 그것들의 유능함과, 비록 작으나마 시대를 읽어 내는 데 대한 그것들의 기여를 사람들이 알아주었으면. 어릴 적 학교에서 왼손잡이들에게 했듯이 어떻게든 변화시키려고만 하지 말고. 그러나 이런 바람은 이루어질 가능성이 거의 없다. 이 바닥에서는 현장 지상주의가 우세하기 때문이다. 현장에 대한 믿음은 "나가는 건 좋은 것이고, 자리에 머무는 건 나쁜 것이다"라는 이원론적 편견을 더욱 득세하게 만든다. 그리하여 현장은 정신의 타당성과 개방성을 보증하는 반면, 정주停住는 필연적으로 오류와 우둔함을 초래하며 떳떳하지 못한 움츠러들기를 포함하는 것으로 여겨진다. 이런 식의 편견은 일반적으로 '끊임없이 움직이기'와 '자신에게서 멀어지기'에 더 큰 사회적 가치를 부여하는 세태를 반영하고 있다.

물론 장소와 사람을 찾아가는 일의 흥미로움과 필요성을 반박하거나 그런 일이 수입을 보장해 줄 수 있는 기회를 무시하려는 생각은 추호도 없다. 수많은 저널리스트가 그런 기회를 자기 것으로 만들기 위해, 그리고 단지 이목을 끌기 위한 글이나 천편일률적인 시답잖은 글이나 써 내며 시간을 죽여야 하는 한직으로 밀려나지 않기 위해 오늘도 고군분투하고 있으니까. 나를 저널리스트의 길로 이끈 것은 탐독한 소설들 속에 반복해 나오던 위대한 리포터의 이상적인 모습이었다. 그 후 경험을 통해, 난 내 직업에 대해 품은 이상을 과도하게 변화시키지 않으면서 가장 편안함을 느낄 수 있고 가장 큰 즐거움을 주는 게 무엇인지 깨닫게 되었다(그래서 접이식 의자 이상을 요구할 생각이 없다).

간단히 말해, 엉덩이를 세게 걷어차는 것만으로 훌륭한 저널리스트를 만들어 낼 수 있다고 믿는 건 착각이다. 예를 들어, 논설위원들이 프랑스 언론의 커다란 문제로 대두되는 이유[2]는, 사람들이 흔히 주장하듯 그들이 '절대 밖으로 나가지 않기 때문'이 아니다. 그들이 그동안 수많은 결함을 쌓아 왔기 때문이며, 정주는 그 중에서 가장 작은 결점일 뿐이다. 그 증거로, 그들이 가끔씩 특파원 노릇을 할 때를 떠올려 보라. 《르몽드》에 베르나르앙리 레비가 발표한 '증언들'에 관한 기사를 따져 보면 바깥의 공기로 인해 달라지는 건 아무것도 없다. 그들은 본래부터 문제점투성이였고, 어디에서든 문제점투성이다.

현장은 그 자체로는 어떤 기적도 일으키지 않는다. 우리는 누비고 다닌 거리나 방문한 나라의 숫자에서 생겨난 통찰력으로 채

울 수 있는 빈 그릇이나 무구無垢한 매체가 아니다. 헨리 밀러는 자기 삶을 바꿔 놓은 그리스 여행을 이야기하던 중에 단순한 공간 이동만으로는 불충분함을 깨달았음을 밝힌 적이 있다. "여행의 의미는 퇴색하거나 죽어 버릴 수 있다. 어떤 모험가들은 지구상의 오지까지 깊숙이 들어가면서, 움직임을 부여받은 자신들의 시신을 질질 끌며 무익한 목표를 향해 전진한다."[3] 세상은 결코 있는 그대로, 즉시, 명백한 방식으로 자신을 드러내지 않는다. 세상은 그것을 새롭게 태어나게 할 수 있는 시야를 성숙시키라고 우리에게 요구한다. 오만하고 건방진 태도와 이데올로기적 눈가리개는 우리를 세상의 문 앞에서 서성이게 한다. 그 안으로 들어가 세상을 복원하려면 먼저 그것과 맞설 수 있는 자신만의 세계를 구축해야 한다.

그러기 위해서는 자신이 지닌 자질들을 뜨겁게 달구고, 독자적인 인식 능력을 예리하게 벼려야 한다. 더 잘 듣고, 세심하게 관찰하고, 깊이 느끼기 위해서는 읽고, 숙고하고, 꿈꾸어야만 하는 것이다. 열정과 순수함과 강경한 지적 정직성을 결코 잃어버리지 말고, 지나치게 단순한 이데올로기적 해석의 유혹에 대해 경계를 게을리해서는 안 될 터다. 또한 저널리스트라면 무엇보다, 육체의 능력에 더 큰 가치를 부여하는 손쉬운 안락을 거부하고, 우리를 옥죄려는 직업 문화에서 자유로워지며, 세상 어디에서나 합의된 진리들을 포함한 정신적 그물 속에 우리를 가두고자 하는 풍토에서 벗어날 줄 알아야 할 것이다.

땅 위의 길과 책 속의 길

20세기의 가장 돋보이는 여행 작가 가운데 한 사람인 스위스 출신의 니콜라 부비에의 사례는 이상적으로 형성된 정신(아니, 정신보다는 '존재'라고 하는 게 맞겠다)이 길로 내달을 때 일으킬 수 있는 불꽃을 잘 보여 주고 있다. 그는 1953년, 화가인 친구 티에리 베르네와 유고슬라비아, 터키, 이란 그리고 아프가니스탄으로 모험 여행을 떠났다. 2년간 이어진 여행에서 이 25세의 청년은 신화가 되는 저작 《세상의 용도》⁴를 탄생시키며 깜짝 놀랄 만한 박학다식함을 입증해 보였다. 여행 도중 머문 도시에서 그는 자신에게 매료된 프랑스어권 청중 앞에서 몽테뉴나 스탕달에 관해 강연하며 약간의 돈을 벌었다. 어렸을 적에 그는 비 오는 일요일마다 카펫 위에 배를 깔고 누워서는 쥘 베른, 제임스 올리버 커우드, 로버트 루이스 스티븐슨, 잭 런던, 제임스 페니모어 쿠퍼⁵의 전 작품을 탐독하곤 했다. 제네바의 대학공공도서관 관장의 아들이었다는 사실은 부비에에게 지대한 영향을 미쳤다. 그의 아버지는 여행을 별로 하지 못한 것을 아쉬워하면서 부비에의 청소년기부터 "직접 가서 보고, 내게 편지를 써"라고 말하곤 했다. 그렇다고 그의 지식이 순전히 책에서만 비롯된 것은 아니었다. 고귀하든 그렇지 않든 그는 모든 출처에서 지식을 캐냈으며, 그것을 지혜로움의 연료로 삼았다. 숭고한 것과 범속한 것, 시적인 것과 실용적인 것, 지적인 삶과 삶 자체를 구분한 적도 결코 없었다.

그러고 보니, 마리오 프라츠가 '집에 대한 감각'을 통해 살피고 기대했던 게 바로 이런 특별한 자질이 아니었을까. 삶의 흔적이 짙게 배어 있어 환대가 느껴지는 실내장식 가운데서 그는 집의 배경과 지식이 서로 어떤 관계에 놓여 있는지를 가리키는 표지標識를 읽어 내고자 한 것이다. 우리의 지식이 머릿속에만 틀어박혀 있거나 생각의 교류에 머무르지 않고, 인간의 모든 것과 삶의 모든 영역 속으로 흘러들어 간다는 것을 보여 주는 표지를. 언젠가 프라츠는 불충하게도 이런 지적을 한 적이 있다. "철학자들은 종종 집에는 관심을 갖지 않는 사람들의 부류에 속하는 경향이 있다." 부비에는 분명 이런 감각을 갖추고 있었을 것이다. 훗날 그는 책을 하나 써서 비외투아*에 있는 그의 '붉은 방'에 바쳤다. 비외투아는 제네바 근교 시골에 있는 가족의 소유지로, 그는 40년 넘게 여행하는 사이마다 그곳에 머물면서 글을 썼다.[6]

여정 중의 한 일화는 부비에와 문화 사이의 매우 직접적이고 실용적인 관계를 잘 보여 준다. 부비에와 베르네는 이란 타브리즈에서 하룻밤만 묵을 생각이었으나 갑작스레 내린 폭설이 겨울 내내 발목을 잡았다. 그곳에서 그들은 우연히 페르시아 시인 하피즈의 사행시를 발견했고, 유랑의 정수를 잘 간파한 듯한 시구에 매료되었다. 그들은 한 필경사에게 그들이 타고 다니던 차 피아트 토폴리노의 문에 시를 적어 달라고 주문했다. 다음 해 봄 그들이 다시 여행길에 올랐을 때, 조그만 차체와 더불어 거기에 새겨진 시는 이란인들에게 강렬한 인상을 심어 주기에 충분했다. 부비에는 자신들이

— • Vieux-Toit. 프랑스어로 '오래된 지붕'이라는 뜻.

도착했을 때의 광경을 이렇게 이야기했다.

"차가 멈춰 서는 곳마다 호기심 어린 무리가 차 주위로 빼곡히 모여들었다. 한 경관은 우리 차 문에 새겨진 시가 반체제적인 건 아닌지 꼼꼼하게 해석했다. 그가 두 번째 행을 읽자 모여 있던 사람들은 일제히 웅얼거리듯 시를 암송했다. 그러자 얽은 얼굴들이 환해졌으며, 마치 마법을 부린 듯 조금 전까지는 얻을 수 없던 찻잔들이 갑자기 우리 앞에 나타났다."[7]

훗날 인도에서 홀로 여행을 계속한 부비에는 하피즈를 라이너 마리아 릴케로 대체했다. 하지만 그는 베르네에게 보낸 편지에서 인도 장인이 인용문을 "마치 쉬샤르(스위스 초콜릿 상표) 광고처럼" 그려 놓았다고 불평했다. "이걸 다시 새겨야겠어. 더 작고 더 은밀하게 말이야. 아주 끔찍해. 릴케에게 사과라도 해야 할 판이라고."[8] 어쩌면 이것이 여행을 하는 가장 올바른 방식일지도 모른다. 다른 이들과 공유할 수 있는 보물들로 스스로를 가득 채운 채 자신이 누군지 보여 주면서, 그런 것들로 하여금 비밀스러운 주문呪文이 되게 하는 것. 중립적인 태도 뒤에 자신을 숨기는 대신에. 자신을 숨기는 것은 불가능한 과제일 뿐 아니라, 자신의 무지와 게으름과 나약함에 대한 못난 핑계에 지나지 않기 때문이다.

말년에 부비에는 몇몇 동료 작가들에게 경의를 표하면서 이렇게 강조한 바 있다. "여행 작가들은 무모하고 교양 없는 덜떨어진 사람들이 아니라, 박식한 이동도서관이자 엄청난 탐독가들이다."[9] 그들의 호기심과 세상과의 친밀감은 가능한 모든 방식으로 펼쳐진다. 책에서 얻어지는 지식과 (그가 '발로 뛰어 얻는 지식'이라고 일컫는) 직접경험은 끊임없이 서로 대화하고 서로를 밝혀 주고 북돋아 주다가는 마침내 한데 합쳐짐으로써 그 폭을 넓혀 가는 것이다.

　게다가 이 두 종류의 지식은 애당초 모든 은유의 모체('우주는 우리가 해독해야만 하는 한 권의 책이다') 속에서 하나로 그려져 있다. 이는 또한 이동성의 정도에 따라 분류된 작가군의 정반대편에 위치한, 누구보다 정주성定住性이 강했던 작가 알베르토 망구엘이 우리에게 속삭이는 것이기도 하다. 사실 망구엘은 아르헨티나에서 태어나 이스라엘에서 어린 시절을 보내고 캐나다에서 20년을 살았던 터라 이런 설명 또한 매우 상대적인 것이기도 하다. 《독서의 역사》[10]로 우리에게 잘 알려진 그는 약 20여 년 전부터 프랑스 푸아투샤랑트주州에 있는 오래된 중세 사제관에서 3만 5000권의 장서에 파묻혀 살고 있다. 그에게 모든 독자는 '방 안의 로빈슨'과 같다. 그의 말에 의하면, 우리는 텍스트가 "이미 읽은 페이지들의 과거와 앞으로 읽을 페이지들의 미래 속으로 확장되는 것을 알 수 있다. 우리가 이미 달려온 길을 볼 수 있고, 우리를 기다리고 있는 길을 짐작할 수 있는 것처럼."[11] 우리는 각자 개인적인 성향과 자신에게 주어지는 기회에 따라 땅 위의 길이나 책 속의 길로 자신이 나아갈 수 있는 만큼 나아간다. 하지만 이 길들은 결국 우리를 똑같은 하나의 목적지로 이끈다. 헨리 밀러가 그의 책에서 말한 것처럼.

　"현자는 자기 집을 벗어나 여행을 떠날 필요가 없다. 어리석은 사람만이 무지개 아래에서 황금 냄비를 찾는다. 그러나 두 사람 모두 필연적으로 서로 만나 하나로 합쳐지기로 예정되어 있다. 그들이 만나는 지점은 길이 시작되고 만나는, 세상의 중심이다."[12]

여행자가 되기 위해서는 여행을 하는 것만으로 충분할까? 인간의 정신을 놀라우리만큼 단순화해서 본다면 그리 믿을 만하다. 그런 관점은 한정적이고 단조로운, 또는 일견 그렇게 보이는 환경 가운데서도 얼마든지 자신을 꽃피울 수 있다는 생각을 가로막는다. 하지만 위대한 모험가들은 너무나 현명하여 이런 오류를 저지르는 법이 없다. 니콜라 부비에는 "보편적인 것은 한정된 지리의 영역에 포함될 수 있다"라는 말을 하면서, 평생 자신의 집을 거의 떠나지 않은 위대한 소설가들을 예로 들었다. 스웨덴 작가 셀마 라게를뢰프, 알바니아 작가 이스마일 카다레 또는 프랑스 작가 기 드 모파상 등(오직 부비에 같은 스위스인만이 '보편성'이라는 나라를 한정된 지리의 영역과 동일시하는 현학적 태도를 지닌 듯하다). 부비에는 길에서 만날 수 있는 은총의 순간에 자신을 찾아온 계시들이 "스님의 암자나 성프란체스코회 수도사의 조그만 방에도 마른하늘의 날벼락처럼 언제라도 내릴 수 있다"라는 사실을 깨닫는다. "칩거 문학에 대한 여행 문학의 우위를 내세우고 싶은 생각은 추호도 없다"라고 단언하기까지 한다. "지리가 필요한 작가들이 있는 것처럼 집중이 필요한 작가들도 있기 때문이다. 나는 이들을 각각 여행자와 견자見者라고 부르고 싶다. 그리고 난 첫 번째 부류에 속한다."[13]

그러나 이 말을 오해해서는 안 될 것이다. 부비에는 속이 빤히 들여다보이는 거짓말을 하고 있기 때문이다. 그는 《세상의 용도》에서도 같은 생각을 이야기하면서, 자기만족적인 삶을 사는 주변 시골 사람들에 대해 봐주기 힘든 거짓 겸손과 오만한 경멸을 드러내고 있다. "내가 돌아오자, 여행을 떠난 적도 없는 많은 사람이 약간의 상상력과 집중력만 있으면 의자에서 엉덩이를 떼지 않고도 얼마든지 여행을 할 수 있다고 주장했다. 난 그들의 말을 기꺼이 믿는다. 그들은 강한 사람들이다. 하지만 난 그렇지 못하다. 나는 공간 이동이라는 구체적인 보조 행위appoint를 몹시 필요로 하기 때문이다."¹⁴ 다시 생각해 보면 이런 이중성은 별로 놀라울 것도 없다. 우리가 지금 이야기하는 사람은, 어딘가로 떠날 수 없을 때면 이른 아침부터 제네바 기차역의 구내식당에 자리를 잡고 앉아 기차들이 떠나는 걸 지켜보는 부류에 속하기 때문이다.

부비에는 이미 어린 시절에 자신의 이야기 속에 나오던 이국적인 장소들이 불러일으키는 마법에 매료되었다. 그리고 그곳들이 자신에게 권위와 명성을 선사할 수 있음을 깨달았다. 《세상의 용도》를 뒤집어 흔들면 유성음으로 이루어진 지명들이 마치 금가루처럼 우수수 쏟아져 내린다. 다소 기가 질릴 정도로. 알렉산드루폴리스, 콘스탄티노폴리스, 스미르나, 트라브존, 타브리즈, 이스파한……(낭만적인 색채가 덜한 카불과 칸다하르는 열외로 치고). 이 이름들에 깃들인 동양적인 신비는 그 즉시 우리를 전율하게 한다. 백지 맨 위에 자신이 머무는 곳의 이름을 적는 즉시 그는 할 일의 반을 한 것이나 마찬가지다. 물론 언어의 근본적인 빈약함과 불충분함을 한탄하는 데 책의 많은 부분을 할애한 데서 알 수 있듯이 머리를 쥐어짜며 고민하는 이 완벽주의자는 결코 그 정도로 만족하진 않겠지만. 결론적으로, 정주성에 존경심을 선언할 때 그는 결코 전적으로 '진실할 수가 없다'. 아무래도 상관없다. 그의 말에서 나한테 필요한 부분만 취하면 되니까. 여행 작가나 '견자' 작가에서 결정적인 말은 '작가'가 아닌가. 게다가 부비에 자신도 블레즈 상드라르가 정말로 그가 하얼빈까지 갔는지를 묻는 피에르 라자레프에게 대꾸한 촌철살인을 상기시키지 않았던가.

"그건 알아서 뭐하려고? 내 덕분에 거길 가 본 걸로 충분하지 않은가?"

공격당하는 상아탑

아무리 여행 작가라 할지라도 작가는 일단 집콕족의 전형이다. 오랜 칩거와 평온한 일상이 없다면 작품이 탄생할 수 없을 터이기 때문이다. 그와 관련해 부비에는 다음과 같은 말을 한 바 있다. 그의 많은 동료 작가는 그처럼 "시적이고 야생적인 조그만 집들을 가지고 있다. 어두운 채소밭과 달리아와 층층이부채꽃 위로 올빼미의 울음소리가 내려앉는 그런 곳들을."[15] 동료 작가인 실비안 뒤퓌는 "부비에는 여행 작가에 대해 무심하게 통용되어 온 클리셰와는 달리 방 안의 작가이기도 하다"라는 점을 주목했다. 부비에는 상드라르만큼이나 프루스트와도 공통점을 지니고 있는 것이다.[16] 사실 은신처가 부리는 마법과 그곳에서 느껴지는 감각적인 마력을 그가 그토록 잘 그려 내지 않았더라면, 아마도 난 그에게 이토록 열렬한 애정을 표현하지도 않았을 것이며, 이 책을 위한 탐구가 나를 곧장 그에게로 이끌지도 않았을 터다. 부비에는 도쿄에서 티에리 베르네 부부에게 보낸 편지에서 이런 말로 결론을 지었다. "안녕, 사랑하는 내 벗들. 여긴 모든 게 새하얘. 눈 내리는 소리가 마치 내 방의 종이 벽에 꿀벌들이 와서 부딪히는 소리처럼 들려." 스위스로 돌아온 그는 부부가 비운 집에서 얼마간 지내면서 그들에게 이렇게 편지를 썼다. "부동不動의 상태, 호수 위로 반짝 비치는 햇빛, 독서, 일하기, 잠자기, 바흐 듣기, 얼굴 받침대에 기대어 쉬기, 글을 퇴고하면서 형용사들을 과감히 삭제하기. 이런 게 요즘 내 삶이야. 여행가였을 때와 똑같은 열정으로 정주하는 삶을 사는 것이지. [……] 소라게, 달팽이 같은 친구여, 난 지금 이 집을 뼛속까지 느끼고 있다네. 그래서 오늘밤엔 이 이야기밖에 하지 못할 것 같아." 진정 경이롭게도 때로는 지구 전체가 우정이 지닌 힘 앞에서 고개 숙이며 인간의 집처럼 친근하고 따뜻한 모습을 보이기도 한다. 부비에가 도쿄에서 화가 친구에게 보낸 편지에서처럼. "방금 자네 편지를 읽었네. 그리고 조금 어둡긴 하지만, 이 순간 폭이 2만 킬로미터나 되는 이 커다란 문 아래로 내 편지를 즉시 밀어 넣고 싶어지는군."[17]

작가 또는 일반적으로 예술가는 사회적으로 유일하게 용인되는 집콕족이다. 자발적인 칩거는 눈에 보이는 결과를 만들어 내면서 그들에게 위엄 있고 존중받는 지위를 부여한다(지위와 직업을 혼동하진 말아야 한다. 예술가는 대부분 다른 수단으로 생계를 잇기 때문이다[18]). 팔레스타인의 시인 마흐무드 다르위시처럼 여유롭게 이런 선언을 할 수 있기 위해서는 명성이라는 방패가 필요하다.

"솔직히 말하면 난 여행과 사회적 관계에 내 소중한 시간을 허비했다. 그래서 이젠 내게 가장 유익한 것, 즉 글쓰기와 독서에 나 자신을 온전히 바치고자 한다. 고독이 없으면 나도 존재하지 않는다. 그것이 내가 고독에 집착하는 이유다. 그렇다고 삶과 현실과 사람들과 완전히 절연하진 않겠지만……. 난 때로는 전혀 흥미롭지 않은 사회적 관계들 속에 나 자신을 매몰시키는 일이 없도록 애쓸 것이다."[19]

예술가는 아니지만 많은 사람이 고독의 필요를 주기적으로 느끼며 살아간다. 그러나 고독에 정당성을 부여하는 것은 그들에게 매우 어려운 일이다. 사회는 대부분 그런 요구를 하나의 모욕으로 간주한다. 자기 집에 머물고 싶어 하는 것, 집에서 잘 지내는 것은, 다른 이들에게 어떤 때에는 (단지 어떤 때에만) 당신 없이 지내고 싶다고 말하는 것과도 같기 때문이다. 그리고 어떤 일에 몰두하기 위해서, 아니 아무 일도 하지 않기 위해 집에 있는 걸 다른 이들은 엄청나게 거만하거나 터무니없는 것으로 받아들이기 십상이다. 단지 집에 있는 게 더 좋다는 이유로 누군가의 초대를 거절할 수 있는 사람이 얼마나 될까? 그랬다가는 필시 변덕스럽고 잘난 체한다거나 개인주의적이라는 비난을 받게 될 테니. 사람들은 프리마돈나 놀이를 한다며 그를 욕하거나 주제를 모른다고 비아냥거릴지도 모른다. 그럴 때에는 더 강력한 평계를 생각해 두는 게 나을 것이다. 일이 많다거나, 몸이 안 좋다거나 등등. 이런 면에서는 인간은 이미 기원전에 다음과 같은 이야기를 남긴 세네카 이후 한 발짝도 더 앞으로 나아가지 못했다.

"그 누구도 온전히 자신으로 존재할 수 있는 권리를 요구할 생각을 하지 않는다. 인간은 자신의 자산을 오롯이 지키는 일에서는 더없는 인색함을 드러낸다. 그러나 인색함이 유일하게 명예로 여겨져야 할 시간의 사용에서는 헤프기 짝이 없다."[20]

관망하기, 한 발 뒤로 물러나기, 느리게 살기, 꿈꾸는 듯한 충만함을 위한 시간을 정기적으로 누릴 권리를 거부한다면 우리는 스스로에게 더할 수 없을 만큼 큰 잘못을 저지르는 것이다. 이런 순간은 생산적인 시간은 아니지만 또는 언제나 생산적이지는 않지만, 우리로 하여금 숨 쉬게 하고 세상에 뿌리내릴 수 있게 해 주는, 풍요롭고 삶에 필수적인 시간이니 말이다.

1859년, 러시아 소설가 이반 곤차로프는 모든 집콕족에게 수호성인을 선사했다. 실내복 차림으로 침대와 소파를 오가며 잠자거나 몽상에 잠기는 게 삶의 전부인 젊은 귀족 오블로모프가 그 주인공이다. 그가 보기에는 어떤 외출의 기회도 자기 집에 내내 있을 수 있다는 전망만큼 매력적이지 않다. 행동하지 못하는 오블로모프의 철저한 무능력, 그 어떤 것도 실행에 옮길 시도조차 하지 않으면서 생각과 계획만으로 허송하고 영원한 잠재성에 만족하는 그의 방식에서는 극도의 불안감과 두려움이 느껴진다. 매우 풍부한 함의를 지닌 이 소설은 다양한 해석을 낳았다. 많은 이가 세기말의 데카당을 연상시키는 우유부단하고 무기력한 젊은 귀족의 초상에서 앞으로 닥칠 러시아혁명의 전조를 보았다. 그가 가진 전복적 힘과 삶에 대한 요구, 그의 비장한 이상주의를 외면하는 건 불가능하기 때문이다. 그 반면, 오블로모프의 문간에서 잠시 서성이다 되돌아가곤 하는 방문객들은 세속적이거나 직업적인 술책으로 들떠 있는 하찮고 초라한 존재들로 그려진다. 예를 들어, 볼코프라는 인물은 자신이 일주일 내내 저녁마다 누구 집에서 식사하는지 열거하면서 반짝이는 눈빛으로 이렇게 결론짓는다. "그러니까 매일 약속이 잡혀 있다는 얘기지!" 그리고 뒤돌아서기 전에 이렇게 덧붙인다. "이젠 정말 가 봐야 하네. 하루에 적어도 열 군데를 들러야 하거든. 정말이지 이 세상엔 즐길 거리가 너무 많은 것 같아!"

그 말에 오블로모프는 아연실색하며 중얼거린다. "하루에 열 군데라고! 참으로 불쌍한 사람이군. 그런 건 사는 게 아니지." 그리고 이렇게 자문한다. "그런 삶 속에 대체 인간은 어디 있지? 어째서 저런 식으로 자신을 갈기갈기 찢어 허공에 흩어지게 하는 걸까?" 그런 혼란 속으로 자신을 끌고 들어가려는 사람들을 내쫓기 위해 그는 유일하게 용인될 만한(하지만 그다지 설득력은 없는) 핑계를 댄다. "내가 몸이 별로 안 좋아서 말이지. 그리고 할 일도 많고……."[21] 그보다 수십 년 앞서 《내 방 여행하는 법》의 저자 그자비에 드 메스트르는 자신의 칩거가 끝나는 걸 보면서 이렇게 탄식한 바 있다. "세상사의 멍에가 또다시 나를 짓누를 것이다. 난 예법과 의무를 따르지 않고는 더 이상 한 발짝도 앞으로 나아가지 못할 것이다."[22]

자기 집에 머물기를 좋아하는 것은 유별나게 굴면서 무리에서 이탈하려는 행위로 간주되기 십상이다. 그건 곧 세상 사람들의 시선과 사회의 통제에서 자유로워지는 것을 의미하기 때문이다. 이런 '도피적' 삶은 비교적 열린 마음의 사람들을 포함한 대부분의 사람들에게 모호한 불안감과 본능적인 불편함을 지속적으로 야기한다. 집에 틀어박혀 책에 코를 박은 채 시간을 보내는 사람은 특별한 비난에 직면하게 되는 것이다. 알베르토 망구엘은 "과거와 현재의 모든 독서가는 한 번쯤 '책 좀 그만 읽어! 밖으로 나가서 진짜 삶을 살라고!'라는 호통을 들어 봤을 것이다"라고 단언한 바 있다. 나약하고 한심한 존재, '책에 미친 사람'에 대한 경멸은 프랑스어와 독일어에 듣기에 몹시 거북한 '도서관에 사는 쥐rat de bibliothèque'라는 이미지를 생겨나게 했다. 같은 의미로 스페인어에서는 '생쥐', 영어에서는 실제로 '좀벌레'라는 의미의 라틴어 'Anobium pertinax'에서 따온 '책벌레bookworm'라는 말이 노골적으로 통용되고 있다. 이런 단어들에서는 완강한 반주지주의적反主知主義的 선입견이 드러난다. 지적 행위에 대한 확신과 신뢰의 부재는 언론계에도 어김없이 만연해 있다. 이런 현상은 각자 쌓아 올리면서 끊임없이 확장시켜 온 개인적인 지식과 경험의 중요성을 최소화하고, 현장을 일종의 데우스 엑스마키나˙로 만드는 경향을 설명해 준다.

"머리를 쥐어짠다." 특별히 저널리즘에서 사용되는 이 표현 속

―• deus ex machina. 라틴어로 '기계에 의한 신(神)'을 의미하는 말로, 초자연적인 힘을 이용해 극의 긴박한 국면을 타개하고, 이를 결말로 이끌어가는 수법.

에서도 그런 경향이 잘 드러난다. 이미 작성된 기사를 두고 하는 표현이라면 충분히 이해될 수도 있다. 도무지 읽히지 않는 기사가 존재하는 것도 사실이니까. 하지만 대개 이 말은 어떤 주제에 관한 기사를 쓰기 위해서는 "머리를 쥐어짜는 대신" 현장에 나가 취재를 해야 한다는 생각을 내포하고 있다. 어떤 취재 방식이 다른 어떤 취재 방식보다 적합하다고 판단하는 것은 전혀 문제 될 게 없다. 그러나 그런 생각을 이토록 경멸적이고 대단히 잘못된 이미지를 통해 드러낸다는 것은 우리에게 시사하는 바가 크다. 마치 우리의 뇌가 '외적'인 것으로 잘못 분류된 세상의 바깥에 존재하는, 저장용 병 같은 기관이기라도 한 것처럼. 또 마치 우리 도서관, 우리 거실, 우리 서재가 창문이 단단히 막히고 삶의 흐름과 차단된 비생산적인 감옥이기라도 한 것처럼. 바로 핀볼 게임의 판 위에서 이리저리 부딪치며 끝없이 튀어 오르는 공처럼 주변에서 끊임없이 야기하는 강렬한 자극 없이는 만족스럽게 작동하지 못하는 인간의 뇌의 이미지는, 집에서 많은 시간을 보내는 일을 빈약하고 단조롭고 소심한 삶과 동일시하는 사람들의 회의주의를 설명해 준다.

내 모자 상자를 위한 변론

사람들은 집콕족인 당신이 불쌍하다고 생각할 뿐만 아니라, 당신을 세상의 흐름에는 관심이 없는 개인주의자, 오로지 자신의 하찮은 안락만을 추구하려는 소비사회의 노예 같은 존재로 여기게 된다. 이런 태도는 분명히 존재한다. 모든 산업이 역겨우리만큼 우리에게 가정적인 행복을 파는 데 급급하다. 자신의 집을 개조하여 아름답게 꾸미고 필요한 가구를 장만하는 것. 이런 행위는 더 이상 다른 데서 행복을 찾을 수 없다고 믿는 그들에게는 유감스럽게도 그렇게 믿을 만한 타당한 이유가 있다. 수백만의 사람들에게 허락된 최후의 도피처이자 기쁨과 아름다움과 환상의 근원이다.

자기 집에서 살 권리를 주장하면 대개는 즉각적인 비난에 직면하게 된다. 우리는 집을 소비할 권리밖에는 없다. 여기서 우리 사회가 갇혀 있는 이중적 도덕 기준이 드러난다. 자신에게 가혹하게 굴기, 효율성에 대한 요구, 삶의 대부분 영역에서 절제하고 희생하기. 그와 동시에 오직 소비 영역에서만 모든 욕망을 즉각 충족시키고 위안과 위로를 발견하기. "나는 소중하니까요"라는 슬로건은 아무런 이견 없이 가장 성공한 마케팅으로 여겨지고 있다. 그러나 퇴직자들의 권리 옹호를 위한 시위에서 이 구호를 보게 된다면, 사람들은 분노와 비난으로 가득한 부정적인 반응을 숱하게 쏟아 낼지도 모른다. 실리콘이 가득 든 윤기 나는 샴푸는 얼마든지 사용해도 좋지만 평온한 노년을 즐길 권리는 없는 것이다. 킹사이즈 소파 베드를 의무처럼 할부로 구입해야 할 권리는 있지만, 낡은 소파에서 오랫동안 몽상에 잠길 권리는 없다.

전혀 다른 주제에 관한 책[23]을 쓰는 동안 난 이런 이중성을 경험한 적이 있다. 미국의 철학자 수전 보르도는 거식증과 폭식증의 차이점을 설명하기 위해 그 사실을 원용한 바 있다. 보르도의 말에 따르면, 거식증은 노동 윤리 및 금욕의 가치, 폭식증은 소비자로서의 조건을 스스로 기꺼이 충족시키고자 하는 태도와 관련이 있다.[24] 이 두 유형의 행동이 번갈아 행해진다는 사실은 우리가 모순되고 강압적인 사회적 요구에 끊임없이 종속되어 있음을 말해 주는 것이다. 사회와 우리 사이를 가르는 벽을 부숴 버리고, 소비사회의 굴레를 벗어나 우리 모두 삶이라는 이름에 걸맞은 삶을 누릴 자격이 있다는 확신을 가질 수 있을 때 어떤 모습의 사회가 새롭게 탄생하게 될까. 나는 가끔 이런 상상을 하곤 한다.

우리의 탐욕을 겨냥한 제품들에 대한 강박적인 투자와 소비에 덧씌워진 마법에 가까운 힘은 참으로 기이하게도 물질주의를 단죄했던 오래된 기독교적 기반과 상당히 잘 공존하고 있다. 우리 무의식에는 여전히 자기 아버지의 집에서 누릴 수 있던 호사를 포기한 아시시의 성자 프란체스코의 이상적인 모습이 맴돌고 있는 듯하다. 그는 화려한 옷들과 모든 재물을 버리고 진정한 형제들과 자연 세계의 아름다움을 찾아 길을 떠났다. 우리는 물질에 초연한 태도를 높이 평가하는 습성이 있다. 초연함은 하나의 힘을 나타나는 것으로 간주되기 때문이다. 나는 여행과 이사를 혼동하는 경향이 있어서, 여행을 떠날 때마다 모자 상자를 꼭 가지고 다닌다. 그럴 때마다 많은 짐에 쏟아지는 시선에 대해 누구보다 잘 알고 있다. 사람들은 짐이 지나치게 많다고 생각하는 즉시 신랄한 코멘트를 쏟아내기 바쁘다. 훌륭한 리포터인 안 니바는 취재를 떠날 때 달랑 수첩과 빅 볼펜 몇 자루 그리고 위성 전화만을 가지고 간다(옷은 현

지에서 사 입는다고 한다). 이처럼 경쾌한 삶의 방식은 그녀가 불러일으키는 감탄의 한 이유가 된다.[25]

체첸공화국의 길 위에서는 그런 간결함이 분명 유용하겠지만, 그런 방식이 우리의 일상적인 삶의 여건과 잘 어울릴까. 우리는 살아가기 위해 온갖 종류의 인공물을 필요로 할 뿐 아니라, 우리의 오감을 통해 물리적 환경의 영향을 많이 받게끔 되어 있다. 난 지난 25년간 내가 사용한 책상들과 그 위에 놓인 모든 걸 정기적으로 사진에 담아 두었다. 책, 램프, 노트, 그림, 엽서, 메모, 소형 촛대와 방향제, 사발과 다기, 당과, 액세서리, 만년필, 튜브나 통에 든 풀등등. 이런 정물들을 볼 때마다 난 즉시, 마치 어떤 향기라도 맡은 것처럼, 예의 그 사물들이 스펀지처럼 빨아들이고 내 삶의 한 시기를 지배했던 분위기 속으로 빠져들게 된다.

우리는 우리 존재가 얼마만큼 우리 삶의 배경 속으로 스며드는지 제대로 인식하지 못한다. 민족학자 파스칼 디비의 말에 의하면, 중세에 '사생활'이라는 개념이 처음 등장했을 때 그 개념의 근본에는 "그 안에 틀어박힌 채 잠을 자고 자신의 가장 소중한 것들을 지킬 수 있는 안식처를 한정 지을"[26] 필요성이 존재했다. 이 '소중한 것들'은 자기보다 가난한 사람들로부터 지키고자 하는 물질적부의 의미로 해석될 수 있을 것이다. 마리오 프라츠는 집이 제공하는 모든 기쁨 중에서 소유의 기쁨이 '가장 추한 것'이라고 이야기한바 있다.[27] 그러나 예의 그 '소중한 것들'은 의미와 추억으로 가득한 물건 일체나 유산을 구성하는 것들을 가리킬 수도 있다. 어떤 매개체나 어떤 상징이 되는 유산은 물질적인 것만 의미하지는 않을 터다.

물건이나 유산의 금전적이거나 미적인 가치가 아예 없을 수도 있다. 그것은 프라츠가 동료의 흉측한 실내를 보고 경악했을 때 유일하게 떠올린 정상 참작의 이유였다. '어쩌면 이 끔찍한 것들은 어떤 감정적인 가치를 지녔을지도 몰라.' 더 나아가 그 물건이 자신이 사랑했던 장소나 존재와의 마지막 끈을 상징하고, 몇 센티미터의 크기와 몇 그램의 무게에 영영 잃어버린 세계를 응축하고 있을 때는 그 가치가 한층 더 커질 것이다. 이런 이유로 이주민들이 여행자들의 초연함과 대조되는, 사물에 대한 강한 애착을 느끼는 게 아닐까. 1948년, 팔레스타인 난민들은 난민 수용소에 머무는 동안에도 자신들이 버려두고 와야 했던 집 열쇠를 간직하고 있었다. 인도로 홀로 도망쳐 나온 젊은 티베트인 체탄 칼상은 한 사진가에게 집을 떠나기 몇 달 전에 세상을 떠난 어머니가 남겨 준 행운의 상징을 보여 주었다. 강렬한 색상의 산호 구슬 두 개와 터키옥 구슬 하나를 끈에 꿰어 만든 것이었다.[28] 비록 겉으로는 담담하게 이야기했지만, 그들 가운데 많은 이가 머릿속 한구석에 집의 내부 구조를 기억하고 있으면서, 어떤 이유에서든 집을 서둘러 떠나야 하는 상황이 닥친다면 무엇을 제일 먼저 가지고 나올지 정확히 알고 있던 것이다. 둘도 없이 소중한 의미를 지닌 특별한 물건. 다른 곳에서 새로운 삶을 시작할 때 초석이 될 수 있는 것. 정체성과 역사와 열망을 응축해 담고 있는 것. 세상에 보금자리를 꾸밀 때 의지가 되어 주는 것. 자신의 과거와 미래를 연결해 주는 통로가 될 수 있는 것.

그러나 막상 그런 위협이 현실화된다면 어떤 반응을 보일는지는 누구도 예측할 수 없다. 오래전 산타 바버라 부근에서 한 캘리포니아 젊은이를 만난 적이 있다. 청소년 시절에 어느 날 밤 일어난 화재로 가족이 살던 집이 홀랑 타 버렸는데, 부모와 그는 다행히 제때에 몸을 피할 수 있었다. 일단 안전한 곳에 이르자 그는 시선을 내려 손에 들려 있는 것을 확인했다. 놀란 와중에 밖으로 뛰쳐나오기 전 반사적으로 집어 들고 나온 것은 황당하게도 마오쩌둥의 《마오 주석 어록》이었다.

어떤 물건이 더 오래 우리와 함께할수록 우리 정체성의 일부가 되면서 우리가 그것을 지지한다는 느낌을 갖게 된다. 또한 우리를 둘러싼 환경이 진짜 '우리 것'이라는 느낌이 들게 된다. 실내의 다양한 구성 요소들 사이뿐만 아니라, 한 장소의 거주자와 그가 살아가는 배경 사이에도 어떤 조화로움이 생겨나려면 오랜 적응 기간이 필요한 법이다. 부비에는 "방이라는 이름에 걸맞은 방 안에서는 색들이 서로를 설명하고 마모와 상호적인 연민을 통해 바람직하고 유익한 대화에 이를 시간을 갖게 된다"[29]라고 이야기했다. 미국 작가 마이클 폴란은 어렸을 때 부모님 거실에 놓여 있던 호두나무 티테이블에 대한 기억을 떠올렸다. 수십 년이 지난 후에도 나무 표면의 혹은 여전히 그의 머릿속에 "몽고반점처럼 생생하고 내밀하게"[30] 남아 있다. 그자비에 드 메스트르는 자신이 머물던 방을 장식한 흉상을 두고 자신이 가진 모든 것 중에서 방을 아름답게 하는 데 "가장 많은 기여를 했다"라고 이야기했다. "그 흉상은 일종의 기준음 같은 것으로, 내 존재를 형성하는 감각과 인식의 다양하고 부조화한 조합을 조정하는 역할을 했다."[31]

내가 네 살 때 아버지는 이탈리아 안코나와 그리스 코르푸섬 사이를 오가는 배의 기념품점에서 조그만 장난감 차를 사 주셨다. 반들거리는 금속으로 된 자동차의 겉에는 까만색이, 안에는 붉은색이 칠해져 있었다. 지금도 우리 집 거실의 책꽂이 선반 위에 그 차가 놓여 있다. 또한 내 책상 위에는 부드러운 송아지 가죽으로 된 갈색 필통(어느 날 불에 타는 바람에 한쪽에 구멍이 났다)이 20년째 놓여 있다. 내가 스위스에서 살던 시절, 파리지앵들의 우아함과 세련됨의 정수를 대표하는 듯했던 브랜드의 제품이다. 그뿐 아니라 아주 친했던 그리스인 친구가 아테네에서 사다 준 수첩도 함께 놓여 있다. 와인색 천 커버를 씌우고 복고풍 라벨이 붙어 있는 수첩에 오랫동안 좋아하는 인용문들을 옮겨 적곤 했다. 누군가에게서 받은 선물들이 주는 즐거움은 말할 것도 없거니와, 훗날 그 물건이 우리에게 상기시키게 될 어떤 상황이나 스쳐 가는 기회 또는 삶의 우연이 우리에게 열어 보이는 창문을 통해 단번에 우리 마음을 사로잡은 어떤 물건을 선택하며 우린 특별한 기쁨을 느끼곤 한다. 그리고 오랫동안 가까이 둔 그 물건은 수차례 이사를 다니는 동안에도 자신의 존재를 드러내고 우리에게 그 영향력을 발휘하게 된다. 사회학자 하르트무트 로자가 묘사한 것은 바로 이런 사물과의 '동반자 관계compagnonnage'다. 우리가 오랫동안 간직하면서 때때로 직접 수선하기도 하고, 거기에 우리 흔적을 새기고, 우리에게 흔적을 남기기도 하는 물건들은 "우리의 일상적인 경험 및 우리 정체성과 역사의 일부가 된다. 이런 의미에서 '나'는 사물들의 세상으로 확장되고, 사물들은 '나'의 거주자가 되는 것이다."³²

그러나 오늘날 예정된 구식화舊式化와 생산의 가속은 이런 동화同化를 위협하고 있다. 로자가 지적한 대로 우린 선조들을 깜짝 놀라게 했을 만한 속도로 옷과 신발과 작업 도구를 갈아치운다. 심지어 어떤 도구를 수선하는 것보다 다른 걸로 바꾸는 게 싸게 먹힐 때가 흔하다. 우리는 새것을 사야만 한다. '정신적 마모'가 물리적 마모보다 앞선다는 사실은 차치하고라도, 시장이 우리가 가진 것보다 나은 걸 제시하면서 거부하기 힘든 유혹으로 우리를 몰아넣기 때문이다. 이처럼 "사물들과 점차 동화되고 그것들에 집착하게 되는 사실을 포함하는 정체성 구축 과정은 점점 더 불확실한 것이 되어 간다."³³ 그리고 세상은 점점 더 각박해져 간다. 얼핏 봐서는 소비사회가 가정에 대한 우리의 열망을 부추기는 듯 보이지만, 실상은 우리의 거주 역량을 제한하고 있는 것이다.

우리는 누군가의 죽음이 닥쳐 봐야 비로소 그가 주위 사물에 얼마나 많은 영향을 미치는지, 그리고 역으로 얼마나 많은 주위 사물이 그의 부재를 말하는지 알게 된다. 고인이 더 이상 평소처럼 자기 서가에서 책을 꺼내고, 즐겨 앉던 소파에 앉거나 점심 식탁의 자기 자리에 앉지 못한다는 사실을 납득하기가 힘들 때가 많다.

그가 사라진 뒤에도 변함없는 배경이 여전히 그 사람과 그의 취향, 습관 그리고 개성에 관해 이야기하고 있기 때문이다. 그의 육체와 그가 여기서 머문 세월의 친근하고 빛바랜 흔적이 모든 것에 남아 있기 때문이다. 옷장 속에 있는 체취가 밴 옷, 세면대 가장자리에 놓인 시계…… 이런 사실들에서 은연중에 하나의 존재를 분비하는 힘이 있다고 여겨져 온 조합組合의 해체라는 새로운 비극이 생겨난다. 물론 이런 존재는 결코 다시 생겨날 수 없지만, 마치 금방이라도 모습을 드러낼 것처럼 느끼게 한다. 그리고 '금방이라도 모습을 드러낼 것 같은' 이 느낌은 비록 혼란스럽긴 해도 남은 사람들에게 일종의 위안을 가져다준다. 이러한 형상의 마법적인 차원은 그것에 민감한 사람들에게 엄청난 영향력을 발휘한다. 마리오 프라츠가 들려준 바에 의하면, 어떤 수집가들은 사방으로 흩어진 어떤 집의 가구와 물건을 다시 한데 모으느라 온갖 노력을 기울이며 일생을 바친다. 마치 '퍼즐을 재구성하는 것'[34]과도 같다는 것이다. 그들이 퍼즐의 마지막 조각을 맞추는 날, 어떤 신비한 자장磁場을 다시 활성화하게 될지 누가 알겠는가?

피카소의 죽음 직후 데이비드 더글러스 던컨이 무쟁에 있는 피카소의 마지막 집 노트르담드비Notre-Dame-de-Vie에서 찍은 사진들에서는 화가의 부재와 더불어 그가 남긴 강력한 자취를 느끼게 된다. 그 사진들을 한데 모은 책에는 《침묵하는 아틀리에》[35]라는 제목이 붙여졌다. 예술가의 집에는 사람들을 매혹하는 무언가가 있다. 그들의 집은 정점에 다다른 '존재의 분출'이 일어나는 장場이기 때문이다. 세상의 한 부분이자 하나의 세계이기도 하다. 그 주인이 머릿속에 담고 있는 세계이자, 집에 의해 구체화되는 세상인 것이다. 이반 일리치는 "인간은 예술가일 수 있는 유일한 동물이다. 그리고 거주의 예술은 삶의 예술의 일부를 이룬다. 집은 땅굴도 차고도 아니다"[36]라고 힘주어 말했다. 그래서 화가와 작가는 예술가 중의 예술가로서 거주의 예술을 보여 준다. 버지니아 울프가 글을 쓴 정원의 오두막, 로알드 달과 헨리 데이비드 소로의 오두막은 그들이 세상과 적당한 거리를 유지할 수 있게 해 주었다. 이 고독한 둥지들은 그 협소함이, 그 예술가들이 거기서 펼쳐 보인 세상들과 반비례함으로써 더욱더 깊은 인상을 준다. 사람들은 어떤 작가가 주요 작품을 쓸 때 그의 눈앞에 있던 것을 발견하는 즐거움을 누리기 위해 그 공간을 응시한다. 그리고 그 둘 사이의 연관성을 알아내고자 애쓴다. 이토록 내밀한 장소에서 쓰인 소박한 창작물이 시공을 넘나들며 커다란 반향을 일으킬 수 있다는 사실에 감탄을 금치 못하면서 말이다.[37]

여기서 한 가지 사실에 주목해 보자. 집콕족과 홀로 살아가는 이들에게 가혹하게 굴던 사회가, 그들이 사회에 어떤 기여를 할 수 있을지 증명해 보인 뒤에는 감탄을 아끼지 않는다는 것이다. 사회는 마치 마술이라도 부린 것처럼, 폐쇄적인 분위기의 엄청난 유해성에 대해 늘어놓던 잔소리들을 말끔히 거두어들인다. 그러고는 알베르토 망구엘이 인용한 "밖으로 나가서 진짜 삶을 살란 말이야!"라는 호통과는 정반대 말을 하기에 이른다. 그 예를 가장 잘 보여 주는 것은 아마도 미국의 소설가 조지 R. R. 마틴일 터다. 그의 연작 장편소설 《얼음과 불의 노래》는 1996년에 시작해 지금도 완결되지 않았으며, HBO에 의해 각색되어 드라마 시리즈로 방영되고 있는데, 독자들을 끊임없는 긴장 속으로 몰아넣는 바람에 어떤 이들은 심각한 히스테리 증세를 보이기까지 한다. 마틴의 어시스턴트는 작가의 블로그에서 그의 작품을 위한 아이패드와 아이폰용 앱을 자신들이 함께 개발했음을 알리면서 서둘러 이렇게 덧붙여야 했다. "하지만 《겨울의 바람》(출간이 예고된 《얼음과 불의 노래》의 다음 편)의 집필은 아무런 타격을 받지 않았습니다. 난 그가 점심을 먹을 때에도 글을 쓰게 했으니까요. 물론 그는 점심 식사 중에도 글을 쓰도록 강요받는다고 불평했지만 말입니다."[38] 쉴 새 없이 일하기 위해 집에 갇혀 있다시피 하는 마틴은 언제나 또다시 "장미꽃 향기를 맡을 수"[39] 있을지 모르겠다고 한탄했다. 그가 큰맘 먹고 비행기 표를 사서 여행이나 짧은 기분 전환을 하고 왔다고 이야기하면, 독자들은 그가 그 시간 동안 쓰지 못한 것들을 떠올리며 몹시 아쉬워하곤 한다.

간단히 말해, 당신이 집에 틀어박혀 있고 싶을 때 집 밖으로 끌어내거나, 여기저기를 마음껏 돌아다니고 싶은 마음이 간절할 때 방문을 꼭꼭 걸어 잠근 채 집에 가둬 놓거나 간에, 사람들은 언제나 당신이 삶을 살지 못하게 하는 방법을 찾아낸다는 것이다. 2050년에 또 다른 조지 R. R. 마틴이 될 수 있는 누군가가, 지금 충분히 밖으로 나가지 않는다는 이유로 주변 사람들의 잔소리에 시달리고 있을지도 모른다는 생각을 한번쯤 해 보면 어떨까.

동굴을 통해 세상 바라보기

나는 이미 12년 전부터 좀 더 견고한 끈으로 나 자신을 삶에 붙들어 매고, 시간의 냉혹함과 그 부식 작용에 저항할 수 있는 방법들을 발견하고 싶어 했다. 그렇게 해서 책을 쓰게 되었고, 그 책의 한 장章에서 가정에 대한 생각을 다루고 있다.[40] 당시 가스통 바슐라르의 놀라운 발견(무엇보다 《몽상의 시학》과 《공간의 시학》[41])은 나를 다시 태어나게 하고 자유롭게 해 주었다. 지금까지 난 그토록 열렬히 어떤 작가를 알고자 한 적이 없었다. 나는 내 집 아래층에 있는 서점의 서가를 모조리 훑다시피 하며 그의 책을 찾아냈다. 마침내 누군가가 내가 주기적으로 느끼는 칩거와 고독과 상상 속으로의 도피에 대한 필요성이 떳떳하지 못하거나 세태를 거스르는 미성숙한 시도가 아니라 필수적이고 이로운 충동에 속한다는 것을 확인시켜 주었으니까. 게다가 위대한 과학철학자이자 이론의 여지가 없는 권위를 갖춘 인물이 말이다. 그는 그 문제에 관해 여러 권의 책(얼마나 굉장한 책들인가!)을 저술해서 그런 필요가 정당하다고 소리 높여 외쳤다.

　그는 지배적인 문화에 만연한 악의적이고 죄의식을 느끼게 하는 주장들과 그런 문화가 퍼뜨리는 막연한 편견들, 우리로 하여금 자리를 털고 일어나게 하고, 자신의 욕망을 억누르게 하고, 자신의 목소리에 귀 기울이지 못하게 하는 강요들과 맞서 싸우는 데 필요한 자신감을 내게 선사해 주었다. "집은 몽상을 품고, 꿈꾸는 이를 보호하며, 우리에게 평화롭게 꿈꾸는 것을 허락한다. 생각과 경험만이 인간적인 가치들을 확인시켜 주는 것은 아니다."[42] 내가 처한 상황과 세태가 불러일으키는 두려움은 더 이상 문제가 되지 않았다. 바슐라르는 내게 속삭여 주었다. "숨을 쉬시오."

그러나 그 이후 우리를 둘러싼 검은 그림자는 더욱 그 세력을 넓혀 갔고, 우리를 더욱더 숨 막히게 하는 듯했다. 난 케케묵은 사회 속에서 살아가면서 환상들이 와르르 무너져 내리는 것을 지켜보아야 했고, 여전히 진부하고 무효한 형식과 구조에 둘러싸여 있었다. 정국에는 더욱 커다란 암운이 드리워졌고, 우린 재앙의 전조와 싸워야 했으며, 생태학적 상황은 어떤 보편화된 폭력을 보여 주는 사건이 일어난 후 새하얀 종이 위에 그림을 그리듯 처음부터 다시 시작할 수 있을 거라는 희망마저 품지 못하게 했다. 2014년 2월 어느 날, 페이스북 친구 하나가 "이런 시대를 살게 될 거라고는 꿈에도 생각지 못했다"라고 내게 하소연했다. 그녀는 "공기는 숨 쉬기조차 힘들고, 친구들은 드문 데다 멀리 있으며, 고독이 가장 좋은 도피처"라고 했다. 그 얼마 전에는 막 사십 줄에 들어선 한 고등학교 친구가 이렇게 속내를 털어놓았다. 지난날을 뒤돌아보면, 자기가 아직 어린아이였던 1970년대를 살았던 부모님의 태평하고 축제 같던 삶의 방식이 몹시 부럽다고. 그에 비하면 자신의 삶은 무겁고 지리멸렬하고 두려움으로 가득 차 있다고. 미래에 대한 믿음의 실종으로 숨 막힐 것 같은 일상을 살아가고 있다는 것이다.

그러므로 나는 홀로 내 방에 머물면서 바깥의 차가운 바람으로부터 열정의 작은 불꽃을 지켜 내고자 애쓰고, 나의 몽상들이 지하수맥 탐사봉 역할을 하도록 하며, 생명력 넘치는 작가들의 감춰진 보물을 찾아 서고를 샅샅이 뒤질 것이다. 또한 우리의 거주 공간이 지닌 힘을 그려 봄으로써 그 힘들을 키우고, 사람들이 종종 하찮게 여기는 그 힘에 위엄을 부여하도록 애쓸 것이다. 만약 사람들 대부분이 말할 게 전혀 없다고 생각하는 주제를 탐구한 결과 하나의 출구가 모습을 드러낸다면? 난 그 가능성을 배제하지 않는다. 지성인 장 쉬르는 이런 말을 한 바 있다.

"우리는 이러한 동굴과 은신처를 통해 소통하고 자신의 존재감을 드러내야 한다. 침실이나 돈에 관한 비밀들(공공연한 비밀들이다)이 아닌, 꿈에 관한 비밀들을 다른 이들과 함께 나누기 위해. '○○에도 불구하고' 감히 꿈꾸는 모든 것들은 우리로 하여금 또다시 살아갈 맛을 느끼게 해 줄 것이기 때문이다."[43]

여기서 하나의 직업윤리까지도 도출해 내고 싶다. 앞서 접이식 의자를 말한 적이 있지만 나는 누군가의 허락을 기다리지 않고 그 것(머지않아 휴식용 소파로 대체하겠지만)을 스스로 펼쳤다. 오늘날의 세태를 알릴 사명을 지닌 언론은 때때로 독자들의 반응 때문에 회의에 빠지기도 한다. 최근에 언론인들이 시리아, 말리, 중앙아프리카 등지에서 숨진 몇몇 동료의 죽음으로 슬픔에 잠겨 있을 때, 동료들에게 바친 그들의 경의에서 쓸쓸함이 느껴졌다. "이들은 대중의 알 권리를 위해 목숨을 바쳤습니다. 하지만 정작 사람들은 이들에게 아무런 관심도 보이지 않습니다." 물론 이런 반항적 느낌은 충분히 이해할 만하다. 그러나 세상에서 일어나는 것들에 관심을 가질 수 있으려면, 더 나아가 그것들을 이해하고자 한다면, 결코 삶에 대한 열정과 미래에 대한 희망을 잃어버려서는 안 될 것이다. 또한 자신만의 삶과 자신만의 세상 속에서 최소한의 좌표들을 설정하고, 최소한이라도 휴식과 안정을 누릴 수 있어야 할 터다. 책 속에서 탐구를 계속하고, 우리의 상황을 힘껏 그러안고 살펴보려고 노력하다 보면 집콕족 저널리스트들은 신제품 향수나 최근에 잘나가는 식당을 이야기하는 대신 독자들의 열망을 반영하는 새로운 방식을 제안할 수 있을 것이다. 그럼으로써 어쩌면 동료 저널리스트들이 머나먼 현장에서 취재해 온 탐방 기사들을 독자들이 더 잘 이해하게 만들 수 있지 않을까.

2장

내 집 거실의 군중:
인터넷 시대에 쓸모가 없어진 문

우리가 아이디와 비밀번호를 입력하기가 무섭게 대부분 철저한 이방인으로 이루어진 군중이 우리 거실이나 침실에 난입한다. 이는 마치 영원히 끝나지 않는 파티를 여는 것과도 같으며, 친구들, 낯익은 얼굴들, 친구들의 친구들 또는 초대받지 않은 낯선 사람들이 뒤섞인 무리에 의해 자기 집이 침범당하는 걸 지켜보는 것과도 같다.

미국 작가 아키코 부시는 그녀의 책 《집의 지리학》에서 부엌, 세탁장, 서재, 침실, 목욕탕, 차고 등 집의 각기 다른 공간들을 차례로 탐험한다. 서재에는 한 장을 통째로 할애했는데, 그녀에게 서재는 인간의 지혜를 보관하기 위한 공간이며, 지식과 우리 사이의 관계를 반영하는 곳이다.

서재라는 개념을 처음 도입한 것은 16세기 영국의 귀족 계급이었다.[1] 가족 가운데 남자의 방에 딸린 조그만 방에 불과했던 서재는 두 세기 뒤 하나의 개별적인 공간이자 접대 공간으로 변모했다. 책, 그림, 조각상 외에 악기도 있던 이곳에서 사람들은 당구와 또 다른 놀이를 즐겼다. 나중에는 여자들도 거기서 함께 어울렸다. 그러나 사교의 장으로 사용되긴 했어도 서재는 결정적인 특징을 간직한 공간이었다. 서재에는 문이 달려 있다. 부시에 따르면, 지식의 추구는 "차분함과 고독을 요구하는 일로 여겨지고 있다." 더불어 안전성과 안락함도 요구되는 일이다. 어두운 색의 내장재와 두꺼운 커튼은 '자발적인 지적 유배'의 분위기를 한층 더 두드러지게 한다.

내가 어렸을 적에 살던 집의 서재에는 문이 없었다. 사실 따로 필요하지도 않았다. 위층에 있는 손님방의 외벽과 거실에 면한 난간 사이를 서재로 꾸민 것으로, 일종의 기다란 발코니 형태로 되어 있었다. 칸막이벽에 뚫린 출입구는 겨우 눈에 띌 만큼 작았다. 그곳은 내가 마치 마술을 부린 듯 몸을 감추고 사라질 수 있게 해주었다. 공간이라고는 소파 하나와 발판을 놓을 자리밖엔 없었다. 그곳에 일단 자리를 잡으면, 왼쪽으로는 바닥에서 천장까지 온갖 종류의 책으로 가득 찬 책꽂이가 보였다. 오른쪽으로는, 비좁은 공간과 대조되는 널따란 공간이 눈앞에 펼쳐졌다. 나는 난간의 창유리 너머로 아래층의 시원한 전망을 즐길 수 있었다. 시선을 위로 향하면 집의 들보와 골조가 보였고 등 뒤로는 나무숲에 면한 조그만 창문이 높은 데에 나 있었다. 다른 가족을 몰래 엿보기에는 더없이 좋은 은신처였다. 난 그곳에서 때때로 친구들과 치과의사 놀이도 했다. 뒤로 눕힐 수 있는 소파의 유혹을 뿌리칠 수 없었기 때문이다. 하지만 무엇보다 그곳은 여러 시간 동안 남의 눈을 피해 내 나이에 알맞은 독서에 몰입할 수 있는 은신처였다. 난 그리스 신화의 모든 이야기와 아버지가 구독한 만화 잡지 《아 쉬브르À suivre》의 모든 호를 빠짐없이 탐독했다.

훗날 도시로 이사를 갔을 때 난 조그만 소파베드를 가져갔다. 그리고 창가에 배치한 침대를 높이 올리고는 다리 사이의 공간에 소파베드를 끼워 넣었다. 나는 독서를 위한 공간은 몸을 웅크리고 쉴 수 있는 둥지이자 관찰이나 관조의 장소가 되어야 한다는 사실을 잊지 않았다. 나도 모르게 1977년에 미국 건축가 크리스토퍼 알렉산더가 펴내 그의 동료들 사이에서 유명해진 책《패턴 랭귀지》에서 조목조목 열거해 놓은 권장 사항 가운데 하나를 적용한 셈이었다. 책은 공공장소와 사적인 공간의 이상적인 패턴이라고 여기는 것들을 꼼꼼하게 그려 보이는데, 창가라는 꼭지에서는 누구나 내민 창과 창문 가까이 있는 자리를 좋아한다고 단언한다. 그런 곳이 우리가 어떤 방으로 들어설 때 느끼는 두 가지 충동 사이의 긴장 관계를 해결해 주기 때문이다. 빛의 근원에 다가가고 싶은 충동, 편안한 곳에 자리 잡고 싶은 충동이 서로 충돌하게 되는 것이다.[2] 따라서 난 나만의 조그만 서재를 마련해 나의 평온을 유지할 수 있었다. 부모님이 정기적으로 급습하여 나보고 좀 더 자주 밖으로 나가라고 성화를 부릴 때를 제외하고는 말이다. 쿠션으로 등을 잘 받친 다음 머리를 뒤로 젖히면 내 이마가 침대 밑판에 닿을락 말락 한다. 봄에는 열린 십자형 창문으로 산들바람이 불어오고, 해 질 무렵의 투명한 장밋빛 하늘은 오로지 내 눈을 위해 존재하는 듯 보인다.

《집의 지리학》이 출간된 1999년은 인터넷의 사용이 일반 대중 사이로 막 퍼져 나가기 시작한 때였다. 그러나 아키코 부시는 디지털이 지식과 우리 사이의 관계에 야기하게 될 혼란들을 이미 예측하고 있었다. 이제 지식은 더 이상 방의 벽들을 가득 채운 구체적이고 숫자로 셀 수 있는 책들 속에서만 찾을 수 있는 게 아니다.

지식은 컴퓨터의 하드디스크 속으로 숨어들고, 이 컴퓨터는 세상과 '접속되어 있다'. 당신이 문 밖으로 내쫓은 세상이 당신 책상 위에서 빛나는 창문을 통해 되돌아온다. 그리고 이런 사실은 모든 것을 변화시킨다. 그때부터 자기 집에 틀어박히는 건 더 이상 예전과 같은 의미가 아니다.

좀 더 정확히 말하면, 내 경우에는 모든 걸 변화시키는 건 인터넷 그 자체가 아니라 소셜 네트워크다. 예전에 나는 마우스가 닿는 거리에 있는 다양한 산물들의 대양大洋 속에 마구잡이로 시추기를 던지곤 했다. 온 세상이, 아니 적어도 세상의 상당 부분이 내 컴퓨터 화면 뒤에서 내게로 몰려들고 있다고 스스로를 설득하기 위해서. 하지만 이런 단계는 오래가지 않았다. 난 가능성의 무한함에 당혹감을 느낀 나머지 광대한 웹 속에 표시해 둔 소박한 여정만을 따라가기로 마음먹었다. 그리고 내게 필요한 모든 자료에 이토록 쉽게 접근할 수 있다는 사실에 감사했다. 가끔씩 나와 동료들은 느닷없이 인터넷이 사라져 버린다면 이 많은 정보를 어떻게 확인할지를 떠올리면서 식은땀을 흘리기도 했다. 그러나 이런 정보 수집은 내일의 필요에 따른 터라 제한적이고 일시적인 것에 그치는 경우가 대부분이었다. 물론, 때로는 뜻하지 않은 발견이나 놀라움이 검색의 방향을 바꾸기도 한다(그 유명한 세렌디피티, 또는 자신이 찾는 것이 아닌 다른 것을 발견하는 경우). 그러나 내가 알 수 있는 것은 도서관에 한 번 방문해서 알게 되는 것 이상도 그 이하도 아니었다. 난 여전히 컴퓨터에서 멀리 떨어져 책을 읽는 데 오랜 시간을 보내곤 했다. 그리하여 나의 가정적인 평화처럼 나의 평정심도 온전히 유지될 수 있었다.

그리고 난 차츰차츰 페이스북과 트위터, 신디스SeenThis[3], 핀터레스트(이미지들을 공유하는 소셜 네트워크)에 등록했다. 그런 다음에는 다양한 사이트를 주제별로 모아 놓은 RSS 리더를 사용하게 되면서 내 관심을 끄는 사이트들의 새로운 글을 손쉽게 접할 수 있었다. 마치 수년간 해안에서 굳건하게 버티고 있으면서 때때로 디지털의 물결 속으로 낚싯바늘을 던지는 걸로 만족하던 차에, 물속에서 거대한 손이 솟아나 나를 덥석 움켜쥐고 머리부터 물속에 처박은 것과 같은 형국이 되었다.

이제 언제나 똑같은 몇몇 사이트에서 매번 똑같이 단순한 산책으로 만족하던 시절과는 영영 이별이었다. 뮌히하우젠 남작이 포탄을 타고 날아갔듯 친구 추천 시스템은 나를 사이버공간의 끝에서 끝으로 날려 보냈다. 소셜 네트워크가 시간 낭비거나 어리석고 쓸모없는 짓이라고 선언하며 외면하는 것은 불가능했다. 이런 문제에서 취해야 할 것 같은 경멸적인 태도에도 불구하고 좋은 장소들에 그물을 던지면 종종 '흥미로운 것들'을 건질 수 있기 때문이다. 사실 이게 바로 가장 안 좋은 점이다. 몇 년이 지나면 이런 데에 시들한 반응을 보일 거라는 사람들의 추측과는 달리, 난 아침마다 책상 위에 찻잔을 내려놓고 컴퓨터를 켜는 즉시 간밤에 접속한 사이트에서 속히 다시 대화를 이어 가고 싶다는 생각에 여전히 전율을 느끼곤 한다.

다른 이들이 퍼뜨린 정보에 접근할 수 있고, 흥미로운 기사들 (필요한 경우에는 내 기사들까지)의 확산에 기여하고, 온라인과 오프라인에서 읽은 글에서 수집한 것을 다른 사람들과 공유할 수 있다는 사실은 내게 끊임없이 경이로움과 행복을 느끼게 해 준다. 그룹 회보를 만들던 시절, 나는 타자기를 두드려 만든 회보를 복사하고 철하고 봉투에 넣어서 직접 배포하거나, 하다못해 몇십 명이라도 봐 줬으면 좋겠다는 바람과 함께 그것을 받아 주는 드문 장소에 놓아두곤 했다. 그러니 이런 새로운 경험 앞에서 무릎을 꿇고 하늘을 향해 감사 인사라도 올리고 싶은 심정이다. 과거에는 표현의 자유에 대한 권리가 대부분의 사람들에게 사문死文이었던 반면, 이젠 엄청나게 많은 사람이 그 권리를 행사할 수 있게 되었다. 그것을 익히는 과정이 어려울 수는 있지만 그것이 나타내는 진보를 어떻게 부인할 수 있겠는가? (여기서 또한 주필에게 원고를 거부당해 자신의 글을 다시 서류철에 끼워 넣고, 그 때문에 위궤양과 적개심을 경험해야 했던 이전 세대의 저널리스트들을 떠올리게 된다. 그들은 이제 자기 블로그에 글을 올리기만 하면 된다.)

공유와 소통에 대한 나의 욕구가 한껏 충족되다 보니, 두려운 생각이 들 때도 있다. 때로는 잠에서 깨어나 내가 꿈을 꾸었다는 것을 깨닫게 될까 봐, 이 모든 건 환상에 불과하며, 내가 망상 속에서 '인터넷'이라고 명명한 기적이 실제로는 존재하지 않는 것일까 봐 두려운 것이다. 소셜 네트워크는 이런 욕구를 최대한 효율적으로 충족시킬 수 있게 해 준다. 이게 바로 내가 소셜 네트워크의 위험성과 그 개발자들의 저의에 대한 경고의 말을 줄기차게 외면하는 이유다.

소셜 네트워크의 범위를 넓혀 갈수록, 흥미를 끌 만한 대상이 계속 나타나 나로 하여금 잡담에 끝없이 빠져들게 한다. 나는 서두를 일이 전혀 없는 주말 아침이면 시간 가는 줄 모르고 거기에 탐닉하곤 한다. 문제는, 나의 하루를 거뜬히 집어삼킬 수도 있을 잠재적으로 무한한 세계 속으로 빠져드는 동안, 또 다른 요구들, 내가 할 수 있었거나 해야만 하는 (그러잖아도 내 일과표에 끼워 넣는 데 애를 먹던) 다른 일들이 사라져 버리지 않는다는 것이다. 이와 같은 욕구를 어떻게 자제할 수 있을까? 대체 언제쯤이면 아무리 매력적으로 보이는 사이트라도 한없이 탐험하다가는 체하기 십상이라는 걸 알고 그것을 내 RSS 리더에 추가하지 않기로 결심할 수 있을까? 나 스스로 결코 다시 잠글 수 없는 수도꼭지를 연 셈이다. 때로는 나 자신이 이런 물결의 노예가 되어 버린 것 같은 생각이 든다. 특히 며칠간 접속하지 않았다가 다시 접속해 그동안 고인 물을 퍼내야 할 때면 더욱더 그런 생각이 드는 것이다.

"따지고 보면, 네 이메일에 대여섯 개의 이메일 계정을 새로 추가하는 것하고 똑같은 거 아니야?"

"네가 들려준 얘기는 내가 평소에 지옥에 대해 생각하던 것하고 똑같아."

난 친구들의 이 말에 경악했다. 내 이메일 계정들에 새로운 소식이 너무나 빠른 속도로 쌓이는 바람에, 그것들을 거르고 면밀히

검토하고 공유하고 코멘트를 다는 데 내 모든 시간을 바쳐도 모자랄 판이었다. 한마디로 '그것만을' 해야 할 지경에 이른 것이다.

심각한 것은 '정보 비만증'* 문제뿐만이 아니다. 신경성 의존증이라고 볼 수 있는 또 다른 문제가 대두되고 있다. 소셜 네트워크와 더불어 이젠 우리가 사용하는 검색엔진의 즐겨찾기 속에도 다른 사람들이 밤낮으로 '언제나 기다리고 있는' 장소들이 감춰져 있는 것이다. 일종의 디지털 야영지인 셈인데, 그 존재를 알고 있는 우리는 거기로 들어가 다른 사람들이 뭘 하는지, 그들에게 무슨 일이 있었는지, 그들이 무슨 얘기를 하고 최근에 어떤 걸 포스팅했는지, 그리고 우리가 얼마 전에 포스팅한 것들에 사람들이 어떤 반응을 보이는지 확인하고 싶은 유혹에 끊임없이 저항해야 한다. 자신의 일과에 열중하고 장기적인 임무에 몰두하는 대신, 네트워크 커뮤니티에 의존하고 자신의 계획을 세우는 수고를 그들에게 전가함으로써 모든 자율적인 삶에서 배제될 위험에 직면하게 되기 때문이다.

엠마뉘엘 피레르는 "나는 우리를 의존적인 존재로 만들고 교류의 영역을 무한정 넓히기 위해 기술이 최근에 보여 준 교묘함과, 그 때문에 자립 체제의 가능성이 줄어드는 사실을 주목한 바 있다"⁴라고 밝혔다. 사실 웹2.0이 나를 사회적 시간에 예속시키는 방식은 개인정보와 사생활의 보호 같은 문제보다 훨씬 구체적이고

— • infobésité. 프랑스어로 정보를 뜻하는 'information'과 비만증을 뜻하는 'obésité'를 합성한 말이다.

즉각적인 문제들을 내게 불러일으킨다. 독립적인 여성이라고 자부하던 내가, 자신의 고독에 집착하면서 글을 쓸 시간이 없다는 사실에 늘 좌절하던 내가 이제는 이런 장치들에 취약한 나 자신에 대해 불안감을 느끼는 것이다.

원하면 언제까지라도 다른 사람들과 수다를 떨 수 있고 정보들을 교환할 수 있다는 가능성은 할 일을 자꾸만 미루는 버릇에 지속적인 빌미를 주게 된다. 하기 싫은 일들을 마지못해 하려는 순간뿐만 아니라 기이하게도 내가 가장 하고 싶은 것을 하려는 순간에도 나를 가로막는 머뭇거림은 소셜 네트워크의 세상 속에서 이상적인 도피처를 발견하고는 활개를 치게 된다. 마치 신발 바닥에 칠해진 강력한 접착제가 나를 앞으로 나아가지 못하게 하는 것 같다. 나는 인터넷 때문에 우유부단함 속에서 떠다니는 또 하나의 오블로모프, 하나의 아이디어도 진지하게 구체화하지 못하면서 수천 개의 아이디어를 갖고 놀며 자신의 삶을 탕진하는 오블로모프가 될지도 모르는 위험에 처해 있다. 따라서 난 트위터와 페이스북이라는 세이렌들의 노래로 고통받는 현대판 오디세우스가 되어 그 속에 매몰되지 않도록 투쟁하는 중이다. 게다가 소셜 네트워크는 그들이 수갑을 채운 불행한 이들의 단점을 이용하는 일도 서슴지 않는다. 우리가 사이트의 접속을 끊으면 그들은 음흉하고 번지르르한 메시지와 함께 자신들의 앱을 사용하라고 꾀는 광고를 마구 날려 보낸다.

"아무것도 놓치지 마세요!"(트위터)

"벌써 가세요?"(페이스북)

그러면 그들에게 반항하고 싶은 욕구, 허세를 곁들인 도발을 하고 싶은 충동이 마구 일어난다. '물론이죠, 난 떠날 수 있다고요! 내가 못할 것 같은가요? 잘 봐요, 마크 저커버그!'

생각해 보면 우리 사이에 만연한 '무언가를 놓칠 것 같은' 두려움은 아무런 근거가 없다. 숫자가 한정된 전통적인 미디어의 세계에서는 그런 두려움이 어떤 의미가 있을 수 있겠지만, 인터넷에서는 필연적으로 언제나 수백만 개의 무언가를 놓치는 중일 수밖에 없다. 우리를 열광시킬 수 있지만 결코 우리에게까지 와 닿지 않을 수많은 글. 그리고 우리에게 많은 도움이 될 수도 있지만 그 존재조차 알려지지 않은 수많은 블로그와 트위터 계정이 그것을 말하고 있다. 그러나 내가 이 모든 사실을 이미 알고 있다고 해도 아무런 소용이 없다. 어떤 힘이 최면에 빠뜨리듯 나로 하여금 광고의 선을 거슬러 올라가 마지막으로 접속을 끊었을 때의 지점으로 되돌아가게 하기 때문이다. 스스로 트위터에서 벗어나는 게 불가능하다는 생각이 들 때면 난 짜증스레 소스라치며 화들짝 검색창을 닫아 버리곤 한다. 마치 미친 듯이 달리는 기차에서 뛰어내려 길옆으로 굴러떨어지듯이.

거부할 수 없는 마력을 지닌 블랙홀

인터넷에는 두 종류의 움직임이 공존한다. 하나는 외부에서 내부로 향하는 움직임이다. 우리가 아이디와 비밀번호를 입력하기가 무섭게 대부분 철저한 이방인으로 이루어진 군중이 우리 거실이나 침실에 난입한다. 그리하여 우리는 수다스럽고 날카로운 목소리로 떠들고 웅성거리는 사람들, 야유하고 생각에 잠기고 반발하고 소란 피우고 희희낙락하거나 회의적이고 분노하거나 쾌활한 사람들과 마주하게 된다. 이는 마치 영원히 끝나지 않는 파티를 여는 것과도 같으며, 친구들, 낯익은 얼굴들, 친구들의 친구들 또는 초대받지 않은 낯선 사람들이 뒤섞인 무리에 의해 자기 집이 침범당하는 걸 지켜보는 것과도 같다. 무리에는 행복감을 주는 사람만큼이나 성가신 사람도 많다. 이들과 기분 좋은 시간을 보내기도 한다. 하지만 결국에는 피로감이 느껴지기 마련이며, 모두를 내쫓고 평온함과 정적을 음미하면서 홀로 자신의 생각과 마주할 수 있기를 꿈꾼다.

트위터를 예로 들자면, 마치 세계적인 규모의 전기자동차 트랙에서 자동차를 서로 부딪치면서 노는 것처럼, 획일화된 포맷 속에서 모든 면에서 정반대일 수도 있는 사람들을 서로 부딪치게 하는 방식은 사용자들로 하여금 논쟁, 격렬한 말다툼, 모욕, 노기怒氣 폭발 그리고 온갖 종류의 공격에 시달리게 만든다. 적어도 자기 집에서 머무는 동안에는 겪지 않을 거라고 여긴 일들과 맞닥뜨리게 되는 것이다. 이런 충돌이 발생할 때마다 우리의 정신적 능력과 활력은 고갈되고, 고독의 효용은 물거품이 되어 버리고 만다.

이런 침입과 병행하여 존재하는, 내부에서 외부로 향하는 또 다른 움직임이 있다. 마치 거부할 수 없는 마력을 지닌 블랙홀이 우리 삶을 집어삼키는 것과도 같다. 때로는 나를 둘러싼 배경의 구성 요소들이 방을 가로질러 날아와 컴퓨터 속으로 빨려 들어가는 듯한 느낌이 들기도 한다. 그리고 똑같이 빨려 들어가지 않으려고 가구를 꽉 붙잡고 있는 나 자신의 모습이 떠오른다. 예전에는 많은 행위가 다양한 신체 자세, 집의 공간이나 외부로 이동하기, 다양한 도구와 기구를 사용하기 등을 전제했다. 그러나 오늘날에는 그 모든 게 컴퓨터 화면과의 대면만으로 이루어진다. 전화하기, 읽기, 편지 쓰기, 글쓰기, 그리기, 정보 수집하기, 쇼핑하기, 음악 듣기, 영화 보기⋯⋯. 그렇다, 이미 몇 년 전부터 우린 스마트폰과 태블릿으로 집 어디서든지 인터넷에 접속할 수 있게 되었다. 소파베드에서, 침대에서, 부엌 식탁에서, 심지어 방수 커버 덕분에 목욕 중에도. 그러나 책상 위에 놓인 컴퓨터가 여전히 가장 흔한 통로이며, 그 사실 때문에 우리는 자주 집의 나머지 공간들에 소홀해진다. 나로 말하자면, 아파트가 별로 안락하지 않다는 사실에서 컴퓨터 앞에 죽치고 있는 내 모습에 대한 핑계를 찾곤 한다. 그건 사실이다. 다른 한편, 그런 모습에는 내 책임도 있다. 늘 한군데서만 머무느라 집을 좀 더 안락한 곳으로 만들기 위해 가꾸고 문제점을 보완하고 집에 충분히 투자하는 일을 거의 포기하고 산 것이다.

거주 방식의 변화는 공간만큼이나 시간과도 관계가 깊다. 온라인에서 보내는 시간은 '시간'을 평평하게 만들고 획일화한다. 컴퓨터 화면에서 좀 더 일찍 벗어나지 못한 날에는 하루가 더 짧게 느껴진다. 혹여 누군가 내 시간을 도둑질하기라도 한 것처럼. 나는 더 이상 예전처럼 편안히 쉬지 못한다. 아파트 안에서 활개 치던 시절, 이 방 저 방을 기웃거리면서 각 방이 제공하는 잠재성을 활용하던 시절, 휴가 때면 습관처럼 하던 일들이 시간을 빚고 조직하고, 시간에 감각의 인지 능력과 심오함까지 부여하던 시절과 달리 느긋한 기분을 더 이상 느끼지 못하는 것이다. 다시 집 밖으로 나가는 순간이 와도 예전처럼 더 이상 '다른 곳에', 남들이 침범할 수 없는 나만의 안식처에 머물렀다는 느낌이 들지 않는다. 인터넷은 집콕족이 자신만의 은밀한 공간에서 경험하는, 새로운 활력을 선사하고 각자의 삶을 풍요롭게 하는 '낯섦'의 느낌을 더욱 희귀하게 만든다.

나는 박물관이나 서점의 기념품점에서 엽서들을 사 모으고, 신문에서 마음에 드는 그림들을 오리고, 연극 안내서나 광고지들을 보관해 두고, 그런 것들을 벽에 포스터처럼 붙이거나 수첩에 붙여 두는 걸 언제나 좋아했다. 이런 행위 역시 내가 핀터레스트[5]에 등록한 순간부터 온라인으로 옮겨 갔다. 그리고 마찬가지로 공개적인 것이 되었다. 나는 '핀터레스트의 여왕'들에 관한 기사를 읽으면서 그들이 취하는 포즈 뒤에서 아주 확실하고 완벽한 취향을 드러내는 실내를 의혹의 눈길로 유심히 살펴보았다. 핀터레스트의 여왕들은 신부 드레스, 섹시한 배우, 가냘픈 몸매의 모델, 기성복 컬렉션, 꿈의 집, 레시피, 목공일에 대한 조언, 아이들 놀이 등 이 세계에서 가장 인기 있는 주제들[6]에 관한 사진을 특별히 잘 편집해 놓은 사람들을 가리키는 표현인데, 이들은 수만에서 수십만 명의 구독자를 끌어모으는 힘을 갖고 있다.

장담한다. 그들은 사진가가 오기 전에 황급히 집 안의 모든 걸 반들반들하게 닦고 정돈했을 게 틀림없다. 소셜 네트워크의 놀이에 몰두하며 이 정도로 그 속에 빠져들다 보면 자신의 물리적 환경을 얼마간 소홀히 할 수밖에 없기 때문이다. 당신이 온라인에서 수집한 이미지들을 수천 명이 본다면, 그것들은 고작 수십 명의 방문객만이 보게 될 당신의 가정 공간보다 훨씬 많이 당신을 규정하게 될 터다. 물론 이 모든 계산 말고 순수한 충동이 당신을 사로잡을 수도 있다. 어떤 유머러스한 데생이 핀터레스트의 전형적인 여성 사용자의 모습을 보여 주고 있다. 반바지 차림에 귀에는 헤드폰을 낀 채 화면 앞에 달라붙어 있는 여자. 책상 위에는 경악스러운 무질서가 지배하는 가운데 빈 접시와 찻잔이 어지럽게 널려 있다……. 철학자 스테판 비알의 말을 빌리면, 인터넷은 "상징적 조작에 대한 우리의 능력을 증가시킨다."[7] 따라서 우리가 인터넷에 쏟는 시간과 에너지만큼 구체적인 세계의 조작에 대한 우리의 능력은 감소할 수밖에 없다.

마이클 폴란은 저서 《주말 집짓기》에서 어째서 아들이 태어나기 얼마 전 코네티컷에 있는 집 정원 구석에 자신의 안식처를 지을 필요성을 느꼈는지를 들려주고 있다. 거기서 그는 글을 쓰고 성찰하고 평화롭게 꿈꿀 수 있을 터였다(화가인 아내는 매일 작업을 하러 가는 아틀리에를 소유하고 있었다).[8] 그는 그 안식처를 자기 손으로 직접 짓고 싶어 했다. 늘 추상화 작업에서 더 편안함을 느끼던 그는 단 한 번이라도 존재하는 것에 대한 논평이 아닌 논평할 대상이자 세상에 추가하는 무엇을 생산해 낼 수 있기를 갈망했다. 그는 그곳에 전화선과 팩스와 모뎀을 설치하기로 계획하면서 '이곳과 그의 머릿속을 동시에 통과하게 되는 기호와 정보의 물결에 효과적인 균형'을 부여할 수 있는 안식처를 설계해 준 건축가 친구에게 고마워하고 기뻐했다. 폴란은 온라인에서 '저곳'을 만날 수 있게 하는 충분히 믿을 만한 '이곳'을 가지게 된 셈이었다. 과연 그는 정보사회의 건축이 종국에 취하게 될 모습을 섬뜩하게 묘사하고 있다. 건축물의 단순한 지붕 아래에는 "안락하고 인간공학적인 소파가 있고, 한 남자가 거기 앉아 머리에 가상현실을 보여 주는 헬멧을 쓴 채 팔에는 영양을 공급하는 정맥주사기를 꽂고 있다. 그의 아래쪽에는 화장실 시스템이 설치되어 있다." 게다가 이런 장치는 일시적인 것일 뿐이다. 인간은 언젠가는 '인간의 의식을 완벽하게 다운로드하는' 꿈을 실현하게 될 것이기 때문이다.

그와 반대로 폴란의 '원초적 오두막'은 그의 몸이 하나의 유물이 되게 하는 대신 그 가치를 더욱 돋보이게 해 준다. 겉보기엔 그토록 소박한 건축물은 세련된 호사스러움으로 모든 감각을 일깨워 주고, 온몸으로 살아 있음을 느끼게 해 준다. 입구 옆에 커다란 바위가 나란히 있는 오두막은 다가갈수록 공간의 폭이 좁아지고, 안으로 들어가면 또다시 공간이 넓어지면서 눈을 몹시 즐겁게 해 준다. 나무의 향내와 결은 오두막 어디에서나 느끼고 감상할 수 있다. 난로는 대기를 훈훈하게 덥혀 준다. 간이침대에서는 편안히 누워 생각에 잠기고 몽상에 빠지거나 낮잠을 잘 수 있다. 오두막을 지을 무렵 폴란의 아내가 임신한 터라, 건축가 친구는 부부에게 그들의 아이가 어느 날 바로 여기서 동정을 잃게 될 것이라고 예견했다. 책상 앞에 앉았을 때 눈에 들어오는 전망이나 미묘하게 뒤얽힌 천장의 구조는 시시때때로 책장이나 컴퓨터 화면에서 눈을 떼고 위를 쳐다볼 좋은 구실을 제공한다. 다양한 형태의 창문들은 여닫기 위해 때로는 넉넉하고 힘찬, 또 때로는 작고 우아하고 분명한 몸짓을 이끌어 낸다. 각각의 창문은 어느 쪽에 면하느냐에 따라 특유의 느낌을 풍기는 공기를 들여보내며, 특별한 풍경의 한 부분으로 관심을 향하게 한다. 지붕을 올린 지 며칠 후 비바람이 몰아쳤을 때 폴란은 방수가 잘되었는지 확인하기 위해 여름비를 맞으며 정원으로 내달렸다. 방수는 완벽했고, 그는 거기서 한참 머무르면서 빗방울이 나뭇잎들 위로 방울져 흘러내리고, 가까운 연못 수면 위에 송송 구멍을 내고, 머리 위로 지붕널을 세차게 두드리는 소리를 들었다. "난 지금까지 이토록 비를 즐겨 본 적이 없었다."

훨씬 다양하고 강력한 감각적 자극을 제공하는 자연의 세계가 펼쳐지는 곳, 더 넉넉한 공간에서 여유로운 리듬으로 살아갈 수 있는 시골에서는 블랙홀의 마력에 저항하기가 훨씬 쉬우리라는 것은 분명하다. 도시에서는 그러기가 몹시 어렵다. 하지만 어떤 날에는 기적이 일어나기도 한다. 나는 간신히 컴퓨터 화면의 유혹을 떨치고 아파트의 나머지 공간으로 되돌아갔다. 컴퓨터와 나 사이에 충분한 거리를 둔 채로. 거리라고 해봤자 1미터 50센티미터가 고작이지만(이보다 더 멀리 떨어지는 건 힘들다. 난 파리 거주자니까). 나는 책(또는 잡지) 한 권을 들고 침대 위에 자리를 잡았다. 그런데 이럴 수가! 책을 읽기 시작한 지 20분쯤 지났을 때 저자가 책을 쓸 때 참고한 작품을 언급하는 게 아닌가. 그것도 엄청나게 흥미로워 보이는 작품을. 그 즉시 난 인터넷에서 그것에 관한 정보를 찾아보고 싶어 참을 수가 없었다. 또는 멋진 구절이 눈에 띄면 그것을 재빨리 페이스북에 올려 친구들에게 알리고 싶다는 생각에 안절부절 못했다. 흥미로운 기사를 읽을 때에도 얼른 그 내용을 트위터에 올리고 싶어서 조급증이 났다. 그림의 복제품이나 사진이 마음에 드는 경우에도 반드시 핀터레스트에 올려야 했다.

더욱더 염려스러운 것은, 때로는 어떤 기사가 그 고유의 흥미로움보다는 정치적으로 이용 가치가 높다는 이유로 내 눈길을 끌기도 한다는 사실이다. 종종 일종의 줄다리기인 트위터에서의 대화에서 내가 점수를 딸 수 있겠다는 이유로 말이다. 카트린 뒤푸르는 저서 《공주로 살다 죽고 싶지 않은 소녀들을 위한 직업 안내서》에서 여자들은 한 번도 새로운 것을 창조한 적이 없다는 주장을 무색하게 하는 몇몇 예를 든 다음에 이렇게 결론지었다. "이제 여러분이 인터넷에서 논쟁할 만큼은 충분히 알았으리라고 믿습니다." 바로 이거였다. 내가 내 의식을 함양시켜 주는 정보의 조각에 기대한 것은. 그것은 나를 풍요롭게 하는 게 아니라 논쟁을 가능하게 하는 것이었다.

심히 짜증스럽게도, 나보다 열 살 또는 스무 살이 많거나 인터넷을 아주 가끔씩만 사용하는 내 또래의 누군가에게 이 모든 증상을 토로하면, 그는 마치 내게 강압복*이라도 입혀야겠다고 말하듯 질겁한 눈빛으로 나를 바라본다. 그러면 나는 내 주변에 있는 30대의 컴퓨터광을 엄청나게 동정하는 척하면서 그 분풀이를 한다. 인터넷에 열광하는 정도를 그와 비교하자면 난 수녀 정도밖에 되지 않을 거라고 위안 삼으면서 말이다. "딱한 젊은이 같으니라고. 저 초췌한 몰골 좀 봐." 그나마 내가 다행스럽게 생각하는 것들이 있다. 무엇보다 내게 소중한 사람들과 함께 있을 때는 소셜 네트워크를 단 한순간도 떠올리지 않는다는 사실이다. 또 때로는 함께 있는 사람을 혼자 놔두고 컴퓨터에 접속하기도 하지만, 정기적으로 그를 만날 필요성을 느낀다는 점. 그리고 적어도 내 인생에서 텔레비전이 사라졌다는 것. '속 시원하군!' 그리고 대체로 난 휴대폰 앱을 거의 사용하지 않는다는 사실이다.

그러나 인정하지 않을 수 없는 명백한 사실이 있다. 아무리 모든 문을 꼭꼭 닫아걸어도 이제 난 결코 혼자 있을 수가 없다는 것이다. 난 달라졌다. 내 머릿속에는 언제나 지독한 소란이 일고 있다. 내 머리는 세상에 무방비로 노출되어 있다. 2분마다 주파수를 바꾸는 라디오 수신기처럼. 나의 생각은 끊임없이 사방으로 튀어 오른다. 물론 잘 안다, 생각의 속성이 본래 그렇다는 걸. 그래도 이 정도까지는 아닐 테지. 나는 여전히 고독의 절대적인 필요성을 느끼고, 그런 순간을 소중하게 생각한다. 그러나 고독조차 더 이상 예전

—• 자신이나 타인에게 위해를 가할 수 있는 상황에서 위험한 행동을 방지하기 위해 사용하는 특수한 옷.

에 느끼던 고독일 수 없다. 어린 시절 도서관에서 몇 시간씩 독서에 몰두하던 순간이나, 청소년 시절에 소파베드에 누워 책을 읽으면서 느낀 마음의 평정과 평온함을 다시는 맛보지 못할 것이다. 캐나다 작가 더글러스 쿠플랜드가 인터넷에 퍼뜨린 이미지가 아주 잘 말해 주는 것처럼. "인터넷이 존재하기 이전의 내 뇌가 그립다." 나는 예전보다 자주 불안감과 초조감을 느낀다. 마치 기능성, 용이성, 신속성이라는 터무니없는 요구의 노예가 된 것만 같다. 언젠가 한 친구에게 내가 사용하는 디지털 기기가 너무나 '실용적'이라는 말을 거듭하자 그는 이렇게 대꾸했다. "삶에서 모든 게 실용적일 필요는 없는 거야……. '실용성'이 최고의 가치는 아니란 말이지!" 맙소사, 그의 말이 백번 옳다. 나는 대체 뭐가 되어 가는 중인 거지?

'불안정한 의식 연구소'라는 수수께끼 같은 이름의 단체가 올린 "우리는 모두 매우 불안한 존재입니다"라는 제목의 글을 어떤 블로그에서 본 적이 있다. 문제의 글이 전개하는 이론에 의하면, "자본주의의 각 단계는 그것을 살아 있게 하는 어떤 정서에 깊은 영향을 받는다." 이런 정서는 반체제적인 힘들이 나타나 그것을 의식하고 적으로 규정할 때까지 그 시대를 지배한다. 19세기와 20세기 중반까지는 '빈곤'이 주된 정서였다. 노동운동이 그 사실을 고발했고 커다란 사회적 진보를 이루어 냈다. 전후 시대에는 '권태'가 그 바통을 이어받았다(그렇다고 빈곤이 사라졌다는 의미는 아니다). 노동자들은 고용의 안정을 보장받았지만 자기 삶의 의미를 찾지 못했다. 일례로 68년 5월 혁명은 이 때문에 일어난 것이었다. 21세기에는 불안이 지배하고 있다(그렇다고 빈곤과 권태가 사라진 것은 아니다). 불확실성과 일반화된 감시에 의해 야기되는 불안. 그리고 "가상의 분신들이 서로를 지속적으로 관찰하는 시대에, 소셜미디어에서 존재할 수 있는 의견들의 범위 내에서 어떤 관점을 선택하고, 그것들의 가시적인 소비를 의도적으로 공개하는 행위"[10]로 인해 야기되는 불안이 이 시대를 지배한다.

이러니 명상 훈련이 그토록 큰 성공을 거둔 사실이 별로 놀라울 것도 없다. 그런데 이런 여건하에서 마음의 평정과 집중력을 유지하거나 되찾는 게 가능하긴 한 걸까? 다른 한편으로 지속적인 접속은, 여러 세대의 작가들이 그들과 같은 길을 걷고 싶어 하는 사람들을 위해 공들여 쓴 섬세한 조언을 무효로 만들어 버리고 있다. 이 문제와 관련해 쓰인 수많은 문학 작품을 단 두 마디로 요약해 버린 것이다. "끊으시오, 인터넷을." 당신이 만약 인터넷을 끊을 수만 있다면 공쿠르상이나 퓰리처상을 받는 건 시간문제일 것이다. 저널리스트들은 이제 예전처럼 작가들에게 영감을 얻기 위해 어떤 방법을 쓰는지 묻는 대신 사탄의 사악한 술책을 좌절시키기 위해 어떻게 하는지를 묻곤 한다. 필리프 재나다는 최근 소설을 집필하기 위해 최후의 수단을 썼노라고 고백했다. "난 모뎀과 내 컴퓨터를 연결하는 선을 빼서 잠자고 있는 아내 옆의 베개 아래에 집어넣었습니다." 한편 브렛 이스턴 엘리스는 한마디로 더 이상 글을 쓸 수 없다고 선언했다.[11]

'자아의 확장'

정보에 대한 헛헛증과 집중의 필요성을 양립시켜야 한다는 것. 그 생각만 해도 머리가 돌아 버릴 지경이었다. 난 처음에는 인터넷을 자제하기 위해 온갖 노력을 기울였다. 모든 계정을 해지하고 사용하는 검색엔진을 닫아 버리곤 했다. 그럴 때마다 내가 얻은 성과라고는, 30분 후 다시 검색엔진을 작동시키고 번거롭게 모든 아이디와 비밀번호를 다시 입력하는 수고를 하는 것뿐이었다(결단코 강압복만은 사양이다!). 그래서 난 투쟁을 그만두었다. 이제 워드프로세서 파일과 함께 모든 검색창을 열어 두고 있다. 그리고 작업하는 동안 간간이, 특히 어떤 어려움에 부딪히게 되면 그 틈을 이용해 잠시 휴식을 취하곤 한다. 그러는 동안 인터넷 여기저기서 무슨 이야기들이 오가는지 살펴보거나 알림들을 확인하고 최근 소식을 훑어본다. 그리고 의무적으로 트위터에 글을 올리거나 댓글을 달기도 한다.

친애하는 외부 세계여, 창문을 통해 어떻게든 돌아오고 싶은가? 좋아, 얼마든지 돌아오라고. 그런다고 내 창작이 타격을 입는 건 아니니까. 놀라운가? 신문사에서 일할 때는 내 몫의 일을 재빨리 해치우면 그걸로 끝이었다. 하지만 집에서는 신문기사나 집필하는 책의 장章들이 구체화되어 가는 게 눈에 보였다. 때로는 그 글들이 어떻게 세상에 나올 수 있었나 싶기도 하다. 글에도 그 나름의 집요함이 필요한 것 같았다. 문득 이런 생각이 떠올랐다. 다른 많은 분야에서처럼 글쓰기에서 의지는 우리의 친구가 아닌 것 같다고. 크리스티앙 살몽은 문학의 신비에 대해 고찰하면서 이런 말을 한 바 있다. "문학은 작품을 잠재성에서 끌어내는 것이지만 집요한 노력의 대가로 그래서는 안 된다. 역설적이게도 문학은 저자가 경계를 늦추거나 의지가 패배하는 데서 비롯되며, 이는 '자아의 확장'[12]을 가능하게 한다." 다니 라페리에르에게 이렇게 초超연결된 세상에서 글을 쓰기 위해 어떻게 하는지 묻자, 그는 뜻하지 않은, 그러나 더없이 정확한 답변을 내놓았다.

"난 결코 글을 쓰고자 한 적이 없습니다. 난 억지로 글을 쓰려고 하지 않습니다."[13]

나의 보잘것없는 수준에서도 이런 현상을 경험한 적이 있다. 내가 저항하기를 그만두는 순간부터, 빈둥거리며 시간을 보내는 동안 인터넷에서 불쑥불쑥 솟아나는 것들과 내가 하는 작업 사이에 놀라운 공명共鳴이 일어나는 것이다. 디지털 사교성은 내 일에 방해가 되기보다는 오히려 일종의 조력자가 되는 것 같았다. 한 예를 들면, 이 책의 집필을 시작한 지 얼마 되지 않았을 때 트위터에서 내가 팔로우하는 두 젊은 여성 페미니즘 운동가의 대화를 엿본 적이 있다. 국제 대학기숙사에 살고 있는 한 여성은 방이 너무 작아서 숨 막힐 지경이라고 한탄하면서, 자기 아파트를 갖고 싶다고 말했다. 자기 집에 산다는 건 정말 근사한 일일 거라면서. 다른 여성은 자신은 집에 대한 환상이 있어서 텔레비전에서 방영하는 실내장식에 관한 방송을 즐겨 본다고 이야기했다……. 내가 그들의 트위터 계정을 팔로우한 이래로 두 사람이 집을 주제로 이야기하는 건 처음이었다. 어쩌면 내가 그들의 그런 이야기에 관심을 가진 게 처음이었는지 모르겠지만. 게다가 나 혼자만 이런 종류의 텔레파시를 관찰한 게 아니었다. 트위터에서는 믿을 수 없을 만큼 유사한 우연의 일치를 발견했다는 증언을 심심찮게 볼 수 있다. 그러자 집단지성이라는 말이 매우 구체적인 의미로 다가왔다. 마치 모든 것이 언제나 열기로 들끓는 하나의 커다란 두뇌를 이루고 있는 듯했고, 그런 생각은 매혹과 동시에 두려움을 안겨 주었다. 하지만 개개인의 개성과 생각 들이 어떻게 순환하고 한데 모이는지 관찰하기를 즐기는 나로서는 더할 나위 없이 즐거운 일이었다.

친구 요청과 메시지가 끊임없이 몰려들어 좌절하는 날이나 얼마나 빠른 속도로 하나의 주제가 또 다른 주제를 몰아내는지 확인할 때면 이 모든 게 무슨 의미가 있나 자문하기도 한다. 그러나 바다에 띄워 보내는 병들은 언젠가는 수신자들을 만나기 마련이다. 내가 인터넷을 계속하는 이유는 어쩌다 '귀한 것'을 발견할 때 느끼는 희열 때문이고, 별다른 기대 없이 어떤 글을 포스팅했을 때에도 놀라운 일을 경험하게 되기 때문이다. 소셜 네트워크에서는 시사 문제와 직접 관련이 없는 것은 별로 인기가 없음을 알면서도 핀란드의 동화작가 토베 얀손의 시적 이미지를 트위터에 올렸는데, 다음 날 한 블로그의 글에 그 그림이 일러스트로 사용된 것을 발견했다. 이런 이미지와 말과 생각의 순환은 우리에게 가늠하기 힘들 만큼 깊은 영향을 미친다. 어느 날 한 페이스북 친구가 다른 페이스북 친구에게 그녀의 꿈을 꾸었다는 이야기를 한 적이 있다. 그 친구는 자기 꿈을 들려주었고, 두 사람은 농담을 주고받았다. 난 관심 있는 뉴스들을 훑어보면서 유쾌한 그들의 대화를 아주 잠깐 엿보았을 뿐이다. 그런데 그다음 날 밤……. 그 두 사람이 꿈에 나타나는 게 아닌가!

누군가와 시간을 공유한다는 사실은 어떤 면에서는 불안감을 안겨 주기도 하지만 그 나름의 매력이 없는 것도 아니다. 아침에 잠에서 깨서 트위터 타임라인을 거슬러 올라가다 보면 종종 잠을 이루지 못한 사용자들이 새벽 서너 시에 남겨 놓은 메시지들을 접할 때가 있다. 그들은 독백을 하거나 누구 없느냐고 묻거나 자기들끼리 대화를 하기도 한다. 일례로 2014년 4월 6일, 누군가의 페이스북에서 이런 글을 본 적이 있다.

"지금은 새벽 5시 20분이다(적어도 여기선 그렇다). 다행히 와이파이에 연결되었다. 나는 지금 이스탄불 아타튀르크 공항의 탑승 대기실에서 기다리는 중이다. 내 옆에는 담배 몇 보루와 위스키 몇 병 그리고 면세점에서 산 샤넬 향수들이 놓여 있다. 난 내겐 마지막이 될 터키 차를 마시고 있다. 누군가 내 얘기를 듣고 있다면 응답 바람. 난 지금 따분하고 졸리다. 다시 말한다. 지금 몹시 따분하고 졸리다."

마찬가지로, 주말이나 방학이 끝나고 직장이나 학교로 돌아가기 전날 사람들이 탄식하는 것을 보면서 그들이 일요일 밤의 우울을 나와 공유한다는 것을 아는 건 일말의 위안을 안겨 준다. 월요일 아침이면 인터넷에 B급 영화를 연상시키는 가짜 포스터가 나돌기도 한다. '월요일의 귀환'이라는 제목이 붙은 포스터에는 위협적인 달력과 기상起床의 이미지 아래 겁에 질린 채 사방으로 뛰어다니는 사람들의 모습이 묘사되어 있다. "당신은 이러한 공포에서 살아남을 수 있을 것인가?"라는 표어와 함께.

자신에게 유용한 이미지와 글을 찾아내면서 자신의 일상에 깊이를 더하고 다른 이들의 일상을 공유하는 방식은 나를 매료시킨다. 또한 수많은 사용자가 계절의 느낌을 돋보이게 하기 위해 핀터레스트나 텀블러*에 겨울에는 눈과 벽난로 사진을, 봄에는 꽃이 만개한 나무들의 사진을 포스팅하는 것도 무척 사랑스럽다. 이런 이미지들은 평범하지만 그래도 어떤 영향력을 발휘하곤 한다. 예전에는 평범한 것을 비하하면서 그런 건 남몰래 홀로 감상해야 한다고 믿었는데, 바슐라르를 읽고 나서는 생각이 완전히 바뀌었다. 그는 평범한 것을 마음껏 즐겨도 된다고 일러 주었다. 그 덕분에 나는 평범함이 (그의 멋진 표현에 따르면) '대상의 원시성原始性을 되새기는 것'을 가능하게 할 때 그 평범함이 감추고 있을지도 모르는 힘에 주목할 수 있게 되었다. 바슐라르는 그의 책에서 "분명하게 한정된 몽상의 중심들은 꿈꾸는 사람들 사이의 소통 수단이 된다. 분명하게 규정된 개념들이 생각하는 사람들 사이의 소통 수단이 되는 것만큼이나 확실하게"[14]라고 말하고 있다.

— • SNS와 일반 블로그의 중간 형태로, 이용자의 취향에 따라 블로그로 사용하거나 페이스북이나 카카오스토리처럼 SNS로도 사용할 수 있다.

자기 삶이 없는 불쌍한 사람들?

사람들은 트위터나 페이스북에 뒤죽박죽으로 올라오는 생각들을 경멸적인 시선으로 바라보는 경향이 있다. 한꺼번에 싸잡아 비하하거나 조롱하고, 자아도취적이고 헛되며 아무런 흥미도 없는 것으로 여긴다. 물론 때로는 그렇다. 하지만 언제나 그런 것은 아니다. 아니, 그 반대다. 나는 이 문제에 관한 통념과 내 경험이 일치하지 않는다는 것을 확인하고는 용기를 내 보기로 했다. 인터넷이 내게 제기하는 실질적인 문제들, 내가 보기엔 어리석은 편견과 판단 오류에 속하는 문제들을 해결하기 위해 노력을 기울였다. 어떤 면에서는 소셜 네트워크의 사용자들에 관한 담론은 (자기 삶이 없는 불쌍한 사람들로 취급받는) 집콕족에 관한 이야기를 떠올렸다. 최근 몇 년간 몇몇 사회학자들은 이러한 표상表象을 해체하는 일에 매달렸다. 그중 한 사람은 다음과 같은 사실을 보여 주는 연구 논문을 발표했다.

"네트워크가 우리로 하여금 세상에 참여하지 못하게 한다는 만연된 생각과는 달리, 인터넷 사용자들은 비사용자들보다 다른 이들과 더욱더 밀접한 관계를 유지하며, 시민 활동과 정치적 행위에 더 깊이 참여하는 경향을 보인다."[15]

"난 얼마 되지 않는 친구들과 페이스북에서 이야기하느니 그들과 맥주를 마시러 가는 편을 택할 것이다." 나를 가장 짜증나게 하는 통념이 바로 이런 것이다. 소셜 네트워크는 '어쨌거나' 당신이 다른 이들과 떨어져 있는 상황에서도 그들과의 관계를 유지할 수 있게 해 준다. 예를 들면, 서로 수백 또는 수천 킬로미터 떨어진 곳에 살고 있거나, 직장 상사가 당신이 모든 걸 팽개치고 친구와 맥주 한잔하러 가는 걸 전혀 반길 것 같지 않을 경우에도. 심지어 글을 쓰기 위해 집에 틀어박히기로 결심했을 때조차 가끔씩 작업을 멈추고 사진을 감상하거나 어떤 법규를 해석하는 것이 집에 틀어박히기로 한 내 선택을 후회한다는 걸 의미하지는 않는다.

이런 유의 고찰 뒤에는 인터넷이 우리를 더욱 외롭게 만들 거라는 전제가 깔려 있다. 이런 담론은 사회학자 체이네프 투페키의 화를 돋우었다. 그녀의 말에 의하면, 네트워크는 현대인의 고독을 야기하는 게 아니라, 오히려 그 반대로 수많은 이에게 고독을 물리칠 수단을 제공한다. 네트워크 덕분에 사람들은 현대 세계가 그들 사이에 세워 놓은 수많은 장애물에도 불구하고 서로 만나기를 시도하거나 서로 접촉을 유지할 수 있다. '우리를 서로에게서 고립시키는 교외의 삶' '직장과 출퇴근으로 보내는 긴 시간들' '가족들을 전 세계로 뿔뿔이 흩어지게 하는 이주 문제' 등은 개개인의 주 관심사를 공유할 수 있게 하는 만남 자체를 어렵게 만든다.[16] 실제로 온라인에서 일어나는 일들은 끊임없이 실제 삶에서 사건들을 야기하고 재개하게 한다.

우리가 이런 역학 관계에 무지하다는 사실은 구체적인 것과 추상적인 것을 서로 통하지 않는 두 영역으로 간주하는 잘못된 지배적 관점을 잘 보여 준다. 바로 이런 이유로 내게는, 마이클 폴란이 시도한 '논평의 대상'(그의 오두막)과 '존재하는 것에 대한 논평'(그의 책들) 사이의 구분이 지나치게 단순해 보인다.[17] 물론 그가 무슨 말을 하고자 했는지는 잘 알지만. 생각, 상상적인 것, 논평처럼 인터넷에서 주고받는 것들은 얼마든지 실체적인 반향을 불러일으킬 수 있다. 이 모두는 우리가 사는 세상의 모습을 형성하는 데 기여한다. 폴란 자신도 그 사실을 입증하는 훌륭한 예를 제공하고 있다. 그는 바슐라르의 《공간의 시학》을 읽은 경험이 그때까지 아직 모호했던 '자기만의 장소에 대한 소망을 구체화하는 데 결정적 역할을 했다고 밝혔다. 그의 에세이 《나만의 장소》의 부제인 '몽상의 건축'은 이런 영향을 잘 보여 주고 있다. 1950년대에 프랑스에서 쓰인 책이 40년 후 코네티컷에 있는 폴란의 집 정원에 안식처를 탄생시키는 데 기여한 셈이다. 그뿐 아니라 이 안식처의 유래에 대한 이야기를 들려주는 또 다른 책을 탄생시키기도 했다. 어쩌면 그 책 또한 전 세계를 돌아다니면서 또 다른 오두막들을 탄생시키게 되지 않을까.

기술 혐오론자들(테크노포비아)의 말을 듣다 보면, 인터넷이 없다면 우린 천국에서 살게 될 것만 같다. 그런데 투페키는 "대부분의 사람들은 코드곶에서의 산책과 소셜 네트워크 사이에서 선택하는 게 아니라, 소셜 네트워크와 텔레비전('궁극적 소외를 야기하는 수단') 사이에서 선택을 한다"라는 사실을 상기시킨 바 있다. 그녀는 거주자들이 텔레비전을 늘 켜 놓은 채 '대화를 죽이는' 수단으로 사용하는 집을 방문할 때마다 불편함을 느낀다고 이야기했다. 사실 텔레비전은 가정생활을 오염시키고 메마르게 할 뿐만 아니라, 사람들로 하여금 수동적인 존재가 되게 하고 세상의 폭력성과 홀로 마주하게 만든다. 나는 오늘날의 정치 풍토에서는, 맥 빠지게 하는 말이나 사건을 텔레비전 뉴스를 보면서 여과 없이 접하기보다는 소셜 네트워크상에서 내 당혹감을 공유하게 될 누군가를 통해 간접적으로 알게 되는 것을 더 좋아한다. 물론 지식인 가운데서도 사회학자 도미니크 볼통처럼, 인터넷에서는 각자 자기처럼 생각하는 사람들 가까이로 도피하려고 한다며 개탄하고, 매스미디어만이 사람들을 모을 힘이 있기 때문에 대체가 불가능하다고 주장하는 사람들이 늘 있긴 하다. 하지만 어떤 면에서 시사 문제에 관한 다비드 퓌자다스의 견해가 내가 트위터에서 팔로우하는 누군가의 의견보다 더 타당하고 논란의 여지가 적은지, 왜 내가 그의 생각을 억지로 받아들여야 하는지는 잘 모르겠다.

한편으로는 소셜 네트워크가 당혹스러운 방식의 관계를 야기하는 것도 사실이다. 네트워크상에서는 포스팅한 글이나 프로필 사진 또는 그들의 아바타를 통해 아주 뜸하게 보거나 한 번도 본 적이 없거나 결코 만날 일이 없을 사람들과 일상적으로 접촉할 수 있기 때문이다. 그러나 생각해 보면, 사람들은 신문에서 어떤 이름을 발견하는 것을 좋아하고, 어떤 기자를 만날 일이 결코 없을 거라는 이유로 그가 쓴 기사를 읽는 게 터무니없다고 생각하지는 않는다. 마찬가지로 소설에 푹 빠진 사람에게 그걸 읽느니 옆집 사람과 수다라도 떨며 소리칠 사람은 없을 터다. 예전에는 오직 저널리스트나 예술가, 작가, 화가, 음악가, 영화인 등만이 그들의 창작물을 세상에 전파했다. 하지만 오늘날에는 그 가능성이 민주화된 것이다, 어떤 면에서는.

　다른 한편으로는 지인들과의 불분명한 소통이 더 많은 문제를 야기할 수도 있다. 함께 보내는 시간과 온라인에서의 교류(때로는 직접적으로, 또 때로는 네트워크상과 블로그에, 또는 그중 하나에 상대방이 포스팅한 것을 팔로우함으로써)를 병행하는 소통 방식은 관계에 구멍을 생기게 할 수도 있고, 암묵적인 이야기가 많아지게 하며, 서로 간에 오해와 착각을 불러일으키기 쉽다. 또한 수세기 전부터 편지와 전화가 야기했던 허상을 더욱 커지게 하기도 한다. 그러나 이런 허상을 내포하는 관계가 얼굴을 맞대는 만남보다 더 깊이 있는 소통의 형태를 가능하게 할 수도 있으며, 사람들로 하여금 좀 더 자유롭게 운신할 여지와 더불어 자신의 또 다른 면들을 드러내 보이게 하기도 한다.

　겉보기엔 매우 폐쇄적으로 보이던 청소년 시절의 내 방에도 이미 다른 사람들이 존재했다. 그들은 내가 읽던 책과 잡지, 내가 주고받던 편지 속에도 있었다. 내 전화 통화 속에도 그들이 존재했다. 그때는 휴대폰이 등장하기 전이었으므로, 종종 옆방에서 전화를 빨리 끊으라고 소리치는 부모님의 성화에 시달리곤 했지만. 어쩌면 웹2.0은 단지 이런 존재를 강화한 것이 아닐까? 어쩌면 지금으로부터 몇 년 뒤에는, 새로움의 효과가 약화되면서 점차 그 존재에 안정된 지위를 부여하고 그것을 존중하는 법을 배우게 되지 않을까? 사실 그보다는 일종의 FM 수신기로 변해 버린(목소리들의 급

속한 증가와 더 넓게는 너무 많은 대상이 요구하는 관심의 분산과 연관된 현상) 내 머릿속을 보게 되는 것이 더 나를 두렵게 한다. 지금은 우리의 신체 기관들이 다소 불편을 겪고 있긴 하지만 앞으로 차차 적응해 나가지 않을까? 따지고 보면 그동안 이보다 더한 일들도 겪은 우리가 아닌가……. 또는 어쩌면 우린 보편화된 '번아웃'을 향해 나아가고 있는 건 아닐까? 정말 그런지도 모른다. 어쨌든 지금으로서는, 앞선 페이지에서처럼 뒤이은 페이지들에서도 다양한 디지털 야영지를 주기적으로 들락거리는 내 흔적을 발견할 수 있을 것이다.

3장

대거 퇴출 :
우리가 살 곳은 어디에 있을까?

두 아이의 엄마인 그녀는 16년간 열심히 일했지만 마음 편히 머물 곳조차 없는 처지였다. 당시 그녀는 큰아들이 사는 집의 손님방에서 잠시 몸을 의탁하고 있었다. 그러던 어느 날, 그녀가 속한 팀의 매니저가 그녀에게 '욕조에 더운물을 받아 그 속에 몸을 담근 채 편히 쉬는 게 스트레스를 줄이는 비법'이라고 알려 주었다. 그녀는 그 이야기를 들려주면서 "난 집도 없는데 말이죠!"라며 한숨을 내쉬었다.

1월의 어느 날 밤, 새벽 세 시였다. 그들은 커다란 누비이불 가장자리를 매트리스 양쪽 아래로 꼭꼭 집어넣은 채 나란히 누워 잠들어 있었다. 바로 옆에 개인 소지품을 놓고 잠든 모습은 여느 평온한 부부의 이미지를 연상시켰다. 그러나 그들이 머리에 쓰고 있는 보닛은 그 나이에 비추어 이해될 수 있는 노년의 겉멋과는 거리가 멀었다. 침대는 파리 3구에 있는 코민가의 보도와 같은 높이인 건물 입구에 끼워 넣어져 있었다. 어떤 면에서는, 그들이 재현하고자 애쓴 안락함과 주위에 조성한 취약한 안정감은 슬리핑백이나 판지 조각 위에서 웅크려 잠든 것보다 그들의 처지를 훨씬 충격적으로 보이게 했다.

이런 광경은 여기엔 '무언가(하나의 경계, 하나의 한계선)가 결여돼 있다'는 사실을 더욱 뚜렷이 드러나게 했기 때문이다. 행인들의 시선, 추위, 악천후, 우발적이거나 고의적인 공격, 절도, 아스팔트의 불결함, 자동차의 소음, 바짝 붙은 대로의 소란스러움으로부터 그들을 지켜 줄 무언가가 없다는 사실을. 무엇보다 이 공간은 그들이 연출하는 장면과는 전혀 어울리지 않았다. 이런 장면은 통상적으로 방의 안전함과 관련되어 있다. 따라서 결코 내 시선이 그곳에 닿아서는 안 되었다. 침대의 내밀함과 도시 풍경 속에서 느끼는 밤공기의 대조는 윈저 맥케이의 만화 〈잠의 나라의 리틀 니모〉'의 꿈 같은 이미지들을 창조해 낼 수도 있다. 그러나 그 주인공이 아침이면 가족이 사는 집의 견고한 벽들과 다시 만나게 되는 것과는 달리, 부부가 침대를 가져다 놓은 이곳에서 서로 대조되는 두 가지는 단지 끊임없이 그들을 거리로 내모는 파산의 실체를 드러낼 뿐이다.

거리로 내몰린 사람들의 모습(일종의 현대적 공시대로 작용하는)은 놀라운 징벌적 위력을 발휘한다. 이런 광경은 그것을 지켜보는 사람들로 하여금 어떻게 자신들의 삶을 개선할 수 있는지가 아니라 어떻게 삶이 더 나빠지지 않도록 할 수 있는지 자문하게 한다. 그리하여 더 어려운 삶을 살게 될지도 모를 위험보다는 아무런 불평 없이 모든 걸 받아들이는 편을 택하게 만든다. 또한 이런 광경은 일종의 트라우마를 유발할 수도 있다. 우리를 현혹하는 소비사회의 광고들이 심어 준 환상을 깨뜨리기 때문이다. 우리의 일상 세계 속에 넘쳐 나는 광고 문구들은 우리로 하여금 풍요와 평온과 안전을 보장해 주는 안식처 속에서 살아가며 각자의 욕망을 확인하여 충족시키기만 하면 된다고 믿게 만들고자 한다. 그리고 끊임없이 욕구와 열망과 나르시시즘을 부추김으로써 우리로 하여금 그런 환상 속으로 더욱더 빠져들게 한다. 장 보드리야르가 그의 책에서 말한 것처럼 이런 담론의 특성은 "마치 뭐든지 공짜인 것처럼 떠들어대면서 상업적 교류의 경제적 합리성을 부정하는 것"[2]이다.

소비에 관한 담론의 목적은 제품을 살 여력이 있는 사람들에게 그것을 팔아넘기는 데 국한되지 않는다. 그것은 그들로 하여금 자본주의가 고객으로서가 아닌 인간으로서의 그들을 사랑한다는 사실을 믿게 하는 데 있다. 하지만 많은 사람이 처한 삶의 여건(비록 비라도 피할 수 있는 데서 살긴 하지만)은 그들로 하여금 이 문제에 관한 어떤 의문이 들게 한다. 그리고 거리로 내몰린 다른 사람들의 모습은 그 광경을 목격한 이들의 머릿속에 이 문제에 관한 가장 강렬한 부정否定으로 각인된다.

사람들은 진정으로 적응하지 못하면서도 차츰 그런 삶에 익숙해진다. 우리는 곧잘 집이 제2의 옷이라고 이야기한다. 비록 차원은 다르지만 집은 옷과 마찬가지로 우리를 보호하고 가려 주며, 우리 몸의 안녕을 보장해 주니까 말이다. 또한 우리에게 최소한의 사회적 영역을 제공하고, 자신을 표현할 수 있는 형식을 허용한다. 군중에게서 벗어나고, 타인들로 인한 성가심을 피하고, 사람들의 시선으로부터 자유로워지고, 집에서 홀로 왕처럼 군림하며 숨 쉬고 기력을 회복하고 생리적 욕구를 해결하고 음식을 만들어 먹고 자신이 아끼는 것을 안전한 곳에 보관하기 등을 할 수 없다는 것은 우리에게 필요한 두 종류의 옷 중에서 한 가지만을 입고 있는 것과도 같다.

앞서 언급된 불가능성 중에서 아마도 가장 참을 수 없는 것은 잠을 제대로 잘 수 없다는 사실일 터다. 파스칼 디비는 행여 밤에 잠자리에 드는 것을 삶에서 도피하는 거라고 여긴다면 그건 잘못된 생각이라고 지적했다. 그 반대로 우린 '다시 본디의 모습, 잠자는 이들과 침대 소유자들의 조합[3]으로 돌아간 도시'를 다시 만나는 것이다. 따라서 도시는 무엇보다 그 구성원들이 옆에서 잠들 만큼 서로 충분히 믿으며, 함께 각자의 잠을 지켜 주기로 약속한 하나의 공동체인 셈이다. 미국의 수필가 조너선 크레이리 역시 높은 차원의 조직력이 요구되는 내밀한 행위인 잠은 "항구적인 사회성을 대표한다"라고 단언했다. 이런 주장은 우리의 통념과 어긋난다. 학교에서는 인간 집단이 더욱 고귀한 유대를 맺게 된 것은 선사시대가 아니라 아테네의 민주주의나 사회계약이라고 가르쳐 왔다. 만약 이런 측면의 지속성을 인정한다면, 노숙자의 존재는 근본적인 협약의 배신을 내포하게 될 것이다. 크레이리는 '국가 차원의 감시 모델'은 17세기에 끝났다는 주장을 펼친 바 있다. 그 이전에는 지배자들이 (가장 비천한 하층민들을 포함한) 모두의 잠을 돌봐야 할 의무를 지니고 있었다. 이젠 평온한 밤을 누릴 권리는 자산가의 특권이 되었다. 부르주아들의 안녕을 방해하는 이들은 바로 과거에 '잠자는 사람들 무리에 포함되어 있던'[4] 저소득층과 걸인들인 것이다.

그럼에도 지붕을 박탈당한 시민들의 존재가 형성하는 이단異端을 용인하고자 한다면, 적어도 가능한 한 그들의 운명의 가혹함을 완화시키도록 노력해야 할 터다. 크리스토퍼 알렉산더의 《패턴 랭귀지》에는 '공공장소에서 잠자기'라고 이름 붙인 장이 있다. 저자는 그 속에서 공적 공간에 커다란 벤치들을 설치하고, 행인이 한잠을 잘 수 있도록 차들이 안 다니는 곳에 안락한 장소들을 마련할 것을 권고하고 있다.

"만약 그가 갈 곳이 아무 데도 없다면, 도시의 거주자들인 우리는 적어도 그가 벤치나 길가에서 잠을 잘 수 있다는 사실에 기뻐해야 할 것이다. 물론 이것은 갈 데가 있지만 길에서 낮잠을 자는 걸 좋아하는 이들에게도 마찬가지로 해당되는 이야기다."[5]

저자는 책 속에서 우리가 지향하고 싶을 만큼 상당히 아름다운 이상을 규정하고 있다. 그러나 우리가 사는 사회가 그렇게 아무 데서나 안심하고 잠을 청할 수 있을 만큼 평화로운 곳이 될 수 있을까? 이건 영영 이룰 수 없는 꿈처럼 보일 뿐만 아니라, 추위와 악천후 역시 여전히 해결하기 힘든 문제로 남아 있다. 우리 모두가 확인할 수 있는 것처럼, 현대의 도시들은 단호하게 그 반대로 나아가고 있다.[6] 알렉산더 자신도 1970년대에 이 책을 썼을 때 그 사실을 잘 알고 있었다. 도시의 거주자들은 빈곤의 광경도, 자신들이 게으름에 속한다고 간주하는 것들도 용납하지 못한다. 어쨌거나 현대의 도시들은 사람들이 동화될 수 있는 장소, 가다가 걸음을 멈추고 능장을 부릴 수 있는 곳, 뿌리박고 살 수 있는 장소가 아닌, 점점 더 기능적인 공간으로, 최대한 효율적으로 인구의 흐름을 조절하려는 단순한 통행로로만 구상되고 있는 실정이다. 그리고 2011년 뉴욕에서 마드리드까지 이어진 '99프로'나 '분노한 사람들'의 야영野營이 저지하고자 했던 것도 바로 이러한 추이였다.[7]

이런 운동에 참여했던 이들은 이 기회에 거리의 삶이 무엇을 의미하는지 깨달을 수 있었다. 뉴욕에서는, 저널리스트 바버라 에런라이크가 주코티 공원의 야영자들을 대변해 다음과 같은 이야기를 했다.

"하나의 문제가 대량해고, 중산층의 붕괴, 가장 부유한 1퍼센트의 지배와 관련된 문제들을 포함한 다른 모든 문제들을 퇴색시키기에 이르렀다. '우린 어디에서 오줌을 눌 수 있을 것인가?'"

미국 도시에는 공중화장실이 매우 드물기 때문에 각자 알아서 용변을 해결해야 한다. 현장에서 발각되면 매우 심각한 곤경에 처할 수 있음을 각오하고 말이다. 한 노숙자 구호 단체는 〈위기를 범죄화하다〉라는 보고서에서 한 가족의 사례를 고발했다. 그들은 1년 전부터 노숙하던 끝에 2010년 마침내 아파트 입주권을 획득했다. 그러나 임대차 계약서에 서명하기로 했던 날, 남자는 약속을 지키지 못했다. 공공장소에서 소변을 보았다는 죄목으로 체포되었기 때문이다. 그들이 들어갈 뻔했던 아파트는 다른 사람에게 넘어갔다. 그리하여 2011년 3월에도 이 가족은 여전히 거주할 곳을 찾아 헤매야 했다. 같은 보고서는 임신한 몸으로 노숙을 하던 한 여인의 사례도 들려주었다. 그녀는 잠시 쉬어 가고자 했던 박물관과 박물관 앞의 벤치 그리고 공원에서 차례로 쫓겨난 후에 사산을 했다.[8]

이런 일은 미국에만 국한된 것은 아니었다. "어디서라도 몸을 누일 수만 있다면 좋겠어요. 하지만 언제나 어김없이 내쫓기곤 하죠." 클로스 드렉셀이 연출한 2014년작 영화 〈세상의 가장자리에서〉에 나오는 파리의 노숙자 가운데 하나인 벤세슬라는 이렇게 말했다. 그러나 미국 사회는 다른 어떤 사회보다 사회가 배출한 노숙자들을 궁지로 몰아넣는 데 거리낌이 없는 듯하다. 일례로 플로리다주 탬파는 2013년, 경찰들에게 공공장소에서 잠을 자거나 '개인 물품을 보관하는' 사람들을 목격하는 즉시 체포하라는 지시를 내렸다.[9] 별것 아닌 행위, 기본적인 신체 기능, 노숙자들의 존재조차 모두 불법적인 것으로 간주되었다. 그 반면에 미국의 "어떤 법도 도시들로 하여금 음식, 임시 거처 또는 화장실이 결핍된 사람들에게 그것들을 제공하도록 강제하지 않았다." 그들은 사라져 줄 것을 요청받았고, 그들이 악취 풍기는 시체를 뒤로 남기지 않고 사라진다면 더욱 바람직한 일이 될 터였다. 에런라이크는 이런 불관용의 시작을 1980년대 초로 보고 있는데, 이런 불관용이 증가하는 것은 경제의 자본화와 맞물려 있다고 추정한다. 마치 당시 득세하던 추상화 현상이 가난한 이들의 육체에 대한 혐오증을 강요하기라도 한 것처럼. 이런 태도의 변화를 보여 주는 전조로 다음과 같은 사례가 있다. 유타주는 공화당을 지지했음에도 모든 노숙자에게 아파트 한 채씩 지급하는 정책을 실시했다. 그러는 게 그들을 괴롭히고 감옥에 가두는 것보다 비용이 덜 먹힌다는 사실을 깨달았기 때문이다.[10] '주택 먼저Housing First'로 명명된 이 접근 방식은 국민 모두의 찬사를 받았다.[11]

에런라이크에게는 2011년에 시작된 '99프로' 운동의 진정한 원동력은 튀니지나 이집트의 혁명가들도 스페인의 분노한 이들도 아닌, 미국의 노숙자들과 2009년부터 나라 전체로 퍼져 나가기 시작한 그들의 '텐트 도시들'이었다.[12] 위기와 더불어 사회 보조금의 삭감으로 인해 점점 더 많은 사람이 집을 잃었다. 이런 현상은 물론 새삼스러운 것은 아니었다. 로널드 레이건 대통령은 첫 번째 임기인 1981년부터 1985년까지 공영주택 예산을 반으로 삭감했고, 50만 명에 이르는 장애인들의 수당을 없앴다. 캘리포니아주 새크라멘토에 있는 한 단체의 대표는 "예전에는 노숙자가 거의 없었다"라고 단언했다. 거기에 주택 가격의 상승이 결정타를 가했다. 한때 전기공이었다가 텐트에서 살게 된 존 크레인츠는 이런 현상을 다음과 같은 말로 설명했다.

"임금은 깎이고 집세는 올라갔죠. 그 두 가지가 결국 충돌을 일으키고 만 겁니다."[13]

'충돌'은 일자리가 더 이상 집을 보장해 주지 못한다는 것을 의미한다. 정확한 통계를 산출하는 데 어려움이 있긴 하지만, 2009년 미국의 노숙자들을 위한 국민연합은 매년 점점 더 많은 기간을 거리에서 보내는 350만 명의 사람 중에서 19퍼센트가 직업을 갖고 있을 것으로 추산했다.[14] 프랑스에서는 노숙자의 4분의 1이 그런 경우에 해당된다.[15] 2013년 여름에는 특히 저임금에 시달리던 미국의 패스트푸드 업계 노동자들이 미증유의 파업을 일으켰다. 사람들 사이에 만연해 있던 생각과는 달리 그들 상당수는 임시직을 찾아 헤매는 저학력의 젊은이가 아닌, 부양할 가족이 있는 중년 가장으로 그중에는 고학력자도 포함되어 있었다. 그들 대부분은 정부에서 지급하는 식권으로 생계를 이어나갔다.

저널리스트 토머스 프랭크는 다음과 같이 상황을 요약했다. "행정 당국은 납세자들의 돈을 이용해 그들이 굶어 죽지 못하게 한다. 그리고 그들의 고용주들에게 그렇게 얻어진 이익을 마음껏 즐기라고 부추긴다." 그는 노스캐롤라이나주에서 취재하던 중에 실직 노동자 빌리에타 듀크를 만났다. 두 아이의 엄마인 그녀는 16년간 열심히 일했지만 마음 편히 머물 곳조차 없는 처지였다. 당시 그녀는 큰아들이 사는 집의 손님방에서 잠시 몸을 의탁하고 있었다. 그러던 어느 날, 그녀가 속한 팀의 매니저가 그녀에게 '욕조에 더운물을 받아 그 속에 몸을 담근 채 편히 쉬는 게 스트레스를 줄이는 비법'이라고 알려 주었다. 그녀는 그 이야기를 들려주면서 "난 집도 없는데 말이죠!"[16]라며 한숨을 내쉬었다.

족쇄가 채워진 삶

2008년의 서브프라임 거품이 꺼진 후 미국 전역을 휩쓴 부동산 압류 돌풍은 현대 세상이 어떤 방식으로 '99프로'가 느끼는 뿌리 내리기의 욕구를 좌절시키고자 하는지 여실히 보여 주는 강력한 상징이다. 대서양 양쪽에서 어떤 식으로든 임금과 부동산의 적대적 추이를 느끼지 않는 사람은 극히 드물다. 2014년 초, 아베 피에르 재단은 '14만 1500명의 사람이 노숙을 하고 있고, 그 가운데 3만 명이 아이들'이라고 발표했으며, 2001년 이래로 노숙인 수가 50퍼센트나 증가했다고 보고한 바 있다.[17] 재단은 자기 집이 없거나 매우 힘든 처지에서 살아가는 사람들의 수를 약 360만 명으로 집계했다. 거기에 더하여 주택 위기로 인해 위태로운 상황에 놓인 500만 명이 그 주위를 맴돌고 있는 실정이다.[18] 또 다른 이들은 점점 더 혜택받은 소수의 차지가 되는 도심에서 살 경우 비좁은 공간으로 만족해야만 한다. 또는 도시 외곽으로 밀려나는 경우에는 매일 진 빠지는 여정을 각오해야 한다. 스위스도 젠트리피케이션에서 예외가 아니다. 알린 클레르는 오래된 이웃과 나란히 선 채 두 사람이 수십 년간 살았던 로잔 시내 건물이 더 부유한 사람들에게 자리를 넘겨주기 위해 허물어진 잔해를 응시하면서 혼잣말처럼 중얼거렸다. "난 더 이상 이 세상 사람이 아닌 것 같아."[19] 그녀의 말은 다음과 같은 질문을 던진다. 여전히 이 세상에 머물 수 있는 능력을 가진 이들은 대체 어떤 사람들일까?

프랑스에서는 1998년과 2011년 사이에 부동산 가격이 무려 158퍼센트나 올랐다. 이건 평균치일 뿐이다. 프로방스알프코트다쥐르주_州에서는 거의 세 배, 그리고 파리에서는 네 배나 올랐다![20] 게다가 임금 동결에 아파트의 대량 부족 현상이 더해졌다. 정부 당국은 인구 증가도, 기대수명의 연장도, 세 쌍 중에 한 쌍이 이혼하는 현실도 예견하지 못했다.[21] 2012년에는 45만 5000채의 임대아파트가 공급되었지만, 수요자는 170만 명까지 치솟았다.[22] 1980년대 초만 해도 한 가정당 평균 수입의 25퍼센트를 식비에, 13퍼센트를 주거비에 지출했다. 그러나 그로부터 30년 뒤에는 그 비율이 역전했다. 어떤 이들은 그들의 집세가 소득의 반을 집어삼키는 것을 지켜보아야 했다. 일례로 2013년 《리베라시옹》 기자가 만난 한 오디오 비주얼 기술자는 파리의 30제곱미터짜리 원룸형 아파트에 살면서 1460유로의 봉급(노동자 평균 임금인 1624유로와 별 차이가 없는 금액) 중에서 매달 753유로를 집세로 지불한다고 이야기했다. 그 결과 그는 할인매장에서만 장을 봐야 하고, 카페 테라스에서 술 한잔 하는 즐거움조차 전혀 누리지 못하고 살고 있다고 탄식했다.[23]

경제학자 제자벨 쿠페수베랑과 마리안 루빈슈타인은 부동산 가격의 상승이 '자산 불평등 증가의 주요 원인'이라고 강조했다. 그들은 '조용한 쓰나미'라고 부르는 것에 대해 이야기했다. 1998년과 2010년 사이에 "프랑스의 최빈곤층 가정의 10퍼센트는 총자산가치가 20퍼센트(유로의 실제 가치로는 정체나 다름없다)밖에 증가하지 않은 반면, 가장 부유한 가정 10퍼센트의 총자산가치는 131퍼센트나 증가했음을 알게 되었다."[24] 부유한 상속자들에게 복이 있나니. 사람들은 2011년에는 더 이상 자신의 수입만으로는 파리에서 최초의 집을 살 수 없게 되었고, 그 때문에 '부모의 상당한 도움'[25]을 필요로 하게 되었다. 이미 이처럼 위태로웠던 배경에서 2014년 여름, 마뉘엘 발스 내무장관이 주택 소유자들에게 그들의 직계 가족이 사는 집에 한해 최대 5만 4000유로까지 소득공제를 해 주기로 결정했다. 달리 말하면, 부유한 가정은 공공보조금을 받아 그들의 부동산 자산을 더 늘릴 수도 있다는 이야기였다.[26] 전 주택부 장관 세실 뒤플로는, 그러기 위해 공동체는 임대아파트를 건설하는 데 드는 비용보다 세 배나 많은 비용을 지불해야 한다는 사실을 강조했다.[27] 게다가 내친 김에 정부는 자녀에게 주택이나 택지를 증여하는 부모에게는 10만 유로의 소득공제를 실시한다고 발표했다.

불안정하고 비위생적이며 지나치게 작은 집에 만족해야 하는 사람들은 부유한 이들과 대조되는 자신들의 처지로 인해 고통받는다. 다니엘 올리비에로는 웹 다큐멘터리 〈아 라브리 드 리앵〉[•]에서 프랑스 남부 베르레탕에 있는 쥐가 들끓는 불결한 집에서 아내와 함께 사는 한 남자의 증언을 들려주었다. 그는 치밀어 오르는 분노로 인해 잠을 이루기가 힘들다고 했다.

"한밤중에 잠에서 깨면 미친 사람처럼 방 안을 서성이곤 합니다. 괴로워서 견딜 수가 없어요. 사는 게 정말 지긋지긋합니다. 최근에는 머리에 총을 쏘아 죽고 싶다는 생각까지 들었어요. 우린 아무것도 가진 게 없는데, 모든 걸 다 가진 사람들이 있다는 걸 생각하면 화가 나서 미칠 것만 같단 말입니다."[28]

게다가 삶의 기본적 여건인 보금자리를 추구하는 일은 유난히 노골적이고 격렬한 지배 관계와 부딪히기 마련이다. 결핍은 그것에서 모종의 이익을 얻을 수 있는 위치의 어떤 이들에게 가장 저열한 본능을 부추기기도 한다. 악덕 집주인들은 공식 부동산 시장에서 소외된 이들에게 누추한 집을 세놓으며 터무니없는 집세를 요구한다. 심지어 세입자나 집주인이 젊은 여성에게 동거나 성관계를 조건으로 원룸을 제공하는 경우도 있다. 한 고위 관료는 그가 낸 안

— • À l'abri de rien. 프랑스어로 '무엇으로부터도 보호받지 못하는'이라는 뜻.

내 광고를 보고 찾아온 한 여기자에게 다음과 같은 요구 조건을 나열했다. "되도록 자주 알몸으로 집 안을 돌아다닐 것. 나를 흥분 시키기 위해 소파베드에서 다리를 벌리고 있을 것. 섹스 횟수에 제약을 두지 말 것. 특히 나를 갖고 놀 생각을 하지 말 것. 초기에는 자주 섹스를 요구할 수도 있다는 걸 알아 둘 것." 그리고 면담을 하는 동안 또 다른 항목이 추가되었다. "화장실에서 볼일 보는 당신을 지켜볼 수 있기를 원함. 내가 저녁에 돌아왔을 때 당신이 집에 있기를 바람. 함께 잠잘 수 있으면 좋겠음. 청소와 다림질을 해 주기를 원함." 그는 "나하고 한 약속을 지키지 않은 여자들은 내보냈다" 라고 당당하게 말했다. 또 다른 집주인은 다음과 같은 말로 스스로를 합리화했다. "여자들은 어쩌면 사는 게 힘들어서 이 지경까지 왔는지도 모르죠. 하지만 따지고 보면 누이 좋고 매부 좋은 일 아닌가요?"[29]

이보다 덜 기막힌 경우를 보더라도, 언젠가 파리에서 아파트를 구하게 될 모든 사람은 세놓을 조그만 벽장 하나라도 가진 사람들에게서 발견되는 절대 권력을 휘두르려는 이들의 망상을 지켜보게 될 터다. 나는 방 두 칸짜리 아파트에 세 들기 위해 몰려온 방문객이 이구동성으로 내쉬던 실망의 한숨 소리를 똑똑히 기억하고 있다. 지원자 가운데 한 사람이었던 어느 공기업의 한 간부는 집주인에게 흠잡을 데 없는 자신의 서류를 내밀었다. 하지만 서류를 재빨리 훑어본 주인은 여전히 터무니없는 트집을 잡으며 소리쳤다.

"당신이 2년 후에 외국으로 전근 가지 말란 법이 없잖소?"

2011년에는 Leboncoin.fr이라는 사이트에 올라온 구인 광고 하나가 소셜 네트워크 사용자들의 엄청난 분노를 촉발했다.[30] 오드 센 지역에 사는 53세의 한 여성은 자신의 아파트에 '오직 여성/젊은 여성만' 무료로 유숙시키겠다고 공지했다. 그 대가로 그 집에 머무는 여성은 하루에 두 시간씩 청소나 다림질을 '내 지시에 따라, 내가 보는 앞에서' 해야만 했다. 게다가 '매주 미리 함께 그 일정을 짤 것이며, 분 단위로 그것을 지켜야 한다'라고 선언했다! 집주인에게 선택된 운 좋은 여성은 주인과 같은 방에서, 그것도 그녀의 침대 위에 마련된 이층 침대에서 잠자게 될 터였다. '미리 말해두지만, 난 언제라도 헤드폰을 낀 채 텔레비전을 볼 수 있고 아주 밤늦게까지 담배를 피울 수도 있음!' 지인의 방문은 허용되지 않았다. '수납공간이 매우 부족한 관계로 개인 물품은 아주 조금만 가져올 것(커다란 가방 한 개로 제한).' 이 모든 것은 '아무것도 하지 않고 공짜로 유숙할 수 있을 거라고 생각하는 사람들을 추리기 위한 것("난 당신을 공짜로 재워 줄 생각도, 당신이 아무 일도 하지 않고 잠자는 것을 지켜볼 생각도 없다!")이며, 그런 일을 방지하기 위해 집주인은 고도의 전략을 세워 둔 터였다. 그녀는 자기 집에 세 드는 사람에게 매달 초 집세를 지불할 것을 요구했다. 그리고 그가 집안일을 할 때마다, 시간당 5유로씩으로 계산해 일한 만큼 매일 조금씩 되돌려준다는 것이었다. 게다가 보증금과 소득증명서와 관리비 분담도 요구했다. 또한 그들은 '매주 새로운 일정을 짜게 될 것이며, 주인은 '상대가 처신하기에 따라 그를 퇴거시키거나 계약을 연장할 수도 있다'라는 사실을 분명히 했다. 사람들로부터 거센 비난이 쏟아지자 그녀는 자신의 휴대폰 번호를 올려놓은 광고를 재빨리 삭제했다. 어떤 이들은 아마도 머리가 약간 돈 불쌍한 여자일 거라고 추측했다. 그러나 많은 이가 자기보다 못사는 사람들에게 부리기를 즐기는 원초적인 횡포를 그녀의 수준에 맞춰 재현하고자 했다는 점에서 그녀는 매우 민감한 문제를 건드렸던 것이다.

이런 상황에서 집을 가진 사람은 비록 마땅치 않더라도 그것에 매달릴 수밖에 없다. 부동산은 마치 음악 소리가 나는 의자들로 이루어진 거대한 노름판과도 같아서 사람들은 그 속에 한번 자리를 잡으면 도무지 움직일 생각을 하지 않는다. 게다가 적은 비용으로 살 집을 마련할 수 없다는 사실은 서구 사회가 높이 평가해왔던 다양한 진보마저 퇴색시킨다. 때때로 은퇴할 나이가 다 된 성인들이 다른 이들과 공동으로 세 들어 살아야만 한다면, 마치 빈곤의 상징처럼 여겨졌던 소련의 공동아파트에서 여럿이 동거하던 것 같은 상황을 겪어야 한다면, 개인의 행복 추구권을 운운하는 게 무슨 의미가 있겠는가? 남편에게 두드려 맞는 여자들이 구타와 길거리 사이에서 선택할 수밖에 없다면 가정 폭력과 맞서 싸우는 게 무슨 소용이 있겠는가? 더 이상 함께 살 수 없는 부부가 물질적인 이유 때문에 헤어질 수 없다면, 연애결혼의 이상과 이혼 제도에 대해 논하는 게 무슨 의미가 있을까?

스페인에서도 2008년에 부동산 거품이 빠졌고, 그 결과 수많은 커플이 치명타를 입었다. 그들은 집을 팔 수 없었다. 부동산 가격은 폭락했고, 더 이상 아무도 집을 살 생각을 하지 않았다. 따라서 그들은 계속 빚을 갚아 나가야 했고, 더 이상 원룸형 아파트 하나도 추가로 얻을 엄두를 내지 못했다. 그 여파로 이혼하는 부부들의 수도 감소했다. 그들은 종종 지옥 같은 상황 속에서도 어떻게든 계속 함께 살아야 했다. 예전에는 명랑하고 똑똑하고 친구들로 둘러싸인 채 완벽한 조화를 이루며 살아가던 한 30대 부부는 철저하게 무너져 내렸다. 그는 아직 그녀를 사랑했고, 그녀가 다른 남자와 사랑에 빠진 것을 받아들일 수 없었다. "그녀가 우리 아들이랑 잠자고, 우리 셋이 함께 밥 먹는 걸 거부한다는 생각만 하면 미쳐 버릴 것 같아요. 그래서 두 번이나 마구 화를 냈죠. 그랬더니 그녀가 우리 친구들에게 날 아주 폭력적인 남자로 소문을 내 놓았더라고요."[31] 그럼에도 갈라서기를 택한 이들은 그 대가를 혹독하게 치러야 했다. 프랑스에서는, 비록 주거비가 유일한 이유는 아니라 할지라도, 한부모가족의 32퍼센트에 해당하는 가정이 빈곤선보다 못한 처지에 놓여 있으며, 특히 이들 가정 대부분은 모자 가정이다.[32]

심지어 세대 간의 단순한 역학 관계, 즉 성인이 된 자녀는 자신의 자율성을 획득하도록 되어 있으며, 적어도 자기 부모의 삶과 동등하거나 그보다 나은 삶을 살아야 한다는 기본 원칙마저 제대로 작동하지 않았다. 여기서도 불평등은 여전히 맹위를 떨쳤다. 2010년에는 고위 관료의 자녀 가운데 71퍼센트가 학교를 졸업하고 3년 뒤에는 더 이상 부모 집에서 살지 않았다. 반면 똑같은 상황에서 노동자 자녀들의 45퍼센트와 사무직 자녀들의 47퍼센트만이 부모에게서 독립할 수 있었다.[33] 어떤 커플들은 헤어질 방법을 찾지 못하는 반면, 또 다른 커플들은 함께 살 수 있는 길을 찾지 못한다. 때로는 아이까지 있는 상황에서도 계속 각자 살아가야만 한다.[34] 또는 함께 살 공간이 부족하다는 이유로 부득이하게 출산을 제한하는 커플들도 있다. 많은 이가 잘못된 출발을 한 관계로 꽤 긴 시간 동안 그들의 부모 집으로 다시 들어가 살기도 한다. 파리에 사는 한 그래픽 디자이너는 마흔을 앞둔 나이에 아들까지 있으면서 2년 가까이 부모 집으로 들어가 살아야 했다. 그는 그 시간 동안 자신이 얼마나 힘들었는지 들려주었다. "제 부모님은 도시에 살고 계십니다. 난 그곳에서 사는 게 결코 편하지 않았어요. 정체하지 않기 위해 언제나 떠나고 싶다는 생각을 했었죠." 그는 그를 괴롭게 했던 과거의 도식圖式 속으로 다시 빠져드는 자신을 지켜봐야 했다. "부모님은 또다시 나의 귀가 시간에 신경을 곤두세우면서 이렇게 묻곤 하셨어요. '오늘은 어떻게 보냈니? 별일은 없는 거지?' 물론 감사하죠. 하지만 내 모든 일과를 일일이 보고해야 할 것 같은 의무감에 시달려야 했어요." 그는 그런 상황에서 벗어나기 위해 외출하지 않을 때는 내내 자기 방에만 틀어박혀 있었다, 사춘기 시절에 그랬던 것처럼. 어머니는 저녁마다 그의 방 창문의 블라인드를 모두 내리곤 했는데, 그는 그럴 때마다 "숨이 막힐 것 같았다"라고 고백했다. "그래서 어머니와 타협을 해야 했습니다. 결국 블라인드를 반만 내리는 것으로."[35] 남유럽의 나라들에서는 2008년에 시작된 심각한 위기 때문에 이러한 경향이 격화되었다. 25세에서 35세

사이 그리스인의 51.6퍼센트, 이탈리아인의 46.6퍼센트, 포르투갈인의 44.5퍼센트 그리고 스페인인의 37.2퍼센트가 부모와 함께 살고 있는 것으로 나타났다. 단지 문화의 차이만으로는 이런 현상을 모두 설명할 수 없음은 물론이다.[36]

어떻게 물려받을 것인가

이처럼 사회 계층과 세대 간의 이중 격차는 심화되고 있다. 엠마우스 재단의 사무총장인 파트릭 두트르리뉴의 말을 빌리면, 요즘 프랑스의 젊은이들은 '희소해진 일자리'와 높이 치솟은 집세의 이중고를 겪고 있다. "크기가 작은 집들은 주로 높은 회전율과 재임대 시 집세 인상의 대상이 되곤 합니다."[37] 전후 20년간 태어난 세대는 지금보다 안정적인 고용 환경과 더불어 좀 더 접근 가능한 부동산 시장의 혜택을 충분히 누렸다. 또한 그다음 세대들은 만져 보지도 못할 수준의 퇴직연금을 받았다. 이런 문제들은 루이 쇼블과 마르탱 슈뢰데르의 연구가 보여 주는 것처럼 서구 사회에서의 프랑스의 특수성에 기인하는 것들이다. 두 사회학자는 이에 관해 다음과 같은 통계 결과를 제시하고 있다. "1975년에 태어난 세대가 1920년부터 1950년까지 태어난 사람들이 누렸던 이례적인 경제 성장의 추세를 따를 수 있었다면 그들은 지금보다 30퍼센트가 향상된 삶의 수준을 누릴 수 있었을 터였다." 그들은 '신입 사원들이 받는 실질 임금의 감소'를 문제 삼으면서 '그들이 앞으로 채우게 될 근속 연수가 결코 최초의 타격을 치유해 주지는 못할 것'[38]이라고 강조했다.

이런 상황 때문에 나이 든 사람들이 적극적으로 나서서 자녀와 손주들을 돕게 된다. 세대 간 불평등에 있어서 프랑스를 바짝 뒤따르면서 위기가 실업률 증가로 이어지는 남유럽의 나라들에서는 높은 집세를 감당할 수 없어 가족 전체가 조부모 집으로 들어가 사는 일이 빈번하며, 극히 빈약하지만 여전히 존재 가치가 있는 퇴직연금으로 가족이 간신히 살아가기도 한다. 이런 현상은 성인이 된 자녀들은 부모의 물질적 안정을 돌보아야 한다는 원칙의 역전을 초래한다. 게다가 쇼블과 슈뢰데르의 몇몇 동료 학자들은 바로 이런 '사적 연대'를 원용해 그들의 분석에 이의를 제기하기도 한다. "부모들은 자녀들의 주거비를 원조하고, 집을 물려주기 위해 증여를 한다……." 그들은 이와 같은 사적인 양도를 고려해 볼 때, 불평등은 세대 간보다는 각 세대 내에 더 많이 존재한다고 단언한 바 있다.[39] 또한 이런 양도는 단지 부유한 이들뿐만 아니라, 그들보다 경제적 여유는 없지만 자녀들로 하여금 사회생활에서 맞닥뜨릴 상황과 관련된 특혜들을 누리게 하고 싶은 이들 사이에서도 빈번히 행해질 것으로 추정된다.

이는 달리 말하면, 고립된 젊은이들, 형편이 여의치 못해 아무런 도움을 줄 수 없는 부모를 둔 이들은 몹시 어려운 상황에 봉착할 수도 있다는 것을 의미한다. 긴급 구호소에 머무는 사람들의 구성을 살펴보면, 그중 4분의 1이 25세 미만의 젊은이들이다.[40] 이는 또한 다음과 같은 질문을 던지게 한다. 상대적으로 운이 좋았던 세대들이 세상을 떠나고, 그 자녀들이 그들 덕분에 축적했던 재원을 모두 써 버리고 나면, 또는 바꾸어 말하면 최근 몇십 년간의 정치에 의해 형성된 유형의 사회가 맨 얼굴을 고스란히 드러내게 되면 그때는 어떤 일이 일어날까? 그사이 높은 소득을 보장해 주는 지위에 오르지 못했거나 든든한 자산을 물려받지 못한 모든 사람은 강력한 이탈의 후유증을 겪을 위험에 처하게 될 것이다.

　이 첫 번째 질문은 두 번째 질문을 불러일으킨다. 이런 여건 하에서 어떻게 물려받을 것인가? 나 역시 부모님 집에 다시 드나들기 시작하면서 스스로에게 이런 질문을 할 때가 있다. 그곳을 방문할 때마다 난 완벽하게 유지되고 난방이 잘되며 환하고 널찍한 아파트를 다시 보는 데서 매번 똑같은 즐거움을 느낀다. (내가 사는 아파트를 포함해서 수많은 프랑스 집에 설치된 공기순환식 난방기가 얼마나 시원찮은지 알기 전까지는 스위스 어디에나 있는 중앙난방의 가치를 제대로 깨닫지 못했다. 나는 제네바에서 공부할 때 데이비드 로지의 소설을 읽다가, 영국 소시민들의 가장 큰 소망이 중앙난방이 되는 집에서 사는 거라는 이야기에 친구들과 함께 깔깔거리며 웃은 적이 있다. 돌이켜 보면 부끄러운 생각이 든다.) 부모님 집에서 느껴지는 안락감은 단지 육체적인 행복감뿐만 아니라 그 이상의 것을 선사해 준다. 이 세상에 내가 뿌리내리고 있다는 사실을 20년이 넘도록 구체화시켜 보여줌으로써 내게 안도감과 영속성의 느낌을 선사하는 것이다.

　집은 실생활의 장소인 동시에 일종의 박물관이다. 벽을 도배하고 있는 가족사진들을 보면 그런 생각이 든다. 때로는 그 두 가지 차원이 혼동되기도 한다. 예를 들어, 꽃무늬가 있는 자기 찻주전자에 버베인 차를 우린다고 치자. 주전자는 20세기 중반에 스위스 보 주州의 모라 호수 부근에 살던 내 할머니가 사용하던 것이었다. 그 속에는 어린 시절 내내 나를 따라다녔던 기억들이 축적되어 있다. 그뿐 아니라 스위스인과 이집트인의 피가 섞인 내 조부모와 그들의 형제자매(그들도 그 찻주전자를 물려받았을 수 있다)가 전해 준 기억들까지 담겨 있다. 부모님의 아파트는 내 선조들의 삶을 지켜본 무생물의 증인들이 곳곳에 자리 잡고 있는 감정의 배출구 같은 곳이다. 난 언젠가 이런 배경이 더 이상 존재하지 않게 될 날이 닥칠까봐 두렵다(이곳은 셋집이다. 스위스인의 37퍼센트만이 자기 소유의 집을 갖고 있으며, 이는 유럽에서 가장 낮은 비율이다). 어디로 시선을 향하든 내 눈길을 사로잡는 그곳의 가구들과 물건들이 언젠가 사방으로 흩어져 버릴지도 모른다는 사실을 상상조차 할 수 없다. 사람들은 이런 두려움을 이해하지 못할지도 모른다. 오히려 과거를 모두 지워 버리고, 숨 막히게 하는 오래된 것들을 모두 치워 버리고 싶어 할 수도 있다. 그러나 모든 걸 처분하기로 마음먹는 것과 모든 걸 처분해야만 하는 것은 엄연히 다르다.

이런 전망이 더욱 암울하게 느껴지는 것은, 언젠가 그런 날이 닥칠 때 십중팔구 난 내 부모님이 성공적으로 해 냈던 일들을 할 수 없으리라는 생각 때문이다. 적당히 안락하고 너른 집을 마련해서 그들이 장만한 물건들로 공간을 채우고, 그들이 보존하기로 마음먹은 유물들을 적절히 배치해 그것들에 익숙해지면서 새로운 의미를 부여해 나가는 것.⁴¹ 내 동반자와 내가 어떻게 그런 일들을 해 낼 수 있단 말인가? 이미 살림살이가 꽉꽉 들어찬 방 두 칸짜리 아파트, 게다가 단열마저 잘 안 되는 집에서 어떻게 그럴 수 있겠는 가 말이다. 프랑스의 중산층과 비교하면 우린 비교적 여유로운 계 층에 속하는 편이다. 그러나 파리의 중산층과 비교할 때는 이야기 가 달라진다. 세계에서 물가가 가장 비싼 도시 가운데 한곳에 살면 서 공간 친화적인 삶을 실현하는 것은 불가능에 가까운 일이다. 게 다가 내 또래의 사람들에게는 이런 현실에서 느끼는 좌절감 또는 진 빠지는 일상적 여정으로 인한 제약에 또 다른 종류의 좌절감이 추가된다. 직장에서 불안정한 삶을 사는 영원한 아웃사이더나 영 원한 초짜, 마흔 살이 넘어서까지도 '어설픈 젊은이' 취급을 받는 데서 오는 좌절감. 그리고 이 모든 것이 한데 합쳐진 현실이 우리로 하여금 한 세대로서의 자기 자리를 온전히 차지하지 못한다는 무 력감에 빠지게 하는 것이다.

아주 부유한 이들의 삶의 방식을 말할 때 사람들은 대체로 그 들의 사치스러운 소비습관과 그들이 영위하는 일상의 화려함과 세 련됨을 강조하곤 한다. 마찬가지로, 현저히 수준이 떨어지는 주거 지에 대해 이야기할 경우 사람들은 그것이 나타내는 지속적인 신 체적 학대의 형태를 강조한다. 물론 그러는 데는 타당한 이유가 있 다. 웹 다큐멘터리 〈아 라브리 드 리앵〉은 불편하고 비위생적이며 불안정한 주거지가 얼마나 사람을 지치게 하고 파괴적인지 잘 보 여 주고 있다. 게다가 이런 집들은 거주자들에게 치명적인 해를 입히기까지 한다. 불량 전기 난방장치가 화재를 일으키거나, 벽 페인트에 포함된 납 성분이 납중독을 일으켜 아이들이 고통받기도 한다. 심지어 한창 항암화학요법 중이던 여성이 강제로 집에서 쫓겨난 적도 있다. 극단적인 사례로 여길 수도 있겠지만, 이 경우들은 각각 하나의 대표적인 사례로 선택된 것뿐이다. 마르세유에서는 한 여성과 사춘기의 아들이 채광이 전혀 안 되는 주차장에서 살다가 전기료 때문에 파산한 일도 있었다. 게다가 도랑이 넘칠 때면 그들은 건물 전체에서 배출된 오물들이 그들이 사는 곳으로 역류하는 것을 지켜봐야 했다. 피레네자틀랑티크주州의 이소르에 사는 한 목동은 연이은 양들의 목축과 휴지기 동안 난방과 샤워 시설도 화장실도 없는 집에서 홀로 지내야 했다. 집을 보수할 형편이 되지 않던 터라 섭씨 영하 4도의 날씨에 갈라진 틈으로 스며드는 바람을 막기 위해 벽에 달력을 걸고 침대에서 오들오들 떨어야 했다. 마리냥에서는 수십 년간 프랑스에서 살고 있는 마그레브 출신 노동자 세 명이 초라하기 짝이 없는 집에서 함께 머물고 있었다. 그중 한 사람이 '악마의 집'이라고 부를 정도였던 그 집의 악덕 집주인은 그들에게 방이 아닌 침대를 세놓았다. 파리에서는 여섯 명의 가족이 22제곱미터도 채 안 되는 집에서 서로 엉겨 붙다시피 살아야 했다. 포의 한 트레일러하우스에서 살고 있는 어떤 여성은 저녁에 두 아이들을 씻기는 단순한 일이 얼마나 어려운 일인지 들려주었다.

"아이들을 하나씩 밖으로 데리고 나가서 씻기고는, 감기에 걸리지 않게 재빨리 파자마와 목욕 가운 그리고 커다란 점퍼와 머플

러까지 둘러주어야 했어요."[42]

그러나 집의 명백한 물리적 측면 못지않게 중요한 상징적 측면이 과소평가되어서는 안 될 것이다. 이 둘은 당연히 서로 연관되어 있다. 당신 이웃이 버린 오물이 당신 집으로 쏟아져 들어오면 주위 사람들이 당신을 어떻게 생각하는지를 곱씹게 해 준다. 그런 생각은 당신에게 고통뿐만 아니라 수치를 함께 안겨 준다. 집은 추억을 보존할 수 있게 해 주는 곳이기도 하다. 선조들과 같은 장소에 살든 아니든 간에, 누군가의 집은 박물관 같은 면모로 그를 그의 가계家系와 이어 준다. 그로 하여금 세상과 어깨를 나란히 하고 동시대인들과 어울릴 수 있게 하면서, 동시에 그의 과거 및 역사와 연결시켜 주는 것이다. 목동 피에르 쿠레예는 〈아 라브리 드 리앵〉과의 인터뷰에서 자기가 사는 산속 집이 폐허가 되더라도 그곳을 떠나는 일은 결코 없을 거라고 단호하게 말했다. "난 이곳에서 할아버지, 할머니, 큰아버지 같은 분들과 함께 지냈어요…… 무려 열 명이 같이 산 적도 있죠." 금빛 액자 속에 든 흑백의 가족 초상화들이 그곳의 갈라진 벽들을 장식하고 있었다.

"여긴 내가 태어나고 자란 집이에요. 내 선조들이 살았던 곳이기도 하고요. 그래서 난 여길 떠날 수 없어요. 이곳이 아니면 죽음밖에 없죠. 여기서 태어났으니까 죽을 때까지 여기서 살아야 하는 거라고요. 그래서 난 여길 떠나지 못해요."

자신이 살 집을 찾는 것은 우리보다 앞서 살았던 이들의 추억을 생생하게 간직할 장소를 찾는 것뿐만 아니라, 어쩌면 삶과 죽음에서의 자신의 운명을 토로하고, 자신을 거리낌 없이 내보일 수 있는 장소를 찾는 것인지도 모른다. 살아갈 장소의 추구는 죽을 장소와 안식을 취할 수 있는 곳의 추구를 동반한다. 마이클 폴란은 작가의 오두막을 짓기에 이상적인 장소를 찾기 위해서 집 주위의 땅을 돌아다니는 동안, 때때로 '집이 아닌 묘지를 수용하는 데 적합한'[43] 터를 찾는 것 같은 묘한 느낌이 들었다고 했다. 플로리다의 한 부유한 미국인 가족을 위해 일하는 필리핀 출신 가정부 버지니아 니바브의 말에서도 그와 비슷한 접근 방식을 엿볼 수 있다. 그녀는 다큐멘터리 제작자인 로렌 그린필드[44]에게 눈물이 그렁그렁한 채로 말했다. 자기 아버지의 꿈은 언젠가 튼튼한 집을 갖는 것이었다고. "난 집을 떠나면서 아버지에게 약속했어요. 내가 돈을 많이 벌게 되면 그 꿈을 이룰 수 있을 거라고. 우리 집을 가질 수 있을 거라고요." 그러나 그 약속을 지키기도 전에 그는 세상을 떠났다. "아버진 살아생전에는 결코 당신의 꿈을 이룰 수 없었어요. 하지만 이젠 견고한 무덤 속에 누워 계시죠. 그건 아버지만의 것이고요. 그러니까…… 어쩌면 그것만으로도 기뻐하시지 않을까요."

한 사람의 삶을 마무리하는, 죽음과 매장의 장소에 대한 관심은 그 삶의 폭을 넓히고 삶에 결정적인 색조를 부여한다. 그리고 이런 현상은 모든 사회 계층에서 고루 발견된다. 부유한 사람들을 전문적으로 연구하는 사회학자 부부 미셸 팽송과 모니크 팽송샤를로는 공저 《귀족의 거주지》에서 에스테브 공작의 증언을 그 예로 들어 보인다. 그는 '매우 안락한 한 사촌의 아파트에서 병석에 누위 있던 늙은 친척'에 대한 이야기를 들려주었다. "그녀는 이미 종부성사까지 받았지만 자신의 집으로 돌아갈 것을 고집했습니다. '싫어, 난 내 집으로 돌아갈 거야. 난 이런 임대아파트[45]에서 죽고 싶지 않다고. 난 번듯한 내 집에서 죽고 싶단 말이야.'"[46]

복도에 위엄 있는 초상화들이 줄지어 걸려 있고, 오랜 역사를 간직한 채 여러 세대를 거쳐 온 집들은 상류 계층이 누리는 추가적인 특혜를 확인시켜 준다. 불후성不朽性과 영속성이 그것이다. 그들이 사는 저택들의 규모와 질은 분명 그들의 일상을 즐겁게 해 준다. 그뿐만 아니라, 그들로 하여금 세상에 뿌리를 내리고 그들의 존재를 드러내며 그들의 역사를 펼쳐 보이게 해 준다. 팽송샤를로 부부는 라 망슈주州에 있는 카니지성城의 소유주 드니 드 케르고를레를 방문한 적이 있다. 역사 기념물로 지정된 이 성은 30헥타르에 달하는 공원 안에 자리 잡고 있으며, 그 역사가 무려 2000년이나 되었음에도 여전히 그들 가문의 소유로 남아 있다. 영지에는 지금은 소교구의 교회가 된 오래된 가족 예배당이 포함돼 있다. 드니 드 케르고를레의 조상들은 지하 납골당에 묻혀 있고, 그 자신도 언젠가 그들과 함께 묻힐 거라는 걸 알고 있다. 그는 그 사실을 이렇게 요약했다. "언제 죽을지는 모르지만, 적어도 어디에 묻힐 거라는 건 알고 있죠."[47] 그곳에서의 삶은 주거 불안정성, 강제된 이동성, 보편화된 취약성 그리고 전례 없는 이주의 시대에 누리는 지고의 호사인 것이다. '거리의 죽음들' 공동체가 개선하고자 하는 것이 바로 이런 추가적인 불평등이다. 공동체는 노숙자들에게 장례식이라는 이름에 걸맞은 장례를 치러 주고자 노력한다. 무덤 속에서까지도 그들이 익명의 존재로 머물러 있지 않게 하기 위해서. 그들은 또한 이런 죽음이 얼마나 많은지, 얼마나 일찍 찾아오는지 그리고 얼마나 폭력적인지를 세상에 알리고자 애쓴다.[48]

곡예사들의 시대

지금까지 살펴보았듯이 주거 문제에서 저소득층과 중산층에 속하는 많은 이가 영화 〈스타워즈4〉 주인공들이 처한 것과 비슷한 상황에 놓이게 된다. 제국군에게 쫓기던 그들은 쓰레기 배출구로 뛰어든다. 그런데 몇 분 후 경악스럽게도 쓰레기 압축기의 두 벽이 양쪽에서 서서히 그들을 죄어 오는 게 아닌가. "한 가지 확실한 건, 우리 모두 단번에 날씬하게 생겼다는 거야." 한 솔로는 동료들에게 이렇게 말한다. 그들처럼 수백만에 이르는 세입자들과 장래의 집주인 희망자들은 곡예를 거듭하면서 무엇에든 매달리려고 하며, 죽을힘을 다해 덫에서 벗어나고자 애쓴다. 다만 영화와 다른 게 있다면, 영화 속에서는 그 장면이 몇 분간만 지속되며, 알투디투R2D2가 기적처럼 나타나 쓰레기 압축기 동력을 차단해 그들을 구해 주지만, 현실에서는 지속적인 다이어트 요법이 하나의 표준이 되어 버린다는 사실이다. 그리하여 사람들은 점차 그 현실에 적응하면서, 대부분 그것이 얼마나 터무니없고 견디기 힘든 것인지조차 생각하지 못한다.

2012년 이케아 카탈로그의 표지에는 "집은 클 필요가 없다. 똑똑하기만 하면 된다"라는 문구가 실려 있었다. 공간의 부족은 하나의 시장을 창출하면서, 스마트한 수납 가구들, 메자닌*("이사하지 않고도 방이 하나 더 생겨요!"), 안으로 집어넣을 수 있는 침대 등을 팔 수 있게 한다. 또한 공간의 부족은 가구 창고의 확산을 야기한다. 그 분야의 수혜자 가운데 하나인 업체 이름도 '방 하나 더'다. 2004년, 《리베라시옹》은 개인 저장고에 기사 전체를 할애했다. 북미에서 들어온 개인 저장고는 프랑스에는 1997년부터 생겨나기 시작했다. 고객들이 개별 열쇠로 일주일 내내, 하루 24시간 내내 언제라도 그곳을 사용할 수 있다는 점은 무엇보다 파리지앵들에게 매력적으로 다가왔다. "지방에는 언제나 친척이나 친구 소유의 창고나 빈 차고가 있기 마련이죠." 경제적 여건이 허락되는(1세제곱미터당 30유로의 사용료를 내야 한다) 노숙자들은 그곳에 개인 물품들을 안전하게 보관하고, 저장고가 마치 '자기 집'인 것처럼 (감시 카메라를 피할 수만 있다면) 그곳에서 '한잠을 잘 수도' 있었다.[49] 10년이 지난 뒤에도 사업은 계속 성장 일로를 걸었다. 2013년에는 약 250개의 저장고 대여 센터가 존재했다. 갓 이혼한 남성들은 새로운 주거지를 찾는 동안 그곳을 이용했다. 아이들 양육과 살던 집은 대부분 여성의 몫이었기 때문이다.[50] 공유경제의 성공에 고무된 두 기업가는 2013년 새로운 사업을 시작하면서 '저장고의 에어비엔비'가 되기를 바랐다. 그들의 플랫폼인 Costockage.fr은 빌려줄 공간을 소유한 개인들과, 그들과 같은 지리 구역에서 물건을 보관할 장소가 필요한 이들을 서로 연결해 주었다.

파리처럼 부동산 가격이 하늘 높은 줄 모르고 치솟는 곳에서는 경제적으로 여유로운 가정들조차 더 큰 집을 살 능력이 되지 않아 기존의 공간을 최적화할 필요를 느낀다. '사각死角과 어두컴컴한 기다란 통로에 옷방과 거주할 방을 생겨나게 하는' 일에 전문화된 사람들은 건축가들이었다. 어느 여름, 바티뇰 구역의 85제곱미터짜리 아파트에 사는 네 명의 가족은 그런 식으로 세 개의 공간을 새로 얻을 수 있었다. 아이 방과 세탁장 그리고 욕실을 새로 만드는 데는 공중비보다는 비용이 조금 더 들었지만, 새 아파트를 사는 것보다는 돈이 훨씬 적게 들었다. 이에 관해 한 전문가는 이렇게 논평했다.

"우린 일찌감치 그 필요성과 욕구를 예측했지만 이렇게 빨리 엄청난 성공을 거두리라고는 예상하지 못했습니다."[51]

모든 제약이 그렇듯이 아주 작은 면적으로 무언가를 만들어내야 한다는 필요성은 창의력을 자극하고 두각을 드러낼 수 있는 기회를 제공한다. 지구상의 어떤 상황은 유난히 장소 확장을 즐기는 자이로 기어루스**들의 출현을 촉진한다. 일례를 들면, 일본 건축가들은 기존의 두 건물 사이에 있는 비좁은 틈새에 세로로 된 집을 끼워 넣는 데 성공했다. 마치 이미 꽉 찬 도서관 서가에 책을

—• mezzanine. 건물의 두 층 사이에 있는 중간층(중이층) 또는 하나의 공간 위쪽에 난간이나 벽으로 구분돼 있거나 앞으로 튀어나온 형태의 이층을 가리킨다.
—•• 자이로 기어루스는 칼 바크스가 1952년에 월트디즈니사를 위해 창조한 닭의 모습을 한 발명가로, 길거리에서 자신이 발명한 것들을 팔곤 한다. 만화책에 도날드덕과 스크루지 맥덕 등의 친구로 등장하며, 애니메이션 〈덕 테일즈〉에도 자주 등장하는 인기 캐릭터.

끼워 넣고, 마법을 부리듯 그곳의 상황과 상관없어 보이는 넉넉한 실내를 만들어 내는 것처럼.[52] 마치 《해리 포터》에 나오는 위즐리 가족의 마술 텐트를 보는 것처럼. 풀밭 위로 납작 엎드려 몸을 뒤틀면서 텐트 안으로 들어가면 놀랍게도 방 세 개, 욕실, 부엌 그리고 이층 침대를 갖춘 널따란 아파트가 나오는 식으로 말이다. "난 마법이 너무 좋아요."[53] 그곳에 처음 들어간 해리는 경탄하며 중얼거린다. 전적으로 공감한다.

그리고 홍콩이 있다. 홍콩은 세계에서 인구밀도가 가장 높은 지역에 속한다. 사진가 마이클 울프는 여기서 현기증을 유발할 만한 몇몇 건물의 이미지를 사진에 담아냈다. 사진을 멀리서 찍어 건물들 정면이 추상적 무늬의 연속으로 보이면서, 위아래가 잘 구분되지 않았다. 마치 '지상이나 천상의 모든 배경과 단절된 듯'[54] 보이는 광경이었다. 아주 작은 무수한 점이 사실은 창문이며, 그 뒤에서 사람들이 숨 쉬며 살아간다는 사실을 믿기 어려웠다. 홍콩의 부동산 가격은 세계에서 제일 비싼 편에 속하고, 공영주택은 턱없이 부족하다. 700만 명의 인구 중에서 10만~17만 명이 일명 '닭장 집', 10제곱미터도 채 안 되는 방 한 칸짜리 집에서 살고 있는 실정이다. 어떤 이들은 3~4제곱미터의 공간에서 홀로 살면서 다른 10여 명의 거주자들과 부엌과 위생 시설을 공유한다. 또 다른 사람들은 1제곱미터밖에 안 되는 철제 간이침대를 집으로 삼아 살아간다. 그들은 철망처럼 생긴 '닭장 침대'에 겨우 몸을 눕힐 수 있을 뿐이며, 모든 소지품도 그곳에 보관해야 한다. 5제곱미터밖에 안 되는

좁은 공간에서 네 명의 가족이 함께 지내는 경우도 있다. 이런 환경에서 살아가는 이들이 지독한 열기와 잘 안 되거나 아예 안 되는 통풍으로 인해 겪는 고통은 말할 것도 없다. 지역 민간단체의 주도하에 위에서 내려다보며 찍은 사진은 이런 생활환경이 야기하는 숨 막히는 느낌을 충분히 짐작하게 해 준다.[55] 간이침대 하나를 세 얻어 지내고 있는 램 씨는 이런 말로 그 느낌을 요약했다.

"마치 관 속에 누워 있는 것 같다니까요."[56]

홍콩 출신 건축가 게리 챙은 32제곱미터의 비좁은 아파트에서 어린 시절을 보냈다. 그곳에서 부모님, 세 여동생 그리고…… 한 명의 세입자와 다 같이 살았다. 그는 복도처럼 생긴 거실에서 잠을 잤다. 그의 공부가 끝나고 가족이 이사한 뒤 그는 그곳을 사들였다. 2008년, 이제는 돈을 잘 버는데도 그는 그곳에서 '도메스틱 트랜스포머Domestic Transformer'라고 명명한 프로젝트를 실행에 옮겼다. 집 안의 벽들을 모두 없애고 움직이는 칸막이벽들을 설치했다. 그리하여 이 하나의 공간이 그의 필요와 욕구에 따라 다양한 방들로 변신했다. 부엌, 욕조와 샤워기가 딸린 욕실, 침실, 텔레비전을 보는 거실, 서재, 독서 코너, 해먹이 설치된 홈 시네마, 비디오게임 방, 손님방, 세탁장, 옷방……. 그는 "내가 움직이는 게 아니라 집이 날 위해 움직이는 것이다"[57]라고 설명했다. 그는 광도光度를 높이기 위해 거울들을 설치했고, 따뜻한 금빛 분위기를 조성하기 위해 커다란 창문 위에 필터를 붙여 놓았다. 아이러니하게도 이 프로젝트에는 20만 달러의 비용이 들었다. 차라리 이사를 하는 게 더 이익이었을 터였다. 그러나 그는 이곳을 실험실로 여겼다. 그리고 그의 실험은 그에게 국제적인 명성을 안겨 주었다.[58] 미국 디스커버리채널의 〈월즈 그리니스트 홈즈World's Greenest Homes〉 방송은 그를 위한 특집을 내보기도 했다.

심지어 작은 공간에 적응하는 것보다 더 나은 방법도 있다. 작은 공간을 이상적인 공간이라고 주장하는 것이다. 미국 건축가 제이 셰퍼는 2007년, 오프라 윈프리가 방송에서 '타이니 하우스'(아주 작은 집)의 개념을 대중에 알리면서 명성을 얻었다. 당시 그는 전원생활을 하면서 바퀴가 달린 9제곱미터의 매력적인 집에서 살고 있었다. 기발한 아이디어들로 가득한 집은 양쪽으로 경사진 지붕과 포치를 갖추고 있었다. 밝은 색 목재로 된 골격에 표면은 알루미늄으로 만들어졌고, 높이 올린 침대 위에는 새하얀 솜털 이불이 덮여 있었다. 집의 간결한 디자인은 실내에 우아한 전원풍의 분위기를 부여해 주었다. 심지어 그는 그곳에 벽난로까지 설치하는 놀라운 능력을 보여 주었다. 10년 동안 그는 고향인 아이오와주와 그가 정착한 캘리포니아에서 자신이 직접 설계하고 건축한 세 채의 타이니 하우스에서 살았다. 그리고 2002년에 '스몰 하우스 소사이어티'를 공동으로 설립한 후 그의 집과 비슷한 작은 집들을 짓는 기업[*]을 출범시켰다. 그런 집들은 그런 용도로 사들인 조그만 대지 위에 뿐만 아니라 다른 사람 집의 정원 한구석에도 지을 수 있었다. 총 비용은 3만 달러를 넘지 않았다.

—• '텀블위드 타이니 하우스 컴퍼니(Tumbleweed Tiny House Company)'를 가리킨다.

부실한 부동산은행들이 파국으로 몰아넣고 있던 미국에서 주거와 부동산 문제의 심각성을 해소하고, 한결 단순하고 더욱더 균형 잡히고 생태학적인 삶을 장려하기. 이와 같은 그의 주장은 사람들을 매료시킬 만한 모든 요소를 갖추고 있었다. 셰퍼는 그렇게 협소한 공간이 자기 눈에는 '진정한 호사'를 나타낸다고 설명했다. 집이 수입의 많은 부분을 먹어 치우지 않으며, 집을 유지하는 데 시간 낭비를 하지 않아도 되기 때문에, 그는 '살면서 진정으로 하고 싶은' 것들에 집중할 수 있었다.[59] 그러나 그의 방식이 많은 관심과 환상을 불러일으키긴 했지만, 그를 따라 한 사람들은 그다지 많지 않았다. 정확한 통계를 내기는 어렵지만, 2011년에는 미국 전역을 통틀어 그 수가 몇백 명 또는 기껏해야 천여 명에 불과했다.[60] 남편과 포틀랜드의 타이니 하우스에서 살고 있는 태미 스트로벨도 그중 한 사람이다. 그녀는 몇 년 전까지만 해도 싫어하는 직장에 가기 위해 매일 몇 시간씩 장거리 통근에 시달리는 피곤한 일상을 살았다. 그리고 그렇게 번 돈으로 꼭 필요하지도 않은 물건들을 사들이곤 했다. 하지만 지금은 두 번의 요가 수업 사이에 실내가 소나무로 만들어진 안온한 집에 머물면서 창가에 앉아 책을 읽는다. 곁을 지키는 고양이들과 함께 바깥에 내리는 비를 감상하고 향기로운 커피를 음미하면서.[61]

'작게 살기'의 신봉자들은 다음과 같은 논거를 제시한다. 셰퍼는 1950년과 2000년 사이에 미국인 가정의 평균 규모는 줄어든 반면, 새로운 주거지의 평균 면적(218제곱미터, 즉 국제 평균의 네 배)은 두 배 이상 증가했음을 강조했다.[62] 셰퍼 자신도 과거에 370제곱미터의 커다란 집에서 살았다. 그의 부모에게 큰 집은 사회적 성공의 표지였으며, 집에는 식당처럼 한 번도 사용하지 않은 방도 있었다.[63] 그는 그런 현상에 일침을 가했다. "우리는 양이 많고 싼 음식을 좋아하는 것처럼 우리가 사는 집도 그렇기를 바란다."[64] 건축업자들은 대체로 값싼 재료로 골격을 세우고 그 사실을 감추기 위해 눈가림용 마감 처리를 하는 경향이 있지만, 그는 그 반대 방법을 선택했다. 언제나 양보다는 질에 더 큰 중요성을 부여했다. 그 결과, 아마도 그가 지은 집들의 제곱미터당 비용이 미국에서 가장 비싸게 먹혔을 것이다.

미국의 많은 주에서는 주택을 위한 최저면적이 법으로 정해져 있다. 따라서 타이니 하우스의 소유주들은 법망을 피하기 위해 약간의 꾀를 부려야 했다. 그들은 다른 곳으로 옮겨 갈 생각이 없으면서도 집에 바퀴를 달았다. 그러면 임시 거주지로 간주되어 다른 법규(최저가 아닌 최대 면적과 관련된)를 적용받기 때문이다. 셰퍼는 수많은 사람으로 하여금 값싼 주택을 구하지 못해 거리로 내몰리게 하는 데 기여하는 법들을 맹렬히 비난했다. 게다가 어떤 미국인들은 타이니 하우스에서 노숙자들을 위한 해결책을 발견하기도 했다. 위스콘신주에서는 2014년 11월, '오큐파이 매디슨Occupy Madison' 운동의 자원자들이 기부금의 도움으로 재생 목재로 된 작은 집 아홉 채를 지었다. 텍사스주, 캘리포니아주, 오리건주에서는 부엌과 공동 위생 시설을 중앙에 둔 개인 주거 시설들을 모아 놓은 비슷비

숫한 마을들이 텐트 도시들의 '견고한' 대안으로 등장했다.[65] 심지어 비용 절감을 둘러싼 치열한 경쟁 속에서 캘리포니아의 한 예술가는 100달러에 타이니 하우스를 지어 보이겠다고 제안하기도 했다. 그러나 그가 지은 집은 인간의 거주지라기보다는 개집을 연상시켰다.[66]

셰퍼는 스스로를 '폐소애호가claustrophilia'로 규정지었다. 어린 시절에 오두막에서 놀던 기억이 있는 사람은 그의 말이 이해될 것이다. 분명 작은 장소에는 어떤 마법이 숨어 있는 듯하다. 은신처의 원형이자 원초적인 안식처에 부합하는 그곳에서는 그 경계가 몸의 경계와 최대한 가까워진다. 단 한 번 둘러보는 것으로 삶에 꼭 필요한 모든 요소들을 파악할 수 있다는 사실은 위안과 안전을 보장받는 느낌과 더불어 강렬한 만족감을 선사한다. 그 요소들은 당신 눈앞에서 하나의 뚜렷한 그림을 그려 보인다. 가장 중요한 것들이 당신과 가까운 곳에, 당신 손이 닿는 그곳에 있다. 그곳은 그저 흔하디흔한 집이 아니다. 집을 이루는 요소들의 정수精髓이자 집약이며, 집의 원형을 보여 주는 곳이다. 당신에게 끊임없이 거짓 욕망들을 심어 주며 당신을 수많은 인공 보철구에 의존하는 나약한 존재로 만드는 사회 속에서, 아주 적은 것으로도 만족할 수 있다는 생각이 당신으로 하여금 황홀한 자부심을 느끼게 한다. 거기에 더하여 집이 작다는 사실은 마치 어린 시절에 가지고 놀던 인형의 집 속으로 들어가기라도 한 것처럼 당신에게 놀이와 모험의 영역을 제공해 준다. 그 속에서 하는 식사 준비는 소꿉놀이를 하는 기분이

들게 한다. 그리하여 삶의 심각성이 사라지면서 당신의 삶이 한결 가볍게 느껴지게 된다.

　작가 니콜 쿨리는 미니어처의 강력한 힘에 대해 이야기한 바 있다. 그리고 그녀의 말은 전적으로 옳다. 그녀는 인형의 집과 이 장난감의 역할에 대한 근사한 책을 펴냈다. 그녀의 가족은 동유럽에서 미국으로 이민을 왔으며, 인형의 집은 그들 중 여성 세대에게 아주 특별한 기억을 심어 준 장난감이었다. 그것은 치료 효과를 지닌 마스코트, 신비한 주문呪文, 다양한 가능성의 실험실 그리고 상상의 도약대였다. 아직 어린 소녀였던 그녀의 어머니는 1950년대의 전형적인 미국인 가정의 일상을 축소된 모델로 재현함으로써 새로운 삶을 위한 첫발을 성공적으로 내딛었다. "인형의 집에 있는 소파베드는 보호용 비닐로 덮여 있지 않아요. 누군가가 부엌에서 사과와 건포도를 넣은 과자나 하얀 치즈를 곁들인 쇠고기 스튜를 만들지도 않죠. 밤에 크로아티아어로 된 성경을 굽어보며 기도를 중얼거리는 사람도 없고요." 훗날 그들이 뉴올리언스에서 살게 되었을 때, 그녀의 어머니는 니콜에게 특별히 그녀를 위해 제작한 인형의 집을 선물했다. 1978년에 홍수가 났을 때에는 가족의 모든 물건이 휩쓸려 갔지만 인형의 집만은 살아남았다. "세상의 다른 부분들이 무너져 내릴 때에도 어머니는 제게 만들어 주신 완벽한 미니어처의 세계를 안전한 곳에 숨겨 두셨어요."[67]

　소설가이자 에세이 작가인 샹탈 토마는 공부하는 동안 살았던 다락방에 경의를 표하면서 자신의 경험을 들려주었다. "아직 모든 것이 낯설기만 했던 파리에서 내가 처음으로 살았던 방은 해변에 펼쳐 놓은 부드러운 직사각형의 수건처럼 작지만 포근한 안식처가 되어 주었다."[68] 그녀처럼 나도 제네바에 있는 가족의 둥지를 떠나 이사한 조그만 방에 대한 눈부신 기억을 여전히 간직하고 있다. 내가 오기 전까지 그 방은 아파트의 공동 세입자들이 창고나 손님 방처럼 사용하고 있었다. 거리와 안쪽 정원을 이어 주는 아치형 지붕이 달린 통로에 면한 방은 채광이 잘 되지 않았다. 그럼에도 아파트의 다른 곳들처럼 엷은 황갈색 마루와 티 없이 새하얀 벽 때문에 무척 아름다웠다. 전기 스탠드와 촛불의 따사로운 빛이 밝히는 다소 어두운 분위기는 내 방을 더욱더 내밀하게 느끼게 해 주었다. 나는 창문의 움푹 들어간 곳에 조그만 나무 책상을 끼워 넣고, 내가 가장 좋아하는 그림들로 벽면을 장식했다. 그리고 머리맡 탁자 대신으로 라디에이터 위에 판자를 올려놓고, 침대에서 책을 읽을 수 있도록 난방장치(중앙난방이었다!) 파이프에 스탠드를 연결했다. 내 솜털 이불에는 짙푸른 색 커버를 씌웠다. 벽장은 내 옷과 대학교 교재와 서류철 들을 모두 넣어 둘 수 있을 만큼 공간이 넉넉했다. 그곳은 나만의 왕국이자 낙원이었다. 그로부터 1년 6개월 뒤에 이사한 릴의 원룸형 아파트는 예전 방처럼 조그맣고 낭만이 넘치면서도 햇볕이 아주 잘 들었다. 그 주소 '플라스 드 라 누벨아방튀르 16번지'*에서도 또 다른 매력이 느껴졌다. 난 밤마다 내 발밑에서 1미터 정도 떨어진 냉장고가 내는 윙윙 소리를 자장가 삼아

—　• 　'라 누벨아방튀르(la Nouvelle-Aventure)'는 프랑스어로 '새로운 모험'이라는 뜻.

잠들곤 했다. 그럴 때마다 냉장고와 나와 나를 둘러싼 또 다른 사물들이 한데 합쳐 집이라는 단 하나의 별을 이루는 것 같은 느낌이 들었다.

적응하기, 하지만 어디까지?

'작게 살기'. 대도시에 사는 수많은 미국인의 귀에는 이런 식의 이야기가 우스꽝스럽게 들린다고 해도 과언이 아닐 터다. 이 문제에 관심을 가졌던 《뉴요커》의 한 기자는 타이니 하우스들의 점점 더 작아지는 크기 앞에서 당혹감을 느꼈다고 털어놓았다. "일반적으로 뉴욕에 사는 사람들은 비행기 승객들이 더 좁은 좌석을 원하지 않는 것만큼이나 더 작은 집에서 살고 싶어 하지 않는다."[69] 어쩌면 그와 마찬가지로 파리지앵으로 살아가는 나의 여건이 이런 현상을 평가하는 데 어떤 영향을 미친 것은 아닐까? 하지만 그게 사실이라고 하더라도…… 혹시 작은 공간들에 매료되는 것이 초기에만 국한된 현상이라면? 만약 작은 공간들이 성인 세계로 향하는 문으로 내딛는 첫걸음처럼 여겨져 그런 행복감을 불러일으키는 거라면? 당신이 스스로의 날개로 날기 시작할 때나, 자신만의 삶의 방식을 만들어 내고 완전히 새로운 자유를 음미할 경우에? 작은 공간들은 이런 삶의 시기에만 적합한 것이라면?

건축가 크리스토퍼 알렉산더와 그의 동료들은 이상적인 거주지를 이루는 구성요소들의 목록을 만들면서, 사람들이 세상에서 벗어나 몸을 웅크리며 은거할 필요성을 느낀다는 사실을 고려했다. 그리하여 그들의 책에서는 '알코브'나 '비밀 공간'(이 부분도 바슐라르에게서 영감을 받은 것이다)과 같은 식으로 이름 붙인 장들을 발견할 수 있다. 그러나 그들이 말하는 작은 공간들은 집의 배경에 포함되는 것일 뿐 집을 '구성하는 것'은 아니다.[70] 이는 현명한 생각으로 보인다. 그것들이 종국에 야기하게 될 피로감, 신경쇠약, 불만 등을 경계해야 할 터이기 때문이다. 망사르드 지붕 바로 아래에 있는 침대에 자러 갈 때마다 천장에 머리를 부딪히지 않기 위해 고개를 숙여야 하는 것이나, 샤워할 때마다 양 팔꿈치를 몸에 바짝 붙여야 하는 것이 짜증스럽게 느껴질 수도 있다. 두 사람 이상이 함께 살 경우에는, 때로 문을 닫고 한 시간이라도 홀로 있고 싶을 때가 있을 수 있다. 가능하면 화장실이 아닌 곳에서. 홍콩의 게리 챙의 경우를 보더라도, 저녁에 지친 상태로 집에 돌아와 그의 변형 침대의 메커니즘이 제대로 작동하지 않으면 엄청 짜증이 나지 않을까. 게다가 그들 모두 그런 문제들보다 더 많은 보관과 정돈의 문제들을 안고 있을 거라고 확신한다. 그들은 결코 그 사실을 인정하려고 하지 않겠지만.

2014년, 〈오프라 윈프리 쇼〉의 제작진들은 "그들은 어떻게 되었나?"라는 프로그램의 일환으로 제이 셰퍼를 다시 만나러 갔다. 그사이 결혼해 두 아이의 아버지가 된 그는 46제곱미터의 '궁전'으로 이사해 살고 있었다. 그가 독신일 때 살았던 예전 집은 정원 구석 자리를 지키며 그의 서재로 쓰이고 있었다.[71] 명료한 판단력을 지닌 그는 타이니 하우스는 혼자나 커플끼리 살 때에만 적합하며 여러 가족이 사는 경우에는 일이 복잡해진다는 점을 분명히 했다.[72] 9제곱미터의 트레일러하우스와 전형적인 미국 가정의 규모 사이에는 중간 해결책을 위한 자리가 존재한다. 노숙자 가족에게 거주지를 제공하는 일이라면 57제곱미터 크기의 목재 조립 주택인 '메종 데 주르 메이외르'•(1956년에 피에르 신부의 요청으로 프랑스 건축가 장 프루베가 제작한 이 집은 그 원형이 인가를 받지 못했다)가 더 적합해 보인다.

왜냐하면 '영리한' 작은 공간이라는 사륜마차는 또다시 비좁고 불편한 거주지라는 호박으로 변할 가능성이 크기 때문이다. 2013년 1월, 뉴욕 시장 마이클 블룸버그는 커플이나 한부모가족들이 입주할 수 있는 23~34제곱미터 규모의 초소형 아파트microunit로 이루어진 복합 주거단지 건설 계획을 발표했다. 채택된 설계는 2015년 가을에 결과물을 내놓아야 했는데 커다란 창문, 발코니 그리고 공용 공간(테라스, 세탁장, 헬스장) 등을 활용해 되도록 짓눌리는 느낌을 최소화해야 했다. 그러나 전문가들은 저렴한 가격의 주택 부족에 대한 그런 식의 대응이 포함하는 환상과 위험에 대해 경고했다. 인간의 건강과 연관된 디자인의 한 전문가는 20대의 젊은이들에게는 이런 구상이 '환상적'인 것으로 여겨질 수 있다고 평가하면서, 또 다른 계층에 속한 사람들을 생각한다면 그것을 철회해야 한다고 강력히 주장했다. 거주자들이 저녁에 귀가해 비좁은

---• Maison des jours meilleurs. 프랑스어로 '더 나은 날들을 위한 집'이라는 뜻.

집과 이웃들로 가득한 공용 공간 사이에서 선택해야 할 경우 그들이 느낄 폐소공포증을 상상해 보라고 하면서. 또한 그런 상황은 가정 폭력과 약물 중독의 위험을 더욱 증가시킬 것이라고 경고했다.

실제로 홍콩에서는 인구 증가와 비례하여 이웃에 대한 과도한 행동들이 증가한 것으로 나타났다.[73] 게다가 처음에는 흥미롭게 여겨졌을 수도 있는 변형 침대와 식탁 등은 시간이 지남에 따라 힘겹게 느껴지는 추가적인 일과를 포함하고 있다. 거주자들은 그것들을 다시 접는 것을 게을리하게 되고, 그로 인해 더욱더 비실용적인 환경에 놓이게 된다. 아이들은 집중력 저하로 인해 고통받고, 그 결과 학업에서도 불리한 상황에 처하게 된다. 또한 집에 친구들을 초대할 수 없다는 사실은 세입자들의 사회적이고 감정적인 삶에 나쁜 영향을 미친다. 한 심리학 교수는 협소한 공간들은 오직 실용적 관점에서만 집에 대해 생각하게 한다는 점을 지적했다.[74] 집이라는 공간은 다양한 기능들을 충족시켜야 하는 곳임에도. 결국 논쟁의 원점으로 되돌아온 셈이다……

집은 물론 친구들을 초대할 수 있는 곳이어야 한다. 친구들과 같이 저녁을 먹고, 파티도 할 수 있는 곳. 가구들을 밀어 놓고 춤을 출 수 있는 곳. 아니, 심지어 가구를 밀어 놓지 않고도 춤을 출 수 있는 곳. 모두의 내밀함과 안락함을 포기하지 않고도 누군가를 유숙시킬 수 있는 곳. 헬스용 매트를 펼칠 수 있을 만큼 여유로운 방이 적어도 하나쯤은 있는 곳. 그래서 매트 위에 길게 누워 몸을 쭉 펴고 팔다리를 뻗을 수 있는 곳. 가구에 몸을 부딪히지 않으면서……. 집은 이런 곳이어야 한다. 노르망디의 새 집으로 막 이사를 가려던 한 젊은 여성은 내게 그 집을 이렇게 묘사했다. "허름한 벽돌집이지만 사방에 커다란 창문들이 있어서 하늘이 한가득 눈에 들어온답니다. 불을 지필 수 있는 벽난로도 있고, 벽이 별로 없어서 사방으로 뛰어도 몸이 부딪히는 법이 없고요."

팽송샤를로 부부는 공저 《귀족의 거주지》에서 부르주아 계층이 사는 저택들의 '넉넉한 공간'을 언급하면서, 그런 곳에서 자라나고 교육받은 아이들이 어떤 영향을 받는지를 상세히 기술하고 있다. "우리의 몸은 식당이나 거실 같은 공동 공간에서 마주치는 타인의 시선 앞에서 스스로에게 행하는 끊임없는 연출로 빚어집니다. [……] 아이는 타인이 지켜보는 가운데 조금씩 자신의 몸짓을 관리하는 법을 배워 나갑니다. 복잡하고 비좁은 노동자들의 거주지에서 자라난 아이는 타인의 시선에 노출되는 공개적인 상황에서 자신의 몸을 통제하는 게 얼마나 어려운 일인지 알게 됩니다. 사소해 보이는 이런 경험들이 훗날 대중 앞에서 여유롭거나 불편한 태도를 취하게 만드는 근본 원인으로 작용하는 것이죠."[75]

68년 5월 혁명 이후 그들의 선배들이 이야기한 이러한 쟁점을 인식한 프랑스의 몇몇 건축가들은 오늘날 '영세민용 임대아파트(HLM) 단지의 새 아파트들에서 주거 전용 면적이 점진적으로 축소되는 사실'을 고발했다. 그리고 그런 정책은 노동시간의 감소, 실업, (PDP 대형화면 텔레비전, 홈 비디오, 컴퓨터, 비디오게임 콘솔 등) 가전제품 소비의 증가 등으로 인해 집에서 보내는 시간이 늘어나는 현상에 역행하는 것이라고 역설했다. 게다가 성인이 되어서까지도 지나치게 오랫동안 부모 집에 머물면서 가족에게 의존하던 자녀에게 9제곱미터짜리 집은 진정한 고해자의 독방으로 변모할 위험을 안고 있다고 덧붙였다.[76]

제이 셰퍼는 그와 누이가 그들 부모의 커다란 집에서 진공청소기로 청소를 하느라 허비한 시간이 아깝다는 생각을 떨쳐 버리지 못했다. 따라서 그는 자신의 타이니 하우스를 유지하는 데 많은 힘이 들지 않는다는 점을 높이 평가했다. 그러나 물건이 꽉 들어찬 조그만 공간보다는 복잡하지 않고 적당한 크기의 집이 청소하기에는 더 쉬울 수 있다. 그리고 집이라는 이름에 걸맞은 집이 부여하는 모든 혜택을 누릴 수만 있다면, 청소에 시간을 할애하는 게 타당하다고 생각할 수도 있을 터다. 따지고 보면 잘산다는 건, 스스로를 피곤하게 하면서까지 무언가를 하는 게 아닌 것처럼 피곤한 일들을 모두 면제받는 것도 아니다.

집은 최소한의 면적 없이는 제 역할을 수행할 수 없기 때문이다. 집은 세상 속의 한 장소이자 그 자체로 하나의 세상이기 때문에 스스로를 펼쳐 보일 수 있어야 한다. 또한 집은 외부 세계를 존중해야 하며, 그 세계로 하여금 적당한 거리를 유지하는 존재, 되도록 미학적이고 유쾌한 존재, 적어도 내부를 침범하지 않는 존재가 되게 해야 한다. 예를 들어, 열악한 방음 때문에 고통받아 본 사람들은 바깥이나 이웃에서 비롯되는 지나치게 시끄러운 소리들이 집의 개념 자체를 망친다는 것을 잘 알 것이다. 게다가 바로 이런 이유 때문에, 평범한 사람들이 부자들의 집에 대해 느끼는 매혹이 반드시 또는 단지 화려한 생활 방식에 대한 갈망이나 사회적 차별에의 욕망을 나타내는 게 아님을 추측해 볼 수 있다. 사람들이 부자들을 부러워하는 이유는, 널찍하고 견고하며 때로는 수 헥타르에 이르는 대지로 둘러싸인 그들의 집이 집의 절정을 보여 주기 때문이다. 그들의 집은 거주자들을 보호하고 외부 세계에 얼마든지 맞설 수 있는 강력하고 독자적인 세계를 구축하고 있다.

타이니 하우스에 할애된 수많은 미국인의 블로그 가운데서 난 우연히 다음과 같은 알베르 카뮈의 인용문을 발견했다. "자유가 없는 세상과 맞서는 유일한 방법은 전적으로 자유로워져서 자신의 존재로 하여금 하나의 반항적 행위가 되게 하는 것이다." 이런 철학의 표방 앞에서 난 당혹감을 느꼈다. 트레일러하우스 안에서 몸을 숙이면서 과연 '전적으로 자유로워질 수' 있을까? 어떤 시스템을 융통성 있게 적용하거나 거기서 벗어나는 방법을 찾아내는 능력은 물론 소중한 것이다. 하지만 언제까지 그것과 정면으로 맞서는 것을 피할 수 있을까? 자신이 처한 상황에 과도하게 적응하기를 어느 정도까지 계속할 수 있을까? 만약 이런 질문을 회피한다면, 종국에는 기이하게도 저항은 포기를 닮게 될 것이다. 셰퍼는 그의 수입을 모두 먹어 치우지 않는다는 이유로 작은 집이 그에게는 이상적인 해결책이라고 단언했다. 그 사실은 그가 미국의 현 주거비 앞에 고개를 숙였음을 의미한다. 마치 그것을 아무도 바꿀 수 없는 하나의 자연 법칙으로 여기는 것처럼. 사실 주거비는 일련의 결정과 정치적 갈등 관계에서 비롯된, 한 나라와 한 시대에 고유한 경제 여건일 뿐인데도 말이다.

홍콩이나 일본에서의 공간 부족은 부분적으로는 인구밀도와 자연적인 제약에 기인한다. 그런데 앞서 살펴본 것처럼, 특히 홍콩에 사는 저소득층 사람들은 부유한 이들보다 그 영향을 훨씬 많이 받는다. 그러나 다른 곳에서는 인구밀도는 공간 부족과 아무런 상관이 없다. 파리에서는 19만 3000개의 주택, 즉 부동산 전체 시장의 14퍼센트에 해당하는 집들이 "별장이나 임시 거주지 또는 빈집에 속한다."[77] 유럽 전역에는 빈집이 1100만 채가 있는데, 이는 전체 노숙자 수의 두 배에 해당되는 규모다.[78] 2007년부터 2008년까지 서브프라임 모기지 사태로 인한 미국의 위기는 무분별하게 주택 담보 대출을 해 주었던 금융기관들(그들은 경기 부양책인 저금리 정책에 편승해 대출자들에게 부동산 매입을 적극 부추겼다)에서 비롯되었다. 따라서 '작게 살기'의 신봉자들은 다름 아닌 불공정한 사회 질서가 그들에게 부과한 자리에서 살고 있는 것이다. 그들은 몸을 뒤틀어 가며 사회가 그들에게 허락한 벽장 속으로 들어가 자신들의 가장 절실한 욕망을 실현했노라고 주장한다.

니콜 쿨리는 인형의 집에 관한 그녀의 책에서 미니어처에 대한 매혹과 그 속에 자신을 투영하고픈 욕구에는 문제시되는 측면이 있음을 인정했다. 그녀는 살아오는 동안 내내 자기 몸의 크기를 줄이기 위해, 자신의 몸을 억압하기 위해 갖은 노력을 다했노라고 고백했다. 그녀는 언제나 실제 자신보다 작아지기를 바랐다. 그 때문에 음식 칼로리를 계산하고, 기진맥진할 때까지 운동했다. 그뿐 아니라 팔다리, 손목 둘레, 허리, 가슴의 치수를 수시로 재고 통계를 냈다. 만약 어느 날 저녁 뉴욕의 한 쇼윈도 앞을 지나다가 근사한 인형의 집 앞에 멈춰 선다면, 그건 그 물건이 '즉각적으로 작고 날씬해지는' 곳으로 그녀를 데려다주기 때문이다. 심지어 "쇼윈도 앞에 꼼짝 않고 선 채 인형의 집을 뚫어져라 바라보노라면 내 몸이 아예 존재하지 않는 것처럼 느껴지기도 한다."[79] 이처럼 무엇을 하든 언제나 자리를 너무 많이 차지하는 것 같은 느낌은 여성의 특징적인 신경증에 기인한다. 모호한 억압에서 비롯된 신경증은 자신에 대한 증오로 바뀌면서 날씬함에의 강박을 야기한다.

그런데 작은 공간의 신봉자들에게서도 이와 똑같은 죄의식이 엿보이는 듯하다. 그들 역시 사라져 버리라는 사람들의 강요에 순종한다. 홍콩의 한 젊은 여성은 어두컴컴한 벽장 같은 셋집을 둘러보던 중에 안으로 들어가기조차 힘들다고 불평했다. 그러자 집주인은 그녀에게 다음과 같이 쏘아붙였다.

"그건 당신이 너무 뚱뚱해서 그런 거야!"[80]

어느 시점에서는 공간의 틀을 확장하기로 뜻을 모으고, 비판 정신을 발휘하여 기존 공간에 이의를 제기해야 하지 않을까? 또다시 뉴욕의 예를 살펴보자. 뉴욕은 미국에서 세 번째로 불평등한 도시다. 2005년부터 2012년까지 뉴욕의 평균 집세는 11퍼센트가 올랐다. 반면에 같은 기간 세입자들의 소득은 2퍼센트밖에 증가하지 않았다. 그리고 그들의 절반 이상이 주거비로 적어도 가계의 3분의 1을 지출했다. '초소형 아파트'의 주창자인 공화당원 마이클 블룸버그(《포브스》의 순위에 따르면 미국에서 열한 번째로 부자)는 세 번의 시장 임기 동안 "소수의 슈퍼리치들의 안녕과 안락함을 지키는 데 정책을 집중했다. 5퍼센트의 뉴욕 가정이 도시 총수입의 38퍼센트를 담당하고 있다는 이유에서였다."[81] 그는 저렴한 주거지의 부족 현상이 도시 경제의 역동성을 보여 주는 '좋은 징조'라고 주장했다.[82] 그의 뒤를 이어 2013년 12월 뉴욕 시장이 된 민주당원 빌 드 블라시오는 새로운 서민용 저가 임대아파트 20만 채를 짓겠다고 약속했다. 그는 임기를 시작한 지 얼마 되지 않아 한 부동산 개발업자와 힘겨루기를 한 끝에, 브루클린의 오래된 설탕 정제공장 터에 짓기로 예정돼 있던 공영주택의 수를 늘리겠다는 약속을 받아 냈다. 그러나 그의 운신의 폭은 좁았고, 그의 정책에 반대하는 이들도 적지 않았다. 심지어 그의 진영에도 반대자들이 존재했다. 어쨌거나 적어도 그는 시도하려는 의지를 보여 주었다.

작은 공간이 '생태학적'일 거라는 추론에 대해 말하자면, 부의 분배에 있어서 패자의 위치를 순순히 받아들임으로써 생태계를 구할 수 있다고 믿는 것은 엄청난 착각이다. 제이 셰퍼에게는 "잘 살아 내는 삶의 실체적 행복은 격렬하게 무수히 항의하는 것만큼 가치가 있다." 그는 '이 소비사회를 적극적으로 변화시키려고 애쓰면서 자신의 에너지를 낭비하는 것'보다는 '예를 들어 가르치는 것'[83]이 더 낫다고 주장한다. 물론 그러지 말라는 법은 없다. 하지만 그런 방법이 언제나 잘 먹히는 것은 아니다. 어쨌거나 그를 유명하게 만든 삶은 커다란 영향력을 발휘하지는 못했다. 오프라 윈프리는 분명 그의 아이디어에 열광하긴 했지만 그가 '진정한 호사'로 정의한 소박함을 스스로 실천할 생각이 조금도 없었다. 미국 텔레비전 방송의 여제인 그녀는 캘리포니아의 거대한 '약속의 땅'으로 명명된 대지 위에 지은 8500만 달러짜리 대저택 외에도 시카고에 아파트 한 채, 콜로라도주에 별장 하나, 뉴저지주에 주택 두 채, 마이애미만에 주택 한 채, 조지아주에 주택 한 채 그리고 하와이에 휴가용 별장(2014년에 미셸 오바마가 50번째 생일을 축하했던 그곳에는 열한 개의 방이 있다)과 앤틸리스 제도의 앤티가섬에 또 다른 별장을 소유하고 있다.[84] 물론 그녀는 여기저기로 여행을 할 때는 자가용 비행기를 이용한다. 그녀는 2009년 한 광고에서 '자가용 비행기를 소유한다는 건 정말 근사한 일'이라고 외치기도 했다. 그때 《월스트리트저널》에 속한 어떤 블로거는 그 광고 속에서 커다란 위기 뒤에 찾아온 희망을 발견하고는 흥분을 감추지 못했다.[85]

중산층과 서민층에게서 빠져나가는 부의 부분들은 그대로 증발하는 게 아니다. 그것들은 부자들에 의해 소비된다.[86] 오프라 윈프리는 자신의 텔레비전 시청자들에게 셰퍼의 타이니 하우스를 '세상에서 가장 작은 집'으로 내세워 팔아먹었다. 2012년 로렌 그린필드는 그녀의 다큐멘터리 영화 〈베르사유의 여왕〉에서 그 반대의 기록에 관심을 가졌다.[87] 2004년 백만장자인 데이비드 시겔과 미인대회 우승자였던 아내 재키는 그들과 여덟 아이를 위해 미국에서 한 가족이 사는 가장 큰 집이 될 저택을 짓기로 했다. 베르사유 궁전에서 영감을 받아 지은 저택은 그 넓이가 8300제곱미터에 달했다.[88] 그곳에는 서른 개의 욕실, 열 개의 부엌, 무도회장, 스시 바, 볼링장, 스파, 두 개의 영화관, 특별히 아이들을 위해 만든 극장이 딸린 측면 건물, 하인들을 위한 또 다른 측면 건물, 차를 서른 대나 주차할 수 있는 주차장 등이 포함돼 있었다. 영화 초반에 감독은 한 친구와 함께 공사 현장을 둘러보는 재키 시겔을 따라다니며 촬영하는 동안 둘 사이에 이런 식의 대화가 오가는 것을 들을 수 있었다.

"그리고 여기가 네 방이 되는 거야?"

"아니, 여긴 벽장으로 쓰일 거야!"

튼튼한 집을 갖는 게 아버지의 소원이었다던 필리핀인 가정부 버지니아 니바브는 바로 이 시겔 부부를 위해 일했다. 그녀는 고용주에게 아이들이 버려둔 놀이용 오두막을 자신이 사용해도 되는지 물었다. 그는 그녀가 무엇 때문에 그러는지 이해할 순 없었지만 그러라고 허락했다. 버지니아는 시겔 부부의 웅장한 저택을 지배하는 끊임없는 소란을 피해 달아나고 싶을 때마다 그곳에 틀어박히곤 했다.

촬영이 한창이던 2007년 위기가 닥쳤다. 데이비드 시겔의 사업이 난관에 봉착하면서 '베르사유 궁전' 공사가 중단될 수밖에 없었다. 그린필드는 시겔 가족이 현재 살고 있는 (욕실이 열일곱 개밖에 없는) 집에서 그들의 일상을 계속 촬영해 나갔다. 시겔 부부는 와해되었다. 재키 시겔은 자신이 이 남자와 결혼한 것은 '고락을 함께하기 위한 것'이라고 씁쓸하게 반복해 말했다. 그 말을 완전히 믿기 어려웠지만. 걱정으로 초췌해진 데이비드 시겔은 그녀가 호사스러운 생활 방식을 결코 포기하지 못한다며 역정을 냈다. 그는 심술궂은 남자가 되어 갔다. 부부의 사춘기 딸 가운데 하나는 카메라에 대고 천연덕스럽게 이야기했다. "내가 보기에 아빠는 트로피처럼 남에게 보여 주기 위해 엄마와 결혼했을 뿐 엄마를 정말로 사랑하는 것 같지 않아요." 늘 자가용 비행기를 이용하던 아이들은 일시적으로 상업용 비행기를 타야 했다. 그들은 비행기 탑승객들을 보고 어리둥절해하면서 자신들의 엄마에게 이 낯선 사람들이 자기들 비행기에서 뭘 하느냐고 물었다. 재키 시겔은 창고에 수천 개의 가구와 골동품을 보관하고 있었다. 그녀가 살게 될 미래의 궁전을 위해 마련해 둔 것들이었다. 영화의 한 시퀀스는 크리스마스이브에 자녀들과 장난감 상점의 진열대 사이를 누비는 그녀의 모습을 보여 주었다. 아이들은 카트를 밀면서 손에 잡히는 모든 것을 미친 듯이 그 속에 던져 넣었다. 그들과 동반했던 가정부는 그 광경에 경악을 금치 못했다.

여기서 한 가지 의문이 생긴다. 오프라 윈프리나 시겔 가족 같은 사람들의 생태학적 흔적을 상쇄하기 위해서는 얼마나 많은 제이 셰퍼가 필요한 것일까? 그리고 무엇보다 작은 집에서 사는 게 현명한 삶의 방식인 걸까? 자신들에게 주어진 삶의 여건하에서 어떻게든 잘살아 보려고 애쓰는 이들의 다양한 지략과 창의성을 찬양하기. 그들로 하여금 그들은 세상의 웃음거리가 아니며, 좀 더 생태학적이고 좀 더 환경 친화적인 삶의 방식을 개척한 선구자들이라는 확신을 갖게 만들기. 소박한 즐거움들의 재발견을 칭찬하기. 이 모두가 작은 집 예찬론자들에게 어필할 수 있는 전형적인 방법들이다. 2008년 금융 위기가 터진 뒤로 프랑스의 잡지들은 '영리한 소비자들의 시대'《르 누벨 옵세르바퇴르》를 예고하거나 '새로운 술책들의 지침'《르 푸앵》을 제시하는 기사들을 계속 써 댔다. 미국의 신문은 '검소함'에 대한 찬사들로 넘쳐 났다.《뉴욕타임스》는 독자들에게 버지니아의 스프링필드에 사는 '검소한 슈퍼맘들'을 소개했다. 1929년의 위기 이후 가장 심각한 경제 위기에 직면한 일반 국민들, 은행들의 탐욕과 무책임한 행위들에서 비롯된 피해를 고스란히 입은 보통 사람들은 이루 말할 수 없는 어려움에 처하게 되었다. 그러나 미디어는 그런 것에 개의치 않는다는 듯 이구동성으로 사태의 긍정적인 측면만을 보라고 그들을 부추겼다. 채소밭을 가꾸어 자급자족하고, 카풀의 즐거움에 빠져 보고, '웃음 요가'를 실천하고, 현실 세계를 바꾸지 못하면 '정신세계라도 바꾸도록' 노력하라고 충고하면서.[89]

집주인의 성배

그러나 대부분의 사람들은 9제곱미터의 공간에 정착하기보다는 집주인이 됨으로써 덫에서 벗어날 수 있기를 희망한다. 이러한 꿈을 이해하는 건 어려운 일이 아니다. 무슨 일이 있어도 자신을 지켜 주며, 아이들을 보호해 주고 가족의 역사를 이어 가게 해 주는 집이 있다는 확신. 자신만의 장소이자, 이 혼란한 세상에서 언제라도 돌아갈 수 있는 모항母港 같은 집이 선사하는 위안……. 문제는 이런 꿈을 이루기가 점점 더 어려워진다는 사실이다. 아베 피에르 재단에 의하면, 2003년에는 중산층 가정이 주요 주택 구매자들의 45퍼센트를 차지했지만, 2012년에는 30퍼센트밖에 되지 않았다. 2007년 '집주인들의 프랑스'를 공약으로 내걸었던 니콜라 사르코지의 임기 말년에는 자기 집에 거주하는 집주인의 비율이 2퍼센트밖에 늘지 않았다(58퍼센트).[90]

상환 능력이 없는 가정들에 남발한 부동산 대출로 인한 미국의 재앙은 다시 거론할 필요도 없이, 어떻게든 서민층을 집주인으로 만들고자 하는 의지는 종종 범죄적 시도로 변질되기도 한다. 2014년 초, 프랑스 3 방송의 두 기자는 〈주택 스캔들〉 프로그램을 위해 심층 취재를 하던 중에 대중운동연합L'Union pour un mouvement populaire, UMP 당원인 시장의 제안으로 르 아브르에 건축한 50여 채의 '보를루 주택'을 보러 갔다. 2005년에 당시 주택부 장관이던 장루이 보를루의 발의로 시작된 이 사업은 10만 유로에 자기 집을 소유할 수 있다는 달콤한 말로 사람들을 현혹했다. 용접공과 주부이자 세 자녀를 둔 무스타파와 나딘 메르주기 부부는 브로슈어를 장식한 매혹적인 이미지들에 마음을 빼앗겼다. 게다가 시장이 보증을 선다는 사실이 확신을 심어 주었다. 그 후 그들은 공사 현장의 일꾼들이 '쓰레기통 속에서 건축 자재들을 꺼내는 것'을 봤다고 주장했다. 2010년 완공된 집으로 이사한 부부는 제대로 마감 처리도 되지 않은 집에서 살게 되었다. 얼마 지나지 않아 집의 여기저기에 균열이 가고 습기가 차서 악취마저 풍기는 현상이 발생했다. 게다가 그들은 최종 집값으로 애초에 예고된 가격보다 30~50퍼센트나 더 비싸게 지불해야 했다.[91] 물론 집을 되팔 수도 없었다. 집을 보수하는 데 필요한 비용이 무려 14만~15만 유로에 달했기 때문이다. 그 돈을 어떻게 마련할 수 있단 말인가? "마약이라도 팔아야 할까봐."[92] 무스타파 메르주기는 절망에 빠졌다. 모두 합쳐 72만 가구가 집 상태와 위치가 나쁘다는 이유나 둘 중 한 이유 때문에 매매할 수도 없는 공동 소유 주택에 살고 있는 실정이다.[93]

아직 여력이 있는 사람들에게도 집주인이 되는 꿈은 점점 더 비싸게 먹힌다. 프랑스에서는 주택 구매의 85퍼센트가 대출로 이루어진다. 그리고 평균 대출 기간도 점점 길어지고 있다. 2000년에는 13년이었던 기간이 2014년에는 20년으로 늘어났다. 리옹에서 차로 한 시간 거리에 있는 이제르주(州)의 한 부동산 중개인은 이런 말을 했다. "내가 이 일을 처음 시작했을 때만 해도 월부금이 1000유로까지 오르리라고는 생각지 못했어요. 매달 1000유로를 내야 하다니, 이건 가계에 엄청난 부담이라고요." 그때부터 주택 구매자는 '거래 은행의 세입자'[94]가 되는 것과 다를 바 없다. 장기 대출은 부채를 지는 사람을 안전하게 보호하기는커녕 더욱 취약하게 만든다. 채무자는 살아가는 동안 단 한 번의 사고에도 삶이 송두리째 흔들릴 수 있다. 부채로 인해 저축이 불가능해지기 때문에 더욱더 그러하다. 권력자들이 빚진 사람들을 좋아하는 데는 그럴 만한 이유가 있다. 그들은 늘 경계하며 살 수밖에 없다. 그래서 미래를 보장받는 다는 기대 속에서 현재를 희생한다. 철학자 마우리치오 라자라토 는 중세시대에는 대부업자들을 처형했다는 사실을 상기시킨다. 그들은 시간, 즉 '그들의 것이 아닌, 오직 신만이 소유할 수 있는' 시간을 팔았기 때문이다. 그는 과거와 마찬가지로 오늘날에도 빚은 '시간을 도둑질하는 것'[95]이라고 이야기한다.

현 상황은 이러한 '현재의 희생'을 더욱 두드러지게 한다. 집값 상승은 집주인 희망자들을 언제나 외곽으로 더 멀리 몰아낸다. 매년 10만 명이 도심을 떠나고 있다. 〈주택 스캔들〉 프로그램의 두 연출가는 리옹에서 일하는 30대 부부의 예를 들어 그 사실을 이야기한다. 두 자녀를 둔 부부는 둘이 합쳐 한 달에 4000유로 이상을 벌면서도 정원이 딸린 집에서 살기 위해 25년 상환의 빚을 져야만 했다. 그러나 막상 집의 혜택을 누리지는 못했다. 그들은 하루의 많은 시간을 직장과 집을 오가는 데 보내야 했다. 부부는 매일 아침 5시 30분에 일어났다. 남편은 아이들을 학교에 데려다주고 통근 열차를 탔다. 아내는 차로 20분을 달려서 한 시간 동안 기차를 타고 간 다음 지하철로 20분을 더 가야 했다. 주말이면 그들은 기진맥진했다. 매달 갚아야 하는 대출금은 그들 수입의 3분의 1을 집어삼켰다. 그들은 차가 두 대 필요했고, 유지비로 매달 800유로를 지출했다. 따라서 일상의 질을 포기해야만 했다. 함께 보내는 시간, 여가 활동, 여행…… 그들은 사실상 거의 모든 것을 포기한 셈이었다.

　시골로의 엑소더스(대이주)와는 반대되는 움직임 속에서 부동산 가격의 상승으로 밀려난 수많은 취약 가정 또한 크거나 작은 시골 마을에 정착한다. 그곳에서 좀 더 나은 삶의 질을 누릴 수 있기를 기대하면서. 하지만 일자리는 여전히 도시에 집중되어 있다. 마땅한 대중교통이 없다 보니 통근을 위한 차가 필요하지만, 고용주들은 기름값을 보조해 주는 일이 거의 없다. 차를 살 형편이 안 되는 사람들은 일을 할 수 없어 또다시 악순환에 빠지기도 한다. 게다가 시골에서의 삶이 더 나은 삶의 질을 보장하는 것도 아니다. 사람들은 시골에서의 겨울이 너무 길다는 걸 알게 된다. 그들은 낡고 단열이 잘 안 되는 집에서 추위에 떨며 지낸다.

　오직 소수의 사람들만이 효율적으로 버티는 전략을 실천에 옮긴다. 예를 들면 채소밭을 가꿔서 자급자족하는 식이다. "오늘날 총 94개인 프랑스의 데파르트망 가운데 90군데에서 빈곤의 비율이 도시보다 시골에서 상대적으로 높게 나왔다." 2010년 몽펠리에 지방에서 나타나는 현상에 주목했던 세 명의 지리학자는 그 점을 역설했다. 그리고 그 이유로 농촌의 위기와 더불어 '도시에서 이주해 온 신빈곤층의 유입'[96]을 들었다. 도시에서나 볼 수 있을 거라고 생각했던 서글픈 징후들(악덕 집주인, 저가 할인매장, 빈민 무료 식당 그리고 유복한 거주자들이 사는 방범 장치가 갖춰진 주택들)이 농촌 지역에도 그 모습을 드러내기 시작했던 것이다.

다 함께 살아남거나 다 같이 죽거나

이제 지금까지 이야기한 것을 요약해 보자. 과도한 집세를 지불하기, 구두상자처럼 비좁은 집에서 바짝 웅크려 지내기, 빚이라는 괴물에 산 채로 잡아먹히기, 시골로 이주해 통근하는 데 많은 시간을 허비하기, 시골로 떠나 점점 더 가난해지기……. 우리는 다음과 같은 명백한 현실을 인정해야만 한다. 지금도 여전히 20년 전과 똑같은 집세를 내고 있거나 오래전에 집을 샀거나 유산을 물려받는 등의 행운을 누리지 못하는 이들에게는 현재의 주거 문제에 나쁜 해결책들이 있을 뿐이라는 것을. 이런 상황에서 어떻게 이 난관을 헤쳐 나갈 수 있을까? 물론 부자가 되면 많은 걸 해결할 수 있을 터다. "마약이라도 팔아야 할까 봐요." 무스타파 메르주기의 마음에서 우러나온 절규는 예사로운 방식으로는 괜찮은 (또는 좀 더 욕심을 내서, 쾌적하기까지 한) 주거지를 갈구하는 것처럼 정당하고 기본적인 욕구를 해결할 수 없다는 문제점을 잘 말해 주고 있다. 더구나 정치가들은 피착취자들이 자신들의 운명을 받아들일 수 있도록 그들로 하여금 열심히 일함으로써 천국의 문을 열 수 있다고 믿게 한다. 그들은 이렇게 만들어진 성실한 시민들의 이미지를 끊임없이 내세우고 찬양하며, 그 때문에 주거 문제에 해결책을 찾는 일은 점점 더 뒷전으로 밀려난다.

이런 세태에서 각자가 기대할 수 있는 최선은 어떤 식으로든 공통의 법칙에서 벗어나는 것이다. 그리고 그러는 데 성공하건 그러지 못하건 간에 이런 상황이 내포한 서글픔(다수에게서 벗어나고 대다수 사람들의 어깨 위로 올라서야만 잘살 수 있는 기회를 얻을 수 있다는 사실)을 가늠할 수 있어야 한다. 그러나 공동의 해법 외에 다른 진정한 해결책은 있을 수 없다. 물론 그런 원칙에 지배되는 사회의 전망은 오늘날에는 사이언스 픽션에 속하겠지만, 그렇다고 해서 세상을 향해 그러한 원칙을 큰 소리로 외치는 것을 그만두어서는 안 될 터다. 우리의 근본적인 상호의존성을 고려하지 않는 정치는 모두 실패로 끝날 수밖에 없다. 그런 정치는 점점 더 살기 어려워지는 세상으로 도피하는 것과 다를 바 없다. 물론 상파울루나 다른 곳에서처럼 '빗장 동네gated community'에 틀어박힌 채 헬리콥터로 이동하는 부자들은 가난한 사람들(부자들이 그 보복을 두려워하는)보다는 문제가 적겠지만, 그들 역시 폭력적인 분위기 속에서 자기들 도시를 어슬렁거리는 단순한 즐거움마저 박탈당한 채 객관적으로 딱한 삶을 사는 건 마찬가지다.

집주인 희망자는 빚의 무게로 인해 삶의 선택들에 있어서 신중하고 소심한 태도를 보이며 요구를 덜 하는 시민이 될 가능성이 크다. 그는 미래의 자산에 기대하며(또는 기대할 수 있다고 믿으며), 그럴 수 없는 사람들보다 임금 인상에 관심을 적게 가진다. 또한 납입 기간을 늘리고 연금을 삭감하고자 하는 퇴직연금의 거듭된 개혁에도 다른 사람들보다 걱정을 덜 하게 될 것이다. 따라서 집의 소유를 열렬히 부추기는 것은 자유주의의 실용적인 요구에 부합되는 일이다. 그러나 더 넓게 보면 그것은 또한 자유주의의 세계관을 특징짓는 극단적인 개인주의와도 일치한다. 자유주의가 내포한 가장 매력적인 전제는, 인간은 무리에서 이탈해 사회를 등지고 살면서 홀로 행복을 추구할 수 있다는 생각에 있기 때문이다. 미국적 보수주의를 대표하며 커다란 인기를 누렸던 소설가 아인 랜드의 모든 작품은 이런 개인주의적 확신, 하지만 실제 경험과는 끊임없이 배치되는 확신을 뒷받침하는 데 집중돼 있다.[7]

그러나 이런 생각들에 공감하려면 이데올로기에 맹목적으로 빠져들거나 매우 단순해야만 할 것이다. 아니면 둘 다에 해당되거나. 또한 우리가 사는 세상의 분위기가 우리의 가장 은밀한 곳까지 파고들어 우리를 지배하고, 어떤 방식으로든 우리의 생각과 안녕에 영향을 미친다는 사실을 엄청나게 과소평가해야 할 것이다. 사실 우린 무엇보다 전반적인 혼란, 불의와 원한의 증가가 어떤 식으로 우리를 좀먹는지를 잘 알고 있다. 그리고 그 사실을 직접 체험할 기회가 얼마든지 있다. 그리하여 우린 분노에 사로잡히게 되고, 그 분노는 악순환을 야기한다. 분노는 불신과 개인주의를 정당화하는 듯 보이기 때문이다. 그러나 우린 그 반대로, 평등하고 평화로운 사회 분위기가 우리의 행복에 얼마만큼 기여하는지를 잘 가늠하지 못한다. 또한 우리가 제대로 된 집에서 사는 것뿐만 아니라 다른 사람들도 그렇게 산다는 것을 아는 게 우리 자신의 정신적 평온을 위해 얼마나 중요한지를 잘 깨닫지 못한다. 홍콩에서 벽장 같은 셋집을 방문했던 한 젊은 여성은 그곳에서 사흘 밤을 보낸 뒤 친구들 집으로 가서 머물렀다. 그녀는 쥐구멍 같은 그곳을 떠나는 데에 안도했다고 하면서도, 비공식적으로 기자에게 "다음 날 밤에도 잠을 잘 이룰 수가 없었다"라고 고백했다. 그곳에 사는 다른 거주자들과는 언뜻 시선을 주고받았을 뿐이지만 그들의 모습이 눈앞에 아른거렸기 때문이다. "그곳을 떠나면서 그들을 지옥에 버려두고 오는 기분이 들었어요."[98]

2001년, 몇몇 실업자 단체들에 합류한 일단의 지식인들과 프랑스 공산당에 가까운 운동가들이 '주거 공공서비스'라는 아이디어를 제시한 적이 있다. 그들은 오늘날 누구나 무상으로 받을 수 있는 교육과 의료행위가 대부분의 국민들에게 자연스러운 것으로 여겨지고 있음을 상기시켰다. 이처럼 역사적으로 쟁취한 것들은, 수없이 공격받고 불완전한 면이 있다고 할지라도 '사회 구성원들 간의 갈등을 상당 부분 해소하고, 사회를 더욱 결속시키고 인간답게 만들었음'을 인정해야만 했다. 또한 '나라의 도덕적, 정치적 수준을 높여 놓았다'. 따라서 그들이 보기에는 주거 문제에 있어서도 그와 똑같은 명백함을 강제하기 위한 투쟁을 시작할 때가 되었던 것이다. 그들은 개개인의 재력과는 상관없이 모두에게 열려 있는 공공사업을 가정했다. 그 수혜자들은 '용익권用益權을 위한 공동계좌'에 분담금을 지불해야 할 것이다. 그들이 붓는 불입금의 총액이 그들이 살게 될 집의 가치에 도달하면 그들은 불입금 납부를 중단하고 그 혜택을 충분히 누리게 될 것이다. 그러나 그 집을 세놓거나 되팔 수는 없다. 관리와 유지에 드는 돈은 공동으로 지불해야 한다. 만약 출산, 이별, 전근, 자녀의 독립 등의 이유로 이사를 해야 할 때에도 이미 납입한 불입금은 여전히 유효할 것이다.[99] 혹여 어떤 시기에 거주자들의 수입이 감소하는 불상사가 생겨도 그 때문에 내쫓기는 일은 없을 터다. 이는 물론 우리가 생각해 낼 수 있는 한 예에 지나지 않지만, 적어도 25년간 빚쟁이로 사는 것보다는 안전한 삶을 보장해 줄 수 있는 해결책을 그려 보이고 있다. 게다가 이러한 해결책은 주택 가격 결정을 시장에 맡기지 않고, 그 과정에서 그러듯 은행만 배불리는 것을 피할 수 있는 장점이 있다.

많은 사람의 머릿속을 차지하고 있을 기존 관념들을 생각해 본다면, 이런 제안은 수많은 반대와 비아냥거림을 불러일으킬 수밖에 없다. 그런 말을 하는 이들은 '구호에 의존하는 빈민들'의 사회를 만들고자 하며, 평등주의의 독재가 지배하는 일률적이고 음울한 세상, 구소련 식의 세상을 꿈꾼다는 비난에 직면하게 될 것이다. 사실 우리가 사는 세상처럼 알록달록하고 즐겁게 다양화된 세상에 대해 애착을 느끼는 건 어찌 보면 당연한 일이다. 우리가 사는 세상은 재키 시겔처럼 자신이 키우던 치와와가 죽자 박제를 해서 피아노 위에 전시함으로써, 또 어떤 사람은 판지 쪼가리 위에 놀라운 창의성을 발휘해 '나는 배가 고파요'라는 글씨를 멋들어지게 씀으로써 각자의 개성을 드러내는 세상이 아닌가? 그런데 누가 감히 그러한 문명의 발전들을 위협하는 행위를 하겠다고 나설 수 있겠는가?

우리가 갇혀 사는 세계관 속에서는 안락한 집이 출발의 요소가 아닌 하나의 보상이자 성공의 정점이 되어야 한다. 달리 말하면, 부의 축적은 모두가 동등한 기회를 부여받아 추구하는 행위 이상으로 그 자체가 하나의 목표를 형성한다. 심지어 살면서 생각할 수 있는 유일한 목적이 되기도 한다. 데이비드 시겔 같은 이는 미국인들에게 부에 대한 꿈(아메리칸 드림)을 팔아 엄청난 부자가 되었다. 그는 '타임셰어'* 업계의 거인으로, 휴가 시설을 공유할 수 있는 숙박권을 판매했다. 그의 영업사원들은 공격적인 판매 방식으로 파격적인 비용에 호사스러운 별장에서 휴가를 보낼 수 있다며 '월마트의 고객들'을 매혹했다. 영업사원은 "미국인들에게 마치 록펠러가 된 것 같은 기분을 느끼게 해 줄 수 있다"[100]라고 자랑했다. 그러나 《뉴욕타임스》는 좀 더 과격한 표현을 사용했다. "분명히 짚고 넘어가야 할 점은, 그의 사업은 서브프라임 관련 기업과 공통점이 아주 많다는 사실이다."[101]

이런 방식으로 규정된 부는 위험하기 짝이 없다. 그것은 무엇보다 상대적인 빈곤을 전제하고 있기 때문이다. 그러한 부는 곧 보편화할 수 없는 행복을 나타내며, 따라서 수많은 이를 배제하게 된다. 그다음으로는 생태학적인 재앙을 야기할 수 있다. 〈베르사유의 여왕〉은 지독한 반감과 역겨움을 느끼게 하는 흉측하고 과장되고 터무니없는 세계를 우리에게 보여 주고 있다. 그리고 그러한 부는 지독하게 편협한 정신을 드러내 보여 준다. 누가 알겠는가? 그 반대로, 아직 우리가 상상 못 한 놀라운 아이디어들과 뜻밖의 경험들, 전혀 새로운 모습의 관계들이 사회 구성원들 간의 줄어든 격차와 더불어 좀 더 균질한 물질적 조건들을 제공할 수 있는 새로운 사회

—• timeshare. 베케이션 오너십(vacation ownership)이라고도 한다.

를 창조해 낼지도 모르지 않는가?

비좁고 불결한 집에 거주하는 이들의 상황에 주목하게 되면, 그 때문에 그들이 할 수 없는 것들, 그들은 애초부터 꿈꾸어 보지도 못할 것들이 얼마나 많은지를 알게 된다. 일례로 어린 소녀 와르다는 친구들이 숙제를 같이하러 그녀의 집에 가겠다고 할 때마다 "안 된다"라고 이야기한다. 식구들과 함께 사는 불결한 아파트가 너무 창피하기 때문이다. 친구들의 초대도 마찬가지로 거절한다. 자신이 답례로 그들을 초대할 수 없다는 걸 알기 때문이다.[102] 이는 달리 말하면 아마도 생겨날 기회조차 갖지 못한 우정들과 그녀나 친구들의 집에서 아마도 결코 떠오르지 못할 (노트의 페이지 바깥에 존재하는) 어떤 영감들을 의미한다. 그 반대로 유복한 이들이 사는 집들은 아이들로 하여금 개인적으로나 지적으로 활짝 피어날 수 있게 하는 모든 조건을 한데 갖추고 있다. "중학생 자녀가 식당 테이블 한구석에서 숙제를 하는 일 따위는 결코 있을 수 없다. 아이들은 아주 어릴 때부터 자기 방에서 혼자만의 은밀함을 누릴 권리가 있다."[103]

물론 파리에서 가장 명성 높은 그랑제콜 입시 준비반 가운데 하나에 다니는 아미라의 예를 들 수도 있을 것이다. 그녀의 가족은 2013년 초, '주거에 대한 권리Droit au logement' 단체가 발랑시엔가에서 시작한 건물 무단점유 운동에 참여한 적이 있다. 자신의 어머니, 여동생, 남동생과 함께 원룸형 아파트에서 죽 살았던 아미라는 혼자만의 시간을 갖기가 힘들어 때로는 다른 식구들이 모두 잠든 한

밤중에 공부하거나, 아파트 층계참으로 가서 공부를 해야 했다.[104] 그러나 우리는 인간이지 장터의 동물이 아니다. 인생을 특별히 고통주의자의 관점에서 바라보지 않는다면, 아미라는 자기만의 방에서 덜 피곤하고 더 행복한 시간을 보내면서 지금처럼 공부를 잘하거나 더 잘할 수도 있었을 거라고 생각할 수 있다. 집이라는 이름에 걸맞은 집은 삶의 목표나 목적성이 아닌 (낯설고 예측 불가능한 행선지로 향하는) 하나의 출발점이 되어야 한다. 집은 안식처일 뿐만 아니라 도약대이기도 하기 때문이다. 작가 알랭 드 보통은 그가 건축의 주요 임무라고 여기는 것을 다음과 같이 표현했다. 규율을 이런 말들로 나타내는 경우는 아주 드물긴 하지만, '우리로 하여금 이상적으로 존재할 수 있게 해 주는 것을 우리에게 좀 더 명확히 드러내 보이기.' 하나의 건물은 '심리적 틀'[105] 역할을 하기 때문이다. 우리가 사는 아름답고 쾌적한 장소들은 우리 안에 있는 가장 좋은 것들로 하여금 자성磁性을 띠게 하는 힘을 지니고 있다.

게다가 고통스럽고 수치스러운 여건에서 젊은 시절을 보낸 후 거기서 벗어난 이들에게는 집과 관련된 트라우마가 불안하고 격렬하며 사회에 매우 해로운 대갚음과 보상 욕구를 야기할 수 있다. 〈베르사유의 여왕〉 방송의 한 장면은 크리스마스 아침에 거실에서 가족과 함께 있는 데이비드 시겔의 모습을 보여 주고 있다. 그를 둘러싼 자녀들은 산처럼 쌓인 선물들의 포장지를 너도나도 앞다퉈 뜯고 있었다. 그러나 데이비드는 그가 유난히 소중하게 여기는 듯한 유일한 선물을 흔들어 보였다. 그것은 어디서나 살 수 있는 허쉬 초콜릿이었다. 그는 초콜릿에 얽힌 사연을 들려주었다. 신혼여행을 떠난 그의 부모님이 시카고행 기차를 타고 가던 중이었다. 어머니는 아버지에게 초콜릿을 하나 사 달라고 청했다. 그러나 아버지는 청을 들어줄 수 없었다. 당시 수중에는 돈이 한 푼도 없었기 때문이다. 훗날 그녀의 아들은 어머니의 생일 때마다 그녀에게 초콜릿 한 개를 선물했다. 그리고 어머니가 세상을 떠난 후에는, 그녀가 부탁한 대로 축제일마다 어머니를 생각하며 초콜릿을 하나씩 먹곤 했다. 우리는 물론 이 에피소드를, 부자들이 자신들은 '무일푼에서 시작했으며', 따라서 자신들의 부를 '누릴 자격이 있다'는 사실을 강조하기 위해 즐겨 이야기하는, 감화 효과를 지닌 이야기의 하나로 치부할 수도 있을 것이다. 하지만 어쩌면 그는 진실한 마음으로 그런 이야기를 했을지도 모른다. 이 일화에 비추어 보면, 문득 시겔 부부(재키도 그녀의 남편처럼 서민 가정 출신이다)의 부동산에 대한 과시벽과 지나친 호사를 추구하는 낭비벽이 과거의 궁핍과 좌절에 대한 일종의 끝없는 푸닥거리가 아닐까 하는 생각이 든다. 만약 그들이 어린 시절에 별로 부족한 것 없이 자랄 수 있었다면, 어쩌면 성장하는 과정에서 열 개나 되는 쓸모없는 부엌을 가지는 것보다는 조금 덜 터무니없는 꿈을 꿀 수 있었을지도 모르지 않는가.

4장

천상의 시간을 찾아서 :
시간은 '돈'인가 '삶'인가

"나는 왜 사람들이 1년에 한 번이라도 칩거하는 시간을 갖지 않는지 이해가 되지 않아. 그런 휴식은 반드시 필요한 거고, 그 덕분에 커다란 고양이가 돌아눕듯 일의 양상도 현저하게 달라질 수 있단 말이지." 또한 그러한 휴식 덕분에 사람들은 자신의 삶이 취하게 될 방향에 대해 깊이 생각해 볼 수도 있다. 시간은 집콕족에게 가장 중요한 필수 요소다. 그들이 작동시키기를 희망하는 과정들을 위해서는 '많은' 시간이 필요하기 때문이다.

침대 위에 둥글게 말려 있는 이불. 소파 위에 뒤죽박죽으로 던져 놓은 전날 입었던 옷들. 아침부터 개수대에 잔뜩 쌓여 있는 접시들. 걷을 생각조차 하지 않은 커튼. 깜빡하고 출근 전에 열어 놓는 걸 잊어버린 덧창. 하루 종일 집에 햇빛이 들어올 일은 없을 것이다. 거실에는 뜯어보지도 않은 우편물과 나날이 쌓여 가는 책과 신문 때문에 탁자가 아예 자취를 감추었다. 때로는 저녁을 먹는 동안 그것들이 접시 위로 무너져 내릴 것만 같아 후다닥 정돈하기도 한다. 욕실의 빨래 바구니는 세탁물로 넘쳐 난다. 주말이면 집안일보다 훨씬 흥미로운 (고작 이틀이라는 시간 속에 끼워 넣어야 하는) 수많은 일이 우리를 유혹한다. 그리하여 우린 체념하고 그냥 먼지와 무질서 속에서 살아가기로 마음먹는다. 적어도 주위 환경이 너무 엉망이 되기 전까지는. 나는 (나 자신에 대한 변명을 대신해) 다음과 같은 1950년대식 이미지에 대한 기억에 매달린다. 앞치마를 두른 채 타일 바닥에 꿇어앉아 반짝반짝 윤이 나도록 욕조를 닦는 가정주부. 그녀는 "깨끗한 집은 낭비하는 삶의 상징"이라는 슬로건과 함께 바보 같은 미소를 지어 보인다.

그러나 방 두 개짜리 아파트에 살면서 종일 맞벌이를 하는 부부가 매일같이 연출하는 이런 광경 앞에서 절망감을 느끼는 건 단지 내가 일종의 결벽증이 있는 여자라서가 아니다. 그것은 우리로 하여금 "우린 진정으로 우리 집에서, 우리 아파트에서 살고 있는 것일까?"라는 질문을 하게 만든다. 만약 방해, 단절, 자신에게서 멀어지게 하기를 드러내는 모든 가시적 표시가 또 다른 것들을 상징하는 것이라면? 실존적이고 몽환적이며, 감정적이고 지적인 삶의 과정들을 중단시키고 방해하는 것이라면? 그리하여 결과적으로 우리 자신에게서 멀어지게 하는 것이라면? 만약 집에서 흔히 볼 수 있는 이런 풍경이, (더 이상 그 밑에 뭐가 있는지도 알지 못한 채) 뒤죽박죽 쌓인 물건들로 엉망이 되고 먼지로 뒤덮인 모습들이 우리의 내면을 나타내는 풍경이기도 하다면?

우리가 사는 장소와 장기적으로 일체가 될 수 없다는 사실은 우리로 하여금 오랜 접촉이 꽃피울 수 있었을 것들, 그로 인한 선순환을 경험하지 못하게 한다. 이에 대해 바슐라르는 "집은 지속성에서 비롯되는 충고들을 쌓아 간다. 집이 없다면 인간은 흩어진 존재가 되고 말 것이다"라고 이야기한다. 그러나 대다수 사람들의 삶의 방식에서 이런 힘이 진정으로 효력을 발휘할 수 있을까?

수년 전, 한 잡지사에서 변칙적인 시간표에 따라 일하는 프랑스 서부의 임금노동자들을 대상으로 시간의 붕괴 현상에 관한 취재를 한 적이 있다. 그때 취재에 응한 한 농산물 가공 공장의 여직원은 다음과 같은 이야기를 들려주었다. "쉬는 화요일마다 동료들은 그동안 미뤄 두었던 집안일들을 하느라 정신이 없어요. 그리고 지친 기색으로 출근해서는 '종일 유리창만 닦았어'라고 말하곤 하죠."[2] 그녀가 들려준 일화는 내 기억 속에 깊이 각인되어 있다. 그 이야기 속에서는 여성들을 짓누르는 무게가 고스란히 느껴진다. 집을 완전무결하게 가꾸지 못하는 여성은 스스로에 대한 존중심마저 느끼지 못하는 것이다. 한편으로는, 깨끗한 유리창은 더욱 환해진 실내를 확인하는 즐거움을 선사하고 외부 세계를 더 명확히 볼수 있게 해 준다. 하지만 이런 것들을 즐길 수 있으려면 집안일이 우리의 자유 시간을 너무 많이 빼앗아서는 안 될 것이다. 이 책을 쓰기 위해 휴가를 얻은 나는 집 안을 청소하고 정돈하느라 첫날을 다 보냈다. 다음 날 깨끗해지고 말끔히 치워진 아파트에서 눈을 뜬 나는 아무런 제약 없이 온전히 일주일을 보낼 수 있다는 생각에 이 방 저 방을 돌아다니며 신나게 춤을 추었다.

내가 생각하는 가장 매력적인 집은 아주 오랫동안 틀어박혀 있어도 불편하지 않을 것 같은 집이다. 물론 이러한 환상은 단지 환상으로만 머물 뿐이다. 문명의 붕괴에 '대비해' 식량과 의약품과 무기를 비축해 두는 미국의 프레퍼족Prepper을 따라 할 생각은 추호도 없다.[3] 오래도록 집에 머물고 싶다는 열망은 바깥세상에 대한 경계심보다는, 실내에서 느낄 수 있는 은밀한 즐거움에 대한 기대와 집이라는 공간을 충분히 오랫동안 유지하다 보면 흥미로운 어떤 일이 생길지도 모른다는 모호한 확신에서 비롯된다. 차에 대한 지극한 나의 사랑도 같은 맥락으로 설명할 수 있다. 차를 준비하는 행위는 대화나 독서 또는 글쓰기와 같은 평온한 시간 속으로 빠져들 가능성을 의미한다. 내 마음에 드는 어떤 집의 실내를 둘러볼 때 결정적으로 나를 매혹시키는 것은 테이블이나 선반 위에 놓인 아름다운 다기 세트다. 나에게 차는 따뜻하고 향기로운 유동성의 시간을 상징하기 때문이다.

개암 열매를 비축해 나무 구멍 속에 틀어박힌 다람쥐처럼 아무것도 부족한 게 없는 곳에 칩거하는 것은 안식처가 선사하는 원초적 안락의 정점을 보여 준다. 너무나 안락하다 보니 스스로 원해서가 아니라 필요에 의해 그곳을 떠날 일은 없을 것이다. 핀터레스트에서 공유되는 수많은 집의 이미지들에 정신없이 빠져들 때에도, 적어도 수도와 화장실을 갖추지 않은 곳들에 머무는 나 자신을 상상하는 건 불가능하다. 너무 자주 밖으로 나가야 한다면 차분히 꿈꾸기가 힘들어질 테니까. 보르도 출신의 예술가 단체 '제브라3/바이셀프Zébra3/Buy-Sellf'가 나무로 만든 '도시 외곽의 안식처들'의 예를 살펴보자. 구름, 뱀, 오목한 그루터기, 감시자들, 아름다운 별, 해먹 등으로 다양하게 이름 붙여진 집들은 매우 아름답고 매우 시적이지만 나를 위한 것은 아니다. 그 안에는 이불만 있을 뿐 다른 건 아무것도 없기 때문이다.

앞서 이야기한 것처럼 타이니 하우스는 한 번 휘 둘러보는 것만으로 집에 필수적인 시설과 기능을 모두 파악할 수 있게 한다. 이처럼 깊은 만족감을 선사하는 종합적인 집은 자급자족적으로 칩거하는 삶에 대한 하나의 제안이 아닐까? 같은 이유로, 이상적인 집에 대한 꿈을 꿀 때 나는 특별히 큰 집을 선호한다고 생각하진 않지만 부자들의 집에서 부러운 게 한 가지 있다. 실내 수영장이 그것이다. 잠, 위생, 음료 그리고 음식의 관점에서 건강을 유지시켜 줄 수 있는 공간이 확보되어 있을 때라도, 균형 잡힌 신체를 위해 밖에서도 무언가를 할 필요가 있다. 곤차로프도 오블로모프 (32~33세가량 된)가 "운동이나 바깥의 공기 또는 둘 다가 부족해서 이른 나이에 무기력해졌다"[5]라고 하지 않았던가. 따라서 자기 집 밖으로 나가지 않고도 1년 내내 근육을 단련하고, 긴장을 완화시키고, 수영이 선사해 주는 여유로움과 재충전하기, 균형 감각을 경험할 수 있다면⋯⋯.[6]

고양이도 이와 유사한 특징적 습성을 지니고 있다. 고양이는 담요 조각이나 소파의 쿠션 또는 주인의 무릎이든 간에 안락해 보이는 장소를 발견하면 자신이 머물 자리를 발톱으로 미리 한참 동안 매만진다. 마치 즐거움을 예견하는 게 이미 즐거움 자체인 것처럼 한껏 가르랑거리면서. 그리고 살짝살짝 허리를 흔들며 자신의 체온으로 가장 알맞게 덥히게 될 폭신하고 오목한 자리 속에 기어들어 가 자리 잡는 그 순간을 무한히 늦추고자 한다. 자기 앞에 삶이 기다리고 있음을 의식하면서. 고양이가 자신이 머물 자리를 준비하는 시간은 그 속에 웅크리고 있게 될 시간만큼이나 소중하다. 그는 두 다리 사이에 콧방울을 파묻은 채 완벽한 원을 형성한다. 마치 빙글빙글 도는 별처럼. 그리하여 직선으로 흐르는 분과 시간에서 벗어나 또 다른 차원의 영역으로 들어가는 것처럼.

우리도 고양이처럼 여유를 부릴 수 있는 시간을 스스로에게 선사해야 하지 않을까. 자명종의 새된 소리에 느닷없이 꿈에서 깨면서 마음에 통증을 느끼는 대신, 잠에서 가만히 깨어나 잔잔한 바다의 물결처럼 하루를 여는 모래사장 위로 부드럽게 안착할 수 있도록. 그런 다음에도 아직 온기가 남아 있는 자리에 누운 채 집의 안팎에서 들려오는 희미한 소리에 귀 기울이고, 천장을 쳐다보며 이런저런 몽상에 잠기고, 자리에서 일어나야 할 많은 타당한 이유를 떠올리며 그날 할 일에 대해 생각해 볼 수 있어야 할 터다. 그리고 우린 아침 식사 메뉴를 궁리하면서 입맛을 다실 것이다. 나는 딸기향이 나는 녹차, 따뜻한 초콜릿, 거기에 담가 먹을 크루아상, 산딸기나 바나나향의 접시꽃 차, 구운 아몬드, 신선한 오렌지 주스 그리고 꿀을 한 스푼 넣은 양젖 요구르트 등을 떠올릴 것 같다. 당신은 어떤 메뉴를 선택할 것인가? 그런 다음에 우리는 체념에서 나온 억지 용기로 스스로를 침대 밖으로 몰아내는 대신 강렬한 내적 필요와 기대에 들떠 이불을 박차고 일어나 바닥에 발을 딛고 우뚝 서게 될 것이다. 그리고 음악을 틀고 촛불로 실내를 밝힌 채 조용히 또는 누군가와 대화를 나누며 아침 식사를 할 것이다. 방의 벽과 장식에 어른거리는 빛을 응시하거나, 조명의 불빛이 꿰뚫고 지나가는 흐리고 비오는 날의 그림자들을 머금은 대기를 느끼면서.

이제 마음에 충만한 기운을 느끼며 새롭게 시작하는 날 속으로 걸어 들어갈 순간이 닥친 것이다. 나는 몸치장을 하고, 방을 환기시키고, 침대 시트를 걷어 탁탁 털어서 다시 잘 정돈할 것이다. 그 넉넉하고 평온한 표면이 눈을 찡그리며 감탄하는 바다의 수면을 상기시킬 때까지. 또다시 무구하게 정돈된 시트가 앞으로 찾아올 쾌락을 예고하면서 간밤의 마지막 안개를 걷어 낼 때까지. 그러고 나면 그게 어떤 것이든 자신의 일에 열중할 수 있을 터다. 때로는 집안일이 휴식과 새롭게 움직일 기회를 제공해 주기도 한다. 해저를 탐험하는 도중에 잠깐 동안 수면 위로 올라와 눈앞에 펼쳐진 전망을 둘러보는 잠수부처럼, 빨래를 널고 찻잔을 씻으면서 한 발 뒤로 물러나 바라보다 보면 끈질기게 자신을 괴롭혔던 어려운 문제가 어느새 해결되는 걸 보게 될지도 모르지 않는가.

티에리와 플로리스텔라 베르네 부부가 집을 비운 동안 그곳에 머물렀던 니콜라 부비에는 그들에게 보낸 편지에서 다음과 같은 견해를 피력한 바 있다. "나는 왜 사람들이 1년에 한 번이라도 칩거하는 시간을 갖지 않는지 이해가 되지 않아. 그런 휴식은 반드시 필요한 거고, 그 덕분에 커다란 고양이가 돌아눕듯 일의 양상도 현저하게 달라질 수 있단 말이지." 또한 그러한 휴식 덕분에 사람들은 과거와 미래를 더욱더 확고히 연결시키면서 자신의 삶이 취하게 될 방향에 대해 깊이 생각해 볼 수도 있다. 그자비에 드 메스트르는 그처럼 자신의 칩거를 이용해 젊은 시절에 가장 소중했던 친구들과 주고받은 편지들 속으로 빠져들 수 있었다. "이 오래된 편지 보관함에 일단 손을 대면 온종일 거기서 헤어날 수가 없다."[8]

시간은 집콕족에게 가장 중요한 필수 요소다. 그들이 작동시키기를 희망하는 과정들을 위해서는 '많은' 시간이 필요하기 때문이다. 사회 규범이 그들에게 허용하고자 하는 것보다 훨씬 많은 시간이. 그들은 풍부한 시간 속에서 마음껏 생각에 잠기고 뛰놀고 서성거릴 필요가 있다. 주말과 휴가는 물론 소중한 시간이지만 턱없이 적은 시간이기도 하다. 실내장식에 관한 한 사이트는 사진을 찍어 올린 주택이나 아파트의 거주자들에게 그들이 집에서 가장 하고 싶은 것들을 수첩에 적어 보기를 권유했다. 의례적인 대답들(남편과 딸과 함께 더 많은 시간을 보내기, 친구들에게 근사한 저녁 대접하기) 가운데서 다음 대답이 특별히 눈에 띄었다. '시간 개념을 잃어버리기.'⁹ 이런 열망을 열거하는 데만도 현기증이 나는 수많은 장애물을 만나게 된다는 사실이 유감스럽긴 하지만.

통로에 낀 코끼리 : 일

사람들이 거의 문제 제기를 하진 않지만, 우리 삶에서 무엇보다 가장 큰 문제는 일이 차지하는 비중이다. 온갖 종류의 황당한 프로젝트(판지로 만든 집, 가변적인 바캉스용 집, 줄로 연결된 바캉스용 집 등등)를 선보였던 건축가이자 공학자 기 로티에는 1979년 호수 한가운데에 설치하는 '바람의 집'을 구상한 바 있다. 바람이 불 때마다 중심축 주위의 방들이 빙빙 돌아가는 구조의 집이었다. 1980년 로티에와 함께 전시회를 열었던 데생 화가 라이저는 바람의 집에 거주하는 이들이 어느 날 아침, 다른 때보다 좀 더 세게 불어온 돌풍으로 인해 어쩔 수 없이 집 밖으로 나오는 광경을 그림으로 보여 주었다. "자 어서! 모두들 일하러 가야죠!" "그럼 바람이 안 부는 날에는 어떡합니까?" 그들의 고용주는 책상을 톡톡 두드리며 물었다. 답: 바람이 안 불 때는 집에 머뭅니다. "이 바람의 집은 특히 바람이 거의 불지 않는 지방에서 대성공을 거둘 수 있을 것입니다."[10] 그림 속의 한 인물은 이렇게 결론지었다.

Desordre.net*라는 매우 특이한 사이트를 운영하는 필리프 드 종키레는 몇 년 전부터 오랫동안 멀리했던 정상적인 사무실에서의 삶(오픈스페이스 식 사무실에서 하루에 여덟 시간씩)을 체험하고 있다. 그는 지루함과 피로감 그리고 자기 시간을 도둑맞는 듯한 느낌을 떨쳐 버리기 위해 '반대하여Contre'라는 제목하에 일상을 기록해 나갔다. 그는 어느 날, 아픈 딸에게 먹을 것을 만들어 주기 위해서 정오에 집으로 돌아갈 수 있는 허락을 받아 낸 이야기를 들려주었다. 그는 그 시간에, '이 시간에는 존재하지 않는 것과 마찬가지였던 집'인 자기 집의 가족적인 배경을 발견하고는, 겨울에는 주말을 제외하고는 대부분 아침저녁으로 어둠에 잠긴 집만을 봐 오다가 환한 대낮에 집을 발견하는 데서 뜻밖의 매혹을 느꼈다. "다시 일터로 가야 할 때면 당신은 왜 그래야만 하는지 자문하게 될 것이다." 그는 이렇게 덧붙였다. "솔직히 당신도 무엇 때문에 직장을 그만두고 가정으로 돌아가지 못하는지 수없이 자문해 보지 않는가?"[11]

─•　désordre는 프랑스어로 '무질서 또는 혼란'이라는 뜻.

나는 봉급생활자가 되기 전 내 동반자가 며칠간 집을 비울 때면, 자리를 떠날 필요가 없도록 먹을 걸 잔뜩 챙겨서는 며칠 밤낮을 읽고 쓰면서 시간을 보내곤 했다. 그러다 피곤해 죽을 지경이 되어서야 잠을 자러 갔다. 그러던 어느 날 새벽, 커튼 뒤에서 울려 퍼지는 소리를 듣게 되었다. 시간 가는 줄도 몰랐던 나는 뜰에서 들려오는 청아한 새소리가 느끼게 해 주었던 지고한 행복감을 결코 잊지 못할 것이다. 마치 마법처럼 내 마음을 환히 밝혀 준 그 소리는 빛의 되돌아옴과 긴밀하게 연관돼 있어서 그 자체로 빛이나 다름없었다. 그 순간은 내겐 되돌아갈 가능성이 희박한 경험의 영역을 나타내는 상징으로 남아 있다. 또다시 그런 순간을 맛볼 수 있으려면, 무엇보다 근본적으로 틀에 박힌 직장인의 삶에서는 누리기 힘든 넉넉한 시간적 여유가 선행되어야 할 것이다.

나는 수년간, 내 직업에서 취할 수 있는 건 모두 취했다고 할 수 있다. 물질적 안정이 선사해 주는 엄청난 안락감, 아침마다 팀 가운데 내 자리를 다시 차지하러 간다는 즐거움, 나의 정치적 소양과 세상에 대한 이해를 향상시킬 수 있다는 만족감. 이 일은 나를 사회화시키고 문화인이 되게 했다. 내겐 그런 게 필요했다. 그러나 얼마 전부터 상황이 뒤바뀌었다. 난 숨이 차서 허덕이기 시작했다. 지금까지 아마도 가장 호의적인 형태(나를 풍요롭게 해 주는 유쾌한 작업 환경 가운데서 내게 어떤 의미를 지닌 일을 할 수 있다는 점)로 직장인의 삶을 경험하는 드문 행운을 누려서인지 난 일에 포함된 단점 중에서 어떤 것들이 일에 반드시 따라오는지를 구별할 수 있게 되었다. 그것들은 물론 일을 하다 보면 종종 겪게 되는 재앙 같은 경험(일이 불합리하고 무용하다는 느낌, 신체적 고통, 직장 상사들이나 동료들에게 받는 시달림)과는 전혀 다른 것이다.

난 처음에는 내게 유익했던 시간의 분할을 하나의 굴레처럼 여기게 되었다. 그리고 그렇게 나눠진 시간으로 인해 점차 나 자신과 멀어지면서 마치 유배당한 사람처럼 살아가는 게 싫었다. 어쩌면 이미 다른 것을 경험해 봤기 때문인지, 일주일을 장애물 경주처럼 살아 내는 것을 앞으로도 20년이나 더 계속해야 된다는 생각에 두려움이 앞섰다. 난 짧은 기간 동안 사무실에서의 삶을 경험했던 오블로모프의 겁에 질린 심경을 충분히 이해할 수 있다. "사람들은 간신히 일 하나를 처리하기가 무섭게 미친 듯이 또 다른 일을 시작하곤 했다. 마치 제국의 구원이 거기에 달려 있기라도 한 것처럼. 대체 왜 그래야만 할까? 그들은 그런 생각조차 하지 않기 위해 두 번째 일이 끝나는 즉시 세 번째 일로 달려들었다. 한마디로 도무지 끝이 보이지 않는 일이었다." 이에 그는 다음과 같이 반문한다. "대체 언제나 자신의 삶을 살 수 있는 걸까? 언제쯤이면 진정한 자기 삶을 살 수 있는 걸까?" 하지만 그 역시 좋은 여건에서 일을 한 편이었다. "그는 온순하고 관대한 상사의 지시에도 고통받으며 두려움과 절망감을 느꼈다."[12]

나는 책들을 살 수 있는 경제적 여유는 있지만, 그것들을 읽을 수 있는 시간적 여유는 별로 없다. 나는 갈수록 아파트를 복잡하게 만드는 책들을 한참 동안 바라보면서, 그 총량이 내가 그것들

에 할애할 수 있을 시간의 합을 얼마나 많이 넘어섰는지를 헤아려 보곤 한다. 언젠가 일본어에 이런 상태를 묘사하는 말이 존재한다는 걸 알고는 일종의 안도감을 느낀 적이 있다. 책을 사서 바닥이나 책장 또는 머리맡 탁자 위에 쌓아 두기만 하고 읽지는 않는 상태를 의미하는 '쓴도쿠ツんどく'라는 단어가 그것이다. 예전에는 흥미로운 주제를 발견하면 뭘 해도 힘들다는 생각이 들지 않았다. 차분하게 거실 테이블에 앉아 마음에 새기고 싶은 책의 구절들마다 자를 대고 연필로 줄을 긋느라 몇 시간씩 보내는 일은 다반사였다. 내 주위의 모든 것들도 내가 집중할 수 있도록 도와주고, 그런 내 노력으로 인한 깨달음을 공유하는 듯했다. 그러나 이젠 하루 종일 일에 시달리느라 내가 가진 지적 에너지가 소진되고 저녁이면 너무 지쳐 텔레비전 연속극을 보는 것 말고는 다른 걸 할 엄두가 나지 않는다. 나는 연속극도 좋아하긴 하지만, 그런 게 내게 어떤 깨달음을 주진 않는다. 말하자면 난 깨달음의 문턱에 머물러 있는 셈이다. 그건 곧 내 집의 문턱에서 서성이는 것과도 같다.

또한 동료들에게서 배워야겠다는 욕심에 내 고유의 목소리를 잃어버릴지도 모른다는 불안감이 더해졌다. 물론 우리 각자의 목소리는 현세대에서만 비롯되는 것은 아니다. 우리가 받아 온 모든 영향들이 각자에게 고유한 연금술을 거치면서 비로소 우리 자신의 목소리가 탄생하는 것이다. 그리고 다른 사람들과 떨어져 차분히 보내는 시간은 이러한 여과 작업이 되도록 가장 완전하고 미세하게 이루어지도록 해 준다. 마흐무드 다르위시의 정의에 따르면 집은

"우리 안에 있는 가장 심오한 것들을 들을 수 있는 방이다."[13] 우리가 방에 들어가 문을 닫는 몸짓은 무언가를 이끌어 내게 되는데, 그 과정을 묘사하기 위해 내가 발견한 말은 '음악'이다. 마리오 프라츠는 집에 대한 감각이 없는 사람은 '자기 안에 음악이 없는 사람'[14]이라고 이야기한 바 있다. 니콜라 부비에는 스리랑카에서 어떤 방(그가 여행 초기부터 세어 본 바로는 117번째에 해당하는 방)에 머물면서 이런 소감을 남겼다. "다음 번 방은 오래 기다려야 할지도 모른다. 때로는 한군데에 머무르면서 자신의 음악을 연주하고 앞날개를 움직여 노래하는 법을 배울 필요가 있지 않겠는가?"[15] 상시 임전 태세를 갖춘 채 끊임없이 움직이기만 하다가는 잡다한 영향들을 걸러 내 제대로 소화시키지도 못한 채 뒤죽박죽 삼켜 버리게 될지도 모른다. 게다가 대부분의 시간을 보내는 직장에서는 자신이 받는 다양한 영향 가운데서 임의로 선택할 수 있는 사치가 거의 허용되지 않는다. 언젠가 한 지인에게 그의 직업적 영향으로 인한 대수롭지 않은 말버릇을 지적하자 그는 몹시 당혹스러운 표정을 지어 보였다.

독일의 다큐멘터리 제작자인 플로리안 오피츠가 자신을 숨 막히게 하는 삶의 원인들을 조사한 끝에 결론 내린 것처럼 '행복의 열쇠는 자기 시간의 주인이 되는 것'이라면[16], 이 세상에는 행복한 사람이 별로 없다고 해도 과언이 아닐 터다. 모든 제약에서 벗어나, 고유의 리듬에 따라 자기 마음대로 쓸 수 있는(평생 그럴 수 있기를 바라는 건 아니다) 긴 시간. 금리 생활자를 제외하고는 이런 최고의 호사를 누릴 수 있는 사람은 극소수에 불과하다. 적어도 은퇴하기 전까지는. 우리 삶에서 그런 시간을 향유하는 것은 어쩌면 내세에서나 가능한 일인지도 모른다. 1794년, 이탈리아에서 수비대 장교를 지낸 그자비에 드 메스트르는 결투를 벌였다는 이유로 42일간의 가택연금형에 처해졌다. 그러나 그런 징계는 그에게 벌이 될 수 없었다. "그들은 내게 도시를 돌아다니는 것을 일절 금했다. 그러나 그 대신 내게 온 우주를 남겨 주었다. 나는 거대한 공간과 무궁한 시간을 내 마음대로 할 수 있었다."[17] 하지만 오늘날 그런 상황에 처한다는 건 상상하기 어렵다.

실업 상태에서는 한 푼이라도 아껴야 할 필요성, 내일에 대한 두려움, 행정 기관의 간섭과 들볶기, 경제 활성화 정책의 횡포, 생계 수단을 내세운 협박, 강요된 터무니없는 가식적 행위들 사이에서 퇴직이 제공해 줄 수 있는 황홀한 자유라는 행운을 누리는 것은 거의 불가능하다. 오직 심하게 아팠다가 회복 중인 이들에게만 때로 그런 기회가 주어질 수 있다. 그러나 그들의 상태가 그런 자유를 충만하게 누리는 걸 허락하지 않을 수도 있으며, 그랬다가는 종종 생계가 위협받기도 한다. 자유를 누리는 대가를 비싸게 치르는 셈이다.

한 이탈리아인 친구는 출산휴가가 자신에게 그런 기회를 제공했노라고 털어놓았다. "난 출산휴가 덕분에 내 삶의 어떤 부분과 거리를 두고 그에 대해 곰곰 생각해 볼 수 있었고, 그제야 비로소 '나를 내려놓을 수' 있었어. '내려놓다'라는 말은 내가 프랑스어에서 가장 좋아하는 동사 가운데 하나야. 이탈리아어에서는 그에 상응하는 말을 찾지 못했거든. 이 말을 떠올릴 때마다, 나를 둘러싼 시간이 멈추면서 모든 걸 이해하고 파악하는 게 더 쉬워지는 것 같아." 그러나 아이의 탄생은 그것이 전제하는 혼란과 더불어 그러한 숨 돌리기에 언제나 유리하게 작용하지는 않는다.

어떤 이들에게 학업 기간은 그들을 기다리는 삶이 어떤 것인지를 언뜻 엿보게 해 주는 시간이며, 그 후에까지도 잊기 힘든 순간이기도 하다. 샹탈 토마는 책을 읽고 산책하고 몽상에 잠기며 보낸 '아무런 한계가 없던 아름다운 날들'을 그렇게 회상했다. 그녀는 1960년대에 파리에서 처음으로 살았던 다락방에 대한 기억을 떠올렸다.

"당시 난 '내 집'이 지닌 힘에 의해 달라졌음을 느꼈죠. 어떤 면에서는 똑같아 보이지만, 난 좀 더 자유로워지고, 더 민첩해지고 경쾌한 생각, 순수한 나 자신, 세상 사람들을 의식하지 않는 태도, 타인에 의해 왜곡되지 않는 의지를 펼칠 수 있었던 것 같아요. 내 방에서 나는 또다시 시간을 온전히 누릴 수 있게 된 거예요. 내 방은 쪼개지지 않은 시간의 향유 그 자체였어요. 어릴 적 놀이의 시간을 되찾은 느낌이었죠."[18]

그로부터 50년 뒤에는 그처럼 인생의 토대가 될 수 있는 경험은 운 좋은 소수만이 누리는 특권이 되었다. 2011년 프랑스 대학생들의 삶의 여건에 관한 설문 조사에 의하면, 그들 중 4분의 1 이상이 생계를 이어 가는 데 어려움을 겪고 있으며, 그들 절반이 한 달에 400유로 이하의 생활비로 살아가고 있다고 호소했다. 3분의 1에 가까운 학생들이 빈곤의 징후를 나타냈으며, 4분의 3이 스스로를 희생된 세대라고 여겼다. 대학생상호공제조합의 회장은 학업 기간은 "이제 더 이상 청소년기와 활동적인 삶 사이의 무사태평한 금빛 과도기가 아니다"라고 결론지었다.[19] 마찬가지로 직장 생활의 또 다른 끝에서는, 최근 몇 년간 정년제를 겨냥한 연이은 비난들로 인해 앞으로 죽기 전에 자신만의 시간을 향유할 기회를 갖게 될 이들의 수가 엄청나게 줄어들 위험이 도사리고 있다.

시간의 굴레

벨기에의 작가 라울 바네겜은 스스로에게 다음과 같은 질문을 던졌다. "우리 자신으로부터 끊임없이 멀어지게 만드는 사회에서 어떻게 아무런 방해도 받지 않고 자신에게로 갈 수 있을까? 너무 애쓰지 않고도 욕망의 무사태평함만이 지배하는 은총의 상태에 안착할 수 있는 방법은 없을까?"[20] 사회가 점점 더 인색하게 허용하는 일과의 면제가 없이는 우리 모두가 '시간의 엄격한 분할'이라는 동일한 체제를 따를 수밖에 없다. 그리고 이러한 구속은 우리의 삶을 고갈시키며, 무엇보다 우리가 집과 그 효용을 충분히 경험하는 것을 가로막는다. 우리가 어쩔 수 없는 숙명처럼 받아들이는 시간의 굴레는 사실 오랜 진화의 결과물이다.

영국의 역사가 에드워드 P. 톰슨이 들려준 이야기에 따르면,

첫 번째 노동자 세대는 자신들이 완수해야 할 일에 의해서가 아니라 시계, 사이렌 또는 출근 기록기 등으로 작업 시간을 강요받는 사실에 충격을 받았다. 그리고 이런 변화로 인해 사람들은 강도 높은 노동 기간과 한가롭게 쉬는 기간을 번갈던 자발적 습관을 잃어버렸다. 톰슨이 인간의 자연적 리듬으로 간주한 이런 습관을 유지한 이들은 개별적으로 일하는 '예술가, 작가, 소농, 학생'뿐이었다.[21] (게다가 사람들은 다른 어떤 요구가 아닌 일 자체의 요구에 따를 때 가장 열심히 일하기 마련이다.) 게다가 시간의 추상화는 인간으로 하여금 감각적 세상과도 멀어지게 하는 결과를 낳았다. 그때까지 사람들은 자기 몸과 주위 환경을 통해 감각적 세상을 익혀 나갔다. 미얀마의 승려들은 자기 손의 혈관을 볼 수 있을 만큼 충분히 밝은 시간에 일어났다. 마다가스카르에서는 메뚜기 튀김을 척도로 한 순간을 쟀다…….

이와 같은 시간적 규율은 초기에는 격렬한 저항을 불러일으켰다. 그것을 강제하기 위해서는 다양한 방법들을 결합해야 했다. '작업 구분하기, 노동자들 감시하기, 종과 시계의 사용, 임금으로 동기 부여하기, 설교와 교육의 병행, 시장과 놀거리 없애기.' 예를 들어, 이젠 더 이상 '성스러운 월요일'을 지키는 일은 없을 터였다. 예전에는 한 주의 첫 번째 날엔 수많은 동업조합과 심지어 작은 공장과 수공업에서도 오랜 전통에 따라 일을 적게 하거나 전혀 하지 않았다. 이제 규칙적으로 쪼개진 일상적 삶을 살아야 했던 이들은 자신의 적이 누군지를 분명히 인식하고 있었다. 발터 벤야민은 1830년

7월 혁명 당시 '사람들이 벽시계들을 향해 발포를 했다'[22]는 사실을 강조한 바 있다. 16세기에도 이미 수학자 토머스 앨런의 하녀는 그가 깜빡 잊고 침대 옆에 놔둔 시계의 째깍째깍 소리에 '그 물건에 마귀가 들렸다고 믿고' 현명하게도 그것을 창문 밖으로 던져버렸다는 일화가 있다.[23] 훗날 이러한 경계는 정당했던 것으로 드러난다. 노동의 '합리화'와 규격화에 크게 기여한 자동차 제작자 헨리 포드는 시계 수리공으로 사회에 첫발을 내디뎠다. 산업혁명에 대한 거대한 풍자소설 《어려운 시절》에서 찰스 디킨스는 음침한 토머스 그래드그라인드에게 '관 뚜껑에 못질하는 소리를 연상시키는 똑딱 소리와 함께'[24] 매 초를 잴 수 있는 '통계 시계'를 부여했다.

그러나 노동자들은 차츰 더 이상 시간에 대항해서가 아니라 '시간에 대하여' 투쟁하기 시작했다. 즉 노동시간의 감소를 위해 싸운 것이다. 새로운 노동시간 체제의 도입은 성공적이었다. 이젠 그 시간을 배분하는 방식에 대한 갈등만이 남아 있었다. '여덟 시간 일하고, 여덟 시간 쉬고, 여덟 시간 잠자기.' 사회주의 이념에 심취했던 영국의 기업가 로버트 오언은 1817년에 이 말을 슬로건으로 내걸었다. 1866년 노동조합들은 국제노동자협회와 마찬가지로 그의 이념을 모토로 삼았다. 프랑스는 1919년에 하루 여덟 시간(일주일에 총 48시간 일하면서)의 노동시간을 정착시킨 바 있다. 어떤 의미로든 시곗바늘을 물리치고자 하는 투쟁은 오늘날에도 유일하게 계속 맹위를 떨치고 있다. 그것도 엄청나게 불공평한 팔씨름을 하는 모양새로. 1999년부터 2000년까지 노동시간이 35시간으로 축소되자 프랑스의 경영자들은 차라리 자신들을 죽이라고 아우성을 쳤다. 그리고 그러한 아우성은 15년이 지난 지금까지도 여전히 이어지고 있다. 그러나 20세기 이후로는 더욱 격렬한 항의의 흔적을 발견하려면 서양이 아닌 다른 곳으로 눈을 돌리는 편이 낫다. 피에르 부르디외가 들려준 이야기에 의하면, 1950년대 카빌리아의 농부들은 시계를 악마의 맷돌[25]이라는 별명으로 불렀다고 한다. 카메룬에서는 오블로모프 식의 회의에 사로잡힌 한 커다란 농장의 일꾼이 이렇게 외치기도 했다.

"어떻게 사람이 하루도 거르지 않고 매일같이 일하기를 바라나요? 그러다 죽으면 어떡하라고요?"

시간의 분할과 점유는 노동력을 남김없이 이용하려는 의지와 부합한다. 그러기 위해서는 노동자들에게서 모든 의지를 빼앗고 그들을 철저히 억눌러야만 한다. 2005년, 독일의 기독민주당원인 법무부 장관 헤세는 '전자 수갑'을 이용해 '실업자들을 잘 감시할 것'을 제안했다. 그들로 하여금 또다시 '정상적인 일과표대로 살 수 있게'[26] 하기 위해서였다. 앞서 변칙적인 시간표에 따라 일하는 동료들에 대해 증언했던 한 여성 노동자는 고용주들의 의도적인 계략과 근거 없는 악의를 고발했다. "예를 들어, 고용주들은 노동자들이 푹 쉴 수 있도록 휴가를 모아서 쓰는 걸 좋아하지 않아요. 그 반대죠. 그래서 그들의 휴가를 자기들 마음대로 쪼개 놓곤 하죠. 아마도 노동자들이 나쁜 습관을 들일까 봐 그러는 거겠죠……."[27]

학교도 장래의 노동자들을 미리부터 훈련시키기 위해 공장 체제를 모방했다. 1775년 맨체스터의 목사 J. 클레이턴은 거리가 '누더기를 걸친 채 무위도식하는 아이들, 시간을 허비할 뿐만 아니라 노는 습관마저 들이는 아이들'[28]로 들끓는 것을 보고는 나라의 장래를 걱정했다. 19세기 말, 그 이전과 이후의 수백만 명의 다른 이들처럼 강제교육을 받은 스위스 작가 샤를페르디낭 라뮈는 비통함이 깃든 웅변으로 자신의 절망감을 호소했다. "그들은 우리에게서 움직임을 박탈했습니다(모든 초등학생에게 공통된 운명이죠). 그들은 우리 역시 교재 앞에 강제로 앉아 있게 했지요. 우린 아침에 네 시간, 오후에 두세 시간 동안(숙제를 해야 하는 시간을 제외하고) 글씨가 인쇄된 페이지가 아닌 다른 데를 보는 걸 금지당했습니다. 그러자 시간은 한없이 느리게 갔고, 태양은 그 빛이 바랬습니다. 나무에서는 참새들이 헛되이 노래 불렀고, 웅성거리는 목소리들과 우리를 부르는 듯한 종소리가 들려왔습니다. 〔……〕 저곳의 모든 것은 우리에게서 너무나 멀리 있었지요. 그사이 우린 견고한 벽 뒤에서 지독한 그리움과 우울 그리고 달아나고 싶은 무기력한 열망에 사로잡힌 채 검은색 책상 앞에 줄지어 앉아 있어야 했습니다."[29]

마찬가지로 오블로모프는 젊은 시절에 학교를 '자신이 저지른 죄에 대해 하늘이 내리는 벌'로 생각했다. 그의 내면의 반항은 라뮈의 그것과 일맥상통한다. "오륙 년간의 유폐 생활로 대체 우리가 얻는 게 뭐란 말인가? 이 모든 엄격하고 지루한 일과들, 달리는 것도 노는 것도 즐기는 것도 모두 금하는 규율들, 그것도 아직 그럴 때가 아니라고, 아직 공부를 더 해야 한다는 핑계를 대면서!" 오블로모프는 벌써부터 이렇게 자문한다. "대체 언제나 진정한 삶을 살수 있단 말인가?"[30] 하지만 오늘날에는 그런 반박의 목소리는 거의들을 수가 없다. 조금이라도 비판을 할라치면, 아직도 수많은 아이가 교육을 받지 못하는 현실에서 교육의 기회를 가질 수 있다는 것만으로도 커다란 행운인 줄 알라는 핀잔이나 듣기 십상이기 때문이다. 이는 시간의 엄격한 구속과 강요된 부동성의 결합이 사람들이 유일하게 상상할 수 있는 자연스러운 교육의 형태로 자리 잡았음을 입증하는 게 아닐까.

적어도 아이들에게는 또는 대부분의 아이들에게는 방학이라는 긴 휴식이 허락된다. 이 넉넉한 막간, 자유와 모험의 파티를 벌일 수 있는 시간 동안 그들은 마치 오랫동안 친구들을 못 만난 것 같은 느낌과 함께 전혀 다른 사람으로 변모한 채 다시 학교로 돌아간다. 나도 어렸을 적에 방학 동안의 눈부신 기억들이 내 일상을 물들이지 않았다면, 여름의 끝 무렵 집으로 돌아오는 마음이 그처럼 행복하진 않았을 터였다. 그 나이 때는 엄청나게 긴 시간이었던 3주간의 휴가 동안 난 수영복 차림으로 살다시피 했다. 오솔길과 모래사장, 바위 사이에서 뛰놀고, 아버지와 함께 바닷물에 낚싯대를 던지고, 해변에서 조개껍데기를 주워 빈 퀄리티 스트리트Quality Street 통에 넣어 두고, 소나무, 재스민, 무화과나무, 요오드, 당나귀 똥, 건초 냄새를 호흡했다. 또한 초가집 아래에서 구운 생선과 레몬즙을 뿌린 성게, 수블라키*, 속을 채운 토마토 요리, 알맞게 튀겨진

— • 고기와 채소를 꼬치에 끼워 숯불이나 그릴에 구워 먹는 그리스의 꼬치요리.

부드러운 감자튀김을 맛보고, 시에스타 시간에는 매미들의 노랫소리를 들으며 몽상에 잠기거나 그림을 그리고, 저녁에는 동생과 친구들과 함께 회중전등 불빛에 의지하여 솔밭에서 탐정 놀이를 하곤 했다. 휴가가 끝난 뒤 집에 돌아오면 적어도 며칠간은 휴식이 내게 부여한 특별한 기분 속에서, 뜻밖의 일을 열린 마음으로 받아들이기, 구속과 불안감을 잠시 잊기, 새로운 방식으로 시간을 살아내기 등을 통해 한결 여유로워진 나를 발견할 수 있었다. 그리고 그 모든 것들을 나의 일상으로 옮겨 올 수 있었다. 나는 동방의 방(망사르드 지붕 밑 다락방에는 동양풍 카펫이 깔려 있었고, 우린 여기서 곧잘 놀았다)이 풍기는 특별한 향기를 빨아들였다. 바닷가의 가시덤불 내음을 호흡할 때처럼. 난 놀라우리만치 느긋해진 나 자신과 예리해진 인식력, 쾌락주의적 욕구를 집에서 정원으로, 정원에서 집으로 끌고 다녔다.

지중해의 푹푹 찌는 더위에서 벗어난 우린 스위스 시골구석을 비추는 여름의 마지막 햇빛 속에서 다가오는 가을의 기운을 느낄 수 있었다. 그리고 저만치에서 개학이 다가오는 게 보였지만, 나는 이 모든 것을 기분 좋게 맞이할 수 있었다. 여름휴가는 내게 새로운 결심들, 어떤 상황에서도 낙관적으로 생각하기와 더불어 세상 어느 것도 두렵지 않은 무적無敵의 느낌을 선물해 주었다. 이제 이런 느낌은 머지않아 사라져 버리고 말겠지만. 아침마다 등교를 위해 시끄럽게 울려 대는 자명종, 운동장에서 들려오는 유해한 소음들, 고역 같은 숙제와 기습적인 시험에 대한 두려움, 각자의 일에 지친 데다 무용 수업에서 치과로 자녀를 이리저리 데리고 다녀야 하는 부모님의 짜증과 피곤함. 이처럼 정신없는 일과 중에 누린 잠깐 동안의 틈과 휴식은 집과 그 주변을 마치 낙원이나 은신처, 모험의 장場처럼 느끼게 해 줄 터다. 그러나 현대의 아이들과 어른들의 삶의 여건에 비추어 볼 때 휴가 뒤에 느끼는 은총의 상태는 오래 지속되기가 힘들다.

일단 활동적인 삶을 살기 시작하면, 사람들은 점점 더 계산과 쓸쓸한 뒷맛 그리고 불안감과 함께 휴가를 떠올리게 된다. 휴가는 많은 것을 보상받을 수 있는 기회로 여겨지고, 그러한 기대는 좌절되기 십상이다. 1년 중 다른 시기에는 자신을 내려놓는 게 허락되지 않기 때문에, 사람들은 기진맥진한 끝에 모든 걸 잊고 책임을 면제받은 상태에서 휴식 속으로 빠져들고자 하는 맹렬한 욕구를 느낀다. 1982년 그룹 엘레강스가 〈바캉스, 모든 걸 잊는다네 Vacances, j'oublie tout〉라고 노래했던 것처럼. 지칠 대로 지친 직장인은 강렬한 즐거움과 관능과 한가로움을 너무나 오랫동안 갈망한 나머지 여행사로 달려가 자신의 구매력이 허용하는 분량만큼 휴가를 구매한다. 그는 그들이 파는 낙원 같은 배경의 이면은 살펴볼 생각조차 하지 않고 일종의 완제품을 구매하는 것이다. 그리하여 그가 여행을 떠나는 나라나 지역은 단순히 그러한 갈망을 담는 그릇에 불과해지고, 고유의 사회 조직, 그곳의 풍경과 생태계에 혼란이 야기되면서 완전히 다른 모습으로 변모한다. 이에 우리가 만약 1년 내내 자기 집에서 충만한 삶을 살 수 있다면, 우리의 생활 리듬으로 인한 삶의 호흡 정지와 감각의 결핍이 없다면, 관광의 폐해도 지금보다 줄어들 수 있지 않을까 자문하게 된다. 그렇더라도 물론 태양과 낯섦에 대한 열망은 언제나 존재할 것이다. 하지만 스스로에게 정기적인 휴식과 여백을 선사하면서 1년 내내 좀 더 평온한 일상을 누릴 수 있다면, 더욱더 건전하고 신중하며 적극적이고 호기심 충만한 방식으로 여행을 떠날 수 있지 않을까.

최후의 보루들

"그들은 주말만 기다리며 삽니다. 그들은 휴가만 기다립니다."

자기 주변에 불행한 사람들이 너무나 많다는 사실에 놀란 한 블로거는 이렇게 말했다. 그들은 소수의 부를 위해 불필요하거나 유해한 일을 하느라 그들 인생의 가장 중요한 시간을 소진하고 있다는 것이다.[31] 대부분의 직장인들로 하여금 지상에서의 삶 가운데 7분의 5가 되도록 빨리 지나가기를 소망하게 하는 주말에 대한 기대는 그들이 스스로 만족해야 한다고 여기는 삶의 여건의 비장함을 잘 드러내 보여 준다.[32] 그러나 주말은 적어도 존재한다는 장점과 함께 기업의 논리에서 벗어나게 하는 보루로 남아 있다. 주말은 각자가 좋아하는 것을 할 수 있게 하고, 평온함과 고독을 음미하게 할 뿐만 아니라, 모두가 동시에 쉴 수 있기 때문에 자신의 동료들이 아닌 다른 사람들과도 함께 시간을 보낼 수 있게 해 준다. 또한 자신의 또 다른 면모들을 함양하게 하고 자신의 정체성에 숨구멍

을 틔워 줄 수 있는 일종의 '시간적 배양기' 역할을 한다.[33]

필리프 드 종키레는 어쩔 수 없이 풀타임 봉급생활자의 삶 속으로 뛰어들면서 차츰 익숙해진 것들의 목록을 정리하며 이렇게 적어 놓았다. '월요일처럼 출근하기, 금요일처럼 출근하기.'[34] 그가 일을 다시 시작하자 할 만한지 묻는 이들에게 그는 적절하고 현실적인 대답을 내놓았다. "월요일처럼." 그의 대답에서는 자신의 다양한 모습들을 봉급생활자라는 조그만 상자 속으로 억지로 구겨 넣기 위한 힘겨운 곡예의 흔적이 엿보인다. 긴 휴가를 보내고 돌아오는 순간에는 이상과 현실 사이의 괴리에서 비롯되는 충격이 더욱더 크게 느껴질 수밖에 없다.

주말은 또한 판에 박힌 일상에서 의식儀式으로 옮겨 갈 수 있게 하고, 그 둘 사이의 차이점을 가늠해 보게 한다. 강제된 똑같은 일의 반복을 맥 빠지게 하는 벌처럼 살아 내는 것만큼, 집에서는 매일매일 똑같은 일을 즐겁게 반복할 수 있다. 우리는 습관적으로 하던 일에 정성을 들임으로써 즐거운 삶에 대한 구상을 끊임없이 갱신하고, 삶에 뿌리내리고 다른 이들과의 관계를 이어 나가며, 사물들의 비영속성, 역경, 이별, 박탈을 존중하는 법을 배우게 된다. 권태를 알지 못하고, 변함없는 배경 앞에서도 늘 새롭게 감탄하는 능력을 갖춘 채 스스로에게 만족하는 집콕족은 의식의 열렬한 추종자들이다. 작가, 화가, 작곡가로 일하는 레즈바니[35]는 저서 《집의 소설》에서 '반복의 놀라움'을 찬양했다. 그의 이야기는 경험에서 우러나온 것이었다. 그는 아내와 50년간 르 바르주州의 레 모르 산악

지대 숲속에 위치한 작은 외딴집에서 살았다. 그리고 그 50년간 그의 달뜬 기쁨이 줄어든 적이 결코 없었다. 그는 "실재하는 우리의 존재를 판단하는 것은 오직 반복에 의해서만 가능하다"라고 힘주어 말했다. 왜냐하면 반복은 인간 조건과 밀접하게 연관돼 있기 때문이다. "심장, 폐, 장기, 우리 뇌의 깨어 있음과 수면 상태, 욕망과 그것의 충족, 배고픔, 갈증, 걷기의 리듬……. 그렇다, 반복에서 벗어날 수 있는 건 아무것도 없다!"[36] 여기서 결정적인 것은 '자유'의 유무다. 오블로모프는 학생이나 고용인의 강요된 칩거에 대해서는 분노했지만 자신이 의도적으로 선택한 은둔 생활은 만끽했다. "그는 9시부터 3시까지, 그리고 8시부터 9시까지에도 자신의 긴 의자에 누워 있을 수 있다는 생각에 평온한 기쁨을 느꼈다. 그는 자신이 제출해야 할 서류나 작성해야 할 문서가 없다는 사실에 우쭐해했다. 한마디로, 자신의 감정과 상상력을 마음껏 펼칠 수 있다는 사실이 너무나 좋았다."[37]

일요일은 의식을 치르는 날이다. 아무런 제약 없이 마음껏 의식을 행할 수 있는 날이다. 적어도 지금까지는 그랬다. 프랑스에서는 25여 년간 정기적으로 '구태舊態'에 맞서는 투쟁과 '자유'에 대한 담론을 앞세우며 일요일에도 일할 것을 주장하는 정치권과 기업주 그리고 미디어의 공세가 이어져 왔다.[38] 2008년, 이러한 캠페인으로 야기된 토론에서 한 젊은 직장인은 생계를 위해 감내해야 하는 제약 때문에 아내와 일요일에만 서로 얼굴을 보며 산다고 하소연했다. 게다가 진이 빠진 아내는 일요일엔 잠자는 데 대부분의 시간을 보낼 때가 많았다. 이런 여건에서 부부는 아이를 가질 엄두도 내지 못했다. 그는 분개하며 이렇게 외쳤다.

"오늘날의 사회는 노동시장에 첫발을 내딛는 우리에게 언제나 시간을 낼 수 있고 융통성 있기를, 급여에 있어서는 까다롭게 굴지 말 것을 요구합니다. 지리적으로는 언제라도 즉각 달려올 수 있을 만큼 가까이 살기를, 언젠가는 임신하고 싶다는 꿈은 갖지 말 것을 요구합니다. 그리고 이 모든 걸 웃으며 기꺼이 받아들이라고 합니다. 하지만 우린 지금보다 급여를 더 받는다고 해도, 단 하루 허락된 일요일마저 희생할 생각은 추호도 없습니다."[39]

이러한 사회적 리듬의 해체는 이미 오래전부터 그 효력을 발휘하기 시작한 직업들에서 개인들을 점차 더 약화시키고 고립시키면서, 기업이 아닌 다른 세계에 뿌리내리고자 하는 그들의 시도를 가로막는다. 1996년에 개봉한 마크 허먼 감독의 영화 〈브래스드 오프〉는 영국 북부 요크셔 지방 광부들(그들은 브라스 밴드의 멤버들이기도 하다)의 폐광 결정에 맞서는 투쟁을 그리고 있다. 영화에 나오는 부부 해리와 리카는 매일 뜰에서 서로 마주치면서 짧은 인사("당신, 별일 없지?")를 나눌 수 있을 뿐이다. 심지어 말다툼조차도 때로는 열려 있고 때로는 닫혀 있는 아주 조그만 창문(그들에게 허락된 시간과 공간을 상징하는)을 통해 해야 한다. 그들의 투쟁이 실패로 돌아가고, 곧 탄광이 폐쇄되어 해리가 실업자로 전락할 거라는 사실을 알게 된 그들은 서로 힘껏 껴안는다. 그리고 리타는 착잡한 심경에 떨리는 목소리로 자신의 남편에게 이렇게 속삭인다. "그래도 이젠 좀 더 자주 볼 수 있을 테니까……."

니콜라 사르코지 대통령은 2008년 일요일 노동을 부추기는 캠페인을 펼칠 당시 '자원 봉사'라는 매우 위선적인 논거를 내세워 다음과 같은 주장을 펼쳤다. "나는 우리 모두 각자가 원하는 것을 할 수 있기를 바랍니다. 그러나 일요일에도 일한다는 것은 노동과 성장의 날이 하루 더 늘어난다는 걸 의미합니다. 게다가 자신의 상품을 더 많이 팔 수 있는 기회이기도 합니다."[40] 이러한 선언을 통해 일요일 노동을 악착스레 주장하는 이들의 의도가 명백하게 드러난다. 일요일을 공통적인 휴일로 유지하는 것은 산업혁명 이래로 계속되어 온 동질화와 영리화營利化의 과정을 완료하는 데 장애가 되기 때문이다. 조너선 크레이리가 에세이 《24/7》('24시간과 7일')에서 설명한 것처럼, 21세기의 자본주의는 '인간의 삶을 한시의 휴지休止도 없도록 획일화하며, 영속적인 기능성의 원칙으로 정의되게 하는 것'을 그 목표로 삼고 있다.[41]

그러나 만약 주말이 시간의 거대한 압축롤러에 깔려 납작해져 버린다고 해도, 그 과정을 추진하는 이들은 또 다른 한계, 더 이상 사회적인 것이 아닌 '잠'이라는 자연적 한계에 부딪히게 될 것이다. 지극히 당연하게도! 인간은 생산이나 소비의 두 행위 사이에 자신의 힘을 재충전할 필요성을 느끼며, 이를 위해 그의 기관은 뻔뻔하게도 하루에 7~8시간씩이나 쉬게 해 줄 것을 요구한다. 이런 생리적 장애물을 사라지게 할 수만 있다면 우리 경제가 얼마나 더 큰 경쟁력을 갖출 수 있을지를 상상해 보라……."[42] 이것은 매우 심각한 이야기다. 크레이리에 의하면, 지금까지 잠의 박탈은 무엇보다 관타나모 수용소의 죄수들에게 가해지는 것 같은 고문의 한 형태로 인식되어 왔다. 그것은 '외적인 힘에 의한 자아의 철저한 상실, 개인의 계산된 절멸'을 내포하기 때문이다. 그런데 최근 몇 년간 미국 국방부는 깨어 있음과 집중의 능력을 강화시킬 뿐만 아니라 인체에서 수면의 필요성을 없앨 수 있는 방법에 대한 연구에 막대한 연구비를 지원해 왔다. 이를 위해 과학은 목이 새하얀 멧새에 관심을 가졌다. 이동 시에 일주일간 쉬지 않고 날아갈 수 있는 특징을 지녔기 때문이다. 이러한 연구의 결과가 군대에 어떻게 적용될 수 있을지를 상상하는 건 어렵지 않다. 그런 다음 이러한 혁신이 과거의 것들처럼 민간인들 사이에 어떤 변화를 가져올지도 예상할 수 있다. 절대 잠들지 않는 군인 다음에는 아예 잠이란 걸 알지 못하는 노동자-소비자가 생겨날지도 모를 일이다.

이제 잠은 사방에서 공격받고 있다. 크레이리에 따르면, 요즘 미국인들은 하루 평균 6시간 30분을 잠에 할애한다. 이전 세대는 하루 8시간, 20세기 초반 사람들은 하루에 10시간을 잤다. 그는 불면증의 확대에서 '박탈과 사회 붕괴'의 한 형태를 보았다. 그는 또한 이메일이나 문자메시지를 확인하기 위해 습관적으로 한밤중에 일어나는 사람들이 점점 많아지고 있다고 지적한다. 프랑스의 한 연구에 의하면, 유년 시절에서 벗어나는 것은 평온한 잠의 종말을 의미한다. 열다섯 살에는 열한 살 때보다 1시간 30분을 덜 잔다고 한다. 이러한 수면 시간의 감소는 "수업 시간 탓도 있겠지만, 무엇보다 저녁 시간에 이루어지는 인터넷, 비디오게임 또는 휴대폰의 사용과 관련이 있다." 프랑스에서는 성인 셋 중의 한 명이 출퇴근 시간의 증가와 변칙적인 시간표에 따른 노동으로 인한 수면장애를 겪는 것으로 추정된다.[43] 게다가 '사적 영역과 직업적 영역의 모호한 구분과 결합된, 성과의 예찬과 과학기술의 과소비'도 문제가 되고 있다. 그리고 여성들은 '남성들보다 두세 배 더 만성피로증후군을 앓고 있으며' 두뇌의 과잉 활동을 초래하는 '이중 노동'으로 고통받고 있는 실정이다.[44] 프랑스인들이 세계 1, 2위를 다투는 수면제의 엄청난 소비량을 여기서 다시 언급할 필요는 없을 터다.

이 주제를 다루는 언론 기사들은 대체로 완곡한 어휘들을 사용하고 있다. 그러나 이미 수많은 자료가 보여 주는 노동 현장에서의 고통, 미래에 대한 불확실성과 불안감이 불면과 설치는 잠에 커다란 책임이 없다고 믿기는 어렵다. 어쩌면 지금의 우리에겐 몽테뉴가 들려준 알렉산드로스 대왕의 힘과 확신이 얼마간 필요한지도 모른다. "다리우스 왕과의 격렬한 전투가 예정돼 있는 날, 너무나 깊이 잠든 알렉산드로스 대왕은 날이 훤히 밝도록 일어날 생각을 하지 않았다. 그리하여 왕의 방에 들어간 파르메니온 장군은 그를 깨우기 위해 침대 가까이 다가가 그의 이름을 두세 번 불러야 했다. 전투에 나갈 시간이 다가오고 있기 때문이었다."[45]

그러나 이 모든 것에도 불구하고 잠은 여전히 굳게 버텼다. 크레이리의 표현을 빌리면, 자본주의의 관점에서 잠은 일종의 '스캔들'로 간주되었다. 잠은 '다른 데서는 제거되거나 약화된, 태양의 빛과 어두움, 활동과 휴식, 노동과 체력의 만회가 이루는 리드미컬한 진동들'이 우리 안에서 하나로 합쳐지는 것이기 때문이다. 마찬가지로, 앞서 이야기한 것처럼 톰슨은 강도 높은 노동 기간과 한가롭게 쉬는 기간을 번갈던 과거의 습관은 인간의 자연적 리듬과 일치한다고 주장했다. 이러한 관찰은 우리로 하여금 놀라운 결론을 이끌어 내게 한다. 지금까지 우린 늘 습관적으로 깨어 있음에는 긍정적인 가치를, 잠에는 부정적인 의미를 부여해 왔다. 예를 들어, 독재와 맞선 사람들의 수동적이고 무기력한 태도를 환기하기 위해 잠의 이미지를 사용하곤 했던 것이다(크레이리는 영화 〈매트릭스〉의 예를 들고 있다). 어쩌면 이제 우리의 정신적 범주를 재고해 볼 때가 된 게 아닐까.

잠자기로 자본주의에 저항한다니. 사실 이처럼 피곤한 세상에서는 손사래를 치며 그런 생각을 일축하기가 쉽지 않다. 크레이리는 다음과 같이 단언한다. "생산과 순환, 소비의 관점에서 막대한 손실을 야기하는 무익한 잠은 그 철저한 무용성과 근본적인 수동성에 비추어 볼 때 24시간 중 24시간, 7일 중 7일로 이루어진 세계의 요구를 언제나 좌절시키고 말 것이다." 잠은 무슨 일이 있더라도 지키고 보호해야 하는, 우리로 하여금 감미로이 휴식할 수 있게 하는 '마지막 경계선'이다. 피에르 파셰의 표현을 빌리자면, 잠은 '개개인의 인간성이 보존될 수 있는 외피'[46]인 것이다. 다소 굴곡 있는 삶을 살았던 작가 도로시 파커는 매일 밤 자신의 침대를 다시 만난다는 확실성이 선사하는 위안에 시를 지어 바치기도 했다.

'비록 당당하고 힘 있게 나아가더라도

난 내 침대로 돌아가고 말 것이다

비록 슬픔으로 눈앞이 흐려진 채 걸어가더라도

나는 침대로 향하게 되어 있다

마음이 가볍거나 머리가 무겁더라도

내 모든 날들은 침대로 통할 뿐이다

서 있거나, 밖에 있거나, 기타 등등이라도

난 언제나 또다시 침대로 되돌아간다

여름, 겨울, 봄 그리고 가을에도

잠자리에서 일어나기만 해도 난 미쳐 버릴 것 같다!'[47]

평일에 그토록 잠에서 깨기 힘든 것은, 잠이 우리의 일상적 세계가 보여 주는 공격성에 대한 가장 확실한 도피처이자 우리의 낮 동안의 삶을 지배하는 가치들과 정반대인 의식과 경험들의 상태로 우리를 이끌기 때문이 아닐까? 하지만 여기서 분명히 짚고 넘어가야 할 게 있다. 잠에 관해 이야기할 때, 일찍 일어나기가 중시되는 현실이나 그것이 고통스럽게 느껴지는 건 우리 시대에 한정된 일이 아니라는 점이다. 역사를 살펴보면 서양인들은 일찍 일어나기 위한 기발한 방법들을 지속적으로 고안해 내야 했다. 파스칼 디비는 그의 저서 《침실의 민족학》에서 몇 가지 방법을 소개하고 있다. 수도원에서는 기상용 양초를 사용했다. 초가 다 탈 무렵 추를 매단 가느다란 끈에 불이 붙으면서, 금속 잔 위로 추가 떨어져 소리가 울리는 방식이었다. 1920년대 영국 북부에서는 인간 알람시계인 '노커-

업Knocker-up'을 고용할 수 있었다. 그는 정해진 시간에 찾아가 창문을 두드려 사람들을 깨웠다(그 자신이 제시간에 일어나기 위해 어떤 방법을 썼는지는 알려 주지 않는다). 어떤 사람들은 일어나고 싶은 시간을 표에 적어 창문에 붙여 놓은 뒤 엄지발가락에 끈을 달고 그 끝을 밖으로 내놓고 자기도 했다. 인간 알람시계는 길에서 그 끈을 잡아당기기만 하면 되었다. 그로부터 한 세기 후, 그런 아이디어를 응용한 스마트폰 앱 '웨이키'는 낯선 이에게 모닝콜을 받을 것을 제안했다. 하지만 내가 이 글을 쓰는 지금 그런 서비스는 미국, 캐나다, 영국, 싱가포르 그리고 홍콩에서만 시행되고 있다.[48]

1781년, 마르세유의 한 발명가는 다소 극단적인 방법을 사용하는 것을 두려워하지 않고 양초에 불을 붙이는 것과 동시에 발포를 하는 시계를 고안해 냈다. 심지어 19세기에는 '성깔 사나운 침대 밑판'의 아이디어까지 등장했다. 기계 팔이 장착된 침대 밑판이 시트를 잡아당기거나 나이트캡을 벗겨 버리고, 그걸로 충분하지 않으면 급작스럽게 기울어지면서 잠자던 사람을 내동댕이치는 식이었다. 1440년에 처음 등장한 것으로 추정되는 자명종은 프랑스인의 발명품으로 알려져 있다. 파스칼 디비는 자명종의 특별히 사나운 아바타도 소개하고 있다. 그의 설명에 의하면, 소리가 울리는 즉시 맹렬하게 발을 구르기 시작하는 시계는 깨우려는 사람이 즉각적인 반응을 보이지 않을 경우에는 스스로를 바닥에 내동댕이쳐 부서뜨렸다.[49]

그러나 이런 시도들에도 불구하고 자본주의 사회는 잠에 대해 특별히 깊은 적의를 품고 있는 건 아닌지, 주간과 야간의 상태 사이에 전례가 없을 만큼 긴장을 고조시키는 건 아닌지 자문해 보게된다. 68년 5월 혁명의 한 슬로건은 '자명종이 울린다: 하루의 첫번째 굴욕을 안겨 주면서'라고 말하고 있다. 같은 때에 제베는 그의 만화 〈01년〉에서 생산 제일주의와 소비주의의 전형인, 지하철－직장－잠으로 고착된 일상에 맞서는 집단적 반항을 그려 보이고 있다. 어느 날, 더 이상 아무도 일하러 가지 않는다.[50] 낡은 세상이 사라지고 박물관 상태로 전락하자, 행복감에 젖은 사람들은 치열한 고찰과 토론을 거쳐 좀 더 공평하고 자신을 꽃피울 수 있는 사회를 구상하고 건설하는 데 전념한다. 1973년 자크 드와이옹 감독에 의해 영화화된 이야기 속에서는 두 연인이 예전처럼 6시에 자명종을 맞춰 놓는 장난을 한다. 자명종이 울리자 두 사람은 투덜거리며 서로를 다그치기 시작한다. "얼른 일어나라니까! 이러다 지하철 놓치겠어! 지각하면 어쩌려고 이래!" 그러다 그들은 더 이상 그렇게 옹색하고 피곤하기 짝이 없는 삶을 살지 않아도 된다는 데에 기뻐하며 큰 소리로 웃음을 터뜨린다. 그리고 곧 다시 이불 속으로 들어가 몸을 웅크린 채 달콤한 잠에 빠져든다.[51]

머리에 가해진 타격

지금까지 우린 우리가 물려받은 시간 개념의 도입이 내포하는 사회적 폭력을 살펴보았다. 그럼에도 그것이 마땅히 부딪혀야 하는 극렬한 저항을 야기하는 대신 승리를 거둔 것은 시간 개념의 도입이 일종의 도덕적이고 정신적인 강력한 무기를 동반했기 때문이었다. 자본주의 사회는 노동에의 무한한 헌신과 희생의 가치를 앞세움으로써 노동자들로 하여금 스스로의 노예화에 협력하게 만들 만큼, 그리하여 자신의 시간을 기꺼이 포기하게 할 만큼 위협적인 힘을 지닌 어떤 주의主義를 필요로 했다. 우리가 스스로를 '내려놓는' 데 그토록 어려움을 느낀다면, 그건 단지 물질적 이유 때문만이 아니라 우리 마음에 스스로 빗장을 걸고 있기 때문이기도 하다.

독일의 사회학자 막스 베버는 프로테스탄티즘의 윤리가 자본주의에 유리한 정신을 빚어냄으로써 자본주의가 자리 잡는 데 어떻게 기여했는지를 보여 주었다. 그의 주장에 의하면, 프로테스탄티즘은 가톨릭주의가 '수도원에 가둬 놓은 수행자들을 바깥세상으로 끌어냈다.' 각각의 인간은 신에게 영원히 선택되거나 저주받은 터라 그의 어떤 행위나 노력으로도 그런 운명을 바꿀 수 없다, 즉 예정설을 주장한 칼뱅주의는 인간을 일종의 숙명론으로 이끌 수도 있었을 것이다. 그러나 그것은 정반대의 효과를 이끌어 냈다. 신도들은 자신들의 삶을 엄격한 규율에 종속시키면서 모든 에너지를 일에 쏟아 부었다. 경제적 성공을 통해 자신들이 선택받은 존재라는 징표를 찾고자 했던 것이다. 노동자들도 마찬가지로 '노동이 그 자체로 절대적인 목적('하나의 소명')인 것처럼 일하는 법'을 배워야 했다. 그런 다음 이런 정신은 오늘날까지 어떤 종교적 함의와도 상관없이 독자적으로 번성해 왔다. 그리고 마침내 우리가 깨닫지 못하는 사이에 눈에 보이지 않는 공기처럼 세상 곳곳으로 파고들었다. 베버는 "직업상의 의무에 대한 생각은 마치 과거에 종교적 믿음이 그랬던 것처럼 우리의 삶 속에서 유령처럼 떠돈다"라고 이야기한 바 있다. 이런 생각들이 우리가 사는 세상에 얼마나 커다란 영향을 미쳤는지는 경건주의의 창시자인 루터파 목사 필립 야콥 스페너가 '조기 퇴직을 하고 싶어 하는' 마음을 도덕적으로 비난받아야 하는 것이라고 규탄했다는[52] 이야기에서도 잘 알 수 있다.

게다가 노동조합마저 노동자라는 사실에 자부심을 가지라고 부추기는 마당에 은퇴 나이의 상향 조정과 맞서 어떻게 효율적으로 투쟁할 수 있었을까? 물론 노조가 그러는 데는 그 나름의 타당한 이유들이 있었다. 그들이 원하는 것은 노동자들의 노하우를 보호하면서 그 가치를 제대로 평가받게 하고, 경영자들의 경멸에 응수하고, 생산 수단의 소유만으로는 많은 것을 이룰 수 없다는 사실을 상기시키는 것이었다. 부를 창출하는 건 노동자들이었으며, 그들은 고용주에게 노동자가 필요한 것보다 고용주를 덜 필요로 했다. 그러나 프로테스탄트적인 '소명'의 흔적을 지닌 자아의 이미지는 한편으로는 심각한 약점으로 작용했으며, 반대자들은 그것을 역이용할 기회를 놓치지 않았다.

(사회당을 포함한) 프랑스의 우파는 그 사실을 이용해 손쉽게 성실한 노동자들로 하여금 '구호 대상자들'에게 반감을 갖게 함으로써 저소득층 사람들끼리 서로 대립하게 만들었다. 그리하여 자부심은 적개심으로 변하고, 그들이 지닌 정치적 힘은 약점으로 바

꿰었다. 봉급생활자들은 자신이 하는 일을 자기 정체성의 핵심으로 여기도록 부추겨지며 빈곤한 삶에 순응해 나갔다. 게다가 그들은 점점 더 자주 발생하는 실업이나 퇴직과 마주해야 할 때면 끔찍한 혼란에 빠져들었다. 자신의 노동력을 팔 방도를 찾지 못하면 자아 존중을 실현할 수 없다는 사실은 그들을 철저한 마조히즘 및 착취에 대한 사랑으로 이끌었다. 그 사실은 또한 그들로 하여금 누구를 위해, 무엇을 위해 일하는지에 대한 의문조차 갖지 못한 채(이런 게 바로 사르코지가 강조한 '노동의 가치'의 의미였다) 맹목적으로 죽도록 일하게 하고, 어떤 고용과 급여의 조건이라도 무조건 받아들이게 만들었다. '일할 수만 있다면…….' 이러한 정신 상태가 경영자들에게는 얼마나 커다란 행운으로 작용하는지를 깨닫지 못한 채.

그 후 몇십 년이 지난 21세기의 봉급생활자들은 모든 면에서 《해리 포터》의 마법사들 집에서 집안일을 하는 '집 요정들'을 닮아갔다. 집 요정들은 무보수로 일을 하면서도 입을 옷조차 없었다. 그들은 몰래 빼돌린 부엌 행주로 옷을 만들어 입었다. 집주인의 이익만을 위해 일하는 요정들은 등 뒤에서 그의 험담을 하다가 들킬 경우 자기 주먹으로 머리를 때리거나 벽에 머리를 찧으며 자책을 했다. 그들 중 하나인 도비가 자기도 일하는 만큼 급여를 받기를 기대한다고 큰 소리로 주장하자 다른 요정들은 즉시 그에게서 시선을 돌렸다. 그가 마치 '몹시 무례하고 듣기 거북한 무언가'를 말하기라도 한 것처럼. 반항적인 요정이 자신은 '자유를 사랑한다'고 덧붙이자(이는 그의 죄를 더 무겁게 했다) 그들은 '그가 마치 전염병에라도 걸린 것처럼 그와 거리를 두기' 시작했다. 하지만 도비의 요구는 소박했다. 그리고 그는 놀라우리만치 관대한 고용주를 만났다. 호그와트 마법 학교의 교장인 덤블도어는 그에게 '10갈레온의 주급과 쉬는 주말'을 약속했다. 도비는 해리와 그의 친구들에게 이 이야기를 전하면서 "몸을 살짝 떨었다. 마치 그렇게 많은 재물과 한가로움이 무서운 무언가를 포함하기라도 한 것처럼." 다행히 그는 타협을 거쳐 조건을 하향 조정하는 데 성공했다. "도비는 자유를 사랑하거든요, 미스." 그는 날카로운 목소리로 헤르미온느에게 설명했다. "하지만 그는 너무 많은 돈을 받는 걸 원치 않아요. 차라리 일하는 걸 더 좋아하죠."(요정들은 자신에 대해 3인칭으로 이야기한다.) 그리하여 그는 1갈레온의 주급과 한 달에 하루의 휴가를 갖는 데 합의했다. 그러자 그는 자신의 벌거벗은 가슴을 내밀며 유쾌하게 말했다. "이제 곧 도비는 울 스웨터를 사게 될 거라고, 해리 포터!"[53]

그러나 노동조합들이 노동에 커다란 가치를 부여하는 것은 오랫동안 많은 비난(카를 마르크스의 사위 폴 라파르그가 1880년《게으를 수 있는 권리》에서 이야기한 것을 필두로)을 야기했다. 마찬가지로 1976년, 브장송에서 노동자들이 립LIP 시계공장을 두 번째로 점령했을 때, 각각 비서와 현장 근로자였던 파업 노동자 모니크와 크리스티앙은 비디오 영상 제작자 카롤 루소폴로의 카메라 앞에서 노조 대표들의 연설에 대한 분노를 터뜨렸다. "우리에게 필요한 건 돈이지 일이 아니라고요. 공장에서 강요하는 일이라는 게……. 난 공장이 서둘러 재개되는 걸 보고 싶지 않아요!" 모니크는 이렇게 쏘아붙이면서, 노조는 공장의 고용자들이 '일을 하지 못하면 매우 불행해진다는 것'을 입증하려고 애쓴다고 덧붙였다. 크리스티앙은 한 술 더 떠서 이렇게 말했다. "심심할까 봐 하루에 여덟 시간씩 일할 필요는 없지 않나요! 한때 건강 문제로 두 달 반 동안 파트타임으로 일했을 때만큼 삶을 제대로 즐긴 적이 없었어요. 나는 립의 동료들과도 어울리면서 집에서 내 삶을 꾸려 갈 시간을 가질 수 있었거든요. 한마디로, 또 다른 삶을 살 수 있었던 거예요. 난 내가 하고 싶은 걸 할 수 있었어요. 책 읽기, 잠자기, 시내 산책하기 같은 거요……. 적어도 내가 존재한다는 느낌을 가질 수 있었어요. 자유롭고, 적어도 무언가를 위해 존재한다는 느낌 말예요. 아침 일찍 일터로 가서 저녁에 진이 빠져 돌아오는 로봇 같은 삶을 사는 게 아니라 난 더 이상 로봇이 아니며, 얼마간이라도 스스로를 통제할 수 있다는 느낌은……."[54] (그녀는 말을 잇지 못했다.)

효율성이라는 질병

프로테스탄티즘의 윤리가 사람들의 마음속에 뿌리내리자, 더 이상 삶을 즐기는 것과 '시간을 낭비하는 것'은 양심의 가책 없이는 할 수 없는 일이 되었다. 회중시계가 일반화되기 전, 청교도파 신학자 리처드 백스터는 사람들에게 '각자의 내면에 있는 정신적 시계에 따라' 자신을 조절할 것을 권고했다. 이런 면에서는 착취자와 피착취자 모두가 똑같은 입장에 놓여 있었고, 지금도 여전히 그렇다. 그들은 스스로에게 게으름을 금했다. 에드워드 P. 톰슨의 지적에 의하면, 이제 시간은 '더 이상 지나가는 게 아니라 소비되는 걸로 간주되었다.' 오늘날에는 미국 독립의 아버지로 불리는 벤저민 프랭클린의 '시간은 돈이다'라는 말은 양식良識을 나타내는 단순한 격언쯤으로 여겨지고 있다. 사람들은 그 말을 기계적으로 반복할 뿐이다. 그러다 보니 부탄의 '행복부 장관'이었던 카르마 치팀(플로리안 오피츠가 다큐멘터리 〈슬로우〉를 찍기 위해 만났던)이 아니, 그렇지 않다, '시간은 곧 삶이다'라고 반박했을 때, 이 단순한 진리가 마치 겉멋 들린 히피족이 내뱉었음 직한 말처럼 느껴졌다.

몽상에 잠기기, 게으름 피우기, 책 읽기, 글쓰기, 음악 듣기, 영화 보기, 노닥거리기, 잠자기, 사랑 나누기, 그림 그리기, 대화하기. 집이라는 둥지에서 행해지는 많은 활동은 자신만의 소우주 속에 틀어박히기, 상상 속으로 도피하기, 느긋한 일탈 등을 내포하고 있다. 이는 또한 자신의 또 다른 비밀스러운 정체성과 다시 관계를 맺고, 자기 고유의 방편에 의지하며, 흘러가는 시간에 자신을 내맡기는 것을 포함한다. 그리하면 사회가 무엇보다 치켜세우는 역동성, 효율성, 미친 듯한 분주함과는 정반대의 상태에 놓이게 된다. 어떤 영국 여성은 소셜 네트워크에 공개한 자기소개서에서 더없이 진부한 방식으로 자신을 자랑했다. "난 나 자신을 바쁘게 유지하는 게 좋아요." 실업자들과 소위 말하는 '구호 대상자들'에 대한 비난이 아무리 왜곡되고 당찮아 보인다 할지라도, 그건 곧 노동의 끊임없는 동원을 내세우는 윤리가 우리가 생각하는 것보다 훨씬 더 많은 공감을 얻고 있음을 보여 주는 것이다.

　나는 프리랜서 기자로 일할 당시 새벽까지 일하다가 늦잠을 잔 적이 있다. 그리고 오후 한두 시경 전력청 직원이 누르는 벨소리에 잠을 깼다. 내가 문을 열자, 몽롱한 내 얼굴을 보고 자신이 나를 깨웠음을 알아차린 그는 거만하고 공격적인 태도로 내게 분노가 서린 욕설을 퍼붓기 시작했다. 엄밀히 말하면 그의 임무는 나의 전기 소비량을 검침하는 데 한정돼 있었다. 그러나 내가 감히 사회적 리듬에서 이탈해 대낮에 잠자는 만용을 부렸으므로, 그는 나를 타락한 양, 비생산적이고 쓸모없는 사람으로 치부하면서 오직 성실한 시민들에게만 허락되는 존중과 거리 두기를 더 이상 지키지 않아도 된다고 느꼈던 것이다. 내 행위는 그로 하여금 검사의 역할을 자처하게 하면서 그의 벼락같은 심판을 내 머리 위로 내려치게 했다. 하지만 나로서는 내가 그 시간까지 잠들어 있었던 건 밤늦게까지 일을 했기 때문이라고 해명을 하고 싶었다. 이 에피소드는 이 문제가 단지 집에만 국한되는 게 아니라는 사실을 말해 주고 있다.

　정신이 매우 단단한 껍질 속에 갇혀 있는 사람들은 기능성과 최상의 효율성의 우위를 재검토할 때조차도 또다시 기능성과 효율성에 비추어 생각하게 된다. 한 예를 들어보자. 어떤 프랑스인 경영 전문가는 한 사설에서 '결코 혼자 점심을 먹지 말 것이며', 하루 중 그 시간을 '사회 관계망(기업의 외부에서든 내부에서든)을 넓히는 데' 쓰도록 강요한 기업들이 있다는 사실에 분노를 표출했다. 실제로 일부 컨설턴트들은 프로테스탄티즘의 윤리에서 직접적으로 유래한 사이비 합리성을 내세운 발언을 거리낌 없이 하곤 한다. "당신은 일주일에 점심을 다섯 번 먹습니다. 즉 휴가를 빼면 약 250번의 점심을 먹는 셈이죠. 따라서 1년에 250명의 각기 다른 사람들을 만날 수 있는 겁니다. 당신이 습관적으로 하던 것보다 더 많은 시간을 할애할 필요도 없으면서 말이죠." 앞서 언급한 전문가는 동료의 이야기에 대단한 유감을 표했다.

그런데 그가 이러한 실리적 정신 상태에 이의를 제기한 이유는, 그의 논리에 따르면 그런 정신이 '혁신'에 장애가 되기 때문이었다. "우리의 기업을 죽이는 것은 바로 이런 체계적인 유용성과 객관적으로 측정 가능한 생산에 대한 강박관념입니다." 그는 이러한 생각들에 사로잡힌 사람들은 '패배자'라며 목소리를 높였다. 이 말은 곧 언제나 '승리자'가 되는 게 가장 중요하다는 걸 보여 준다. 행복하게 살거나, 경쟁과는 거리가 먼 또 다른 창의적인 삶을 사는 것보다. 그는 독자들에게 때때로 자신의 시간을 돈으로 환산하는 것을 잊고, 자신의 생각을 방황하도록 놔둘 것을 권하면서 이렇게 결론지었다. "지금 당신이 하고 있는 생각은 어쩌면 오늘 오후나 1년 후에 유용하게 쓰일지도 모릅니다. 또는 어쩌면 결코 그렇지 않을 수도 있고 말이죠." 이처럼 '결코'라는 말을 서슴지 않고 내뱉는 것은 다소 무모해 보일 수도 있다. 그러나 이 말을 하는 사람이 '창업가 정신과 전략 그리고 혁신의 전문가'[55]라는 사실은 그 무모함을 상쇄하기에 충분하다.

경영자들은 고용인들의 고통을 덜어 주고 그들의 안녕에 관심을 가지며 그들의 실존적 문제 제기에 응답하는 척하면서 그들의 가장 은밀한 충동과 마음속 깊은 곳에 감춰진 욕망을 이용한다. 경영자들 스스로 무엇을 믿든, 그들이 고용인들에게 뭐라고 이야기하든, 결코 변하지 않는 목표, 즉 '고용인들을 레몬처럼 쥐어짜기'를 위하여. 그러나 무용함은 유용함을 위한 것이며, 무상無償은 이익을 위한 것이다. 그리고 무효함은 인간 존재의 처음과 끝인 효율성을 위한 것이다. 사람들은 무언가 잘못되었다는 걸 깊이 인식하면서 불편한 마음을 드러내는 부인否認과 항변을 거듭하지만, 계산과 수익성의 제국에서 벗어날 수가 없다. 그들의 말 속에서는 거의 완벽한 통찰력이 느껴진다. 그러나 바로 이 '거의' 속에 우리의 모든 불행과 우리에게 걸린 고도의 주문呪文이 도사리고 있는 것이다. 막스 베버가 직업상의 의무에 대한 생각이라고 지칭한 것 속에 더 이상 '외부로부터'는 존재하지 않는다. 자기 계발의 유행은 이제 이런 논리가 삶의 모든 영역을 지배한다는 사실을 입증하고 있다.

그처럼 철저히 계산적인 정신 상태는 우리로 하여금 경험의 모든 면을 스스로 검열하게 만든다. 다시 잠의 문제로 돌아가면, 잠은 인간의 생산성을 향상시키는 경우에만 고찰의 대상이 되어 왔다. 허핑턴포스트의 창업자 아리아나 허핑턴은 여성들에게 불면증 문제(앞서 본 바와 같이 남성들보다 여성들에게 더 큰 고통을 안겨 준다)를 해결하라고 권고한다. "수면 부족은 우리의 능력을 저해하며, 우리가 직업적으로 성공하는 데 장애가 된다." 그녀는 이 문제를 '페미니즘의 중요한 쟁점'[56]으로 삼고자 했다. 또한 낮잠의 효용을 찬양하는 기사들에서도 유사한 접근 방식이 발견된다. 미취학 아동 40명을 대상으로 진행된 한 연구는 낮잠이 아이들의 수행 능력을 향상시켰다고 밝혔다. '낮잠을 우리의 뇌를 활성화하는 훌륭한 방법으로 간주하는'[57] 것에 대해서는 이미 광범위한 합의가 이루어진 터다. 신경학자들은 사무실에서 낮잠 자기를 일상화할 것을 적극 권하고 있다. 낮잠이 '사회심리학적 위험과 결근 가능성을 감소시키고, 직장 내 사고를 예방하기' 때문이다. 심지어 한 낮잠 전문 업체는 '당신의 낮잠을 책임져 드립니다'라는 슬로건을 내걸고, 충분히 '채산성이 맞는' 일이라며 고용주들에게 낮잠에 관한 지침을 제시하고 관련 교육을 하고 있다. 이미 많은 나라가 이 문제에 관심을 보이고 있지만, 프랑스인들은 여전히 소극적인 태도로 일관하고 있다. 아마도 프랑스는 '이미 시간당 최대 생산량에 도달했으며' '기업들로 하여금 그들의 관리 시스템을 재고할 필요를 느끼게 하지 않는 성과'[58]를 거두었기 때문일 것이다.

우리에게 문제가 되는 건 단지 잠이 부족하다는 사실뿐만이 아니다. 우린 잠이 어떤 건지 그 의미조차 파악하지 못하는 지경에 이르렀다. 일부 사람들이 (앞서 본 것처럼 절망적인 수사를 동원해 가면서) 잠을 복권시키려는 시도를 하는 건, 잠이 오랫동안 무시되고 저평가되면서 시간 낭비로 여겨져 왔으며, 지금도 여전히 많은 사람에게 그런 취급을 받고 있기 때문이다. 조너선 크레이리는 "잠은 패배자들을 위한 것이다"[59]라고 단정 지었다. 여기서도 우린 또다시 프로테스탄티즘의 윤리가 미친 영향을 발견할 수 있다. 17세기 영국의 신학자 리처드 백스터는 사람들에게 다음과 같은 충고를 한바 있다. "당신이 잠에 할애하는 시간이 당신 건강에 필요한 시간을 넘지 않도록 하십시오."[60] 그로부터 1세기 뒤, 복음주의자 여류문인 해너 모어는 그런 생각에 동참하며 다음과 같이 고통스러운시를 지어 보였다.

'오, 말 없는 살인자 게으름이여, 더 이상 지키지 말기를

감옥에 갇힌 내 정신을

그리고 그대, 배신자 잠이여, 나로 하여금

더 이상 그대로 인해 한 시간이라도 허비하는 일이 없게 해 주기를.'[61]

데카르트, 흄, 로크를 포함한 저명한 철학자들도 잠을 비하했다. 잠은 '앎의 추구'에 도움이 되지 않는다는 이유에서였다.[62] 그들은 인간에게서 이성적인 존재만을 보는 것이 사고의 편협성을 야기한다는 사실을 깨닫지 못했던 것이다. 작가 자클린 켈렌은 "잠은인간의 능력을 저하시키거나 상실하게 하기는커녕 물속에서 종이꽃이 펼쳐지듯 개개인을 활짝 피게 해 준다"[63]라는 말을 한 바 있다. 앞서 언급한 철학자들은 잠에 관해서뿐만 아니라 앎의 본질에대해서도 잘못 알고 있었을지도 모르는 일이다. 적어도 "언뜻 생각하는 것과는 달리 잠은 어떤 종류의 지적인 작업, 생각, 고찰, 주의력 등과의 긴밀한 유사성을 보여 준다"[64]라고 이야기한 피에르 파셰의 직관에 따라 판단한다면. 어쨌거나 오랫동안 잠은 일률적이고전혀 흥미롭지 않은 상태, 단순히 깨어 있음과 반대인 상태, 휴대

폰을 충전하듯 배터리를 다시 충전하는 수단쯤으로 여겨져 왔다. 한마디로 필요악인 셈이었다.

　만약 시간이 돈이라면, 잠에 대해 더 이상 할 말이 없을 것이다. 하지만 시간이 곧 삶이라면 이야기가 달라진다……. 어느 시대에나 잠자는 사람의 상황이 지닌 풍요로움을 탐색하고자 하는 작가와 사상가 들이 존재했다. 파셰는 잠을 '모두에게 열려 있으며, 생각의 여백 주위로 집중된 특별히 신비한 경험'[65]으로 정의한 바 있다. 프루스트는 《잃어버린 시간을 찾아서》에서 잠을 '또 다른 거처'에 비유했다. "우린 우리가 사는 곳을 버려두고 우리가 갖게 될 또 다른 거처로 자러 갈 것이었다. 그곳에는 고유의 초인종이 있으며, 우린 때때로 초인종 소리에 화들짝 놀라 깨기도 한다. 아무도 누르지 않았지만, 우리 귀에는 그 소리가 똑똑히 들렸기 때문이다." 영국의 낭만주의 시인 새뮤얼 테일러 콜리지에게서도 이와 유사한 직관을 엿볼 수 있다. "마치 '잠'이 실제로 물질적인 왕국을 소유하기라도 한 것처럼, 마치 베개 위로 털썩 눕는 것과 동시에 그 영역으로 들어가기라도 하는 것처럼……."[66]

　이처럼 우리가 사는 세상과 잠자는 이들이 도피할 수 있는 또 다른 세상이 함께 존재한다. 우리가 깨어 있을 때 사는 세상에 비추어 볼 때 그 세상 역시 화려한 세상은 아닐 터다. 어둡고 좁고 긴 방으로 이루어져 있음직한 그곳에는 누구나 들어갈 수 있는 권리가 있다. 그러나 그 권리는 우리 마음대로 행사할 수 없는 모순을 지니고 있다. 우리의 의식과 의지가 쇠약해질 때에만 비로소 그곳에 들어갈 수 있기 때문이다. 그리고 그 삶의 막간 동안 우리 인생의 카드 패를 다시 돌릴 수 있는 것도, 우리가 그 구불구불하고 어두운 창자 같은 꿈속으로 한참 동안 추락하면서 정신을 놓기 때문이다. 크레이리는 "잠자는 이의 시간적 부재에는 그를 미래와 이어주는 끈, 그가 다시 시작할 수 있는 가능성, 즉 자유로워질 수 있는 가능성이 포함되어 있다"라고 설명한다. "무의식 상태에 빠질 정도로 깊이 잠들 수 있다는 밤의 희망은 달리 말하면 예기치 못한 무언가와 함께 깨어날 수 있음을 예고하는 것이기도 하다."[67]

그런데 자신이 더 이상 그곳에 없어야만 일어날 수 있는 경험에 대해 어떻게 설명할 수 있을까? 그것과 바짝 붙어 있는 경험들, 그것을 즉각적으로 앞서거나 뒤따르는 경험들을 묘사함으로써 그런 순간에 다가갈 수 있지 않을까. 이를테면 침대 시트 속으로 미끄러져 들어가기. 그 바스락거리는 소리로 자신의 귀를 채우면서 바깥세상에 대한 생각을 떨쳐 버리기. 매트리스 위로 기어가고, 뗏목에 매달리는 조난자처럼 그것에 매달리기. 이불을 턱이나 목까지 끌어당기기. 이불 밖이나 속에서 부드러움과 상쾌함을 느끼며, 그 아늑한 안식처 속에서 마냥 뒹굴뒹굴하거나 웅크리고 있기. 발과 머리가 똑같은 높이(합리화에 목매는 이 시대에서조차 망자를 수직으로 묻지 않는 데에는 그럴 만한 이유가 있다)에 있다는 사실이 선사하는 더없는 충만함을 느껴 보기 등.

잠 자체로 말하자면, 그것을 제대로 음미하기 위해서는 잠자기를 중단해야 한다는 또 다른 모순이 존재한다. 콜리지는 '백만 년에 딱 한 번만 깰 수 있기를 꿈꾸었다. 그것도 몇 분간만, 또다시 백만 년 동안 잠들 수 있다는 걸 알기 위한 시간만큼만.'[68] 삶의 모든 즐거움은 '지나가면서 대충'이 아니라 의식적으로 깊이 음미해야 한다고 주장했던 몽테뉴는 젊은 시절 한밤중에 아주 잠깐씩 잠에서 깨는 걸 좋아했다. "예전에 난 잠에 대한 기억을 그토록 허망하게 잊어버리는 일이 없도록, 그 잠을 어렴풋이나마 볼 수 있도록 누군가가 내 잠을 방해하기를 바랐다."[69] 프루스트 역시 《잃어버린 시간을 찾아서》에서 "잠을 제대로 즐기기 위해서 약간의 불면증은 필요하다. 캄캄한 어둠에 얼마간의 빛을 비추기 위해서"라고 이야기했다. 사실 자신의 밤을 음미할 시간도 없이 베개에 머리를 누이자마자 잠들었다가 자명종 소리에 잠에서 깨는 데에는 다소 실망스러운 면이 있긴 하다. 그러나 아침에 일찍 일어나야 할 경우에는 그런 섬세한 여유를 부릴 수가 없다. 자신이 잠을 설치고 있으며 다음 날 피곤하리라는 예상에 대한 불만감은 각각의 매력을 지녔을 깨어남의 순간을 망치기 십상이다. 결론적으로 말해, 우린 잠이 부족하거나 잠을 그르치게 되어 있다. 마찬가지로, 아무리 우리가 휴일에 어떠한 제약 없이 실컷 잘 수 있기를 바란다고 해도 달라질 건 별로 없다. 평소에 하고 싶었던 것들을 여유로운 시간에 끼워 넣으려고 애쓰다 보면, 우린 또다시 시간을 계산하고 조정하고 적절히 관리해야 한다는 논리의 틀 속으로 빠져들게 되기 때문이다. (운명의 장난인지, 난 이 글을 일요일에 쓰고 있다. 게다가 충분한 휴식을 취하지도 못한 채 침대에서 뛰어 내려와 잠에 대한 찬사의 글을 쓰기 위해 컴퓨터 앞에 앉아 있다.)

　　시간은 자연과 공간처럼 그 가치를 더욱 높일 수 있는 하나
의 자원으로 변모했다. 이러한 과정(실상은 시간의 순전한 포식捕食이
자 명백한 미친 짓에 불과한)은 합리성이라는 미사여구와 함께 진행
되었다. 중국학 학자 장프랑수아 비유테르는 막스 베버처럼 그 기
원을 르네상스시대에서 찾았다. 당시 상인들은 자신의 상품들과의
관계, 즉 '추상적이고 수량화되고 계산된' 관계에 따라 사회와 세상
을 고찰했으며, 그러한 관계는 차츰 지배적인 관점으로 자리 잡았
다. 그 후 수세기가 흐르면서 이성의 한 형태가 차츰 그 세력을 확
장해 가다가 마침내 전적으로 지배하게 되었다. 자율적인 것으로
간주되던 그 이성은 '그 기원과 본질에 있어서' 상인의 이성이었다.
여기서 비유테르가 '연쇄반응'이라고 부른 것이 생겨나 온 세상(중
국학 학자 비유테르가 지적했듯이 오늘날에는 중국까지 그 영역을 확대
했다)을 휩쓸었다. 아무도 그것을 의식하지 않았기 때문이다. "이런
연쇄반응은 이 메커니즘이 널리 알려졌을 때에야 비로소 멈춰질
수 있다."[70]

　　시간을 '소비하고' '채우거나 사용해야' 하는 무력無力한 것으로
간주하는 경향은 집콕족이 부딪히는 몰이해에 대한 하나의 설명이
될 수 있다. 그들의 주변 사람들은 당연히 그들이 지루해 죽을 거
라고 생각한다. 하지만 집콕족은 세상의 미친 듯한 질주에서 벗어
남으로써 시간의 본질과 생생한 질감을 경험한다. 그들은 뱀이 똬
리를 틀듯 안심하고 집 안에 머무는 마지막 사람들(아마도 아이들

과 더불어)에 속한다. 그들에게 집은 무한히 다양한 풍경들을 가로질러 뜻밖의 목적지로 그들을 데려다줄 수 있는 친절한 마법 양탄자와도 같다. 그들은 집이 획일적인 공간이 아니며, 특별한 순간의 연속으로 채워지는 곳임을 알고 있다. 그러한 순간들로 하여금 그 비밀을 털어놓고, 자신에게 말하고 싶은 것을 속삭일 수 있게 하려면, 그들 자신이 그 순간들이 들려주는 이야기에 충분히 귀 기울이는 수동적인 태도를 취할 필요가 있다. 그 순간들 고유의 논리를 무시하거나, 비어 있음과 낯선 것에 대한 두려움 때문에 강박적으로 아무것으로라도 그 시간들을 채우려고 하는 대신 언제나 자신을 비워 둘 줄 알아야 할 터다. 그리하여 그 순간들로 하여금 차례차례 그 모습을 드러내게 하고, 어떻게든 그 순간들에 외적인 형태를 부여하려고 하는(이는 삶이 우리에게 내미는 것을 훼손할 뿐인 어리석은 시도다) 대신, 그것들이 자신에게 나직이 속삭이는 조언에 따라 행동해야 할 것이다.

해방에 대한 통찰

따라서 집콕족은 비밀의 수호자들이다. 하지만 기적은 일어나지 않는다. 그들조차도 공통적인 운명에서 완전히 벗어날 수 없다. '시간 개념을 잃어버리기' 위해서는 방문을 닫는 걸로 충분하지 않다. 그러기 위해서는 또 다른 영역으로 들어갈 수 있게 해 주는 두 번째 문(이번에는 비물질적인 문이다)을 넘어서야만 한다. 이러한 일탈은 공개적으로 선언할 수 있는 것도, 쉽게 일어날 수 있는 일도 아니다. 우리는 자신의 사회적, 직업적 정체성을 (그것이 유발하는 끊임 없는 경계, 걱정거리들, 막연한 두려움과 더불어) 그리 쉽게 벗어 버리지 못하기 때문이다. 마치 시장에 내놓은 하찮은 상품처럼 여겨지는 시간의 존엄성을 어떻게 복원할 수 있을까? 라울 바네겜은 "갑작스레 환금성이 배제된 시간은 죽은 시간으로 여겨지기 십상이다. 사실상 존재하지 않는 시간인 것이다"[71]라고 단언한다. 이러한 변환은 불가능하지는 않지만 인내와 일종의 체념이 요구되는 일이다. 우리는 그에 유리한 여건들을 갖추도록 노력할 수도 있다. 그러나 작가 피에르 미숑의 비유를 빌려 말하자면, "왕은 자주 찾아오지 않는 법이다."[72]

심지어 왕이 더 이상 찾아오지 않기를 바라는 사람들도 많다. 그들은 무엇보다 그가 찾아오는 것을 두려워한다. 그들은 잘 짜인 프로그램에 의해 외부 지시에 따라서만 움직이게 되어 있다 보니, 맡겨진 일이나 매일 가야 할 곳이 없이 자기 집에만 머문다는 생각에 엄청난 두려움마저 느낀다. 일례로 28세의 직장인 아를레트는 "난 휴가라는 걸 몰라요. 놀고먹는 사람들처럼 쉬는 게 힘들어요. 그래서 일요일이 돌아오는 게 정말 싫어요"라고 털어놓았다. 그녀의 증언을 청취한 사회학자의 표현을 빌리면, 그녀는 '자기 삶에 리듬을 부여하기' 위해 무보수로 집에 전화를 이용하는 무휴 근무실을 설치했다. 이러한 상황에서 은퇴는 자아의 와해에 대한 위협과 허공(스스로 허공일 뿐이라고 생각하는 곳)으로의 추락을 의미하게 된다. 82세의 셀레스틴은 자신이 '시간이 너무 많다'고 생각한다. 그래서 '즐거운 활동들'을 좀 더 할 수 있기를 바라지만 막상 그런 게 어떤 건지 생각조차 나지 않는다.[73] 그녀에게 고유의 자율적인 움직임을 전달해 줄 수 있는 용수철이 망가져 버렸기 때문이다.

하지만 두려움이 갈망과 호기심을 항상 억누를 수 있는 것은 아니다. 일상의 흐름을 궤도에서 벗어나게 함으로써 해방이 어떤 건지를 엿보게 해 주는 사건들이 언제나 사람들에게 흥분을 야기하는 사실을 그 증거로 들 수 있다. 그럴 경우 대규모의 혁신이 사회적 게임의 기능을 마비시키고 더 나은 삶에 대한 희망을 일깨운다. 프랑스에서는 68년 5월 혁명이나 1995년 12월의 파업 당시 파리를 가로지르는 사실 자체가 하나의 역사적 사건으로 간주되면서, 늦게 도착했다고 누군가를 비난하는 사람은 아무도 없었다. 그러한 순간들이 느끼게 하는 희열 가운데서 사람들은 평상시에 그들을 옥죄던 굴레를 의식하게 되었다. 그때까지 그들은 그러한 속박이 존재한다는 사실조차 느끼지 못했다. 평소 그들은 자신들에게 허용된 범위를 넘어설 시도조차 하지 않았기 때문이다. 따라서 그런 속박에서 벗어난 주역들은 당시 느꼈던 행복감과 다른 이들과의 공감, 모든 게 가능하다는 깨달음을 결코 잊지 못할 터였다.

그러나 여기서 내가 관심을 가지는 혁신은 그보다는 좀 더 소박한 부류의 것이다. 그 혁신의 결과로 국가는 사람들에게 각자가 살 곳을 지정하고 자기 집에 틀어박히는 걸 허용하게 될 것이다. 오블로모프는 행정기관에서 일을 시작하기 전 '사무실에 출근하는 건 매일 해야만 하는 의무가 절대 아닐 것'이라고 생각했다. 하지만 매우 실망스럽게도 그는 '건강한 공무원이 사무실에 출근하는 것을 면제받으려면 적어도 지진 정도의 사건'이 발생해야 한다는 걸 금세 깨달았다. 그런데 참으로 운이 없게도 '공교롭게 상트페테르부르크에서는 절대 지진이 나지 않는다.'[74] 다른 곳에서는 눈(러시아에서는 어떤 일탈을 야기하기에는 너무 진부하게 여겨질)이 가끔씩 그런 역할을 할 수 있을 터다. 처음 내리는 눈송이들이 느끼게 하는 흥분 속에서, 그것들이 우리를 우울하고 틀에 박힌 일상에서 구해 주고, 우리가 사는 세상의 각박함을 완화시키고, 그 추함을 변모시키며, 말없는 부드러움과 무해한 겉모습에도 불구하고 강력하고도 지속적인 힘으로 우리의 간절한 바람인 일상에서의 일탈을 가능하게 해 줄 거라는 다소 모호한 희망을 엿볼 수 있다.

2013~2014년 겨울에 나는 혹한이 덮친 미국 도시들의 황량한 거리를 찍은 사진들 앞에서 멍하니 공상에 잠기곤 했다. 아카이브에서 골라낸 자료들을 매일 블로그에 소개하던 뉴욕 공공도서관은 그 겨울의 어느 날 영국의 일러스트레이터 베아트릭스 포터의 그림을 올렸다. 〈야옹이 루이자는 늦잠을 잔다〉라는 제목의 그림이었다. 그림 속 고양이는 커튼이 쳐진 알코브에 놓인 침대에서 두툼한 털이불 속에 웅크린 채 주먹을 꼭 쥐고 잠들어 있었다. 방의 마루에서는 생쥐들이 그를 지켜보고 있었다. 그의 머리맡에는 두꺼운 책 두 권이 있고, 그 위에는 촛대가 놓여 있었다. 책의 페이지 사이로 비죽 튀어나온 서표도 보였다. 이미지에 비추어 볼 때 도서관은

다음과 같은 말을 하고 싶은 듯 보였다. 날씨를 고려할 때 단골 독자들은 따뜻한 집에서 머물기를 바랄 테고, 따라서 도서관은 그들에게 도서관이 보유한 전자책이나 그림 자료들을 살펴보기를 제안하고 있었다.[75] 그보다 1년 전쯤에는 부르고뉴 지방에 살던 한 친구가 엄청난 눈으로 뒤덮인 집의 정원 사진을 소셜 네트워크에 올리면서 다음과 같은 질문을 덧붙였다. "스쿨버스가 지나갈까, 안 지나갈까?" 만약 버스가 지나간다면 그녀의 아들이 얼마나 실망할지 충분히 짐작이 갔다.

학창 시절 어느 해, 나는 공동 세입자들과 동면冬眠을 하는 데 성공한 적이 있었다. 어떤 친구들은 수업을 빼먹었다. 또 어떤 친구들은 놀라운 배우의 기질을 발휘해 과도한 공부 핑계를 대며 꾀병을 부렸다. 또는 우리 중 한 사람이 그런 친구들 대신 변명을 하기도 했다. "그 친구가 수업에 빠지게 되어서 몹시 죄송하다고 전해 달랬어요……." 우리는 커다란 냄비에 수프를 끓여 먹었고, '천국의 차'라고 일컫는 차를 게걸스레 마셔 댔다. 부엌에 자리 잡은 우린 화환 모양의 조명 아래에서 노닥거리거나 음악을 들었다. 때때로 친구들이 찾아와 우리와 함께 식탁에 둘러 앉아 몇 시간씩 놀다 가기도 했다. 우리가 사는 건물의 창문 너머 정원 위로 눈이 내릴 때면 우린 더없는 행복감에 빠져들었다.

바슐라르는 《공간의 시학》에서 '집이 겨울의 공격을 받을 때 커지는 내밀함의 가치'를 언급하고 있다. 그리고 작가 토머스 드 퀸시(보들레르의 《인공 낙원》은 그에게서 영감을 받은 것이다)의 경우를 그 예로 들었다. 토머스 드 퀸시는 영국 웨일스 지방의 눈 덮인 계곡에 자리한 오두막에서 오로지 칸트와 아편을 벗 삼아 완벽하게 행복한 삶을 살았다. 바슐라르의 말을 빌리면, 몽상가는 "매년 하늘이 품을 수 있는 만큼의 많은 눈과 우박과 서리를 내려 주길 하늘에 기원했다. 그에게는 캐나다와 러시아의 혹독한 겨울이 필요했다. 그럴수록 그의 보금자리는 더욱 따뜻하고 포근하며 더욱 사랑스러울 것이기 때문이었다⋯⋯." 실내의 따사로운 빛과 온기, 바깥의 적대적인 잿빛 추위, 짙은 색 커튼 뒤로 반짝이는 눈. 바슐라르는 "모순적인 것들이 축적될 때 모든 게 활발하게 움직인다"라고 설명한다. 겨울은 바깥을 하얀색으로 통일하고 모든 소음을 숨죽이게 함으로써, 그것을 흐릿한 존재로 만들고 우주를 '집이 아닌 곳'으로 축소시킨다. 반대로 집 안에서는 '모든 게 서로 구별되고 다양화한다.'[76]

겨울이 되어 변모한 풍경, 그리고 그 가운데에는 새하얀 눈에 반쯤 파묻힌 집이 있다. 이것은 어린 시절에 나를 매료시켰던 두 이야기의 주된 테마였다.《아르팡의 겨울》[77]에서 두 형제와 그들의 누이는 캐나다의 숲 한가운데 있는 가족의 오두막에서 바깥세상과 단절된 채 자기들끼리 살아간다. 전화도 작동하지 않고, 식량도 떨어지고, 굶주린 들개들이 집 주위를 맴돈다.《무민 골짜기의 겨울》[78]에서 트롤 무민은 그의 아버지, 어머니와 함께 난로 옆에서 겨울잠을 자던(아주 오래전부터 모든 트롤이 그랬던 것처럼 11월부터 4월까지) 중에 기이하게도 달빛 때문에 잠에서 깨어난다.

이 주인공들은 그들 부모의 감시에서 벗어나 있다는 공통점이 있다. 게다가 이들은 독자로 하여금 꿈을 꾸게 하는 일종의 특혜를 부여받았다. 아르팡의 아이들은 학교에 가지 않아도 되었다. 이야기의 화자이자 두 형제 중 동생인 존이 간절하게 기도한 덕분에 눈이 잔뜩 내렸기 때문이다. 무민은 트롤이기 때문에 겨울잠을 잘 수 있는 권리가 있다. 그렇다고 해서 이들 중 누구도 내내 집에만 틀어박혀 있지는 않는다. 존은 가족의 유일한 이웃이자 친구인 인디언 조를 찾아 떠난다. 그곳에서 몇 킬로미터 떨어진 농장에 식량을 구하러 간 그가 돌아오지 않았기 때문이다. 무민은 모두가 잠든 집에서 몇 시간 동안 서성이다가는 마침내 밖으로 나가기로 결심한다. 문과 창문이 모두 눈으로 막혀 있어서 그는 곳간의 천장을 통해 밖으로 뛰어내린다. 그러자 지금까지 어떤 트롤도 보지 못했던 놀라운 광경이 그의 눈앞에 펼쳐진다. 그에게 그토록 익숙했던 곳, 평소 다양한 색깔과 열기와 생명으로 요란스럽던 계곡이 추위로 꽁꽁 얼어붙어 알아보기가 힘들 정도로 달라져 있었던 것이다. 그는 희끄무레하고 말이 없거나, 진지하거나 익살맞은 생물들로 가득한 기이한 세계의 탐험을 시도한다.

그러나 이야기의 주인공이 밖에서 어떤 모험을 했든지 간에 집은 여전히 이 우주의 중심으로 남아 있다. 외적 여건들이 그로 하여금 끊임없이 다시 집으로 돌아가게 하고, 그곳에 몸을 숨기고 의탁하게 한다. 바깥세상의 존재들과 위험들을 대면한 뒤 그는 더욱더 집의 온기와 안락함의 소중함을 깨닫게 된다. 그리하여 집의 자기 자리로 돌아가 가족과 서로 도우며 살아간다.《아르팡의 겨울》의 마지막에서 주인공들은 다시 만난 것을 축하하는 파티를 연다. 무민은 자기 가족의 안식처 말고도 거기서 몇백 미터 떨어진 곳에 좀 더 소박한 크기의 또 다른 집이 있음을 알게 된다. 해변의 부교 끝에 있는 팔각형의 물놀이 오두막에는 갈색머리에 푸른 눈의 통통한 소녀 투티키와 눈에 보이지 않는(그들이 방을 가로지를 때 그들이 신은 털양말이나 플루트를 연주하는 소리로 그 존재를 알 수 있다) 뾰족뒤쥐 여덟 마리가 함께 살고 있다. 이 비좁은 공간의 탁자 위에는 촛불이 타고 있고, 난로 위에는 수프 냄비가 끓고 있으며, 수영복을 넣어 두는 벽장 안에는 방해해서는 안 되는 신비한 생물이 살고 있다. 무민은 투티키가 그런 것처럼 겨울의 추위를 피하려는 모든 생물을 자기 집으로 맞아들인다. 이러한 경험은 그를 조금, 아주 약간 불안하게 만드는("엄마가 뭐라고 하실까?") 가정 질서의 혼란과 위반을 야기한다. 무민 자신이 새로 조직한 공동체적 삶이 그의 어머니가 자리 잡아 놓은 체계를 대신한 것이다. "그의 초대객들은 늦게까지 실컷 잘 수 있다는 사실을 무엇보다 좋아했다. 그들은 간밤에 꾼 꿈들을 서로 들려주면서 서서히 날이 밝아오는 걸 볼 수 있었다. 그사이 무민이 부엌에서 분주하게 커피를 준비하는 소리를 들으면서."

두 책의 마지막에서 그들의 모험은 끝이 난다. 눈이 녹으면서 도시에 갔던 존의 부모님은 집으로 돌아온다. 봄이 오자 무민의 부모님은 잠에서 깨어난다. 평소의 생활로 되돌아간 주인공들은 모두가 행복해 보인다. 그들의 경험 덕분에 더욱 강해지고 자신감이 생겨 이전보다 현명한 삶을 살게 되었기 때문이다. 이제 그들의 삶은 예전과 같으면서도 좀 더 너그러운 모습을 띠었다. 무민의 어머니는 화를 내기는커녕 자신이 잠들어 있는 동안 아들이 집에 가져온 변화들을 매우 바람직한 것으로 받아들였다. 예전에는 자신의 수학 선생님을 몹시 싫어했던 존은 이제 그를 떠올릴 때 더 이상 미워하는 마음이 들지 않았다. 숲에서의 탐험이 그가 수업에서 배운 거리와 위치 계산법을 실제로 써먹을 기회를 주었기 때문이다.

이처럼 합의를 바탕으로 한 결말은 《아르팡의 겨울》의 저자인 앨런 와일드스미스가 모험(비록 그것이 어떤 지혜를 깨닫게 해 주더라도)의 끝에서 예전처럼 억압적인 제약들과 다시 마주해야 하는 사실을 인정하고 싶어 하지 않음을 보여 준다. 하지만 여기서 작가의 이중성이 드러난다. 존은 이제 학교에 가지 않을 수 없는 상황에서 크리스마스 방학이 막 시작되어 한동안 학교에 가지 않아도 되는 걸 알고는 기뻐서 어쩔 줄 모른다. 편리한 우연의 일치는 수학 선생님과의 화해보다 더 설득력 있는 '해피엔딩'을 이끌어 낸다. 즉 와일드스미스는, 많은 아이가 학교를 통해 발견하는 사회 조직 앞에서, 그들의 기질, 존재 방식, 즉흥적인 열정을 억누르는 규제들 앞에서 얼마나 좌절하고 불편해하는지를 간파하고 이해한 것이다. 그러나 그는 아이들을 매혹시키기 위해 시도한 비판을 끝까지 밀어붙이지 않는다. 이야기의 결론을 짓는 순간 그는 독자들의 반항심을 부추기는 것을 멈추고 교묘하게 다시 질서의 편에 서는 것이다.

남쪽으로 우회하기

반면 모든 진실을 이야기하기를 택하는 작가들도 있다. 무엇보다 1985년 영화로 각색된(그가 몹시 싫어했던 밋밋한 각색이었다)《끝없는 이야기》로 잘 알려진 독일 작가 미하엘 엔데의 경우가 그렇다. 그는 1973년에《모모》라는 동화-소설을 출간했다.[79] 프로테스탄티즘 윤리의 승리가 야기한 시간의 변질에 대해 이야기하는 놀라운 우화[80]의 주인공 모모는 어디에서 왔는지도 모르는 어린 소녀다. 그녀는 어느 도시의 남쪽 외곽에 있는 버려진 원형극장의 폐허에서 홀로 외롭게 살아가고 있었다. 도시의 주민들은 모모에게 이야기하기 위해 그녀를 찾아왔다. 그녀는 아무 말도 하지 않지만 사람들의 말을 언제나 열심히 들어 주었으며, 그러다 보면 그들의 문제가 해결되곤 했다. 그녀는 그 가치를 평가할 수 없을 만큼 소중한 자신만의 보물을 소유하고 있었다. 그것은 바로 그녀가 가진 풍부한 시간이었다. 도시의 아이들은 원형극장에 모여 놀기를 좋아했다. 모모와 함께 있을 때만큼 재미있게 논 적이 없기 때문이었다. 샹탈 토마는 학생 시절에 살던 다락방에서 그런 놀이의 재미를 맛보았노라고 이야기했다. 그와 유사한 놀이가 맨체스터의 목사 J. 클레이턴에게는 노여움을 불러일으켰지만.

그러던 어느 날, 그 도시의 거리에 '회색 신사들'이 나타났다. 회색 신사들은 점차 그곳 주민들로 하여금 그들이 일상적으로 해 오던 일들, 즉 고객들과 잡담을 나누고, 지역 합창단에서 노래하고, 늙은 어머니를 돌보고, 연인을 비밀스레 찾아가고, 놀고, 먹고, 잠자고, 창밖을 바라보는 일 등이 모두 시간 낭비에 지나지 않는다고 생각하게 만들었다. 그리고 그들에게 자신들의 시간 저축 은행에 계좌를 개설할 것을 제안했다. 회색 신사들은 그런 식으로, 그들이 아낀 시간들 덕분에 언젠가는 풍요로운 삶을 살 수 있을 거라며 사람들을 꼬드겼다. 그때부터 모모는 더 이상 자신의 친구들을 알아보지 못했다. 그들은 원형극장을 떠나고 늘 바쁘게 종종걸음을 치며 서로에게 소홀히 대했다. 한마디로 그들은 자신들의 행위를 합리화했다. 이발사는 예전처럼 30분이 아닌 15분 만에 손님을 보내 버렸다. 술집 주인은 술을 많이 팔아 주지 않고 술집의 이미지를 나쁘게 만드는 오랜 단골들을 내쫓고 그곳을 셀프서비스 식당으로 변화시켰다. 그들은 예전보다 더 효율적으로 일했지만 더 이상 그 의미를 찾지 못하고 일하는 데서 어떤 기쁨도 느낄 수 없었다. 모두들 자신들의 삶이 하찮다고 생각하게 되었으며, 주위 사람들과 스스로를 미워했다. 그들은 자신들의 시간을 효과적으로 관리함으로써 부자가 되고 유명해지기를 원했다. 그러나 그렇게 되건 안 되건 간에 그들은 스스로를 지독히 불행하게 만들 뿐이었다.

이제 수익성에 대한 강박관념, 관계의 단절, 신랄함이 사회적 관계들을 지배했다. 사람들은 경제니 예산 삭감이니 하는 말들을 했고, 모모의 나이 든 친구인 청소부 베포는 일할 인원이 부족하다는 이유로 야간 근무마저 떠맡아야 했다. 아이들도 더 이상 예전처럼 놀 수 없었다. 사람들은 아이들을 '탁아소'에 맡겨서 '미래에 유용한' 것들만을 배우게 했다. 어른들은 마침내 그들을 제대로 돌보게 되었다는 생각에 안도했다. 그와 동시에 소비가 증가했다. 회색 신사들의 야간 비밀회합이 쓰레기 하치장에서 열린다는 사실은 의미심장하다.

머지않아 시간 도둑들은 결정적으로 인간들을 제거하고 세상의 주인이 될 터였다. 그들 중 하나는 날카로운 목소리로 이렇게 외쳤다. "인간들은 이미 오래전에 아무 쓸모없는 존재가 돼 버렸어! 그들은 스스로 더 이상 어디에도 발붙일 수 없을 정도로 세상을 망쳐 버렸다고." 위협을 느낀 모모는 도망을 쳐서 '아무 데도 없는 집'으로 피신했다. 그 집의 주인인 기이한 호라 박사는 그녀에게 생전 처음 먹어 보는 맛있는 아침 식사를 대접했다. 바삭하게 구운 빵들, 버터, 꿀 그리고 따뜻한 초콜릿. 그가 가진 많은 보물 중에는 특별히 운명의 시간을 가리키는 시계가 있었다.

"운명의 시계는 우리 삶 속에서 아주 특별한 순간을 가리킨단다. 그 순간이 오면, 저 하늘 아득한 곳에 있는 별에 이르기까지 세상의 모든 사물과 존재가 서로에게 신비한 영향을 미치지. 그러면 그 역시 유일하고도 신비한 어떤 일들이 일어날 수 있는 거야. 애석하게도 인간들은 그 희귀한 순간들을 포착할 줄 모르고, 그 운명의 시간을 그대로 흘려버리곤 하지. 하지만 누군가가 그 순간을 알아보게 되면 이 세상에 아주 중요한 일이 일어나는 거야."

호라 박사는 마치 꿈속에서처럼 모모를 시간의 근원으로 데리고 갔다. 그녀의 눈앞에 놀라운 광경이 펼쳐졌다. 순금으로 된 거대한 둥근 지붕 아래에 검은 연못이 있었고, 그 위에 떠 있는 커다란 추가 움직이자 어두운 물속에서 알록달록한 아름다운 꽃이 피어났다. 그 꽃은 이내 시들어 버렸고, 그것과 다르면서 더 아름다운 또 다른 꽃이 다시 피어났다. 그 광경에 매료된 모모는 꽃들이 차례차례 피었다가 지는 모습을 지칠 줄 모르고 지켜보았다. 점차 그녀는 또 다른 어떤 일이 일어나고 있음을 알아차렸다. 아득히 먼 곳으로부터 부드럽거나 강렬한 노랫소리 같은 음악이 들려왔던 것이다. 그 소리는 그녀로 하여금 '아주 멀리 떨어진 별을 비롯해 온 세상이 그녀를 향하고 그녀에게 말을 걸고 있다'는 것을 알게 했다. 그녀는 바로 이 음악이 꽃들을 순간적으로 피고 지게 한다는 것을 깨달았다. 시간의 근원에서 돌아온 호라 박사는 모모에게 그녀가 갔던 곳은 '그녀의 마음속'이라고 알려 주었다.

"네가 막 다녀온 장소는 모든 사람들의 마음속에 존재하는 곳이란다. 하지만 내가 데리고 가지 않으면 아무도 그곳에 갈 수 없어."

이 이야기 속의 강렬한 한 이미지는 시간이 사물死物로 변화하는 과정을 잘 보여 주고 있다. 회색 신사들은 그들의 생명을 유지시켜 주는(그래서 입에 내내 물고 있는) 회색 시가의 연기로 대기를 오염시킨다. 그들은 사람들에게서 훔친 시간의 꽃의 꽃잎들을 '시간 저축 은행 창고'에 저장해 두었다가 그것들로 시가를 말아 피우는 것이다. "그들은 인간의 일생을 먹고 살아가기 때문이란다." 호라 박사는 모모에게 그 이유를 설명해 주었다. "하지만 원래의 주인으로부터 떨어져 나온 시간은 말 그대로 죽은 시간이 되어 버리지. 모든 사람은 저마다 자신에게만 속한 시간을 갖고 있거든. 그가 그 시간을 자유롭게 쓸 수 있을 때에만 시간은 살아 있을 수 있는 거야." 인간의 치명적인 실수는 그 시간의 가치를 과소평가했다는 데 있다. 시간 도둑들 중 한 명은 잠시 정신이 몽롱해진 가운데 모모에게 이렇게 털어놓는다. "아! 너희 인간들은 그게 뭔지 몰라, 너희들의 시간 말이야!…… 하지만 우린 알고 있지. 그래서 너희들의 뼛속까지 빨아먹는 거라고."

"이메일 말미에 'Cordialement'* 대신 'Cdt'라고 쓰는 사람들은 그렇게 절약한 시간으로 뭘 하는 걸까?" 내가 《모모》를 다시 읽는 동안 누군가가 트위터에 올린 말이다. 그러나 이처럼 개별적 통찰력을 드러내는 행위들은 다음과 같은 단순한 사실에 대한 집단적 맹목을 조금도 변화시키지 못한다. 인간은 물에 비친 그림자를 위해 자기 입에 문 고깃덩이를 놓치는 일을 반복하는 것이다. 우리는 시간을 절약할수록 점점 더 시간이 부족하게 된다. 시간의 본질을 알지 못한 채 그런 식으로 함부로 다루다 보면 시간은 언젠가는 인간에게 복수를 하게 된다. 우리가 시간을 현명하게 관리한다고 주장할수록 시간은 우리 손가락 사이로 빠져나가기 십상이다.

사회학자이자 철학자 하르트무트 로자 역시 최근의 저작들에서 그 사실을 강조한 바 있다. 그에 따르면, 시간의 가속加速은 누구도 벗어날 수 없는 추상적이고 편재遍在하는 원칙이라는 의미에서

—• 편지 말미에 쓰는 경구의 하나로 '진심으로 또는 충심으로'라는 의미다. 대개 "Cordialement vôtre"의 형태로 쓴다.

'현대사회에 내재하는 전체주의적인 힘'으로 변모한다. 개인들은 자신들의 일상 속에서 한 발 뒤로 물러설 생각은 하지 못한 채 '불을 끄는 것'에 급급한 느낌을 받는다. 그리고 정치적 공동체는 그들의 운명을 통제하는 힘을 상실한다. 모순적인 것은, 이러한 폭주는 부동성과 무기력과 숙명성의 느낌을 동반하게 된다는 사실이다.[81] 회색 신사들이 승리한 것이다.

앞서 말한 대로 《모모》는 어느 남쪽 도시에서 일어나는 이야기다. 기후가 온화한 도시의 군데군데에는 고대의 유적들이 남아 있다. 그중에서 이제는 폐허가 된 원형극장의 무대 밑 방이 모모의 집이다. 이 도시가 속한 나라가 어디인지에 대해서는 아무런 언급이 없지만 그곳은 이탈리아일 가능성이 높다. 모모의 친구들은 모두 이탈리아식 이름을 갖고 있기 때문이다. 이 책은 로마 근교의 '카사 리오코르노(일각수 집)'라고 불리는 집에서 쓰였다. 이탈리아 문화에 심취했던 미하엘 엔데와 그의 아내는 그곳에서 14년을 살았다. 결론적으로 이 소설은, 장프랑수아 비유테르가 '연쇄반응'이라고 지칭한 것이 그때까지 프로테스탄티즘의 윤리와 자본주의의 합리화의 영향권 밖에 있던 지역에까지 침투했음을 이야기하고 있다. 실제로 남부 유럽은 이미 오래전에 그 사회들의 커다란 부분들이 무너져 내렸음에도 여전히 자본주의적 논리와 철저히 대립하는 문화의 요람으로 남아 있다.

2007년 티에리 파브르는 여기서 언급된 것과 유사한 이야기를 하면서, 그 문제점들을 해결하기 위해 지중해의 유산, 그가 '남유럽의 생각'이라고 부른 것 속에서 해답을 찾기를 권유했다. 그는 그곳에 '시간을 사는 새로운 기술'의 비밀이 있다고 확언했다. 헨리 밀러도 그리스를 여행하던 중에 그와 똑같은 확신을 갖게 되었고, 저서 《마루시의 거상》에서 경탄과 열광과 함께 그 이야기를 들려주고 있다. 그는 "그리스는 단지 미국과 정반대 나라가 아니다. 한 발 더 나아가 그리스는 우리를 짓누르는 해악들에 대한 해결책이다"라고 주장했다. 또는 "이곳은 인간의 영혼과 관련된 모든 것의 그리니치 자오선과도 같다"라는 말도 했다. 밀러는 그리스 여행으로 인해 유럽의 다른 나라들과 마찬가지로 그의 조국이 자신에게 불러일으키는 역겨움과 절망을 더욱더 깊이 느끼게 되었다. "우리는 허망한 물질주의의 유해로 추상적이고 비인간적인 세상을 만들어나가고 있다." 그리고 이런 이야기도 했다. "우리는 사라져 버린 세상들의 잔해 가운데서 기계적인 시간에 따라 움직이고 있다."

그는 자신의 놀라운 그리스인 친구 카침발리스의 예를 들어 설명한다. 카침발리스는 자기 나라가 모든 공리주의적인 정신을 낯설게 생각하는 사실을 '현대 그리스어의 맛과 아름다움'을 통해 이야기한다. "우리 그리스인들에게는 우리만의 고유한 말이 있습니다……. 우리가 끊임없이 창조해 나가는 말이지요. 그것은 상점 주인들을 위한 언어가 아닌 시인들을 위한 언어인 것입니다."[82]

이러한 증언들에 비추어 볼 때, 수년 전부터 남유럽의 나라들을 피폐하게 만드는 빚의 위기 및 독일의 발의로 그들이 유럽연합의 감독을 받게 된 사실은 '연쇄반응'의 최종 단계로 해석될 수 있을 것이다. 우리는 이러한 세태에서 하나의 세계를 소멸시키고, 그것이 간직하고 여전히 구현하는 비밀(세상의 관심에서 점점 더 멀어지는)을 말살하고자 하는 악착스러움을 엿볼 수 있다. 인간과 삶이 무엇인지를 말해 주는 찬란한 근원을 영영 사라지게 하려는 시도인 것이다. 2010년 여름, 크레타섬에 살면서 블로그를 운영하는 파나요티스 그리고리우의 한 친구는 그리스가 유럽연합에 통합된 후 초기 몇 년간 그리스인들이 보여 준 무분별함(《모모》의 도시 주민들이 보여 준 것과 비견할 만한)을 개탄했다. "사람들은 삶의 본질적인 것들을 선사해 준 나라에서 부의 진정한 의미를 상실해 버렸습니다. 질 좋은 농산물, 역사와 기후의 조화, 온화함, 그리고 무엇보다 속도에 대한 경멸을 잃어버린 겁니다. 우리의 리듬은 서구 사회의 것과는 다릅니다. 소비에 관한 개념도 마찬가지고요."[83]

스페인의 루이스 데 구인도스 경제장관은 경제적 원조를 받는 나라들에 제재 조치를 취하는 임무를 맡은 삼두 체제의 밀사들(유럽 위원회, 유럽 중앙은행, 국제통화기금의 재정 전문가들)을 '검은 옷의 남자들'[84]이라고 불렀다. 물론 그는 FBI 요원들에 빗대어 말한 것이었다. 그러나 한편으로 그들은 미하엘 엔데의 소설에 나오는 회색 신사들과 별로 다르지 않았다. 2012년, 포르투갈의 페드로 파소스 코엘류 총리는 적어도 설득력 있는 말들로 국민들에게 경고했다. "여러분은 다음과 같은 괴이한 일화를 생생히 기억하고 있으실 겁니다. 2011년, 삼두 체제의 대표들이 리스본에서 포르투갈에 대한 원조 프로그램을 수립하고 있을 때, 이 나라에서는 모두가 문을 닫아걸었었습니다. 징검다리 휴일을 포함한 며칠간의 공휴일을 만끽하기 위해서였지요. 그런데 포르투갈에 돈을 빌려준 삼두 체제 대표들은 일을 하고 있었습니다. 온 나라가 징검다리 휴일을 즐기고 있던 바로 그 시각에 말입니다. 다행히도 그 이후에 일어난 일은 불길했던 그 첫 번째 이미지와는 반대되는 것이었습니다."[85]

어떤 이들은 문화적, 종교적인 기반이 유로 위기의 주역들의 태도를 결정짓는다는 점을 지적했다. "전문가들과 정치인들은 아주 중요한 요소를 등한시하고 있습니다. 신, 즉 종교 말입니다. 이 경우에는 물론 루터파 개신교를 말하는 것이고요." 알랭 프라숑은 《르몽드》에서 이런 말을 했다. "루터파 목사의 딸인 독일의 앙겔라 메르켈 총리는 많은 독일인처럼 죄악감을 갖고 있다. '좋은 냄새가 나는 유로'라고 말하는 독일인들의 표현에서는 개신교 교회의 영향이 느껴진다. 그리고 물론 이런 사실은 유럽통화연맹을 구제하기 위해 제시된 해결책에도 영향을 미친다."[86] 과연 경멸적인 캐리커처의 대상이 된 나라들, 즉 아일랜드와 함께 피그스PIGS, 즉 영어로 '돼지들'이라는 불명예스러운 별명으로 한데 묶인 나라들(포르투갈, 이탈리아/아일랜드, 그리스, 스페인)이 받는 하찮은 대우, 그 나라들에 엄격하고도 집요하게 적용되는 지독한 경제 정책들의 악순환, 그리고 그로 인한 고통과 파괴를 외면하기 등에는 말 그대로 광신적인 측면이 고스란히 드러난다. 마치 예의 그 '연쇄반응'이 그러한 측면의 합리성이라는 외피를 찢어 버리기라도 한 것처럼.

연쇄적 사고

이런 상황에서 어떻게 시간의 분배 및 왜곡과 맞서 싸울 것인가? 어떻게 작금의 흥분 상태에서 벗어나 다시 우리 자신을 '내려놓는' 법을 배울 수 있을까? 어떤 이들은 노동시간의 획기적인 감축이나 스스로 선택한 파트타임에의 권리를 위해 싸운다. 오늘날 프랑스에서는 적게 일하기를 '요구할' 권리밖에는 없기 때문이다. 고용주는 언제라도 그 요청을 거부할 수 있다.[87] 내가 보기에 가장 효과적이고 가장 설득력 있는 해결책은 기본소득[88]의 지급이다. 평생 동안 각자에게 살아가는 데 충분한 기본 생활비를 매달 지급하는 것이다. 이를 위해 기본소득은, 좌파의 주장대로라면, 공공서비스의 확대와 기존의 사회보장제도를 동반하게 될 것이다. 아무런 조건이나 대가 없이 지불되는 돈은 임금노동과 병행될 수도 있을 터다. 그리되면 보수가 너무 적거나 흥미롭지 않은 일 또는 노골적으로 해롭다고 판단되는 일들을 거부할 수도 있을 것이며, 그보다는 비경제적이지만 자신의 행복감과 사회의 안녕에 꼭 필요하다고 여겨지는 일들에 전념하게 될 것이다. 또다시 그들의 시간과 일의 주인이 된다는 사실은 분명 수많은 사람에게 엄청난 위안을 선사할 것이다. 어떤 기술자는 자신의 블로그에서 자신이 '실업자가 되면 지금보다 훨씬 더 유용한 존재가 될 것'[89]이라고 주장했다. 사람들은 봉급생활자로 사는 기간과 또 다른 수많은 일을 할 수 있는 기간을 번갈게 될 것이다. 집단적 활동이나 보수를 받거나 그렇지 않은 일에 참여하는 기간과 홀로 은거하면서 숨을 돌리고 성찰하며, 창작하거나 휴식을 취하고, 한 발 뒤로 물러서서 재충전하거나 지인들과 시간을 보내는 기간을 번갈아 사는 것이다. 그리하면 남녀가 서로 합심하여 아이들을 편안히 양육할 수 있고, 젊은이들은 아르바이트를 할 필요 없이 좀 더 좋은 여건에서 공부할 수 있지 않을까.

물론 많은 사람에게 지금보다 나은 삶을 제공해 줄 수 있는 모든 것은 현 제도의 덕을 보는 이들의 이해와 상충할 것이다. 그리고 앞에서도 얘기한 것처럼, 무엇보다 피착취자들로 하여금 '스스로의 노예화에 협력하게 만드는', 그리고 극작가 에드워드 본드의 표현대로 '그들로 하여금 생존을 위한 생각들을 토해 내게 만드는'[90] 사고방식과도 충돌하게 될 것이다. 사람들은 경제 활동을 언제나 본질적으로 도덕적이라고 여기며 그것의 이상화된 이미지에 매달리는 경향이 있다. 그 반대의 사실을 확인시켜 주는 수많은 증거가 있음에도 불구하고. 따라서 기본소득에 대한 이야기는 즉각적으로 사람들의 머릿속에 표류하는 사회, 혼란과 무질서가 난무하는 끔찍한 광경을 떠올리게 한다. 이러한 반응은 상상할 수 있는 유일한 구원의 길인 임금노동과 비난받아 마땅한 (타락의 한 형태로 간주되는) 비생산적인 게으름을 대립시키는 이원론적 논리를 반영하는 것이다. 바네겜은 노동이 '게으름으로 하여금 자신의 창녀가 되게 했다'고 주장하면서 다음과 같은 세태를 지적하고 있다. "시장의 저울(마치 오래된 유령이나 신의 섭리처럼 사람들의 운명을 지배하는)이 평형을 이룰 수 있도록 아무 일이나 받아들이고 아무거나 소비하는 습관이 너무도 깊이 뿌리박혀 있다 보니, 세계를 파괴하는 광기에 동참하지 않고 자기 집에 틀어박히는 것은 매우 파렴치한 행위로 간주되는 실정이다."[91] 아무리 불합리한 것이라 할지라도 시스템에 자양분을 공급하는 것은, 그럼으로써 자신의 가치가 높아진다는 환상('자신을 위한 시간이 단 1분도 없다'는 사실보다 영광스러운 게또 있겠는가?)을 심어 주면서, 자신이 어떤 삶을 살고 싶은지에 대한 성찰을 원천적으로 가로막는다. "위대한 도전은 각자가 살아가는 법을 다시 배우는 데 있다"[92]라는 말의 의미를 되새겨 볼 때인 것이다.

나는 대부분의 현대인들처럼 학창 시절을 제외하고는 순수하게 자유롭고 즐거운 시간을 누려 본 적이 거의 없다. 내가 경험한 시간들은 대부분 시간이 지닌 매력적인 부분들이 제거된 형태의 시간이었다. 난 그런 시간들을 통해서만 물질적 안정을 이루고 사회에 통합될 수 있었다. 내가 내 집에서 추구하는 평온함과 새로운 깨달음, 내가 경험하기를 기대하는 '천상의 시간들'은 세상의 운행 및 나의 작은 둥지가 속한 사회를 다스리는 법칙들과 불가분의 관계에 있다. 시간과 숨쉬기와 매혹을 되찾기 위해 우리에게 필요한 것은 다 함께 마법에서 깨어나는 일인 것이다.

5장

하녀의 변모 :
집안일이라는 뜨거운 감자

사적 영역에서는 평소 품어 왔던 이상들이 흔들리기가 쉽다. 종종 남성우월주의가 그 이상들에 결정적인 일격을 가하기도 한다. 1972년 파업 노동자들을 지지하는 페미니스트적 시위의 슬로건 중에서 단연 돋보인 슬로건이 있었다. "만국의 프롤레타리아들이여, 당신들 양말은 누가 빨아 주나요?" 또는 "미안하지만 그는 집에 없습니다. 억압받는 사람들을 위한 시위에 나갔거든요."

마이클 폴란이 작가의 오두막을 지으면서 얻게 된 교훈 중에는 다음과 같은 것이 있다. 얼마간의 땅을 사들여 영구적인 안식처를 짓고자 하는 사람에게는 어떤 실수도 용납되지 않는다는 사실이다. 허술한 기초공사로 인해 땅의 움직임(특히 겨울에 땅이 어는 경우에)이 건축의 구조에 전달되거나 창문의 방수에 약간의 허술함이라도 있을 경우에는, 처음에는 눈에 잘 띄지 않는 그런 문제들이 누적되어 언젠가는 집이 황폐해지거나 무너질 수 있기 때문이다.

폴란은 그의 작업장에서 몇백 미터 떨어진 곳에서 이전 주인들이 (마치 하나의 경고처럼) 버려두고 간 연장 창고와 닭장의 잔해를 발견했다. 10년 만에 건물 바닥은 썩어 흙으로 돌아갔고, 단풍나무 가지들이 창문을 뚫고 자라나 있었다. "건물의 골조는 본래의 나무로 되돌아갔고, 외형은 무질서의 극치를 보여 주었으며, 내부와 외부 모두에서 인간의 작품임을 증명하는 흔적을 찾기 어려웠다."[1] 그 자신이 직접 건축에 참여한 사실(그래도 그를 돕고 지도할 수 있는 이웃의 목수를 고용하긴 했다)은 폴란에게 그 건축이 고려하고 존중해야 하는 반대의 힘들을 분명히 인식하게 했다. 아마도 이미 완성된 건물(견고함과 자연력에 대한 저항력이 당연한 것으로 여겨질)로 들어갔다면 이런 깨달음을 얻지는 못했을 터였다.

집 바깥에 적용되는 것은 집 안에도 마찬가지로 적용된다. 청소기를 돌린 지 이틀 만에 다시 먼지가 쌓이기 시작하는 걸 보고 짜증이 난다면, 그건 청결을 집의 자연스러운 상태로 단정 짓기 때문이다. 생각해 보면 참으로 이상한 일이다. 집 안도 집 밖과 마찬가지로 수시로 쳐들어오는 적들, 무질서로부터 지켜 내야 하는 것이다. 집안일이 가장 맥 빠지게 하는 점 중 하나는 끊임없이 다시 시작해야 한다는 것이다. 사회학자 장클로드 코프만이 가사에 관해 인터뷰한 사람들(여성이 압도적인 다수인) 몇몇은 아무리 열심히 창문을 닦아도 몇 시간 뒤 소나기라도 내리면 금세 도로 더러워진다고 불평했다.[2] 유명한 지식인 커플들 사이의 가사 분배에 관해 연구한 바 있는 낸시 휴스턴은 스콧 피츠제럴드가 한 기자 앞에서 자신의 아내 젤다에게 남발한 찬사 중 다음의 짧은 문장에 주목했다. "당신은 매주 한 번씩 냉장고 청소를 하지, 아마?" 그 시간 동안 그는 자신의 소설을 써 내려갔다. 이에 휴스턴은 다음과 같이 논평했다.

"일주일 뒤면 냉장고는 또다시 더러워질 것이다. 소설은 처음의 완벽함을 간직한 채 영원히 남겠지만."[3]

사람들은 대부분 집안일을 오래 걸리고 반복적이며 피곤할 뿐 아니라 지저분한 일이라고 생각한다. 게다가 집안일에서 자신을 돈

보이게 하거나 창의성을 표현한다는 의미의 만족감을 찾기는 어렵다. 이런 관점에서 볼 때 소설은 냉장고와의 비교에서 명백한 우위를 차지한다. 따라서 집안일을 다른 누군가에게 떠넘길 수 있는데도 그것을 거부하는 사람이나 굳이 자신이 도맡아 하겠다고 고집하는 사람은 극히 드물 수밖에 없다. 특히 자신을 둘러싼 환경이나 시대의 풍습이 그것을 강요하지 않을 때는 더더욱 그렇다. 19세기 초반, 작가 조르주 상드의 어머니가 그랬던 것처럼 부르주아 계층에서 하인들을 전혀 두지 않고 가사를 돌보기 위해서는 예사롭지 않은 강단이 필요했다. 19세기 전반기에 활동했던 사회주의 운동가이자 페미니즘의 선구자 플로라 트리스탕도 소박한 삶을 살았음에도 간간이 하녀의 도움을 받았다.[4] 카를 마르크스는 자신의 하녀 헬레네 데무스와의 사이에서 사생아를 낳았다.

그런데 남들의 눈길에서 벗어나는 (욕망과 나약함은 은밀하거나 사회적인 갈등 관계가 표출되는) 사적 영역에서는 평소 품어 왔던 이상들이 흔들리기 쉽다. 종종 남성우월주의가 그 이상들에 결정적인 일격을 가하기도 한다. 1972년 파업 노동자들을 지지하는 페미니스트적 시위의 슬로건 중에서 단연 돋보인 것은 《공산당 선언》의 결론("만국의 프롤레타리아들이여, 단결하라!")에 준거한 슬로건이었다. "만국의 프롤레타리아들이여, 당신들 양말은 누가 빨아 주나요?" 또는 "미안하지만 그는 집에 없습니다. 억압받는 사람들을 위한 시위에 나갔거든요."[5]

어떤 면에서는, 집안일을 도외시하고 피하려는 태도로 인해 자신에게 주어진 기회를 놓쳐 버릴 수도 있다. 한편으로 곰곰 생각해 보면, 냉장고 청소는 비록 그 성질은 전혀 다르지만, 소설 쓰기 못지않은 잠재적인 철학적 풍요로움을 내포하고 있음을 알게 된다. 게다가 둘의 차이점 이면에는 서로 간의 유사성이 존재한다. 장클로드 코프만은 그의 책의 개정판 서문에서 '먼지를 털고 닦아 내고, 사용된 문장이 여전히 적절한지를 자문해야 했다'고 이야기한 바 있다.[6] 나도 그와 마찬가지로 워드프로세서로 작성한 파일 가운데서 이루어지는 내 행위가 가사의 그것과 유사하다는 느낌을 받곤 한다. 어떤 문단을 다른 데로 옮기는 게 더 낫다는 생각이 들때 그것을 오려서 붙이기, 불필요한 문장이나 단어를 삭제하기, 같은 아이디어를 포함한 말들을 한데 모으기, 한쪽 구석에 내버려 두었던 부분을 장章의 전개 속에 다시 포함시키기……. 우선은 나를 위해, 그리고 이상적으로는 독자를 위해 (이전에는 모호하거나 눈에 띄지 않았던 것들이 선명하게 드러나게 될) 정돈되고 조화로운 풍경을 창조할 수 있기를 바라면서 이 모든 것을 하는 게 아닐까. 따지고 보면 글쓰기도 '치우기'라는 행위로 요약될 수 있지 않을까. 그런데 어째서 지적 영역에서는 존중받는 행위가 물질적 세상에서는 경멸의 대상이 되어야 하는 걸까? (이와 관련해 휴스턴은 흥미로운 가설을 제시한 바 있다. 신체의 유지와 관련된 노동은 우리에게 우리의 사망률을 상기시키는 반면, 텍스트는 우리보다 오래 살아남아야 하는 소명을 띠고 있기 때문이라는 것이다.[7])

반들반들 닦이고 말끔하게 정돈된 실내에서는 우리의 생각도 그 빛을 발하게 된다. 깔끔해진 정신, 다시 샘솟는 에너지, 확장된 시야와 함께. 자신이 사는 집의 환경을 다시 돌아보고, 철저히 뒤집어 보며, 각각의 물건이 알맞은 자리에 놓여 있는지 확인하기. 걸레로 물건에 쌓인 먼지를 닦아 낸 다음, 그것을 다시 제자리에 놓거나 더 좋은 자리를 찾아 주기. 이러한 행위들은 사물에 미치는 자신의 힘을 느끼게 하고, 세상 속에서의 자기 위치를 다시 가늠해 보고 분명히 하며 그것을 구체적으로 표현하게 해 준다. 우리는 비록 집안일을 과소평가하는 사회 속에서 살고 있지만 그럼에도 불구하고 그 속에서 어떤 의미와 즐거움을 찾기도 한다. 한 젊은 여성은 집안일을 두고 이렇게 이야기했다. "나에게는 먼지를 터는 행위가 고귀한 일이라고 이야기하면 모두가 웃을 거예요. 하지만 나한테는 정말 그렇거든요." 라파엘이라는 이름의 한 그래픽 디자이너는 27세이고 혼자 살고 있다. 그는 집안일을 아주 싫어하지만 그럼에도 그 속에서 어떤 깨달음이 느껴질 때가 있다고 털어놓았다. "가끔씩 아파트를 정돈하다 보면 어느 순간 집 같은 모양새를 갖추게 되죠. 그럼 집이라는 공간이 점차 믿을 만한 무언가로 변하면서 진정한 내 집으로 느껴지는 것 같아요."[8]

철학자 장마르크 베스의 말처럼 집안일을 한다는 것은 '어떤 일이 일어날 수 있도록 새로운 조건들을 한데 모으는 것'이다. 그것은 '공간을 치우고, 매일매일 삶을 위한 공간을 열거나 다시 여는 행위'다. 깨끗해진propre 것은 다시 '○○에 적합한propre à' 곳으로 변모한다. 우리 각자는 또 다른 순간들을 가능하게 하는 이 순간들에서 어떤 매력을 느낄 수 있을 터다. 마치 관객석에 자리를 잡은 클래식 연주회의 청중들이 연주자들이 악기의 음조를 맞추는 소리에서 다가올 매혹의 약속을 듣는 것처럼. 그리하면 우리의 일상이 잠시 정지된 순간, 판에 박힌 일상에서 한 발 물러나 있는 순간을 음미할 수 있을 것이다. 그와 더불어 이러한 순간들이 사물에 부여하는 새로운 관점을 즐길 수 있을 터다.

남녀 구분 없이 누구나 어릴 적부터 집안일이 제공하는 행복감과 아름다움, 이 일이 우리로 하여금 일상에서 벗어나 성찰하고 자신을 둘러싼 환경을 다시 돌아보게 하는 방식에 관심을 가질 수 있다. 이와 관련해 거트루드 스타인은 자신의 글 속에서 이런 말을 했다. "우리는 매일같이 그림이나 물건의 먼지를 털어 내지 않는 한 그것의 실체를 제대로 확인할 수 없다."[9] 서양문화가 (인간과 그 환경의 철저한 분리를 전제하는) 데카르트 사상의 깊은 영향에서 벗어나지 못한 채 그러한 오류의 대가를 여전히 치르고 있는 반면, 집안일처럼 모호한 일은 때로 당혹스러운 경험들을 야기하기도 한다. 한 젊은 여성은 자신의 아파트를 청소하던 중에 빗자루로 다소 세게 서랍장 다리를 건드리자 이런 반응을 보였다고 한다. "난 마치 내가 아프기라도 한 것처럼 '아야!'라고 소리쳤답니다."[10]

이런 문제들에 덜 무지한 세상에서는, 공공장소의 좀 더 효율적인 관리와 더불어 공공건물의 유지·관리를 책임지는 이들에 대한 적절한 지위와 급여를 그들의 사회적 효용에 비추어 재고해 볼 수 있을 터다. 2009년 세 명의 영국인 연구자는 재미 삼아 몇몇 직업들의 보수와 (그 직업들이 야기하는 '외부 효과', 즉 그것들이 미치는 긍정적이거나 부정적인 영향에 따라 계산된) '사회적 가치'의 연관성을 조사해 보았다. 예를 들어, 광고업 종사자의 행위는 일자리를 창출하지만, 소비를 부추김으로써 '빚, 비만증, 공해, 재생 불가능한 에너지 사용의 증가'를 야기하기도 한다. 반면 정반대 수준의 급여를 받는 병원 청소부는 '위생 시스템의 전반적인 운영에 기여하고, 병원 내 감염 위험을 최소화한다.' 결론적으로 첫 번째 직업은 '1파운드의 가치를 발생시킬 때마다 11.50파운드의 가치를 훼손하고,' 두 번째 직업은 '급여로 받는 1파운드에 대해 10파운드 이상의 사회적 가치를 창출한다.'[11] 몇십 년 전, 쓰레기와 쓰레기 버리기에 지대한 관심을 표명했던 가비지 걸스Garbage Girls의 중심인물인 마이얼 래더만 우클리스가 이야기하고자 했던 것도 바로 이 점이었다. 1978년, 그녀는 '뉴욕을 살아 있게 해 주는' 뉴욕의 청소부 8500명과 일일이 악수를 하며 그들에게 감사를 표했다. '공중위생과 접촉하다Touch Sanitation'로 명명된 프로젝트는 1년 6개월간 지속되었다.

"매일 쓰레기를 수거하지 않으면, 도시는 질식해 죽을 것이며 사회적 혼란은 불가피해질 것이다. 현대의 사례들이 그 사실을 입증하고 있다. 우클리스는 도시의 가장 중요한 사람들을 상찬해야 한다는 단호한 확신으로 보답받지 못하는 이 일을 촬영해 사진에 담아 두기로 했다. 비록 누군가의 머릿속에서는 그들의 트럭에 실린 것들과 그들이 같은 걸로 여겨지겠지만."[12]

각자 자기 집을 직접 청소하는 것이 당연하게 여겨진다면 아마도 집의 모양새는 완전히 달라질 것이다. 어떤 장소의 정돈과 청소를 다른 누군가가 할 때와 거주자가 직접 할 때는 그 방식이 전혀 다를 수밖에 없다. 19세기의 프랑스에서 부르주아 저택의 실내는 하인들에겐 진정한 악몽과도 같았다. 넘쳐 나는 골동품들, 몸이 부딪히기 십상인 자잘한 가구들, 사방에 널려 있는(심지어 벽에까지도) 먼지를 빨아들이는 다양한 천들.[13] 마찬가지로 오늘날에도 시간제 가정부들은 (호주에서 이루어진 설문 조사에 의하면) 다음과 같은 불평을 늘어놓는다.

"고객들 집에서 터무니없는 것들을 볼 때가 종종 있어요. 욕실 곳곳에 있는 유리판, 벽난로, 엄청나게 넓은 마룻바닥⋯⋯. 그 사람들은 그런 걸 깨끗하게 유지하는 데 얼마나 많은 노동이 요구되는지 잘 모르는 것 같아요. 난 그럴 돈이 있다고 해도 절대 그렇게는 안 살 거예요."[14]

〈베르사유의 여왕〉에서 재정 위기로 인해 그녀의 궁전 건축이 중단되자 재키 시겔은 우울한 얼굴로 작업장을 돌아보았다. 그러고는 느닷없이 놀라운 공감대를 드러내며 그녀와 동반했던 고용인 중 한 사람을 향해 말했다. "우리 긍정적으로 생각하도록 해요. 적어도 당신은 이 집을 청소하는 수고는 하지 않아도 되잖아요."[15] 직접 그 집을 청소하고 관리해야 한다면 누가 감히 8300제곱미터짜리 저택을 꿈꾸겠는가? 공공의 영역과 사생활에서, 개인적이고 사회적인 차원에서 고려해 볼 때, 다른 누군가의 땀을 더 비싸게 지불해야 하는 것이나 더 이상 지불할 수 없다는 사실은 우리로 하여금 전혀 다른 논리 속으로 들어가게 하고 흥미로운 재검토를 하게 만든다.

"당신들은 우리를 위한 쓰레기통이야"

따라서 사람들은 집단적 무분별로 인해 집안일을 다른 누군가에게 떠넘기려고 애쓴다. 그리고 그런 위탁 행위는 역으로 그 무분별함을 끝없이 이어지게 한다. 주목할 만한 사실은, 우리가 집안일의 가차 없는 필요성을 부인하고자 할 때마다 그것은 우리에게 더욱더 막강한 지배력을 행사한다는 것이다. 일례로 앞서 언급한 라파엘이라는 청년의 경우를 살펴보면, 그는 평소 아주 드물게만 이야기되는 문제점을 우리에게 상기시키고 있다. 설거지가 바로 그것이다. 그는 설거지가 자기 능력을 넘어서는 것이며 그에게는 너무 힘든 일이라고 말한다. 그는 최소한의 주방 기구와 식기만을 갖추고 있으며, 그것들을 종종 더러운 채로 개수대에 쌓아 두곤 한다. 그 결과, 식사를 하는 도중에 여러 차례 당장 필요한 것을 씻으러 자리에서 일어나야만 한다. 식기 앞에서의 반항은 설거지할 그릇들을 더 늘어나게 할 뿐이다. 마찬가지로 한 여대생은 방바닥 닦는 걸 게을리하는 데 따르는 부작용을 토로했다. 그녀를 기다리는 고역에 대한 생각(아무리 사소하고 지엽적인 것이라 해도)이 나중에는 강박적으로 변해 그녀를 끈질기게 괴롭히다 보니, '방바닥 닦는 것과 그 생각을 지나치게 자주 하는 것 중에서 어떤 게 더 힘든 건지'[16] 잘 구분되지 않는 지경에 이르렀다. 먼지를 마주하기를 거부하는 건, 먼지로 하여금 자유롭게 옮겨 다니면서 어디에나 존재할 수 있게 하는 것이다. 반대로 미국의 한 흑인 여성 작가는 그녀의 조부모님들에게 자신의 집을 언제나 청결하게 유지하라고 교육받았다. 그것은 '끊임없이 유색인종을 폄하하고자 하는' 사회에 대한 항변이기도 했다. 그녀는 어째서 그러한 규율을 성인이 되어서까지 철저하게 지키는지 그 이유를 다음과 같이 설명했다. "사람들은 내가 딱딱하고 재미없는 사람이라고 생각할지 모르지만 오히려 정반대입니다. 내가 청결에 집착하는 건 아무것도 하지 않고 빈둥거리는 걸 좋아하기 때문입니다. 눈앞에 신경 쓰이는 일들이 쌓여 있지 않으면 더 여유롭게 뜨개질을 하거나 텔레비전을 보면서 시간을 보낼 수 있거든요."[17] 청소의 필요성 앞에서 군말 없이 고개를 숙이는 것은, 그 필요성을 사라지게 하고 그것이 자기 삶에 미칠 영향을 최소화하는 유일한 방법이다.

아니, 바로 그게 유일한 방법이 아니라는 것이 문제다. 집안일에 대한 고고하고 행복한 부인否認 상태에서 계속 살아갈 수 있으려면, 다른 누군가에게 그것을 일임해야만 한다. 여기서 가정 내에서 집안일을 도외시하는 호사를 누리는 이들의 태도의 부당함이 드러난다. 그들은 자기 대신 집안일을 맡아 하는 사람들(대부분 여성, 즉 여성 배우자거나 어머니), 또는 슬프게도 무미건조한 일들을 나눠 하도록 자신에게 잔소리를 하는 이들을 비난하거나, 그런 이들에게 몹시 까다롭게 굴 수 있는 유리한 입장에 놓여 있다. 유럽에서 20세기 초반까지 하인들을 부리는 게 일상적이었을 때, 그들의 주인은 집뿐만 아니라 자기 몸의 더러움까지도 씻어 낼 것을 요구했다. 주인은 하인들에게 씻을 틈조차 허락하지 않으면서 역겹고 악취를 풍긴다며 그들을 비난했다. 그런 식으로 그는 자신이 순수함을 구현한다는 환상을 유지하면서, 마치 마법 속에서처럼 잘 정돈된 깨끗하고 기능적인 실내를 오갈 수 있었다. 빅토리아시대의 영국에서 귀족이나 부르주아 계층의 주인들이 하인들에게 절대 모습을 드러내지 말도록 요구한 사실은 여러 가지 이유(자기들끼리만 있고 싶고, 무지하고 천박한 사람들과 마주치고 싶지 않다는)로 설명될 수 있을 것이다. 그러나 아마도 자신들의 환상을 유지하고자 하는 욕망이 가장 크게 작용했을 터다. 예를 들어, 따로 떨어진 하인 전용 계단 덕분에 귀족들은 더 이상 집의 계단을 오르다가 '간밤에 싼 자기 똥'이 담긴 요강을 들고 내려오는 하녀와 마주칠 위험을 감수하지 않아도 되었다.[18]

이러한 상징적인 경제학에서는 하녀들에게 불결함과 동일시되는 (그녀들처럼 무대 뒤에 감춰져 있는) 섹스를 구현하는 짐까지 지웠다. 1873년부터 1909년까지 자신의 하녀와 36년간 비밀 결혼을 유지했던 한 영국인 관리는 그녀와 함께 가정적이고 성적인 의미에서 '더럽다'라는 말에 내포된 미묘한 모호함을 실험할 수 있었다. 한나 컬윅은 자신의 일상적인 일들을 자세한 기록으로 남겼고, 그것은 오늘날 역사가들에게 희귀한 자료가 되었다. 그러나 그녀가 일기를 썼던 첫 번째 목적은 자신의 주인이자 남편으로 하여금 더럽

혀지는 자신을 떠올리게 함으로써 그를 흥분시키려는 것이었던 듯하다. 그녀의 힘겨운 일과에 대한 이야기는 종종 숙명론적인 '나의 더러움과 함께 잠들다Slept in my dirt'[19]라는 말로 끝나곤 한다. 당시 사람들은 부르주아나 귀족 여성은 품위 있고 순수한 존재로 남아 있어야 한다고 생각한 반면, 하녀들에게는 거침없는 관능성과 거의 동물적인 성욕과 성적 행위를 부여했다. 마틸드 보나파르트 공주는 자신의 친구들인 공쿠르 형제가 쓴, 한 하녀의 방탕한 삶을 그린 소설 《제르미니 라세르퇴》(1865년 출간)를 읽은 뒤 자신과 하녀들의 구별이 더 두드러지지 않는 사실을 통탄했다. 그녀는 자신과 하녀들의 신체 기관마저도 다르게 생겼으면 좋았을 거라고 이야기했다. 그러면서 자신이 '그 불행한 여자들이 했던 것과 똑같은 사랑의 행위를 해야 한다는 사실'[20]을 수치스럽게 생각했다.

19세기 후반 파리에서 하인들을 더 이상 가족의 거주 공간이 아닌, 지붕 밑(저택의 6~7층에 해당하는) '하녀의 방'에서 머물게 하는 것이 관례로 자리 잡았을 때, 주인들은 자신들이 한 번도 가보지 않은 불결한 골방에서 밤마다 음탕한 행위가 벌어지는 광경을 상상하곤 했다. "저택에서 하루에 열대여섯 시간씩 일한 뒤 7층에 있는 다락방으로 올라가면 그저 편히 쉬고 싶다는 생각밖에 안 들어요. 그런데 음탕한 짓거리라뇨."[21] 1904년 분노한 어떤 하녀는 《레클레르》에 발표된 편지에서 그들에게 이렇게 반박했다. 그럼에도 불구하고 주인들은 자신들을 위해 일하는 여자들의 몸을 함부로 취하기를 서슴지 않았다. 주인집 아들은 동정을 떼기 위해 더 이상 창녀를 찾아갈 필요가 없었다. 남편은 아내의 도덕성을 지켜 주면서 하녀를 통해 자신의 성적 판타지를 충족시킬 수 있었다. 이런 식으로 여성에 대한 이중의 억압이 자행되었다. 아내는 자신의 성적 욕구를 억눌러야 했고, 하녀는 대부분 원치 않는 성적 폭력에 시달려야 했다. 하녀가 임신을 하면 집 밖으로 내쫓겼다. 따라서 마지막까지 희생양 역할을 철저히 수행해야만 했다. 간단히 요약하면 이런 것이다. 세상에 더러움이 존재하면 그것은 그녀의 잘못이다. 주인이 그녀를 강제로 취함으로써만 그의 욕구를 충족시킬 수 있다면, 그것 역시 그녀의 잘못이다. 그녀의 핏속에는 악이 흐르고 있어서 그녀가 악덕을 야기한 것이다. 그리고 그가 저지른 행위의 결과가 백주에 드러나 혼란을 가져온다면, 그것 또한 그녀의 잘못이다. 결국 불러오는 건 그녀의 배가 아닌가 말이다. 그러나 다행히도 그녀를 내쫓아 버림으로써 다시 질서를 바로잡을 수 있다.

하인의 희생, 더 나아가 하녀의 희생, 그(그녀)의 육체와 시간과 힘의 소비는 모든 면에서 위선적인 질서를 유지시켜 준다. 안 마르탱퓌지에는 하인들을 고용했다가 버려 버리면서 문자 그대로 그들의 피와 살을 집어삼키는 체재를 그려 보이고 있다. 일례로 그녀는 1913년, 파리 렌가의 한 가정에 고용된 18세의 이본 크르테브르통의 경우를 들려주었다. 그녀가 극심한 치통에 시달리자 그녀의 안주인은 치과에 가서 아픈 이를 뽑아 버리라고 지시했다. 치료할 경우에는 여러 번 자리를 비워야 할 테고 그건 용납할 수 없는 일이었다. 어쨌거나 하녀의 용모 따위가 뭐가 중요하겠는가?[22]

"당신들 하인들은 우리를 위한 쓰레기통이야."

2014년, 한 젊은 마다가스카르인 여성은 사우디아라비아인인 예전 주인이 했던 이 말을 들려주었다.[23] 그들은 주인집에 감금당하다시피 한 채 터무니없는 노동시간과 저임금, 잦은 영양 부족에 시달리며 두들겨 맞고 신체적 학대를 당하기까지 한다. 유럽에서는 하인 제도가 거의 사라지긴 했지만, 다른 곳에서는 이처럼 지독한 착취가 여전히 수백만 여성의 흔한 일상으로 남아 있다. 특히 레바논은 그 때문에 수시로 지탄받고 있다. 2010년에는 한 달 반 사이에 열여섯 명의 마다가스카르인 가정부들이 학대로 인해 사망했다.[24] 같은 해에 말레이시아에서는 (25만 명 중에서) 1만 8716명(대부분이 인도네시아인)이 도망을 쳤다.[25] 150만여 명의 인도네시아인 여성들이 일하던 사우디아라비아에서는 54세의 루야티 빈티 사푸비라는 여성이 자신의 여주인을 죽였다는 이유로 2011년 6월 참수형에 처해졌다. 여주인은 그녀를 구타하고 고국으로 돌아가겠다는 요청을 거절했다. 자카르타는 그에 대한 반발로 그 나라에 가정부들을 보내는 것을 유예하겠다고 선언했다.[26] 2012년에는 사우디아라비아에서 25명의 인도네시아인 여성이 사형을 당했다.[27] 필리핀에서는 매년 10만 명의 여성이 가정부로 일하기 위해 홍콩과 북아메리카(시겔 부부 집에서 일하는 버지니아 니바브처럼) 또는 근동으로 떠나고 있다. 그들은 종종 남편과 아이들을 고국에 남겨 둔 채 떠나서는 급여의 대부분을 송금한다. 지역의 민간단체 대표에 따르면, 매일같이 '일하던 중에 사망한 6~10명의 필리핀 이민자 시신이 본

국으로 송환된다.'[28]

　과거 유럽에서 그랬던 것처럼 고용주들 가운데는 관대하고 호의적인 태도부터 지배 자체를 즐기는 성향에 이르기까지 다양한 행동 양식이 존재한다. 가사를 돌보는 서비스에서 성적인 서비스로의 확장도 여전히 존재한다. 예를 들어 캘리포니아 주지사였던 아놀드 슈왈제네거는 마르크스보다 150년 늦게, 자기 집의 가정부였던 밀드레드 바에나에게서 (그의 적자 중 하나보다 며칠 늦게) 사생아를 낳았다. 마르크스와 다른 점이 있다면, 헬레네 데무스는 타블로이드판 신문과 인터뷰할 기회가 없었던 반면 슈왈제네거의 스캔들은 그의 결혼생활을 파탄 냈다는 것이다. 우리는 또한 2011년, 국제통화기금 총재였던 도미니크 스트로스칸이 뉴욕의 호텔 여종업원을 성폭행했다는 혐의를 받자, 프랑스의 한 논설위원이 재빨리 그 문제를 '하녀 추행'[29] 건으로 분류했던 일을 기억하고 있다.

　가정에서 하인을 가장 많이 쓰는 나라는 브라질이다. 700만 명에 이르는 피고용인 중에는 여성이 압도적으로 많으며 또한 대부분 흑인이다. 그러나 십몇 년 전부터 삶의 수준이 향상됨에 따라 젊은이들은 자신들 앞에 펼쳐진 또 다른 기회를 포착할 수 있었다. 따라서 하인들을 구하기가 점점 더 힘들어졌다. 2012년에 방영한 텔레노벨라 〈매력으로 가득한Cheias de Charme〉에서는 '세 명의 하녀가 독재적인 여주인들과 맞서다가 그들을 내팽개치고 팝그룹을 결성하는'[30] 장면을 등장시켰다. 이런 상황에 비추어 볼 때, 2011년 국제노동기구가 가결한 가정의 노동자들에 관한 조약은 극소수의 나라들만이 비준한 반면, 2013년에 표결된, 마침내 가정의 피고용인들에게도 다른 임금노동자들과 똑같은 권리를 부여하기로 한 법안은 사문死文으로 남아 있지 않을 가능성이 높다. 이런 결과가 못마땅했던 브라질의 고용주들은 볼리비아, 아이티 또는 아프리카인 이민자들에게로 눈을 돌리고 있다. 그럼에도 불구하고 사람들의 마음속에는 어떤 변화가 일고 있다. 남의 시중을 받는 것이 더 이상 당연한 일로 여겨지지 않는 것이다. 젊은 세대들은 그 사실을 더 부정적으로 받아들이고 있다.[31]

착취의 현대화

요컨대 프랑스가 20세기 초반에 겪은 것과 같은 '하인 제도의 위기'가 닥친 것이다. 대부분의 경우 하녀는 자기 집이 있으면서 여러 고용주들을 위해 일하는 가정부로 대체되었다. 이러한 변화는 자신들의 사생활을 보호하려는 가정들의 새로운 욕구로도 설명될 수 있다. 두 아이의 어머니인 한 젊은 기혼 여성은 이렇게 선언했다. "우린 낯선 이가 매일같이 아침 식사 때부터 온종일 우리와 함께 있는 걸 원하지 않습니다. 우린 우리 네 식구만의 삶을 살고 싶거든요."[32] 조금씩 주목할 만한 변화가 생겨났다. 1979년, 가정부로 일하는 노동조합 활동가인 쉬잔 아스코에는 이렇게 말했다. "가장 문제가 되는 건 주거에 있어서 고용주들에게 종속된다는 사실입니다. 그들이 제공하는 시트를 덮고 자고, 그들의 가구를 사용해야 한다는 거죠."[33]

　마침내 독립적인 삶이 가능해졌다는 게 어떤 의미인지 알기 위해서는 과거에 하녀로 일했던 이들의 증언을 듣는 것만으로도 충분하다. 자신들의 임신 사실을 감추는 데 성공한 그들은 방에서 홀로 해산하면서 누가 소리를 들을까 봐 두려움에 떨어야 했다. 그들은 아이의 머리가 나오지 않자 공포에 떨었고, 아이를 낳자마자 남몰래 화장실에 갖다 버렸다.[34] 점진적인 긍정적 변화에도 불구하고 가정부는 여전히 고된 육체노동에 비해 터무니없이 낮은 임금의 직업에 머물러 있었고, 종종 적지 않은 비용이 드는 교통비는 보수에 포함되지도 않았다. 게다가 관계의 핵심이 달라졌는지도 확실하지 않았다. "그들(인터뷰를 위해 만난) 모두는 자기들 속옷을 손으로 빨 것을 요구한 파렴치한 고객들에게서 받은 상처를 깊이 간직하고 있었습니다."[35]

　지배에 대한 충동이 예전보다 덜 과격하게 표출된다고는 하나 완전히 사라진 것은 아니며 여전히 때때로 백주에 그 모습을 드러내기도 한다. 필리프 드 종키레는 자신의 사이트에 올린 〈반대하여〉라는 글에서 거액의 로또 당첨금에 대해 자신과 동료들이 논쟁을 벌인 이야기를 들려주었다. "우린 만약 거액의 당첨금을 타게 된다면 뭘 하고 싶은지를 각자 이야기했습니다. 그런데 그 계획들에는 대부분 '돈을 주고 산' 누군가를 지배하고자 하는 생각이 포함되어 있었습니다. 정말 보잘것없게도 말이죠. 자신은 더 이상 아무 일도 하지 않아도 되는 삶을 살고 싶다는 꿈과 함께 말입니다."[36]

자기 대신 다른 사람들이 힘들게 일하기를 바라거나 그런 사실에 만족하는 것은 가정의 영역에만 국한되지 않는다. 파리 시청은 점점 더 자주 인권 침해의 희생자가 되는 도로 청소부들을 위한 대화 창구를 마련했다. 그중 스테판이라는 한 청소부는 다음과 같이 증언했다. "가끔 내가 비질을 하고 있을 때면 나를 바라보면서 바닥에 종이를 던지는 사람들이 있습니다. 그리고 이렇게 말합니다. '자, 이것도 주워요.' 난 더 이상 사람들에게 하찮은 존재로 취급받는 것을 참을 수가 없습니다. 청소가 부끄러운 일은 아니잖아요."[37]

이와 관련한 개인적인 태도들은 사악하거나 냉소적일 수도, 존중심을 담고 있을 수도 있다. 내가 아는 한 남성(그는 혼자 살고 있다)은 어느 날 트위터에 다음과 같은 글을 올렸다. "내일은 가정부가 오는 날이다. 그래서 난 오늘 집 안을 치운다." 타인에 대한 기본적인 배려가 있다면 자신의 가사를 다른 이에게 떠넘기는 걸 당연하게 여길 수 없음을 이야기하는 아름다운 방식이 아닐 수 없다. 그러나 이 사회는 스스로를 평등하고 민주적이라고 생각하길 바라며 구성원 모두에게 똑같은 기회를 부여한다고 주장하면서도 그 유지를 위해 여전히 일부 계층 사람들(이 경우에는 하찮게 여겨지는 일을 하는 사람들이나 불법 체류자 같은 이들)의 소비에 기대고 있다. 기본소득의 주창자들은 그 원칙들을 설명하면서 종종 대부분 가정부도 도로 청소부도 아닌 사람들이 제기하는 의미심장한 반론을 야기하곤 한다. "하지만 더 이상 생계를 위한 일을 하지 않아도 된다면 더러운 일은 누가 하나요?" 선택권이 없는 부류의 사람들 없이는 사회가 제대로 기능할 수 없다. 그리하여 사람들은 이러한 현실에 적응할 뿐만 아니라 불안한 마음으로 그것을 영속시키는 데 집착한다.

프랑스에서는 1990년대 초부터 역대 정부들이 나서서 '도우미 서비스service à la personne' 분야를 발전시키기까지 했다. 거기에서 실업에 대한 기막힌 해결책을 발견했기 때문이다. 정부는 각 가정에 가사 도우미를 고용하거나, 그들이 불법으로 부리고 있던 사람을 신고하라고 권유했다. 사회보장제도 납입금 면제나 감세 등의 방법으로 그 일을 부추기면서. 무엇보다 이것은 2005년 '보를루 플랜'의 목표였다. 그리하여 1980년대 말에 점차 사그라지던 가정부의 고용이 다시 활기를 띠게 되었다. 1989년에는 프랑스 가정의 5퍼센트, 2006년에는 9퍼센트, 2010년에는 12퍼센트가 유급 가사 도우미의 도움을 받은 것으로 드러났다.[38]

프랑수아그자비에 드베테르와 상드린 루소는 정부가 질 나쁘고 '보잘것없는 사회적 유용성'을 지닌 일자리들을 의도적으로 창출해 냈다고 비난했다. 게다가 그를 위해 정부는 아연하게 만드는 공공 기금을 쏟아부었다. 2003년에는 면세의 상한선을 높이는 것만으로 7500만 유로의 잠재 수입을 공중으로 날려 보냈다. 그것도 600개도 채 안 되는 일자리를 위해서. 즉 일자리 하나당 13만 유로의 비용이 발생한 셈이다……[39] 보를루 플랜의 평가 보고서는, 이러한 조치로 인해 야기된 국가 재정의 총손실에서 저소득층에게 지급되던 국가 보조금의 감소분을 제해야 한다는 점을 강조했다.

그들은 새로운 조치 덕분에 다시 일을 할 수 있었기 때문이다. 드베테르와 루소는 이 사실을 다음과 같이 요약했다. '저소득층에게 국가 보조금을 덜 지급하기 위해 부자들에게 면세를 허용하자.' 두 연구자는 이러한 일자리들은 정부가 이민을 부추길 때 고려하는 유일한 것임을 지적했다. 또한 이런 정책들은 '불평등의 유지'[40]라는 논리를 펼치고 있다고 결론지었다.

니콜라 사르코지가 주장한 예의 '더 많이 벌기 위해 더 많이 일하기'는 도우미 서비스의 장려와 궤를 같이했다. 두 경우 모두 매우 명백하게 과도한 일의 분할에 의거한 사회의 모델을 보여 주고 있다. 바로 가장 '생산적인' 사람들은 상대적 우위를 지닌 활동들에 전념하기 위해 가장 기본적인 일을 다른 이들에게 전가해야 한다는 것이다.[41] 경제학자이자 철학자였던 앙드레 고르는 이러한 논리가 막 자리 잡기 시작하던 1990년에 이미 이 사실을 경고한 바 있다. "가사 도우미 서비스의 발전은 증가하는 사회 불평등의 배경 속에서만 가능하다. 그런 상황에서는 인구의 일부가 보수가 좋은 일자리들을 차지하면서 다른 일부의 사람들로 하여금 종의 역할을 떠맡게 하기 때문이다."[42] 주5일 근무제의 원칙은 각자에게 다양한 경험으로 풍요로운 일상을 누리게 해 주는 대신 그 자체만으로 일자리의 분화를 부추긴다. 유급 노동이 아닌 모든 것에 할애할 수 있는 시간이 단 이틀밖에 없다는 사실은, 경제적 여유가 있는 이들로 하여금 가사를 다른 이에게 일임하고 싶은 유혹을 떨치기 힘들게 한다. 도우미 서비스 에이전시들은 이런 사실을 재빨리 간파했다. 어떤 에이전시는 '자유롭게 사용할 수 있는 소중한 시간'을 제공할 수 있음을 자랑했고, 또 다른 에이전시는 스스로를 '당신 일상의 활력소'라고 자처했다.

따라서 가정부는 말 그대로 청소하는 데(다른 사람들의 집에서, 그리고 자기 집에서도) 일생을 바치게 되며, 그(그녀)의 고객들은 자기가 사는 환경과 수시로 마주할 기회를 놓치면서 자기 집에서 스스로를 낯설게 느끼게 될지도 모른다. 어떤 에이전시는 "내 집에서 호텔에 있는 것처럼!"이라는 슬로건을 내세웠다. 이 중의적인 구호는 우리로 하여금 다음과 같이 자문하게 한다. '진정 자기 집에서 호텔에 있는 것처럼 느끼고 싶을까?' 게다가 장기적으로 볼 때 이러한 보살핌(여기서는 이 표현이 적절한 듯하다)은 그 혜택을 누리는 이들에게 좋지 않은 영향을 미칠 수 있다. 빌 브라이슨이 들려준 말버러 공작의 일화만큼 그 사실을 잘 보여 주는 건 없을 터다. 1920년대에 (자기 하인들을 데려가기에는 너무 작았던) 딸의 집을 방문한 공작은 '몹시 당혹스러워하면서 목욕탕을 나왔다. 칫솔에서 거품이 나지 않는다는 이유 때문이었다.' 하인이 늘 칫솔에 미리 치약을 짜 놓았던 터라 그는 치약을 짜야 한다는 걸 몰랐던 것이다. 곰곰 생각하던 브라이슨은 '그곳은 그에게는 엄청나게 낯선 세상이었을 것이다'[43]라고 결론지었다. 누군들 그런 세상으로 돌아가고 싶을까?

도우미 서비스에는 다음과 같은 또 다른 문제가 있다. 앵글로색슨 국가에서 프랑스로 유입된 이 잡동사니 분야의 채택은 근본적으로 부유한 계층을 위한 원조 수당과 노인이나 장애인 또는 병자들에게 지급되는 수당을 구분하는 걸 허용하지 않는다. 반면 북유럽 국가의 정부는 첫 번째 부류의 사람들에게는 아무런 혜택을 주지 않고 두 번째 부류 사람들의 원조에만 힘을 쏟는다.[44] 그 차이는 아주 크며, 이는 피고용인들에게도 해당된다. 실비 에스만투첼라는 가정부로 일했던 경험을 들려주면서, 그녀의 고용주들 중에서 최근에 세상을 떠난 한 노파에 대한 각별한 기억을 떠올렸다.

"나는 D. 부인의 병간호를 하진 않았습니다. 하지만 상징적으로 내 일은 병간호와 다를 바 없었지요. D. 부인을 위해 집안일을 할 때는 심적인 허전함이 느껴지지 않았어요. 그녀의 집에서 가사 일정을 짠다는 것은 나의 의지를 펼치는 것이기도 했거든요."[45]

그녀와 반대로 쉬잔 아스코에는 자신의 가정부 일을 하나의 직업으로 정의하기를 거부하면서 '생계 수단'이라는 표현을 사용하기를 선호했다. 그녀는 자신이 생산하는 건 '게으름'[46]이라고 단정했다. 실제로 이 일의 전문성에 대한 확신을 심어 주고자 하는 노력들에도 불구하고, 도우미 서비스의 피고용인들은 자신들이 보람 없는 일(집주인이 직접 할 수 있을 일)을 한다는 단순한 진실과 직면하게 된다. 언젠가 난 고급 취향의 여성 잡지에서 재택근무를 하는 여성 독자들을 위한 조언을 읽은 적이 있다. 내 기억에 해당 기사는 특히 다음과 같은 점을 강조했다. "만약 당신이 컴퓨터 앞에 앉아 있을 때 가사 도우미가 방 청소를 한다고 해도 불편하게 생각지 말기를. 당신들은 각자 자기 일을 하는 것뿐이니까." 그런데 애초에 어떤 불편함을 가정하는 데는 그럴 만한 이유가 있지 않을까…….

앙드레 고르는 도우미 서비스를 위한 적극적인 정책에서 본질적인 문제의 회피를 보았다. "모든 시민이 풀타임으로 일하는 게 더 이상 필요하지 않거나 경제학적으로 유용하지 않은 사회는 어떤 사회일까? 생산성 증가와 노동시간의 절약이 모두에게 득이 되기 위해서는 사회가 어떻게 해야만 할까?"라고 자문하는 대신 위정자들은 문제를 뒤집어 제기했다. "생산성 증가에도 불구하고 경제가 과거만큼 많은 노동을 소비하려면 어떻게 해야 할까?" 그런데 그의 주장에 따르면, (사실상 수많은 일자리의 창출을 기대할 수 있는 유일한 영역인) 도우미 서비스를 발전시키는 것은 심각한 퇴보의 징후다. 이러한 선택은 우리로 하여금 산업시대의 초기로 되돌아가게 하기 때문이다. "그 시대에도 마찬가지로 시장 경제는 모든 제약에서 벗어난 반면, 인구의 6분의 1에 이르는 사람들이 가정에 고용된 일꾼이나 하인으로 전락했다." 그러나 "당시의 현실에서는 공화국이나 민주주의가 아직 존재하지 않았다. 교육을 받을 권리와 기회 균등이 존재하지 않았던 것처럼."[47] 고르는 이처럼 놀라우리만치 선견지명이 있는 분석을 제시했지만 아무도 그의 말에 귀를 기울이지 않았다. 그리고 20년 후, 드베테르와 루소는 그들의 저서 《빗자루에 관하여》에 다음과 같은 의미심장한 부제를 달 수 있었다. '가사와 하인 제도의 귀환에 관한 시론試論.'[48]

집안일을 책임지는 사람들에게 강요된 불가시성不可視性은 더 이상 서픽의 대저택에서만큼(하인들은 주인집 사람들과 마주칠 때마다 벽 쪽으로 얼굴을 돌려야 한다) 그렇게 두드러지지는 않는다.[49] 그러나 그런 현상은 오늘날에도 여전히 존재한다. 도우미 서비스를 관장하는 국립 에이전시(2005년 보를루 플랜에 의해 만들어진)의 홍보 캠페인은 '성령의 개입에 의해 작동하는 듯한 진공청소기와 유리창을 위한 세제용 분무기'[50]를 보여 주었다……. 주느비에브 프레스는 대부분의 경우 가정부들은 '유령'[51]이나 다름없음을 지적했다. 그들은 주인이 집에 없을 때 와서는 간단한 메모로 그와 소통한다. 한 아이의 어머니인 40대의 기혼 여성은 이런 말을 했다. "가장 이상적인 건, 내 집에서 편히 쉴 수 있게 집에 왔을 때 말끔하게 청소가 끝나 있는 거죠."[52] 마찬가지로 1971년 사회학자 앤 오클리가 인터뷰한 영국의 가정주부 퍼트리샤 앤드루스는 주말에 집 안 청소를 하고 계단을 닦는 것을 자제한다고 이야기했다. 그런 날에는 남편이 집에 있기 때문이었다. "그는 내가 집안일 하는 걸 못 견뎌 해요. 그럴 때마다 미친 듯이 화를 낸답니다."[53]

이처럼 그녀의 남편 같은 고용주는 어렴풋하게라도 집안일과 마주하는 불편함을 면제받으면서 도우미 서비스를 받을 수 있다. 또한 가사의 광경을 '지켜보기'를 거부하는 것은 마치 '마법을 부린 것처럼' 깨끗해지고 잘 정돈된 집 안에 대한 환상을 유지하게 해 준다. 어떤 주부의 남편은 자신의 아내가 '아름다운 삶'을 살고 있으며, '일하지 않아도 되는 행운을 누리고 있다'고 당당하게 말하곤 한다. 그의 이런 태도는 그의 무지 때문이기도 하지만, 청결함이 집의 자연스러운 상태라는 끈질긴 믿음에서 비롯된 것이기도 하다. 앞서 언급한 가정주부 퍼트리샤 앤드루스는 다음과 같이 말하면서 한숨을 내쉬었다. "남편한테 어째서 내가 아파트를 깨끗하게 유지하는 방법에 대해서는 한 번도 궁금해하지 않느냐고 물으면, 그는 집이 깨끗한 건 당연한 거 아니냐고 되묻는다니까요."[54] 집안일은 여전히 '하지 않았을 때만 눈에 띄는' 일로 머물러 있는 것이다.

따라서 이 모든 순진한 영혼들에게 현실을 직시하기를 권할 필요가 있다. 그들은 욕실이 저절로 새하얗게 반짝거리지 않을 뿐만 아니라, 빨랫감이 저 혼자 세탁, 다림질, 개기를 거쳐 옷장 안에 정돈되지 않으며, 냉장고가 벽에 뚫린 비밀 도관을 통해 채워지는 게 아님을 알아야 할 터다. 게다가 '진정한' 마법의 세계에서조차도 집안일은 해야만 한다. 《해리 포터》의 마법사들이 대단한 마력을 지녔다는 이유로 청소나 요리하기를 면제받을 수는 없다. 더구나 그들은 이러한 제약에 특별히 진보적인 방식으로 대처하지도 않는다. 아주 고전적으로, 위즐리 가족 중에서 열심히 집안일을 하는 사람은 위즐리 부인이며, 그녀의 남편은 매일 아침 마법부로 출근한다. 마법을 부리지 못하는 가정주부들과 비교할 때 그녀가 지닌 유일한 장점은 살림 도구들과 채소를 부엌 위로 날아다니게 할 수 있다는 것이다. 부유한 가정이나 호그와트 마법학교에서는 (앞서 본 것처럼 보수를 한 푼도 받지 못하는) 집 요정들이 집안일을 대신한다. 그들은 인간 가정부들처럼 은밀히 일해야만 한다. 마법학교에서는 학생들이 잠든 밤에 공동 교실을, 낮에는 공동 침실을 청소한다. 그러나 그들의 불가시성이 절정에 달하는 건 마법학교의 구내식당에서다. 식사 시간마다 식탁 위에는 어디서 솟아났는지 모르는 음식들이 산더미처럼 쌓여 있다. 헤르미온느는 마법학교에서 2년 넘게 지낸 뒤에야 요정들(그들 역시 마력을 지녔다)이 부엌에서 그 음식들을 보낸다는 것을 알게 된다. 그녀는 그 사실을 알고 난 뒤 한동안 음식을 거부한다. 자신의 행복이 노예 제도에 의존하고 있다는 생각에 반감을 느꼈기 때문이다. 이처럼 두드러진 사회적 감수성은 그녀 주변의 몰이해와 지탄을 야기한다. "그들에게도 옷과 급여가 필요하다고 얘기하면서 그들 머릿속에 괜한 헛된 꿈을 심어 주지 말라고!"[55] 위즐리 부부의 쌍둥이 중 하나는 그녀에게 이렇게 경고한다. 그러나 헤르미온느는 자신의 신념을 버리지 않고 집 요정 해방전선(집 요정의 복지 향상을 위한 모임. 가입비 2시클)을 창립한다. 그녀는 동료들이 함께할 수 있도록 그들을 계속 쫓아다닌다. 그들에게도 노동력의 '소모'는 당연시되고 있는 것이다.

하녀이자 동반자에서 동반자이자 가정부로

앞서 퍼트리샤 앤드루스의 예를 들면서 '가정주부'의 새로운 유형을 도입한 터라 이제 다음과 같이 정정할 때가 된 듯하다. 오늘날에는 하녀가 시간제 가정부로 대체되었다고 주장하는 건 전적으로 옳은 이야기가 아니다. 과거에는 다양한 계층의 사람들이 하인들의 도움을 받을 수 있었다. 심지어 프티부르주아 계층에 속하는 일부 사람들도 허리띠를 졸라매서라도 허드렛일하는 하녀를 한 명이라도 고용해 주인들의 진영에 자리 잡고자 했다.[56] 빌 브라이슨은

19세기의 영국에 관해 다음과 같이 설명했다. "당시 사람들은 오늘날의 가정에서 로봇 가전제품들을 소유하듯 하인들을 고용했다. 단순한 농부들도 하인들을 부렸다. 심지어 때로는 하인들이 하인들을 고용하기도 했다."[57] 반면에 앞서 본 것처럼 2010년에 유급 가사 도우미의 도움을 빌리는 가정은 프랑스 전체 가정의 12퍼센트밖에 되지 않았다. 대부분의 경우 과거의 하녀는 가정부가 아닌 '여성'으로 대체되었다…….

이러한 '일의 할당'은 이중의 변화에 기인한 것이다. 우선 19세기 동안 '집에 머무는' 부르주아 여성의 모델은 업무의 엄격한 구분과 함께 점차 여성 노동자에게까지 확대되었다. 남자들은 공장에서 생산적인 일을 하고, 여자들은 출산과 집안일을 담당하면서 남편에게 경제적으로 의존했다. 공권력을 지닌 노동조합도 여성이 집 밖에서 일하는 것은 '본성에 반하는 일'이라는 생각을 강제했다. 노동조합은 가정의 유지를 보장해 줄 수 있는 가족수당의 지급을 요구했다.[58] 1851년 영국에서는 결혼한 여성 넷 중 하나가 임금노동자였지만, 1911년에는 열 명 중 하나로 줄어들었다.[59] 게다가 19세기 말에는 부르주아 여성에게 할당된 임무도 달라졌다. 그녀는 (어쨌거나 점차 사라지고 있던) 하인들을 부리는 일 외에도 직접 가사를 돌봐야만 했다. 이제 '어떤 여성도, 자신이 속한 계층과는 상관없이, 가정부 역할을 면제받을 권리가 없었다.'[60] 사회의 모든 분야에서 '집안일 요정'에 대한 다소 수상쩍은 찬가들이 울려 퍼졌다. 그로부터 70여 년 뒤, 가정주부들과 40여 차례 인터뷰를 진행한 앤 오클리는 사회 계층에 따른 경험의 차이는 '미미하다'[61]는 사실을 확인했다.

이처럼 보편화된 역할 분담이 계속 그 효력을 발휘하고 있음을 깨닫기 위해서는 국립통계경제연구소에서 발표한 관련 수치들을 확인하는 걸로 충분하다. '일과'라는 주제로 실시된 최근 설문 조사에 따르면, 동거하는 남녀 중 남자는 하루에 평균 1시간 17분, 여자는 2시간 59분을 집안일에 할애했다. 3세 이상의 자녀가 있는 경우에는 각각 1시간 9분과 3시간 17분으로 드러났다. 게다가 이것은 따로 평가된 아이 돌보기를 제외하고 청소와 장보기에 드는 시간만을 계산한 것이었다.[62] 이러한 불균형은 좀처럼 개선될 줄을 몰랐다. 2010년에 진행된 연구에 의하면, 여성이 부엌에서 보내는 시간은 예전보다 줄어들었지만 이는 남성이 취사에 더 많은 시간을 할애해서가 아니라 '무엇보다 가공식품을 점점 더 많이 사용하기' 때문이었다. 또한 여성은 '가사 도우미에게 점점 더 많이 의지하게 됨에 따라'[63] 청소하는 데에도 더 적은 시간을 보냈다(《르몽드》는 관련 기사에 '여성들 빗자루를 내려놓다'라는 황당한 제목을 붙였다). 실제로 이 문제는 이성 커플들 사이에서 여전히 긴장의 원천으로 남아 있으며[64], 능력이 되는 이들은 아웃소싱에서 갈등을 해소할 방법을 찾기도 한다. 그러나 장보기와 식사 준비처럼 여전히 남아 있는 일들의 분배는 더 많은 불평등을 포함하고 있다. 가사 도우미와의 관계를 정립하는 것 또한 여성의 몫이다.[65]

활동적이고 전문적인 일을 하는 여성의 경우에는, 그녀의 그런 결정을 놓고 주변 사람들이 그녀를 비난하기도 한다. 자신의 해방을 위해 같은 인간을 착취했다는 이유를 들어 가면서. 그들이 생각지 못하는 건, 하청을 준 것은 '그녀의' 집안일이 아니라 '두 사람의' 집안일이라는 점이다. 마찬가지로, 어머니인 여성이 집에 머무는 경우에는 (필요한 경우에 누군가의 도움을 받는 것이 놀랍게 느껴질 정도로) 가사는 노동으로 여겨지지 않는다는 사실을 다시 생각해 보아야 한다. 스테파니 알르누는 한 책에서 쌍둥이를 포함해서 세 아이를 홀로 돌보며 집안일을 해야 했을 때 얼마나 극심한 스트레스를 받았는지 털어놓았다. 그녀는 그런 와중에 일주일에 몇 시간씩 왔다 가는 가사 도우미의 도움이 마치 하늘에서 보낸 선물처럼 느껴졌다고 이야기했다.

"난 그녀가 올 때마다 구원받는 기분이었어요. 그래요, 그녀는 날 '구원했어요.' 난 구원받은 거라고요! 그녀가 그러면서 어떻게 자신의 집안일을 하고 아이들을 돌보는지는 모르겠지만, 난 절대 알고 싶지 않다고요!"[66]

이 '난 절대 알고 싶지 않다고요'는 일부 남자들이 하는 말의 완벽한 메아리다. 어린 세 자녀를 둔 또 다른 주부의 남편이 하는 말처럼. "아이들을 돌보는 게 당신이 하는 유일한 일이잖아. 그러니까 제발 좀 알아서 하라고. 난 일일이 그런 얘기 듣고 싶지 않으니까."[67] 그는 '머릿속에 다른 걱정'이 많다는 것을 내세우며 그런 자신을 정당화한다. 수많은 어머니가 밖에서 일하고, 그들 역시 '머릿속에 다른 걱정'을 안고 집으로 돌아오며, 그런다고 해서 가정생활의 요구들을 외면하거나 면제받을 수도 없다는 사실을 생각지 않으면서. 가사를 분담할 의지는 있지만 직업적 제약들 때문에 그럴 수 없다고 주장하는 남자들에 관해서는 그들의 속마음을 의심할 만한 (굉장히 전제적인 고용주 밑에서 일하는 경우를 제외하고는) 몇몇 이유들이 있다. 연구자 프랑수아 파투는 '자리 지키기'(사무실에서 필요 이상으로 많은 시간을 보내는 사실을 가리키는 말) 현상을 설명할 수 있는 이유들을 열거하면서 '직장에 매인 데 만족하는(스스로는 인정하지 않지만)' 남자들의 경우를 언급했다. '일찍 귀가하는 것은 식사 준비를 하고, 아이들의 숙제를 봐주고, 아이들에게 밥을 먹이고 청소를 해야 함을 의미하기 때문이다.'[68] 여성들에게 가사 도우미를 고용하거나 자신이 가정부가 되어야 하는 양자택일 외에 다른 대안이 없을 경우, 그럴 수 있는 여성들은 첫 번째 해결책을 선택하곤 한다.

과거에는 독신 남성이나 홀아비를 위해 일하던 하녀들이 때로 그들의 정부가 되거나 그들과 결혼하기를 꿈꾸기도 했다(그럼에도 한나 컬윅이 자기 주인과 비밀 결혼을 한 것은 특이한 경우로 간주된다). 과거의 하녀이자 동반자 관계가 오늘날에는 동반자이자 가정부 관계로 변한 것이다. 사회학자 장클로드 코프만은 혼자 사는 33세 남성을 만난 적이 있다. 그는 한동안 그를 위해 식사 준비를 포함한 모든 걸 책임지는 가정부를 두고 살았다. 하지만 그녀가 더 안정적인 일자리를 찾아 떠나면서 그에게 크나큰 슬픔을 안겨주었다. 그는 이렇게 선언했다.

"난 이제 이상적인 여자를 찾을 겁니다……. 그래요! 그거요! 이상적인 가정부 말입니다."

코프만은 어떤 47세 여성의 집에서 식사 장면을 목도한 적이 있다. 그녀는 '식사 시간 내내 긴장한 채 남편의 시중을 들면서 매번 그에게 빵을 가져다주거나 물컵을 채워 주느라 수시로 자리에서 일어나야 했다.' 그가 지켜본 사례 중에 가장 놀라웠던 것은 마찬가지로 47세 여성인 르나타의 경우였다. 매일같이 그녀는 자신이 운영하는 미장원의 청소를 마친 뒤 밤 10시경 집에 돌아와서는 숨 가쁜 마라톤을 시작한다. 우선 남편을 위해 맛있는 저녁('냉동식품은 절대 사절임')을 준비해 그 혼자 텔레비전 앞에서 먹게 하고는, 자신은 선 채로 샌드위치를 재빨리 삼키면서 마른 빨래를 걷는다. 그리고 남편이 내놓은 그릇을 설거지하고 아파트의 방들을 청소한 다음 세탁물을 다림질한다. 그녀는 침대 시트를 포함한 모든 커버를 매일 새것으로 간다. 이런 그녀의 유별남은 트라우마에 가까운 조건 반사의 증상을 떠올리게 한다. 그녀는 친구들이 집에 찾아올 때도 잠시라도 가만히 앉아 있지 못한다.

그러나 그녀는 자신의 신경증을 깨닫지 못한다. 반대로 이와 같은 삶의 방식은 그녀로 하여금 굉장한 자부심을 느끼게 한다. "나한테는 엄청난 잠재 에너지가 있어요. 그래서 모든 걸 동시에 꾸려 나갈 수 있죠. 그리고 난 그러는 걸 좋아해요. 내겐 집안일이 나를 얽매는 제약이 결코 아니랍니다."[69]

1970년대 영국의 가정주부였던 재닛 갤러거도 이와 비슷한 이야기를 한 바 있다. "난 뭔가 할 일을 찾아야만 해요. 끊임없이 움직일 수 있도록 말이죠. 난 가만히 앉아서 신문을 읽거나 그 비슷한 걸 하지 못해요. 지루하기 짝이 없거든요. 그래서 계속 움직여야만 해요. 집안일을 좋아하기 때문이기도 하고요."[70] 하녀 역할에 순응할 뿐만 아니라 그 가운데서 자신을 실현하고 스스로에 대한 존중심을 발견하도록 부추김을 받은 수많은 여성은 이처럼 그 기대에 '지나치게 잘' 부응하다가 다른 사람들에게서 괴물이라고 손가락질을 받기도 한다. 말하자면 늙으면 안 된다는 압력을 받은 여배우들이 보톡스 시술이나 성형수술이 지나치게 티가 날 경우에 가차 없는 야유와 혐오스럽다는 비난을 받는 것과 같은 맥락이다. 세태에의 순응은 우아한 방식으로 이루어져야 한다. 그 과정에서 상실감을 느낄 수밖에 없다 하더라도 그 사실이 밖으로 드러나서는 안 되는 것이다.

소피 디브리의 소설 《교외의 마담 보바리》의 주인공은 두 아이의 엄마이자 주부다. 그녀는 점차 자신이 어떤 덫에 걸렸는지 깨달으면서 다음과 같이 이야기한다.

"가정을 이룬다는 건 바로 이런 것이었다. 여왕인 동시에 노예가 되는 것. 끊임없이 다른 사람들(아이와 어른 모두)을 신경 쓰고, 그들의 필요와 일정을 훤히 꿰고 있는 것. 자신의 육체를 가정이라는 기계의 원활한 작동에 맞추는 것. 가정이라는 기계는 탐욕스러운 문어처럼 M. A.의 모든 것을 집어삼키고 그 다리들로 그녀를 조종하면서, 차례차례 우유병과 조언을 요구하고, 퍼즐이 어디 있는

지, 오늘 저녁엔 무엇을 먹을 건지를 물었다. 그리하여 그녀는 충치로 고통스러울 때가 되어서야 급히 치과로 떠날 수 있었고, 예외적으로 남편에게 저녁 준비를 위임했다."[71]

적어도 그녀는 아픈 이를 뽑아 버리지는 않았다……. 게다가 그것은 생각조차 할 수 없는 일이었다. 그녀는 변함없이 아름다우면서 성적 매력을 유지해야만 했다. 중산층에 속하는 소설의 주인공은 체면 유지라는 임무에 충실해야 할 뿐만 아니라 과거의 하녀들이 수행했던 성적인 서비스도 게을리해서는 안 되었다. 따라서 그녀는 '과거의 하녀들이 자신의 육체를 내팽개칠 때의 심경으로 자신의 육체에 신경 쓸 것'[72]을 강요당했으며, 자아실현을 위한 발전 같은 것은 꿈조차 꿀 수 없었다. 그리하여 M. A.는 남편과 침대에 있을 때마다 '두 번째 서비스를 하는 것 같은 느낌'을 떨쳐 낼 수 없었다.[73]

하녀 역할과 거리를 두거나 사람들이 그들에게서 기대하는 것을 거부하고자 하는 여성들은 쉽게 그 굴레에서 벗어날 수가 없다. 가정부나 유모는 의도적으로 또는 자신도 모르게 고용주 여성의 불편한 속마음(그녀들이 '자신의' 일을 대신하며, 자기 대신 이상적인 여자로 비친다는 생각)을 실제로 구현하기도 한다. 게다가 그녀는 사회적 또는 남성들의 기대에 더욱 쉽게 순응하는 모습을 보이면서 일종의 섹스 공세를 펼치기도 한다. 초등학교 교사였던 셀레스틴은 자신의 일에 더욱 전념하기 위해 풀타임 가정부를 고용했다. 그녀의 집에서 9년을 함께 살았던 가정부는 필연적으로 그곳을 자기 집처럼 느끼게 되었고, 다소 지나치게 그녀의 분신처럼 굴었다. 게다가 셀레스틴의 남편과 가정부의 관계에 대한 소문은 근거가 있건 없건 간에 더 이상 함께 살기 힘든 상황을 빚어 냈다. 마찬가지로 유모를 두었던 한 여성 간부는 집이 더러우며 청소기를 충분히 자주 돌리지 않는다는 아이들의 불평에 매몰차게 유모를 내쫓았다. 오직 유모만이 아이들에게 그런 생각을 심어 줄 수 있다고 판단했기 때문이다.[74] 부당하기 짝이 없는 이 결정은 가정부와 관련된 문제가 얼마나 민감한 영역에 속하는지를 잘 보여 주고 있다.

"밀가루가 묻은 여인의 두 손"

하인 제도가 있었던 시대의 사람들은 하인들에게 사회 계층 내 그들의 자리는 신의 의지에 따라 정해진 것이라고 설명했다. 따라서 그들은 자신들의 주인과 맞서서는 안 되며, 자신들의 삶의 조건을 기꺼이 받아들이고 끝없는 헌신으로 자신들에게 주어진 소명을 실현해야 했다. 철저한 가톨릭 국가인 필리핀의 가정부들은 오늘날에도 이와 똑같은 설교를 듣곤 한다.[75] (끔찍한 마조히즘을 찬양하는) 수많은 교훈적인 이야기는 하녀들의 감동적인 운명을 운운하면서, 그들의 삶은 결국 오랜 모욕을 감내하면서 그들의 주인을 위해 고귀하게 희생하는 것임을 강조했다. 매년 수여하는 두 개의 미덕상은 가장 칭송받을 만한 하인들을 위한 것이었다. 표창을 받은 하인들의 공통점은 그들의 주인을 위해 '모든 것을 포기했을 뿐만 아니라' '주인을 부양하기 위해 외부에서 또 다른 일을 하는 것도 서슴지 않았다는 것'이다.[76] 이것만 해도 그들은 '하루를 두 배로' 살아낸 셈이었다! 이처럼 희생을 부추기는 도덕은 일반 여성들에게로 전이되었다. 더 이상 '신의 이름으로'가 아닌 '사랑의 이름으로'라는 명목과 함께.

소셜 네트워크의 한 여성 사용자는 자기 어머니와의 대화를 그대로 옮겨 적었다. "엄마, 제발 그냥 좀 놔두세요. 그 사람들끼리도 얼마든지 쓰레기통을 밖으로 내갈 수 있으니까요. – 나도 안다. 하지만 이건 내가 좋아서 하는 일이야. 난 사람들을 돕는 게 좋거든. 아멜리 풀랭처럼 말이지." 과연 다른 사람들의 행복에 헌신하는 데서 행복을 느끼는 장피에르 주네의 2001년작 영화 〈아멜리〉의 여주인공은 하녀들의 수호성인 성녀 지타의 현대식 버전이라 할 만하다.

주부들로 하여금 과거에 하녀들에게 떠맡겼던 역할을 다시 맡게 하기 위해서는, 오랫동안 밖으로 드러나지 않으면서도 공공연한 경멸의 대상이 되어 왔던 집안일을 한껏 찬양해야만 했다. 그런 식으로 찬란한 미래를 기약하는 이미지가 탄생했으며, 그 주인공들이 제정신이 돌아와 그동안 자신들이 얼마나 속고 살았는지를 깨닫지 못하도록 이미지를 끊임없이 쇄신해야만 했다. 혼을 빼 놓을 정도로 요란한 찬사들의 합주를 조직하고, 그들이 얼마나 필수적인 존재인지를 강조하고, 그들의 넘치는 에너지와 놀라운 정돈 감각에 감탄을 아끼지 않으며, 그들이 군림하는 집 안 풍경의 아름다움 앞에서 황홀한 표정을 지어야 했다. 이와 관련하여 안 마르탱 퓌지에는 1965년에 발표한 클로드 누가로의 노래를 인용하고 있다. "난 방에 있는 당신보다 부엌에 있는 당신을 더 사랑해. 밀가루가 묻은 여인의 두 손보다 아름다운 건 없어……."[77] 한 소아과 진료실에는 다음과 같은 포스터가 붙어 있다. '신이 동시에 여러 곳에 있을 수 없어서 어머니를 창조했다.' 슈퍼마켓 체인 앵테르마르셰의 슬로건도 이에 동참하고 있다. '그토록 많은 것을 주는 어머니들에게 더 많은 것을 주자.'[78]

여성이 장을 보고 청소와 빨래를 하는 것이 남편과 아이들에게 사랑을 표현하는 방식이라고? 이러한 선입관은 현실의 직시 앞에서 여지없이 무너진다. 거부감이 들게 하는 일들을 여성에게만 떠넘기는 가족, 그녀가 만능 하녀와 다를 바 없다고 여기는 가족은 여성의 자아를 모두 사라져 버리게 한다. 그리고 이러한 착취는 그녀가 가족의 다른 구성원들과 풍요롭고 조화로운 관계를 유지할 기회를 위협한다. 그녀는 그들에게 반발하거나, 그들을 원망하며 끊임없이 불평과 잔소리를 늘어놓는 심술궂은 여자로 변모해 간다. 군말 없이 자신의 짐을 짊어지거나, 자신의 강박관념을 심화시킴으로써 자신을 다른 가족과 단절하게 만들고, 스스로를 참기 힘들고 까다롭고 불안한 존재가 되게 하는 것이다. 1970년대에 마이얼 래더만 우클리스가 뉴욕의 도로 청소부들을 인터뷰했을 때 그들은 다음과 같이 당혹스러운 사실을 주지시킨 바 있다.

"사람들이 왜 우리를 그토록 싫어하는지 압니까? 그들은 우릴 자기들 엄마나 하녀쯤으로 여기거든요."[79]

　게다가 앤 오클리가 지적한 것처럼, "좋은 어머니가 되는 것은 좋은 주부가 되는 것과 똑같은 자질을 필요로 하지 않는다. 두 가지 목표를 동시에 이뤄 내야 한다는 사실은 여성에게 엄청난 중압감을 안겨 준다."[80] 아이들은 집과 자신들과 사방을 어지럽히고 시시때때로 많은 요구를 해 온다. 집을 깨끗이 유지하기 위한 노력을 끊임없이 허사가 되게 하는 것이다. 스테파니 알르누라는 여성은 '모성의 소진'을 느낄 무렵 흥미로운 체험을 했다. 그는 여름 바캉스를 위해 온 가족이 캠핑을 갔을 때 갑자기 모든 게 훨씬 나아지는 걸 느꼈다. "우린 터키의 부족들처럼 소박한 거처에 자리 잡았어요. 높다란 의자도 쇠침대도 없었고, 복잡한 가구도 깨뜨릴 것도 없었죠. 최소한의 식기만으로도 충분했으니까요. 물론 돌려야 할 청소기도, 아이들을 목욕시킬 때마다 울리는 전화도 없었고요. 집이란 좋은 곳이지만 수많은 일이 동반되는 곳이기도 하죠!" 아이들에게 가혹한 엄마가 될까 봐 종종 두려움을 느꼈던 그녀는 아이들과 함께 있는 '진정한 기쁨'이 무엇인지를 깨달았다. "이처럼 필요한 최소한의 것만으로 사는 단순한 삶은 나를 무한히 자유롭게 하면서 정말 중요한 것들을 할 수 있게 해 주었어요. 물론 여전히 꼭 해야 할 일들이 있긴 하지만 그런 것들이 나와 아이들과의 관계에 장애가 되지는 않는답니다."[81] 영국의 한 주부는 하우스와이프라는 말이 너무나 싫다고 했다. "난 집하고 결혼한 게 아니라고요!"[82] 생각해 보면, 어쩌면 정말로 그런 건지도 모른다.

만약 사랑의 논거로 내세우는 것이 충분하지 않거나, 몇몇 논리적인 여성들이 어째서 자신들이 힘든 하루를 보낸 뒤 남편이나 동거인이 빨래를 널거나 맛있는 저녁을 준비함으로써 그의 사랑을 표현할 수는 없는지 의문을 갖기 시작한다면[83], 사람들은 하인들의 시대에 그랬던 것처럼 여성의 심오한 본질의 실현과 연관된 자연의 이치를 들먹이게 될 것이다. 말하자면 '종속'을 종속된 이들의 타고난 자질로 정당화하는 셈이다. 심지어 어떤 여주인들은 자신들의 하인에 대해 이야기하면서 이러한 본질의 구현을 원용하기도 한다. 홍콩으로 이주한 프랑스인이자 벨기에인인 샤를로트의 사례가 이에 해당한다. 그녀는 필리핀 출신 가정부들에 대해 이런 말을 했다. "이건 그들의 문화와 유전자와 관련된 거예요. 그들은 모두가 충성스럽답니다. 언제나 아이들처럼 천진한 모습을 보여 주죠. 그들은 어린 아기를 보면서 '오, 어쩜 이렇게 사랑스러운지……!'라며 감탄하곤 한답니다."[84] 우리가 '모성 본능'을 이야기하듯 '필리핀인만의 고유한 본능'이 있다는 이야기다.

달리 말하면, 여성이 의문조차 품지 말고 집안일을 수행해야 하는 이유는 그것이 '그녀의 유전자에 각인돼 있기' 때문이라는 것이다. 심지어 여성 스스로도 우아하게 가사를 돌보고 가족에게 깨끗하고 잘 정돈된 쾌적한 집을 선사하는 것이 곧 자신의 여성성을 최고로 발휘하는 길이라고 생각하기도 한다. 반면 그녀의 동반자는 하찮은 여자들이나 하는 집안일들과 경멸적인 거리감을 유지하면서 거칠고 야성적인 남성성을 발휘하게 될 터다. 1971년에 기자와 결혼한 한 전직 회계사 여성은 다음과 같이 선언했다. "난 내 남편이 집안일하는 걸 보는 게 불편해요. 남자가 집에 있는 건 남자다운 게 아니라고 생각하거든요. 난 남자다운 남자를 좋아해요."[85] 2004년에도 여전히 프랑스 여배우 샤를로트 갱스부르는 한 인터뷰에서 아이의 기저귀를 가는 남자는 매력적이지 않다고 평가했다.[86]

그런데 불행히도 자연의 이치라는 게 남녀가 각자의 본질에 어긋나는 행위를 할 때마다 그들을 굳어 버리게 하는 자동차단기를 갖춘 것처럼 합리적이지는 않다. 따라서 우리는 언제나 일말의 불안감을 느낄 수밖에 없다. 남녀는 각자 매 순간 돌이킬 수 없을 만큼 자신의 성적 매력을 저해하는 실수를 저지를 것과 상대가 그런 실수를 저지르는 걸 보게 될 것을 두려워한다. "집안일의 분담이 정말로 성욕을 감소시킬까?" 2014년 잡지 《엘르》는 평범한 가정들에 감도는 은밀한 두려움을 문제 삼으며 이런 질문을 던진 바 있다. 기사는 고정관념처럼 낡은 논쟁을 다시 불붙였다고 판단되는 한 연구(비록 논란의 여지가 있긴 하지만)에서 그 두려움의 구실을 찾았다. "남자와 여자가 서로 지나치게 많이 닮는다면 그래도 여전히 서로를 원하게 될까?"[87] 이는 진지하게 생각해야 할 문제가 아닐 수 없다. 나로 말하자면, 이 장애물과 그것을 피할 수 있는 방법에 대해 오랫동안 깊이 생각한 끝에 여기서만 특별히 밝히는 한 묘안을 떠올렸다. 자기 파트너의 행동을 지속적으로 관찰하면서 그(그녀)가 행하는 모든 것을 자신의 목록에서 완전히 지우는 게 그 방법이다. 그녀가 책을 읽는가? 그렇다면 그는 책의 존재 자체를 영원히 잊으면 된다. 그가 이를 닦는가? 그렇다면 그녀는 더 이상 절대 이를 닦으면 안 된다 등등. 그렇다면 당신은 진정한 환희를 맛보게 될 것이다. 적어도 파트너와 같은 공간에 있으면서 치명적인 따라하기를 하지 않을 수 있다면 말이다.

그러나 당시에는 문제시되었던 이러한 금기들은 시간이 지남에 따라 일관성이 결여되고 이해하기 힘든 것으로 여겨졌다. 오늘날 많은 사람이 남자가 자기 아이의 기저귀를 가는 걸 자연스러운 일로 받아들이며, 그 때문에 그를 '여성스럽다'(이 얼마나 끔찍한 말인가!)라고 생각하지는 않을 것이다. 게다가 샤를로트 갱스부르의 말은 《엘르》의 독자 통신란에 다양한 반응을 불러일으켰다. 대체로 어떤 행동이 섹시하게 느껴지려면 그것을 섹시한 행동으로 규정하기만 하면 된다. 그 반대도 마찬가지다.

그렇다면 이런 엄정한 역할 분담의 유지(상상조차 하기 싫지만)가 국민의 에로틱한 번영 외에 다른 목적을 위한 것이 될 수 있을까? 2012년 노르웨이의 한 연구를 통해 관찰된, 역할 분담의 악의적인 남용은 우리로 하여금 이 문제에 대해 곰곰 생각해 보게 한다. 이 연구에 의하면, '가사를 공평하게 분담하는 부부들의 이혼율'은 여성이 집안일의 대부분을 하는 부부들의 그것보다 '50퍼센트나 더 높았다.' 그러나 연구자들은 둘 사이에 어떤 인과관계도 밝히지 않았다. 다만 더 현대적인 커플들일수록 가사를 더 잘 분담하면서도 공동의 삶이 만족스럽지 못하다고 여길 때는 더욱 쉽게 헤어지는 것으로 드러났다.

그러나 프랑스의 미디어는 이런 억설을 곧이곧대로 받아들이지 않았다. 프랑스 통신사 아에프페통신AFP는 다음과 같은 제목으로 가장 먼저 포문을 열었다. "남자가 집에서 많이 도와줄수록 더 커지는 이혼의 위험!" 또 다른 언론사들은 기사를 반복해 올리면서 더욱더 구체적인 사실들을 끄집어냈다. "남성들이여, 집에서 일을 많이 한다면, 이혼을 경계하기를!"(Atlantico.fr) "빗자루를 든 남성에게 보장된 이혼!"(AuFeminin.com) "비를 든 남자, 이혼의 열쇠를 쥐다"(DirectMatin.fr) "당신의 남자가 청소를 한다고요? 이혼이 임박했다는 신호입니다."(Europe 1)[88] 그러니까 결국 보존해야 하는 것은 커플들 사이의 욕망이 아니라 여성의 오래된 종속 상태라는 이야기다. 앤 오클리가 인터뷰한 주부 중 한 사람은 사소하지만 흥미로운 일화를 들려주었다. 그녀의 남편은 그들의 딸의 기저귀가 젖어 있을 때만 갈아 주고 더럽다고 생각할 때는 갈아 주지 않는다는 것이다.[89] 따라서 그는 자신의 남성성을 해치는 (기저귀대 앞에 서 있는) 자세를 취하는 걸 두려워하는 게 아니라 단지 역겹게 여겨지는 일을 피하려는 것뿐이었다. 우리는 이 사실에서 그가 자신의 아내를 어떻게 생각하는지 알 수 있다. 아, 누가 남녀의 전통적인 역할에 낭만이 깃들어 있다고 했는가…….

하인에게 고유한 어떤 태도를 익히는 것은 언제인지 명확히 알 수 없는 생애의 한 순간부터 시작된다. 그것은 서로 분리할 수 없을 만큼 개인적인 정체성과 복잡하게 얽힌 성 정체성의 획득을 통해 이루어진다. 그리하여 훗날 남녀의 행동들을 만만한 본성의 탓으로 돌리기가 더욱 쉬워지는 것이다. 이는 여자가 남자와 함께 살 때 스스로를 함정에 빠지게 하는 이유를 설명해 준다. "난 혼자 집안일하는 게 힘들지 않아요.""난 남편보다 더러운 걸 잘 못 참는 성격이거든요.""그가 제대로 했는지 다시 확인해야 하는 것보다는 차라리 내가 직접 하는 게 나아요" 등등. 1인 가구와 관련된 통계 자료를 보면, 여성은 하루에 평균 2시간 15분, 남성은 1시간 35분을 가사에 할애하는 것으로 드러났다. 이러한 통계 역시 차별화된 교육의 흔적을 보여 준다.[90] 나의 한 남성 친구(그는 혼자 살고 있다)는 내게 이런 이야기를 들려주었다. 그는 언젠가 다른 남녀들과 한 집에서 함께 지낸 적이 있다. 당시 거주자들은 각자 차례를 정해 집 안일을 하기로 했는데, 그는 음식을 만들 때 여자들이 남자인 자신보다 몸을 훨씬 덜 더럽히는 것을 보고는 의아한 생각이 들었다. 그들이 취사가 끝난 후 몸을 잘 씻는다는(그도 씻는 건 잘한다) 의미가 아니라, 그들의 몸짓은 자신보다 훨씬 더 주의 깊고 절도 있고 정확했다는 것이다. 그는 그들을 따라 하고 싶었지만 그러는 게 매우 어렵다는 것을 깨달았다.

나는 어릴 때 청소기 장난감을 갖고 노는 걸 아주 좋아했다. 친척들이 내게 선물한 청소기에는 가짜 먼지들이 함께 딸려 왔다. 난 아직도 거실 바닥에 스티롤 수지 알갱이들을 꼼꼼하게 흩어 놓고는 그 위로 열심히 청소기를 돌리던 내 모습을 기억한다. 그것이 어떤 소명의 출발점이었다고 주장하긴 어렵겠지만. 요즘의 어린 여자아이들은 내 어린 시절보다 훨씬 현실적인 장난감을 가지고 노는 듯 보인다. "2006년, 장난감 전문 소매업체 토이저러스의 카탈로 그는 어린 흑인 소녀가 끄는(더 현실적으로 보이기 위해서?) 전문적인 쇼핑 카트를 소개했다."[91] 페미니스트 블로그 '아가씨의 속마음Les Entrailles de Mademoiselle' 운영자는 그녀의 어머니와 할머니가 전해 준 진정한 '부부의 문화' 및 어른이 되어서도 거기서 벗어나기 힘든 사실에 관한 짧은 글을 올린 바 있다. 그녀의 분석에 의하면, 우리 가 사용하는 언어에서도 하인(하녀) 역할을 여성에게 할당하는 현 실의 흔적이 드러난다. "남자들은 자기 집에서도 마치 세 들어 사 는 사람들 같아요. 우리 여자들은 주인이고 말이죠. '내 부엌, 내 그 릇, 내 커튼'이라는 말에서도 그런 사실이 드러나죠. 남자들은 심지 어 팬티까지 빌려 입는 것 같다니까요. 여자들은 대개 '내 빨래가 밀렸어'라고 말하고요." 여자들이 보기에 남자들은 "신 앞에서조차 어지럽히기를 서슴지 않을 것 같아요. 어떤 때는 마치 일부러 그러 는 것 같다니까요. 남자들이 신는 신발에는 특별히 더러운 밑창이 대어져 있는 것 같고요. 그들은 입에서건 손에서건 새하얀 타일 바 닥으로 뭐든지 흘리곤 하죠. 음식물을 접시에서 입으로 가져가는 사이에도 떨어뜨리고요. 그건 어쩔 수가 없는 것 같아요. 그럴 때 마다 웃기기도 하고 짜증나기도 하죠. 특히 화장실에서는 마치 주 위를 더럽히려고 마음먹은 사람들처럼 굴죠. 그런데 정작 남자들은 뭐가 문제냐는 듯한 표정을 짓는다니까요."[92] 이 증언은 가사에 대 한 남자들의 무관심이 섹시하게 여겨질 수 있으려면, 그들이 자신 들의 남성성을 철저히 수용하면서 '아예 집에 들어오지 않는다'는 조건이 수반되어야 한다고 말하려는 게 아닐까.

"우린 아무것도 양립하고 싶지 않다"

1973년 영국에서는 집안일이 어떤 범죄자들에게 가하는 하나의 징벌이 되었다. 법원은 한 범죄자에게 노인들이 사는 집의 청소를 선고했다. 그러자 어떤 여성 기자는 영국 전역에서 이미 수천 명의 여성들이 '상당히 긴 기간 동안 집 안에 갇혀 있으면서' '가사라고 명명된, 엄청난 좌절감을 안겨 주는 새로운 벌'을 받고 있다는 사실에 판사들의 주의를 환기시켰다. 그중 많은 여성은 '자신들이 정확히 어떤 중죄를 저질렀는지를 떠올리는 데 점점 더 많은 어려움을 겪고 있다'[93]고 덧붙이면서.

　무엇을 하든 여성들은 여전히 하인 제도의 낙인이 찍힌 채로 살아가고 있다. 1960년대부터 여성들이 노동시장으로 대거 돌아온 사실이 많은 것을 달라지게 하지는 못했다. 크리스틴 델피가 지적한 것처럼, 여자들은 '어느 정도의 경제적 독립을 위해 이중의 노동력을 제공하는' 조건하에서만 자유로울 수 있을 뿐이다.[94] 게다가 여기서도 하인의 삶이 그들을 따라다닌다. 엄청나게 많은 여성이 도우미 서비스나 유아 돌보기같이 가정의 세계와 연관된 (대체로 보수가 형편없는) 직업들에 종사하고 있다. 또한 남자들보다 훨씬 더 많은 수의 여성들이 파트타임으로 일하고 있다. 프랑스의 경우 파트타임 노동자의 80퍼센트가 여성 봉급생활자들이다.[95] 여자들이 남자들과 동등한 출발점에서 시작한다고 하더라도 머지않아 그들의 불리한 조건이 다시 그들의 발목을 잡곤 한다. 얼마 전부터 한 남성 기술자(그는 집안일을 공평하게 나눠 하겠노라고 맹세했다)와 함께 사는 30세의 한 여성 기술자는 자신이 모든 걸 맡아 하는 지경에 이르렀다. 남자가 주기적으로 그녀보다 늦게 귀가했기 때문이다. 게다가 그녀는 '공부를 해서 독립적인 삶을 살라고 딸을 부추겼던' 그녀의 어머니에게 "조심해라. 남자가 집에서 편안함을 못 느끼면 널 떠날지도 모르니까"라고 하는 말까지 들어야 했다.[96] 1872년에는 이런 말로 이야기되던 것이었다.

"남자에게 가정은 폭풍우를 피할 수 있는 항구가 되어야 한다. 그렇지 않으면 그는 피로를 달랠 수 있는 기분 전환거리를 다른 데서 찾게 될 것이다."[97]

"우리에 대한 착취와 우리의 희생정신을 찬양하는 것을 그만두시오. 이제 우린 우리가 하는 모든 것에 대해 정당한 보수를 받길 원합니다. 우리 뜻대로 일을 받아들이거나 거부할 수 있도록."[98] 1970년대 이탈리아, 영국, 미국 그리고 캐나다의 페미니스트들은 가사라는 족쇄가 평등의 실현을 언제까지고 방해할 거라고 확신하며 가사급여의 지급을 주장했다. 그들에 의하면, 가사급여는 각 가정의 상황과는 상관없이 모든 여성에게 지급되어야 할 터다. "우리는 모두 주부들입니다. 비록 어쩌다 가끔씩 또는 오랜 기간 이런 역할에서 벗어날 때도 있지만." 그러나 이와 같은 생각은 프랑스에서 거의 반향을 일으키지 못했다. 1979년부터 1980년까지 《자메

콩탕트!》*라는 독립잡지에 소개되긴 했지만.⁹⁹

가사급여 지급을 주장하는 여성들에게는, 해방의 수단으로 부추기는 임금노동자의 길은 막다른 골목이자 그들에 대한 착취의 배가로 여겨질 뿐이었다(어쩌면 모호함을 피하기 위해 '이중 노동'이 아닌 '이중 착취'라고 해야 하지 않을까?). 그들은 "우린 아무것도 양립하고 싶지 않다"라고 외쳤다. 그들에게 필요한 것은, 돈과 그것이 가능하게 하는 남편에 대한 자율성이지 또 다른 일이 아니었다. "우린 이미 충분한 일을 하고 있다. 일이라면 지긋지긋하다." 1975년 브장송에서 시계공장 립의 여성 노동자들과 브르타뉴의 여성 임금노동자들 그리고 제네바의 가사급여 그룹의 멤버들이 모였을 때, 비올레트라는 참가자는 다음과 같은 간결한 문구로 이러한 상황을 요약했다. "내 임금은 나를 해방시키고, 내 일은 나를 짓누릅니다."

프랑스에 사는 알제리 이민자 여성 파우지아는 1976년 한 인터뷰에서 공장 일은 여성을 자유롭게 해 주기는커녕 오히려 (끊임없이 서로를 방문하고 아파트나 거리에서 서로 마주치는) '가정주부들' 사이에 발달된 강력한 사회성을 죽여 버리고 말 거라고 역설했다. "공장은 결코 여자들을 위한 길이나 탈출구가 될 수 없어요. 그 반대로 그들을 삼켜 버리고 말 거예요. 서로에게 인사를 건넬 틈조차 없이 일하다 보면 돌아 버리지 않는 게 이상하죠." 반면에 주부들은 남편에 대한 경제적 의존성으로 인해 고통받았다. 파우지아는 '이런 상황에 진저리가 나서' 집을 떠나고자 했던 한 여성의 이야

—• Jamais contentes! 프랑스어로 '결코 만족할 수 없는'이라는 뜻.

기를 들려주었다. 그녀는 자녀를 여덟 명 둔 어머니였다. 한 달간은 그녀의 친구들이 돌아가면서 재워 주었으나 그녀는 결국 집으로 돌아갈 수밖에 없었다. 수중에 돈이 한 푼도 없었기 때문이다. 그녀를 보며 파우지아는 이런 생각을 했다. '만약 그녀에게 돈이 있었다면 남편과 다른 식으로 이야기할 수도 있었을 텐데. 그가 무시하면 그녀는 아이들을 데리고 떠나 버리거나, 아이들을 공동으로 양육할 수도 있었을 텐데. 어쨌거나 그녀의 삶을 다른 방식으로 생각해 볼 수 있었을 텐데.'

가사급여를 옹호하기 위한 논거의 많은 부분은 기본소득 개념을 옹호하기 위한 논거들과 일치한다. 게다가 가사를 노동으로 인정하는 것은 기본소득의 정당화와도 관련이 있다. 이 두 가지 프로젝트는 서로 얽혀 있기 때문이다. 파우지아와의 인터뷰가 실린 《카마라드Camarades》는 기본소득 운동의 프랑스인 주창자 얀 물리에부탕이 창간했다. 1972년 가사급여를 위한 국제 캠페인을 시작한 영국의 페미니스트 셀마 제임스는 '주부들을 위한' 급여를 지급해야 한다고 주장했다. 그리고 페미니스트 운동의 전국 대회에서 한 여성 참가자는 그녀에게 다음과 같이 이의를 제기했다. "우리가 하는 일을 남자들이 하길 원한다면 그땐 어떻게 되는 건가요?" 그러자 제임스는 칠판에 적은 '주부들'이라는 문구를 '가사'라고 고쳐 썼다.[100]

프랑스 페미니스트들의 대부분은 가사급여를 요구하는 여성들에게 '여자들을 냄비 앞으로 돌려보내기'를 원한다며 비난했다

(이에 스위스의 한 단체는 반박했다. '우리가 언제 그 앞을 떠난 적이 있던가?'). 오늘날 기본소득의 지지자들은, 그들의 발상은 단순하기 짝이 없으며, 자본주의 생산 양식을 변화시키지 못하는 조치는 나무다리에 고약을 바르는 격이라는 비아냥거림에 직면해 있다. 이러한 비난들은 똑같은 오해를 드러내 준다. 사실 이 두 가지 제안 중 어느 하나도 단번에 문제적 상황을 이상적인 상황으로 대체하지는 못한다. 또한 그럴 수 있다고 주장하지도 않는다. 이 제안들은 단지 하나의 과정을 작동시키는 것을 목표로 삼고 있을 뿐이다. 가사급여 지급을 적극 주장하는 것이 가사에 헌신하는 삶을 감수한다는 걸 의미하지는 않는 것이다. 파우지아는 이렇게 항변했다. "그건 결코 이런 말이 아니라고요. '난 냄비를 닦으면서 집에 있는 게 좋아요. 내가 원하는 삶이거든요. 그러니 그에 대한 보수를 지불해 주세요. 그럼 평생 집안일만 하면서 살 테니까요.'" "가사급여라는 걸 다른 관점에서 생각해야 하지 않을까요. 여성들에게 또 다른 가능성을 열어 줄 수 있는 수단으로 말이죠. 그로 인해 여자들은 훨씬 가벼워진 마음으로 차츰 자신들이 원하는 것을 구체화할 수 있을 테니까요. 이런 사실을 도외시해서는 안 된다고 생각해요." 그녀는 또 다른 페미니스트들이 이런 발상을 이해하지 못하는 것을 의아하게 생각했다. "여성해방운동을 펼치는 여성들이 이런 말을 하더라고요. '하지만 그건 여자들보고 하루 종일 집에서 일만 하라는 거잖아요. 그건, 절대 안 될 말이죠.' 난 그들의 말에 동의할 수가 없어요."

마찬가지로 기본소득의 주창자들은 그러한 조치가 시스템의 본질을 바꿀 수는 없다는 걸 잘 알고 있다. 그들이 바라는 것은, 각자에게 유급 노동을 하지 않고도 살아갈 수 있는 길을 보장하고, 꽉 막힌 상황의 숨통을 틔우고 진이 빠져 버린 사회에 생기를 불어넣음으로써 새로운 활로를 열어 주는 것이다. 이 모든 건, 이런 과정이 우리를 어디로 이끌지 미리 알 수는 없다는 사실을 받아들이고, 사람들로 하여금 자신의 욕망에 대해 깊이 고민한 뒤 다시 자신의 삶을 장악할 수 있게 하고, 그들 대신 생각해 낸 해방에의 열쇠를 그들의 손에 쥐어 주는 대신 각자의 잠재력을 믿음으로써 가능해질 수 있다.

두 경우 다 무엇보다 모든 멈춤과 고찰을 가로막는, 참을 수 없는 압박을 완화하는 데 주안점을 두고 있다. 여성들은 가사급여로 집안일의 부담(어떤 이들에겐 경제적인 의존을 포함한)을 덜고, 국민 모두에게 기본소득을 지급함으로써 일이나 실업으로 인한 압박[101]을 완화할 수 있을 터다. 주요 쟁점은 1974년 이탈리아 모데나의 '페미니스트 투쟁 그룹'이 주장한 것처럼 '최소한의 생존권生存圈을 획득하는 것'이다.

집안일을 하는 주부에게 급여를 지급하자는 이야기는 종종 본능적인 신중함을 야기한다. 정말로 모든 것을 상품화해야 할까? 개인적인 영역이 나타내는 무상의 안식처를 보존해야 하지 않을까? 그리고 이 모든 것 속에서 사랑은 어떻게 취급해야 하나? 그렇다, 여기서도 어김없이 사랑이 등장한다. 이러한 반응은 주부를 제외한 다른 가족들의 관점에서 생각할 때에만 이해될 수 있다. 앞서 본 것처럼 그녀에겐 무상보다는 착취가 더 큰 문제로 부각된다. 그녀에게 부과된 주부 역할은 오히려 그녀가 사랑을 표현하고 받을 수 있는 기회를 감소시킨다. 사회학자 앨리 혹실드는 1980년대에 캘리포니아에서 부부가 맞벌이를 하는 가정의 가사 분담에 관한 획기적인 연구를 진행한 바 있다. 그녀는 저서 《두 번째 직장》의 제목을 낳게 한 표현을 그때 처음으로 들었다. 문제의 표현을 사용한 여성은 "도리질을 하며 이런 생각에 거부감을 나타냈다. 그녀의 가족은 그녀의 모든 것이며, 그녀에게 가사는 단지 하나의 일이 아니라고 하면서." 하지만 그녀 역시 마음속으로는 분명 그렇게 느끼고 있었다. "직장에서 근무를 마치고 집에 돌아가면 또 다른 일이 기다리고 있죠. 그리고 다음 날 일터로 돌아가서 또다시 일을 해야 하고요."[102]

조금만 관심을 가지고 살펴보면 충분히 알 수 있다. 가사를 노동으로 인식하는 태도가 널리 퍼져 있음을. 오딜 야콥에서 책을 출간한 심리학자 비올렌 게리토(철저한 유물론적 페미니스트의 조건에 꼭 들어맞지는 않는 학자다)는 '모성의 소진'이라는 표현을 만들어 냈다. 그녀는 '일터의 묘사' '노역' '밤일(의무적인)' 그리고 (존재하지 않는) '휴가'와 '병가'에 관해 이야기했다. 그녀에게 상담을 받은 여성들 중 하나는 그녀에게 자신의 이야기를 털어놓았다. 그녀는 세 아이가 태어나기 전에는, 아이들의 양육을 위해 휴직을 하게 되면 '아이들과 함께 공원으로 산책을 가고' '근사한 케이크를 만드는' 자신을 상상하곤 했다. 하지만 그녀는 자신이 하루 종일 집안일에 치여 살 거라고는 전혀 예상하지 못했다. "사무실에서 일할 때보다 두 배나 더 일하게 될 거라고는 상상하지도 못했어요!"[103] 앤 오클리가 인터뷰한 가정주부들은 하나같이 '일job'이라는 표현을 사용했다. "난 이게 내 일이라는 걸 알아요." "집안일이 세상에서 제일 힘든 일 같아요." "그 사람은 일요일엔 늦잠을 잘 수 있지만, 내 일은 끝이 없답니다."[104] 수많은 커플을 동요하게 하는 해결 불가능한 갈등에 힘입은 '도우미 서비스'의 발전이야말로 가사의 상품화를 촉진하는 게 아닐까?

가사급여의 요구는 적어도 그것을 구상하는 여성들의 머릿속에서는 가사에 헌신하는 여성의 '본성'에 대한 거짓을 고발하는 효력을 지녔다. "자본은 여성의 역할의 기원에 대한 거짓 신화를 만들어 냈다." 1975년, 미국의 대학교수였던 실비아 페데리치는 가사급여에 대한 글에서 이렇게 말했다. 그리고 30년 뒤 이러한 기만의 역사에 관한 엄청난 저작 《캘리번과 마녀》를 펴냈다.[105]

주부라는 여성의 역할에 대한 고찰은 서로 불가분의 관계에 있는 또 다른 사회 현상, 즉 핵가족 문제와 함께 고려되어야 할 터다. 이와 관련해 장클로드 코프만은 다음과 같이 설명했다. "가정들은 자연스럽게 스스로 자리를 잡아 가는 듯 보입니다. 사실 현대 사회는 스스로를 동원하면서 엄청난 에너지를 소비합니다. 소설, 영화, 노래 등을 이용해 이에 대한 자각이 지속되도록 하고요. 가장 진부한 문장들과 가장 단순한 이미지들로 의무의 규범이 재생

산되게끔 해야 하는 것입니다."[106] 나는 소설과 영화와 노래에, 여성
잡지들과 처세술 관련 블로그들과 '사람들'을 추가하고 싶다…….
이제는 이러한 '가정의 제조'와 이제 더 이상 의문조차 품지 않는
유일한 삶의 모델이 형성된 방식에 관심을 기울일 필요가 있다.

6장

행복한 가족이라는 환상:
거주하다, 그런데 누구와 함께?

그녀는 이처럼 언제나 '자신의 진짜 삶을 훗날로 미뤄 왔다.' 마침내 이런 자신의 어리석음을 깨달은 그녀는 '알에서 깨어나기'로 마음먹었다. 그녀는 자신의 생일날 아침, 직접 만든 조그만 목선과 함께 태평양 연안으로 향했다. 배 안에는 장미 꽃잎과 쌀알을 가득 채워 넣었다. 그리고 물속으로 걸어 들어가면서 불을 지른 배를 띄워 보냈다. "그건 마치 그녀가 위험 수위를 성큼 넘어설 것을 스스로에게 약속한 것이나 마찬가지였습니다. 그녀는 마침내 너무 늦지 않게 자신의 삶을 있는 그대로 받아들이기로 한 것이지요."

겨울에 먹는 조그만 파이. 아티초크, 표고버섯, 회향, 파슬리, 양파 그리고 파르마산 치즈 조각을 넣어 만드는 파이. 푸드 포르노(나를 비난하지 마시길!) 사이트에서 발견한 이 사진의 근원을 거슬러 올라가다가 미미 토리송의 요리 블로그 'Manger.fr'을 처음 알게 되었다. 간결하고 클래식한 디자인에 풍경, 인물 사진, 요리나 그 재료들의 정물화 들이 섬세하게 어우러지도록 배치해 놓은 블로그였다. 우연히 발견한 세계의 세련된 미학에 깊은 인상을 받은 나는 그녀가 포스팅한 글들을 읽어 나가기 시작했다.

　40대의 갈색머리 미녀인 미미 토리송은 프랑스 메독 지방의 시골에서 사진가인 남편과 아이들과 함께 살고 있다. 남편이 찍은 사진과 함께 영어로 글을 올리는 그녀의 블로그는 프랑스 요리와 전원에 바치는 찬가나 다름없다. 부드러운 어조의 세계주의(그녀 자신이 홍콩에서 중국인 아버지와 프랑스인 어머니 사이에서 태어났고, 남편은 아이슬란드인이다)로 다소 완화하긴 했지만. 블로그의 사진들은 봄에 튀김 요리를 해 먹기 위해 아카시아 꽃을 한 아름 따고,

여름날 저녁에 촛불을 켜고 정원에서 저녁을 먹으며, 포도 수확기에는 포도나무 사이를 누비고, 가을에는 안개 낀 숲속에서 버섯을 따는 가족의 모습을 보여 준다. 그녀는 단순하면서도 우아한 차림을 하고, 종종 남편이 키우는 폭스테리어 중 하나를 데리고 지역의 상인, 레스토랑 주인 그리고 소규모 생산업자 들과 함께 포즈를 취하곤 한다. 그리고 모델 같은 몸매, 빛나는 머리카락, 모나리자 같은 미소를 과시하며 하나의 이미지에서 또 다른 이미지로 옮겨 다닌다. 그녀는 미광이 비치는 시골풍 부엌에서 우아한 몸짓으로 채소들을 썰거나, 새하얀 앞치마를 모아 사과를 담은 채 맨발로 타일 바닥을 오간다. 또 다른 사진 속에서는 개 한 마리가 오븐에서 갓 꺼내 창턱에서 식히는 파이를 집으려고 애쓰고 있다. 음식들은 고색을 띤 나무 식탁 위의 오래된 자기 접시에 담겨 있고, 그 옆에는 투명한 포도주 잔이 영롱한 빛을 발하고 있다.

사실 이 정도는 별로 놀랄 일도 아니다. 미미 토리송은 유명 인사다. 그녀는 카날 플뤼스Canal+ 그룹의 방송 퀴진 플뤼스Cuisine+에서 독자적인 프로그램을 운영하며, 2014년 가을에는 첫 번째 요리 책《프랑스의 부엌》을 출간했다.[1] 미국인들은 그녀를 사랑한다. 그들은 그녀를 사랑할 수밖에 없다. 그녀가 보여 주는 이미지 속의 프랑스는 정확히 그들의 환상과 일치하는 모습으로 나타난다. 목가적인 영원함 속에 굳어진 상상 속의 낙원은 기품이 서린 오래된 석조 주택들에 사는 경쾌한 미식가들로 가득하다. 미미는 그녀 자체로 날씬하고 세련되며 생기 넘치는 '프랑스 여성'(미레유

길리아노의 베스트셀러 《프랑스 여자들은 살찌지 않는다》 이후 미국에서 출판사들의 금맥으로 여겨지는)을 완벽하게 구현한다.[2] 그뿐 아니라 그녀는 프랑스 여성들도 매혹시킨다. 《마담 피가로》는 그녀를 '여자들이 미워하고 싶어 하는 여성 블로거들'(2014년 4월 1일) 중 하나로 꼽았다. 그녀에 관해서는 이상적인 여성성을 평가하는 표의 모든 칸에 어렵지 않게 표시할 수 있기 때문이다.

멋진 옷차림을 한 아름답고 완벽한 동반자, 어머니, 요리사이자 집의 안주인인 여성이 있다. 그녀의 가정생활은 한마디로 끊임없는 즐거움의 연속이며 자녀들에게 꿈같은 어린 시절을 제공하는 것이다. 이런 이미지들 앞에서 현대 여성들은 이내 그것은 절대 있을 수 없는 허상일 뿐이라고 결론지었다. 그리고 이런 여자는 일각수처럼 존재하지 않는 것이라고 생각했다. 그런데 헉! 미미 토리송(그리고 또 다른 여성)이 나타난 것이다. 여자들은 경악했다. 일각수가 실제로 세상에 존재하는 것이었다니! 여자들은 이런 사실이 좋은 소식인지 나쁜 소식인지 잘 판단이 서지 않았다. 꿈을 다시 활성화시키고, 그간 쌓아 놓은 이미지들을 쇄신하고, 또다시 달성할 목표(이젠 그녀를 닮는 것이 목표)를 제공한다는 점(블로그의 평가 언어로 말하자면 그녀는 '영감을 주는' 여성이다)에서는 좋은 소식일 수 있었다.

하지만 그녀와 비교하다 보면 다른 여성들은 자신이 무능하고 초라하며 운이 없는 것처럼 느껴질 수 있다는 점에서는 나쁜 소식일 수도 있었다. 미미 토리송은 일각수가 되는 데 성공했을 뿐만 아니라 그러는 게 어렵다고 여기는 것처럼 보이지도 않았기 때문이다. 심지어 그러느라 '애쓴' 것 같지도 않았다. 다섯 번에 이르는 임신도 양육에 몰두하는 삶도 그녀의 완벽한 몸매를 망가뜨리지는 못했다. 그녀는 아이를 낳을 때도, 두 사람 다 플라스틱 바닥을 끔찍하게 싫어한다는 이유로 병원에 갈 시간을 계속 미루다가 결국 집에서, 그것도 '장미꽃이 가득한' 방에서 남편의 도움으로 '손쉽고 자연스럽게' 해산을 했다. 그녀는 출산 직전까지 버지니아 울프의 《댈러웨이 부인》을 몇 페이지 읽고, 깨끗하게 세탁한 시트들을 햇볕에 널고, 아이들에게 간식으로 배 파이를, 디저트로 체리 과자를 만들어 주었다.[3] 그녀는 대가족을 이끄는 주부로서의 일상을 쾌락주의적인 무사태평함으로 살아 내면서 또 다른 일들을 척척 해치웠다. 텔레비전 방송, 요리 책 출간, 《엘르》에 요리 기사 쓰기, 요리 실습 등등.

다른 사람들은 필연적으로 이런 그녀의 주위를 맴돌면서 허점을 찾기 마련이다. 책 출간에 맞춰 그녀를 인터뷰하기 위해 찾아갔던 패션 블로거 제랄딘 도르무아는 그 틈을 타 스파이 노릇을 하고자 했다. 아니 어쩌면 스파이 노릇을 하기 위해 그녀를 찾아갔던 것인지도 모른다. 제랄딘은 '토리송 일족의 삶의 방식이 겉보기만큼 목가적인지 현장에서 확인하고' 싶었다. 처음에는 안도할 거리를 하나 발견할 수 있었다. "자동차로 보르도에서 방데 근처의 가족 농장까지 가는 동안 바라본 풍경은 엽서에서 느끼는 것 같은 매력을 뿜어내지는 않았다." 그러나 결국 그녀의 시도는 실패로 돌아갔다. 그녀가 미미 가족의 집에서 발견한 유일한 흠은 화장실에 간 덕분에 발견한 것으로, 더러운 세탁물이 담긴 목욕탕의 빨래 바구니였다. 그 집의 안주인은 '사진에서 보는 것처럼 실제로도 멋졌으며' '꿈을 현실로 변화시키는' 재능을 지니고 있었던 것이다.[4]

순응주의의 유혹들

나 또한 'Manger.fr'의 페이지들을 훑어보면서 부러움의 한숨을 내쉬었다. 그런데 정확히 무엇을 부러워하는 걸까? 난 이상적인 여성성의 평가표 같은 데에 표시할 생각조차 해 본 적이 없다. 난 집콕족이지만 집안일 요정과는 거리가 먼 사람이다. 내 취향은 물리적 차원에서는 집을 사랑하는 미미 토리송의 그것과 일치하는 듯 보이지만, 상징적 차원에서는 우린 각자 전혀 다른 삶을 추구하고 있다. 내가 그나마 제대로 만들 줄 아는 음식은 팝콘밖에 없다. 나는 감정이 없는 괴물도 아니고 사랑을 매우 중요시하는 사람이지만, 지금까지 결혼하고 싶다는 생각을 해 본 적도 아이를 원한 적도 한 번도 없다. 어렸을 적부터 품었던 나의 가장 큰 꿈은, 나 자신으로부터 무언가를 창조해 내고(좀 더 정확히는 글쓰기), 삶을 충분히 즐기기 위해 되도록 자유로운 존재로 머무는 것이었다. 이러한 계획은 내게 객관적으로 매우 바람직한 것으로 여겨지면서 내 정신을 지배하다시피 했다. 그러다 보니 성인의 시기로 접어든 뒤 친구들이 가정을 이루기 시작하자 난 놀라움과 당혹감을 동시에 느끼게 되었다. 마치 그들이 전혀 예상치 못했던 터무니없는 짓이라도 저지른 것처럼.

그러면서 난 차츰 나의 성향과 꿈이 내 주위에 있는 적잖은 수의 사람들에게 은근하거나 맹렬한 비난을 야기한다는 것을 깨닫게 되었다. 그들은 나를 유치장에서 나오게 해서 조서調書를 작성하느라 부산을 떨었다. 나는 '여성'을 구현해야 하는 의무를 심각하게 위배했던 것이다. 무엇보다 최소한의 대화에 참여해야 했으며, 관능의 왕국에 자리를 잡고 살면서 그 경계를 넘어설 때는 스스로를 절제해야 했다. 남자였다면 얼마든지 용인되고 그 가치를 인정받았을 나의 지성은 마치 하나의 결함처럼 여겨졌다. 아녜스 바르다의 첫 번째 영화 〈라 푸앵트 쿠르트로의 여행La Pointe courte〉(1955)에 대한 자크 시클리에의 비평에서 확인된 이러한 선입견은 그때부터 내 머릿속에 깊이 각인되었다. "젊은 여성에게서 발견되는 뛰어난 지성에는 심히 유감스러운 면이 있다."[5] 사람들은 나보고 과장이 심하다고 반박할지도 모른다. 오늘날에는 수많은 여성이 지적인 직업에 종사하고 있으며, 모두가 그 사실을 진부한 것으로 받아들이고 있음을 내세우면서. 솔직히 말하면 난 그런 말에 선뜻 동의하기 어렵다. 언젠가 프낙*에서 내 책을 소개할 때 예순 살쯤 돼 보이는 한 남자가 자리에 앉아 눈살을 찌푸린 채 내 얼굴을 뚫어져라 바라보며 내 이야기를 듣고 있었다. 그리고 내 말이 끝나갈 무렵 입을 연 그는 이젠 여자들까지 자신들에게 인생을 가르치려 든다며

—• Fnac. 프랑스의 책, 음반, 전자제품 등을 파는 대형 매장.

투덜거렸다……. 나는 어이가 없어서 아무 말도 하지 못했다. 여자가 말을 하는 단순한 사실조차 받아들이지 못하는 누군가에게 무슨 대꾸를 할 수 있었겠는가? 이에 관해 1998년 샹탈 토마는 다음과 같은 점을 지적한 바 있다.

"여성 문인에 대한 남성들의 본능적 혐오에는 어떤 전통이 숨겨져 있다. 글을 쓰는 여성은 남성의 우월감이 깃든 냉소와 거짓 연민 또는 노골적인 적대감 사이에서 남자들의 어떤 공감도 이끌어 내지 못한다."[6]

앞서 언급한 남성은 다른 남자들이 마음속으로 생각하는 것을 큰 소리로, 노골적으로 이야기한 것뿐이라는 생각이 들었다. 게다가 나한테 아무런 의미도 없는 전혀 낯선 이들만 그런 생각을 하는 게 아니다. 때로는 우리에게 매우 중요한 의미를 지닌 사람들조차 그들의 말이나 행동, 또는 둘 다를 통해 흔히 하는 말로 '여성의 본분'에 대한 고정관념을 드러내곤 한다. 예를 들어 우리가 존경하는 예술가들이나 작가들의 경우가 그렇다. 나는 니콜라 부비에를 매우 좋아하지만, 그가 여자들에 관한 이야기를 할 때면 따귀를 한 대 맞은 듯한 기분이 들면서 화들짝 마법에서 깨어나곤 한다. 평소 우리와 동지적 친근감과 확신을 함께 나누거나, 우리가 존경심과 깊은 애정을 느끼는 사람들이 그런 대상이 될 수도 있는 것이다. 참으로 안타까운 일이 아닐 수 없다. 많은 이에게서 보이는 진보주의, 자유로운 정신, 반순응주의, 급진성, 재고하는 능력 등이 바로 그 지점에서 멈추기 때문이다. 만약 세상의 모든 마초들이 완전한 바보였다면 인생이 너무 단순하게 느껴질 터다. 우리는 그런 사람들이 부분적인 바보라는 사실을 종종 체험으로 알게 된다. 그리고 그건 최악이나 다를 바 없다. 이런 경우 난 그들에게서 느껴지는 불일치와 실망감이 뒤섞인 고통스러운 감정에 휩싸이곤 한다. 심지어 아무도 내게 어떤 적의를 표명하지 않을 때조차도, 대부분 남자들로 이루어진 환경에서 살아가다 보면 내가 마치 불청객이라도 된 듯한 느낌이 들게 된다. 가끔씩 기자이자 에세이 작가인 내 사회적 위치가 야기하는 불쾌한 일들에 맞닥뜨릴 때면, 나도 모르게 내가 기자의 자리에만 머물러 있었더라면 이런 일들을 겪지 않아도 되었을 거라고 중얼거리는 나 자신을 발견하게 된다. 이처럼 미묘하고 은근한 여성 비하 현상은 내게 페미니스트적 인식을 일깨우는 데 크게 기여했다. 마리 시어의 정의를 인용하자면 "페미니즘은 여자들이 인간이라고 주장하는 전복적인 생각이다." 이 말은 페미니즘이 아무런 근거도 없이 불쑥 나타난 충동적인 방식이라는 암시와 함께, 페미니즘이 반박하는 성차별주의를 은폐한다는 문제점을 안고 있다.

그래서 난 미미 토리송의 삶이 부럽지 않다. 그녀의 삶을 지켜보노라면 10분도 안 돼 신경쇠약에 걸리고 말 것 같다. 내가 부러운 것은 그녀가 자신의 꿈에 순응하며 산다는 사실이다. 물결을 거스르는 것은 피곤한 일이다. 세상이 정해 놓은 표준에 자신을 맞추는 것, 수백만의 다른 여성이, 어쩌면 무엇보다 여자는 이래야 한다는 수많은 '표상'이 미리 표지판을 세워 놓은 땅에서 살아가는 것,

친근하고 마음을 놓이게 하는 수많은 이미지의 기억이 일깨우는 역할을 떠맡는 것, 자신의 존재와 자신이 하는 행위를 수세기 동안 전해져 내려온 지적이거나 대중적인 문화에 의해 인정받음을 느끼는 것. 이 모든 것들은 따뜻한 목욕물 속에 몸을 담그는 것처럼 기분 좋은 편안함을 느끼게 한다. 대부분의 페미니스트들은 자신들이 거부하는 표준에 대해 어떤 향수도 느끼지 않는다. 하지만 나는 그렇다. 심지어 난 특별히 페미니스트를 자처하지 않는 여성들보다 더 많은 향수를 느낀다. 일례로 내 친구들 중 하나는 자신도 엄마이면서도 어떤 집의 여주인이 어머니의 역할을 지나치게 과시하는 모습을 보면 불편하다고 했다. 그녀는 집의 실내가 어떤 원형原型이 아닌 주인의 개성을 드러내는 걸 좋아한다는 것이다. 하지만 나는 안락한 거실이나 근사한 크리스마스 장식 앞에서 언제나 감탄을 금치 못한다. 어쩌면 난 페미니즘의 새로운 유파를 창시할 수도 있지 않을까. '소심한 페미니즘'이라고 명명한.

내가 소외에 관한 글을 쓰는 이유는 다른 이들이 자신을 옹호하는 것을 돕기 위한 것만큼이나 나 자신을 옹호하기 위해서이기도 하다. 이런 종류의 양면성을 고백하는 것은 결코 쉬운 일이 아니다. 그보다는 또 다른 페미니스트들에게 잠재적 배신자로 비칠 위험을 피하거나, 질투하거나 불만스러워한다고 우리를 비난하는 이들에게 생각할 거리를 주는 편을 택하는 게 나을 터다. 그러나 다른 한편으로는, 양면성에 대해 침묵하는 것은 자신의 꿈과 사회의 기대를 동시에 고려하면서 그 둘 사이의 합의점을 찾고자 하는 많은 여성의 시도를 무색하게 할는지도 모른다. 또한 그들이 자신의 꿈과 사회의 기대 중 어떤 것을 우위에 두든지 간에 그로 인해 치러야 할 대가는 언제나 있기 마련이다.

'Manger.fr'의 구독자들은 그녀의 블로그에서 어떤 결핍이나 현대사회의 폐해들(부조리한 삶을 산다는 느낌, 우리가 사는 환경의 추함 또는 감각적 빈곤함, 인간관계의 익명성 또는 각박함)에 대한 치유책을 찾으려는 듯 보인다. 나는 그들을 이해할 수 있고, 어쩌면 그래서 나 역시 이 블로그에 매료되었는지도 모른다. 나도 플라스틱 바닥을 별로 좋아하지 않는 사람이니까. 다만 여기서 제시된 치유책은 보수적인 여성성의 신비주의를 부활시키는 작용을 (그것도 아주 강력한 힘으로) 한다는 사실을 간과해서는 안 될 것이다. 여기 5개 국어를 할 줄 알고, 재무를 전공했으며, 한때 패션계와 CNN 방송의 프로듀서로 일했던 교양 있고 지적인 여성이 있다. 그녀는 이 모든 화려한 이력을 뒤로한 채 시골에 정착하여 요리와 가정생활에 전념하는 데에서 궁극의 행복을 발견했다.[7] 세상의 모든 기회를 다 가진 듯한 여성이 집으로 돌아가는 길을 스스로 '선택한' 것이다. 이 얼마나 멋진 삶인가…….

그녀는 2014년 여름, 자신의 삶에 대해 이렇게 설명했다. 인스타그램에 달린 공격적인 익명의 댓글이 그녀로 하여금 스스로를 변호하게 한 것이다. "댓글(난 그걸 지웠는데, 이젠 지운 것이 조금 후회된다)의 내용은 대략 이런 것이었다. '당신은 모성과 요리를 찬양하고 있습니다. 여성들이 기업의 대표로서 이사회에 참석해 중요한 결정들을 내려야 하는데 말이죠.'"⁸ 그러자 이 댓글을 읽은 317명의 구독자들이 분노를 표명했으며, 그녀에게 위로의 말과 찬사를 퍼부었다. 그리고 모두 "페미니즘의 진정한 성과는 '선택할 수 있는 가능성'이다"라는 결론에 동의했다.

이러한 논쟁은 가정적 삶에 대한 찬가 속에서 끊임없이 되풀이되고 있다. 《엘르》의 한 여성 독자는 〈슈퍼우먼이 집으로 돌아올 때〉라는 제하의 글에 반박하면서 '페미니즘은 선택할 수 있는 권리다'라고 주장했다(2008년 11월 3일). 출산 휴가가 끝나자 사표를 낸 또 다른 여성은 이런 말을 했다(2010년 12월 10일). "난 내가 안티 페미니스트거나 내가 존경하는 모든 여성의 투쟁을 부인한다고 생각지 않습니다. 그들 덕분에 난 내가 원하는 삶을 선택하고 행복해질 수 있었으니까요. 그런데 딸기 샤를로트를 잘 만드는 재능을 통해 그런 삶을 살게 된다면 그게 잘못된 일일까요?" 그러나 대부분의 사람들이 잊고 있는 것은, 이러한 '선택들'이 각자의 조건에 좌지우지되며, 어떤 선택들은 또 다른 것들보다 받아들이기가 훨씬 쉽다는 사실이다. 미미 토리송은 어쩌면 '꿈을 현실로 변화시키는' 재능을 지녔을지도 모른다. 하지만 아무 꿈이나 그럴 수 있는 건 아니다. 블로그의 한 구독자는 그녀에게 이런 글을 남겼다. "당신이 위대한 어머니 여신의 화신이 아닐까 하는 생각이 든 적이 있답니다." 기술자, 수학자, 경제학자 또는 비디오게임 개발자가 되기를 꿈꾸며, 대모신大母神의 화신이 되는 것에는 별 관심이 없는 여성들은 미미 토리송이 구현하는 이미지들의 강력한 영향력과 어떻게 맞서 싸울 수 있을까?

앤 오클리는 이러한 표상들이 느끼게 하는 중압감은 여성들이 선택하는 직업의 다양성을 가로막는 커다란 장애물로 작용한다고 주장한다. "남성들이 절대 다수를 차지하는 분야에서 일하는 여성들은 종종 무성無性의 존재처럼 여겨진다. 자신의 직업에 진지하게 임하는 여성은 전통적으로 여성다운 여성과는 정반대로 간주된다. (······) 자아의 실현은 남성성의 사회적 이미지와 일치한다." 일례로 40대의 고위 공무원인 크리스토프의 이야기는 이런 생각들을 증명하고 있다. 그는 '아주 멋지고' '일에는 전혀 관심이 없으며' '오직 가정만을 생각하는' 아내를 두었다며 자랑을 늘어놓기 바빴다.' 많은 여성은 자신이 원하지 않거나 주위 사람들을 경계시키는 꼬리표를 떼어 버리기 위해 적대적인 영역으로의 모험을 포기하기를 택한다. 그 순간부터 남녀평등에 대한 거창한 구호들은 공허한 메아리로 남을 뿐이다. 전문적이거나 정치적 영역에서 여성들에게 주어지는 기회들은 '그들의 여건이 그것을 받아들이지 못하게 할 거라는 확신과 함께 달갑지 않은 손님들에게 보낸 초대장'[10]과도 같다.

미미 토리송도 세상에 끈질기게 남아 있는 성차별을 인정했다. "난 때때로 남편에게 이렇게 말하곤 해요. '나는 남자가 아닌 여자라서 정말 행복해.' 난 언제나 남녀는 모든 면에서 완벽하게 평등하다고 생각했어요. 물론 여자들은 이런 평등함을 인정받기 위해 더 많이 싸워야 했지만요(여전히 싸우고 있고 말이죠). 하지만 내게 남녀평등은 여자가 남자와 똑같아져야 한다거나 '남자들의 게임에서 그들을 이겨야 한다'는 의미는 아니에요. 여자들은 자신들의 게임을 하면서 자신들만의 법칙을 정해야 한다고 생각해요. 그렇지 않은가요?"[11] 따라서 2014년에도 여전히 가정생활에 전념하기를 거부하는 것은 본성에 반하는 공격적인(남자들을 '이기려는') 태도로 인식될 수 있었던 것이다.

여성들에게 가정을 팔아먹다

미미 토리송과 또 다른 많은 여성(2000년작 《가정의 여신이 되는 법》의 저자인 영국인 나이젤라 로슨을 비롯해)의 선조이자 '첫 번째 가정의 여신'[12]은 이사벨라 비턴(1836~1865)이었다. 그녀는 자신의 남편 새뮤얼 비턴의 간행물인 《영국 여성의 가정 잡지》를 위해 써 둔 기사들을 모아 《비턴 부인의 가정 경영서》라는 책을 펴냈고, 이는 엄청난 성공을 거두었다. 당시는 '집안일 요정'의 모델이 형성되던 시기였다. 아마도 이사벨라 비턴 자신은 거의 부합하지 않는 모델이었을 터였다. 그녀는 '자신의 부엌에서 되도록 멀리 떨어져 있었기' 때문이다. 빌 브라이슨은 어떤 징후들로 그녀의 딜레탕티슴*을 간파했다. 예를 들어 그녀가 '스파게티 면을 먹기 전에 1시간 45분간 삶기'를 적극 권장하는 사실만 봐도 그렇다. 그녀는 자신이 치명적인 독성이 있다고 판단한 몇몇 식품들, 특히 토마토에 대해 거듭 주의를 주었다. 또한 자신의 손에 닿는 모든 자료를 그 출처

—• 예술이나 학문을 직업으로서가 아닌 취미로 폭넓게 즐기는 태도를 가리키는 말.

를 밝히지 않은 채 사용했다. 심지어 남성 저자가 한 이야기를 여성의 말처럼 바꾸지도 않고 그대로 옮기기도 했다. 게다가 그녀의 책은 납득하기 힘든 논리를 따르고 있었다. 거북 수프의 조리법에는 몇 페이지씩을 할애하면서 '애프터눈 티는 언급조차 하지 않는 식'이었다. 그런데도 출간 첫 해부터 몇만 부씩 팔릴 수 있었던 것은 '누구도 따라갈 수 없는 자신감과 명료함' 때문이었다. 비턴 부인은 '경건한 마음으로 따라 할 수 있는 일종의 교과서를 제공했고, 그게 바로 사람들이 원하는 것이었다.'[13]

돌이켜 생각해 보면, '가정의 여신' 신화를 조장한 문화적 산물들의 인위적이고 우스꽝스러운 성격은 자명해 보인다. 그러나 당시에는 그러한 산물들이 매혹과 위협의 마력을 대단히 효율적으로 발휘했고, 끊임없이 시대의 흐름에 적응하면서 놀라운 쇄신의 능력을 보여 주었다. 2세기 전부터 사람들은 여성들에게 가정을 '팔아먹고 있다.' 그들이 해내도록 요구받는 가정에서의 중추적 역할을 통해 불가피한 운명이자 지복에의 약속을 이행하도록 그들을 부추기면서. 핀터레스트에는 수많은 사용자가 결혼을 주제로 한 이미지들을 끊임없이 올리고 있다. 웨딩드레스, 데커레이션케이크, 키스, 결혼반지, 왕관, 부케, 축제와 낭만적인 댄스파티에 온 하객들의 사진 등등. 나는 아직 남성 사용자들이 이런 이미지들을 올린 것을 본 적이 없다. 미국에서는 완벽한 결혼식에 광적으로 집착하는 신부들을 '브라이드질라bridezillas'(신부를 뜻하는 '브라이드'와 '고질라'를 결합한 표현)라는 별명으로 부른다고 한다. 어떤 이들은 이미 모든 계획을 세워 놓았다. '자신들의 신부 들러리가 입을 드레스의 색깔(샴페인 빛깔)부터 식장을 위한 꽃 장식(백장미와 분홍 장미꽃, 백색 수국, 백합과 난초)에 이르기까지.' 그들에게 부족한 것은…… 약혼자뿐이었다. 미국의 한 여성 사회학자는 결혼에 관해 이렇게 말했다. "여자들에게 결혼은 법적으로 유효함을 인정받는 행위로 인식되어 왔다. 결혼은 그들로 하여금 자신의 가치와 여성성을 입증하게 해 주기 때문이다."[14]

실제로 사회는 이런 여성들을 겨냥해 가정을 팔아먹는다. 가정에서 잃을 게 제일 많은 사람들이 바로 그들이기 때문이다. 남자는 사나운 여자가 놓은 결혼이라는 '덫'에 걸려든 희생자이며, 그 때문에 그는 여성 혐오자가 된다는 상투적인 이야기보다 기만적인 것도 없을 터다.[15] 이와 관련해 작가 엘리자베스 길버트는 다음과 같이 구체적인 자료를 제시했다. 미국에서 "기혼 여성들은 독신 여성들만큼 부를 축적하지 못한다(평균적으로, 결혼반지를 손에 낌으로써 평소보다 급여가 7퍼센트 줄어든다). 그들은 직업적으로도 독신자들보다 성공할 기회가 적어지며, 건강도 더 나쁘고, 우울증을 겪을 위험과 (대부분 남편의 손에 의해) 비명횡사할 가능성도 더 커진다." 반대로 결혼한 남자들은 독신 남성들보다 더 오래 살며, '더 많은 부를 축적하고, 일에서도 더 인정받으며, 비명횡사할 위험도 적다. 그들은 독신 남성들보다 더 행복한 삶을 살며, 알코올중독이나 마약중독 또는 우울증으로 고통받는 일도 적다.' 사회학자들은 이런 현상을 '부부의 혜택의 불균형'이라고 부른다. 여성은 결혼을 늦게 하거나 자녀를 적게 낳거나 아예 낳지 않음으로써, 그리고 청소기를 돌리거나 장보기를 꺼리지 않는 배우자를 선택함으로써 그런 불균형에 대한 해소를 시도할 수 있다. 엘리자베스 길버트는 자신과 여동생은 더 젊었을 때부터 '아내가 없는 결혼', 즉 희생자가 없는 결혼을 하겠다는 목표를 세웠었노라고 이야기했다.[16]

앞서 이야기한 것처럼, 프랑스에서도 기혼 여성들은 집안일의 절대적인 부분을 떠맡아야 할 뿐만 아니라 가정을 이룸으로써 자신의 이력에 커다란 타격을 입을 위험을 감수해야 한다.[17] 육아휴직을 하거나 출산 후에 시간제로 일하는 여성들의 경우 남자들보다 훨씬 적은 퇴직연금을 받게 된다. 또한 휴직 기간이 길어질 경우에는 재취업할 기회가 줄어들면서 그들의 배우자에게 경제적으로 의존하게 된다. 다음에 나오는 에피소드(그렇다, 아직도 이런 일이 있다)는 이런 일들이 어떤 상황을 야기할 수 있는지를 보여 주고 있다. 2010년, 이웃의 생일 파티에 초대받은 한 젊은 어머니는 또 다른 기혼 여성들에게 이런 이야기를 털어놓았다. "내가 이가 아파서 치과에 가야 했거든요. 그런데 그게 비용이 많이 드는 거라서 남편에게 돈을 달라고 말해야 했어요. 그런데 하필 그 전날 다투는 바람에 그 이야기를 할 수가 없더라고요. 그래서 예약을 취소해야 했고, 다시 진료를 받으려면 석 달이나 기다려야 하게 생겼답니다……."[18]

1991년 프랑스에는 3500만 명의 여성이 가정에만 머물러 있었던 반면, 2011년에는 2100만 명의 여성이 주부의 삶을 살고 있다. 그런데 1991년에는 그중 59퍼센트의 여성이 '개인적 이유들'을 내세웠지만, 2011년에는 그런 여성의 수가 21퍼센트를 넘지 않았다. 대다수의 여성들은 집으로의 복귀를 설명하는 이유로 불안정성의 증가와 더불어 계약직 종료와 경제적 해고를 들었다.[19] 미국의 주부들은 그 수가 점점 늘어나는 추세다. 1999년에는 18세 이하의 자녀를 둔 가정주부들이 전체 여성의 23퍼센트였던 반면, 2012년에는 29퍼센트로 늘어났다. 2000년에는 일자리를 구하지 못한 기혼 여성이 전체 기혼 여성의 1퍼센트에 불과했지만 그 후에는 6퍼센트까지 증가했다. 2011년에는 직업을 가진 기혼 여성의 70퍼센트가 대학교육을 받은 반면, 무직인 기혼 여성의 경우에는 50퍼센트가 대학교육을 받지 못한 것으로 드러났다. 또한 일하는 기혼 여성의 12퍼센트와 무직인 기혼 여성의 3분의 1이 빈곤선 이하에서 살고 있었다. 이러한 추세의 역전은 백인과 흑인 여성들보다 아이를 더 많이 낳는 라틴 아메리카와 아시아인 여성들이 문화적 전통에 따라 자녀들을 직접 양육하는 사실로도 설명될 수 있을 터다.[20] 따라서 그토록 찬양하던 '선택의 자유'는 상대적인 것이라고 볼 수 있다.

일을 하는 여성이나 주부 모두 이별이나 사별의 경우에는 더욱더 큰 경제적 어려움에 처하게 된다. 여전히 2011년의 경우를 보면, 프랑스에서는 '대부분 자녀와 여성으로 이루어진 한부모가족의 34.5퍼센트, 즉 1800만 명이 넘는 사람들'이 빈곤선 이하의 수입(커플의 경우에는 11.2퍼센트가 이에 해당된다)으로 살아갔다.[21] 2014년에는 양육비의 40퍼센트(전체 또는 부분적으로)가 지급되지 않았다.[22] 퇴직한 여성 조엘 뷔르그는 로렌 지방의 낡은 건물에 있는 방 한 칸짜리 조그만 집에서 살고 있었다. 그녀는 자신이 처한 상황을 설명했다. "난 연금도 수령하지 못해요. 불입금을 한참 더 부어야 하거든요." 남편과 함께 그들, 아니 그의 소유였던 커다란 집에서 살던 그녀는 이혼을 하면서 51세의 나이에 처음으로 일을 찾아 나서야 했다. "난 룩셈부르크에서 이런저런 잡일을 했어요. 하루에 세 시간씩 파트타임으로요."[23]

결론적으로 결혼과 가족은 딱 한 부류의 여성들에게만 좋은 일, 더 나아가 매우 바람직한 비즈니스로 간주된다. 공공연하게 이상적인 아내와 어머니를 구현하는 역할을 스스로 맡거나, 맡아서 하게 되는 여성들이 그들이다. 미국의 여배우 안젤리나 졸리는 전 세계 사람들을 매료시켰다. 그녀의 두드러진 여성성을 마찬가지로 극대화된 브래드 피트의 남성성과 결합시켰을 뿐만 아니라, 둘이 함께 여섯 명의 자녀(셋은 입양했고, 나머지 셋은 생물학적 자녀)를 양육하기 때문이었다. 여배우라는 직업은 스크린에서 인물들을 연기하는 것 이상으로 전통적인 여성의 역할들을 바람직한 것이 되게 하는 데 기여했다. 가십 기사들은 이런 식으로 영화산업이 창조해 낸 로맨틱 코미디의 덤프차 효과를 배가시켰다. "난 아내와 엄마로 살기 위해 태어난 것 같아요."[24] 프랑스의 백만장자 프랑수아앙리 피노와 결혼한 여배우 셀마 헤이엑의 말이다.

2014년 가을, 안젤리나 졸리는 지난여름 이미 10년 넘게 함께 살던 브래드 피트와 결혼한 뒤 '요리도 더 잘하고 더 좋은 아내가 되겠다'고 선언할 시간을 더 많이 가질 수 있었노라고 농담처럼 이야기했다. 브래드 피트는 그녀의 다짐에 이렇게 대꾸했다. "아니, 애써 그럴 필요 없소. 자신이 어떤 일을 잘하고 어떤 일은 못하는지를 아는 게 중요한 거니까." 그 즉시 모든 미디어는 '더 좋은 아내가 되겠다'는 스타의 바람에 관한 기사를 대문짝만 하게 실었다.[25]

같은 시기에 〈가십 걸〉 시리즈[26]로 이름을 날린 여배우 블레이크 라이블리는 전례 없는 방식으로 예비 엄마의 지위를 이용해 엄청난 수익을 올렸다. 그녀는 가족사진들을 곁들인 요리책의 저자이기도 한 동료 배우 귀네스 펠트로를 모방해, 자신이 개설한 처세술과 패션 전문 인터넷 사이트에 자신의 임신 사실을 공개했다. 또한 베이비 샤워(임산부를 축하하기 위한 파티)에 참가해 찍은 사진이나, 둥글게 나온 배를 안고 뉴욕 거리를 활보하는 사진들을 사이트에 올렸다. 그녀는 그 사진들을 미디어에 되팔았을 뿐만 아니라(이는 파파라치들을 차단하는 효과도 있었다) 자신의 사이트를 방문한 사람들로 하여금 마음에 드는 옷이나 액세서리를 발견하면 링크를 통해 쇼핑을 할 수 있게 했다. 라이블리는 미국에서 살림의 여왕으로 통하는 자신의 친구 마사 스튜어트와 함께 포즈를 취하면서 자신은 여가 시간을 집을 꾸미는 데 보내며 뜨개질하는 법을 배울 생각이라고 선언하기도 했다.[27] 프랑스에서는 《엘르》가 대담하게 섹시한 그녀의 임부복에 경탄해 마지않는 듯 두 페이지를 모두 할애했다. 잡지는 예전에는 대중의 흥미를 끌기에 너무 '잔잔한 삶'을 살았던 여배우가 '자신의 새로운 역할을 창조해 냈다'고 논평했다. '자신의 아기를 커리어를 위한 도약대로 삼는 글래머 엄마의 역할'[28]을 말이다.

스스로를 가장 설득력 있는 여성과 어머니로 인식시키는 유명인들에게 쏟아 붓는 수많은 달러는 그들로 하여금 계속 더 많은 선망의 이미지를 창조해 낼 수 있게 해 준다. 그들이 가진 부는 그들로 하여금 몸매와 옷차림에 투자할 수 있게 하고, 그들의 가정생활에 보석상자 같은 역할을 하는 근사한 집에서 살게 해 준다. 또한 그들을 에워싼 (대부분의 주부들이 지닌 재력과 매력과는 반비례하는) 성공, 명성, 돈의 오라를 더욱더 강화시킨다. 이러한 표상들의 편재와 정밀화精密化는 그들을 거부할 수 없을 만큼 매력적인 존재로 만들어 준다. 그리하여 그들은 수많은 여성을 망아지경으로 이끌어 자신의 고유한 상황과 모습을 잊게 만든다. 또한 그들을 모방하고 자신도 그들의 클럽에 속하고 싶다는 열망은 다음과 같은 가장 기본적인 질문들을 퇴색시킨다. 나는 자녀 교육을 혼자 떠맡아야 할 만큼 외로운 삶을 살지 않을 수 있을까? 그 때문에 겪는 어려움들을 견딜 수 있을 만큼 그 속에서 충분한 기쁨과 흥미를 발견할 수 있을까? 어머니의 역할이 나의 기질과 성향에 잘 맞을까? 그것이 나의 또 다른 꿈들의 실현을 가로막는 것은 아닐까? 가정을 이루는 것이 내 일상에 어떤 영향을 미치지는 않을까?

특히 마지막 질문은 결코 세부적인 것에 머무르지 않는다. '일상'은 자신이 가진 모든 것이기 때문이다. 1980년대에 행한 한 연구에서 앨리 혹실드는 비교적 가사를 잘 분담하는 가정에서조차 여성들은 요리, 청소 등 일상적인 집안일의 3분의 2를 도맡아 하며, 이는 그들을 '판에 박힌 엄격한 일상' 속에 가두고 있다고 지적했다. 그들은 또한 아이들이 취침 시간이나 등교 시간을 엄수하도록 닦달하는 나쁜 역할을 맡아 했다. 반면 남자들은 아이들의 시간 활용과 여가에 더욱 신경을 썼다.[29]

유명인들이 보여 주는 삶의 연출은 그들이 누리는 상당한 특혜들을 감추고 보이지 않게 한다. 그들의 직업은 일반적인 직업보다 훨씬 융통성 있으면서 가정의 의무와도 쉽게 양립할 수 있다. 예를 들어, 졸리와 피트의 자녀들은 홈스쿨링으로 공부를 했다. 그들은 물론 그에 필요한 사람들을 얼마든지 고용할 만큼 돈이 많았다…… 〈베르사유의 여왕〉에서 재키 시겔은 재미 삼아 다음 이야기를 들려주었다. "난 어렸을 적에는 유모라는 직업이 있는지도 몰랐어요. 그래서 나중에 아이를 하나, 또는 많아야 둘 정도 키우는 상상을 하곤 했죠. 그런데 결혼해서 유모를 둘 수 있게 되자 아이를 계속 낳게 되더라고요!"[30](그녀는 일곱 자녀를 두었다. 여덟 번째는 그들과 함께 사는, 남편의 조카다.)

어떤 이들은 자신의 상황과 다른 여성들의 그것을 뭉뚱그려 생각하면서 "어쨌거나 난 일하는 엄마잖아"라는 식으로 적당히 웃어넘기려고 한다. 하지만 '슈퍼맘' 안젤리나 졸리는 그렇지 않았으며 2014년에 다음과 같은 사실을 인정한 바 있다. "나는 두 가지 일을 하면서 그날그날 힘겹게 살아가야 하는 고립된 엄마가 아닙니다. 이 세상 대부분의 엄마들보다 훨씬 많은 도움을 받고 있으며,

집과 의료비와 아이들 양육을 지불할 경제적 여유가 있기 때문입니다."[31] 그녀에게는 자신의 경우가 무분별한 모방자를 양산하지 않기를 바라는 타당한 이유가 있는 것이다. 2009년 무직에 이미 혼자서 여섯 쌍둥이를 키우던 나디아 슐먼이라는 여성은 로스앤젤레스의 한 병원에서 시험관 아기 시술을 통해 여덟 쌍둥이를 출산함으로써 세간의 화젯거리가 되었다. 타블로이드판 신문에서는 그녀에게 '옥토맘'°이라는 별명을 붙여 주었다. 그녀는 졸리에 대한 감탄과 모든 면에서 그녀를 따라 하고 싶은 바람을 이야기하면서 그녀를 닮고자 성형수술의 도움을 받은 적이 있다고 털어놓았다.[32] 비록 극단적이긴 하나 이 여성의 경우는 여성에게서 흔히 발견되는 모방 충동을 보여 주는 것이라 할 수 있다. 2012년 파리 몽수리 병원의 산부인과 담당 간호사는 이렇게 증언했다. "난 스물다섯 살의 젊은 산모들이 산후 우울증에 시달리는 것을 매일 본답니다. 그들은 어째서 자신들의 삶이 안젤리나 졸리의 삶보다 힘들어야 하는지를 이해하지 못해요."[33]

가십 기사들의 영향은 차치하고라도 우리를 둘러쌌던 표상들은 '어머니 되기'에 대한 매우 비현실적인 이미지들을 퍼뜨린다. 바로 앞 장에서 예로 든 여성은 자신의 출산 휴가 때 고역 같은 집안일이 아닌 '공원 산책과 근사한 케이크 만들기' 같은 것들만을 꿈꾸었노라고 고백했다. 파스칼 크라메르의 소설 《자각의 냉혹한 난폭성》의 여주인공은 딸이 태어나자 비로소 깨닫게 된다. 자신이 스스로의 욕망보다는 매력적인 이미지들과 피상적인 나르시시즘, 주

변의 달콤한 부추김 그리고 남편과 이루는 멋진 한 쌍에 대한 찬사들에 이끌렸다는 사실을.³⁴

　　패션계 또한 이상적인 가정과 가족이라는 시장에 끊임없이 투자하고 있다. 1980년대부터 다시 유행되기 시작한 아동용 고급 기성복을 둘러싼 이상적인 이미지의 구축은 최근 10년간 관련 브랜드들의 전략으로 자리 잡았다. 2013년에는 고급 아동복이 세계적 명품 브랜드 프레타포르테 시장의 4.5퍼센트를 차지했고, 성인용 패션보다 위기에서 더 잘 살아남았다. 3년간 13개 회사가 아동을 겨냥한 새로운 브랜드를 시작했다. 폴 스미스 주니어, 영 베르사체, 리틀 마크 제이콥스……³⁵ 프랑스에서는 어린이 전문 잡지 《밀크》가 아동복과 여가와 실내장식을 집중적으로 다루면서 디자인과 패션 또는 광고 업계에서 일하는 부모들의 탐방 기사를 함께 실었다. 콩스탕스 제나리는 메종 플뤼스Maison+ 채널에서 〈콩스탕스의 부족들〉 방송을 진행하면서 '사교계 명사 가족'이라는 블로그를 운영하고 있다. 그녀는 '오래된 가치들은 강력한 힘으로 되돌아온다'라는 원칙에서 출발해 '멋지고 우아한 가족들의 표본'을 방송에서 소개했다. 그녀가 인터뷰한 사람들은 자녀들과 함께 포즈를 취하고, 그들의 집과 오스만** 양식 아파트를 채운 가구들을 어디에서 구입했는지를 알려주고, 다음번 바캉스의 행선지를 예고하고, 왜 그들의 아들이나 딸의 이름을 아르센이나 레오니로 정했는지 등을

— • 　'옥토(octo-)'는 8을 의미하는 접두사.
— •• 　조르주외젠 오스만은 프랑스 제2제정시대인 1853년부터 17년 동안 파리지사를 지내며 파리를 근대화하는 데 공을 세운 인물.

설명했다. 방송에서 사용하는 다채로운 문체("이자벨의 집에 들어가는 즉시 그녀의 집에서 넘쳐흐르는 색깔에 깊은 인상을 받게 된다.")는 이야기에서 느껴지는 속물근성과 흥미로운 대조를 이루었다. 미국의 사이트 더 글로우The Glow(엄마 되기가 여성들 또는 적어도 부유한 여성들에게 부여하는 '광채'를 의미한다)는 영감을 주는 세련된 엄마들의 세상을 일별하게 해준다. 또한 구독자들에게 실내장식의 아이디어들, 동시에 여러 가지를 하는 기술에 대한 비법들 그리고 꿈의 실내를 제시한다. 그곳에 게시된 사진들에서는 날씬하고 우아한 옷차림의 스타일리스트, 비즈니스우먼 그리고 여배우들(어떤 여성들은 만삭이면서도 여전히 날씬한 몸매를 유지하고 있다)이 화려한 아파트에서, 또 다른 세계의 빛이 비추는 듯한 모습으로 개와 고양이에게 둘러싸인 채 아이들과 노는 광경을 볼 수 있다.

2000년대에 프랑스의 텔레비전 채널 엠시스(M6)는 실내장식, 요리, 처세술 등에 관한 방송을 내보냈다. 앞서 언급한 프로들에서 엘리트주의를 배제한 좀 더 소탈한 분위기에서 '가정적 삶의 색깔'을 띤 프로그램을 운영하기로 결정한 것이다. 주인공은 지극히 당연하게도 가정주부였다. '욕실에서 한껏 몸치장을 하지 않을 때는 아이들을 돌보고 집을 반들반들 윤나게 닦는 주부.' 2007년에서 2014년까지 프로그램의 운영자였던 비비안 고드프루아는 그 이유를 이렇게 설명했다. "이 방송은 가정에서 구매를 담당하는 50세 이하의 사람들을 위한 것입니다. 그들 대부분은 여성들이고요."[36]

프랑스에서 〈위기의 주부들〉을 방영한 것도 같은 채널이었다.

2004년부터 2012년까지 미국에서 제작된 이 시리즈의 초기 에피소드들은 세련된 외양의 교외와 행복해 보이는 집들에 사는 주부들과 함께하는 '미국적 생활양식'의 신랄한 비판(이는 대중을 상대로 하는 텔레비전 방송에서는 쉽게 보기 힘든 것이다)을 예고하고 있었다. 드라마는 아름다운 금발에 부유한 가정의 주부가 자신의 머리에 총을 쏘아 자살하는 것으로 시작한다. 그리고 그녀의 목소리로 이웃들과 친구들의 삶을 회상 형식으로 이야기한다. 드라마는 재빨리 진부한 통속극으로 변질되면서 그것이 비웃는 듯한 대상을 찬양하는 것처럼 보였지만, 여덟 시즌을 거치는 동안 언제나 더욱더 신랄하게 미국적 생활양식의 편협한 순응주의와 지독한 성차별주의를 확인시켜 주었을 뿐이다.[37] 어쩌면 드라마 제작자인 마크 체리가 공공연하게 표방한 공화주의자적 확신들이 처음부터 그런 것들에 대한 경계의 신호를 보냈던 건지도 모른다.

천사와의 싸움들

'가정의 천사'의 군림은 첫출발부터 무대의 이면과 부수적인 희생자들을 내포하고 있었다는 사실에 주목할 필요가 있다. '가정의 천사'라는 표현은 영국 작가 코벤트리 팻모어가 1854년에 발표한 시 〈가정의 천사The angel in the house〉에서 유래했다. 바버라 에런라이크와 디어드리 잉글리시에 의하면, 이 시기, 즉 19세기 중반과 말 사이에 미국과 마찬가지로 영국에서도 중산층과 상류층 여성들 사이에 기이한 유행병이 퍼져 나갔다. 당시에 그들은 아직 집안일을 홀로 책임지는 능동적이고 활동적인 주부들로 간주되지 않았다. 그들 대신 가사를 돌보는 하인들이 있었기 때문이다. 당시의 남성에게는 한가롭고 섬세하며 소극적인 아내, 최대한 무미건조한 아내가 자신의 사회적 성공을 가늠하는 최고의 지표로 여겨졌다. 그는 집으로 돌아와 자신이 식민지 피지배자들과 노동자들의 희생으로 쌓아 올린 격렬한 바깥세상의 부정否定을 발견할 수 있기를 바랐다. '바느질하고, 그림 그리고, 식사 메뉴를 결정하고, 아이들과 하인들을 살피며' 평온한 삶을 영위하는 것으로 간주되는 많은 여성이 모든 기력과 삶의 의욕을 상실하고 오랜 시간 병상을 지키기도 했다.

심지어 자살을 택한 여성들도 있었다.[38] 열아홉 살 때부터 우울증을 앓았던 앨리스 제임스(1848~1892)라는 여성은 두 오빠, 소설가인 헨리와 심리학자인 윌리엄이 누리는 자유로운 삶을 언제나 선망했다. 그녀는 43세의 나이에 암에 걸렸다는 소식을 일종의 해방처럼 받아들였다. 앨리스가 죽은 뒤 헨리 제임스는 그녀의 일기를 출간하는 것을 반대했다. 도저히 봐줄 수 없을 만큼 무례함으로 가득한 아무 가치 없는 글이라고 생각했기 때문이다. 10년 전 그들의 어머니가 세상을 떠났을 때 그가 바친 추도사는 당시의 이상적인 여성상이 어떠했는지를 잘 보여 준다. "그녀는 인내와 지혜와 상냥한 모성의 화신이었습니다……. 그녀의 헌신적인 심성에서 비롯된 꺼지지 않는 감동은 우리 곁에서 언제까지고 울려 퍼질 것입니다."[39]

"난 이 끝없는 절망에 짓눌리지 않으려고 조그만 골방에서 침대 밑을 기어가기도 했습니다." 수년간 주위의 압박에 시달리던 샬롯 퍼킨스 길먼(1860~1935)은 마침내 체념하고 내키지 않은 결혼을 했으며, 앨리스처럼 우울증으로 고통받았다. 그녀는 자신이 왜 그러는지 몰랐지만, 집과 남편과 딸에게서 멀어지는 즉시 증상이 나아지는 것을 느꼈다. 그녀는 돈을 빌려 필라델피아의 저명한 전문가에게 상담을 받으러 갔다. 의사는 그녀가 사는 동안 가능한 한 오래, 되도록 집에서 나가지 말 것, 하루에 두 시간 이상 지적 활동을 하지 말 것, '펜도 붓도 연필도' 절대 잡지 말 것을 처방했다. 집으로 돌아온 그녀는 석 달 동안 그 처방을 엄격하게 따르다가 미쳐 버릴 뻔했다. 그리고 마침내 딸을 남편에게 맡기고 집을 떠났고, 남편은 샬롯의 가까운 친구와 결혼해 스캔들을 일으켰다. 그 후 그녀는 다작하는 작가와 강연자로 살면서 행복한 재혼 생활을 했다. 그러나 그녀는 죽는 날까지 자신이 잃어버린 세월에 대한 회한을 떨쳐 버리지 못했다. 그리고 1890년에는 자신이 겪은 우울증을 소재로 한 《노란 벽지》라는 단편 소설을 발표했다.[40] 그녀는 동시대의 소설가 이디스 워튼(1862~1937)처럼 자신을 짓누르는 삶에서 도망쳐 살아남았던 것이다. 워튼은 친구에게 이런 말을 한 적이 있다.

"난 12년간이나 지독한 역겨움의 감정에서 해방된다는 게 어떤 건지도 모르는 채 살아왔던 거야."[41]

집의 유지 및 위생과 영양에 과학적 원칙들을 적용하는 학문, 가사학家事學의 창시자로 역사에 남은 엘런 스왈로 리처즈 (1842~1911)는 상징적인 삶을 살았던 여성이었다. 그녀는 독립심 강하고 호기심 넘치던 젊은 시절에 2년간 병든 어머니를 돌보면서 심한 우울증에 빠졌다. 그러다 여성들을 받아 주는 대학이 문을 열었다는 소식에 희망을 되찾았다. 그녀가 살던 뉴잉글랜드에는 당시까지 그런 대학이 없었기 때문이다. 그녀는 배움에 대한 지극한 갈망으로 책을 펼친 채 학교 복도를 걷곤 했다. 과학 중에서도 특히 화학에 심취한 그녀는 매사추세츠 공과대학(MIT)에 처음으로 어렵사리 입학한 여성이었다. 그러나 그녀는 다른 학생들과 따로 떨어져 공부하고 자기 실험실에서 홀로 연구해야만 했다. 그녀의 교수들은 그녀에게 정기적으로 자신들의 멜빵을 수선하거나 서류들을 정리할 것을 요구했다. 학위를 받은 후에 그녀는 어떤 일자리도 제안받지 못했고, 궁여지책으로 '가사학'으로 방향을 전환했다. 그것만이 누구에게서도 배척당하지 않을 수 있는 분야라고 확신했기 때문이다.

하지만 그녀는 자신의 삶을 관통하는 쟁점이 무엇인지에 대한 확고한 의식이 없었던 듯하다. MIT를 다닐 때에도 그녀는 자신의 반짇고리를 언제나 눈에 잘 띄는 데에 놔두었노라고 자랑하곤 했다. 이 일화는 그녀의 학문이 '여성'으로서의 그녀를 타락시키지는 않았음을 잘 보여 준다. 엘리트이자 개인주의자였던 그녀는 끊임없이 자신의 계획을 좌절시키려는 기존 질서에 대한 변함없는 충성심을 드러내면서 페미니스트 운동을 못마땅한 눈으로 바라봤다. 그리

고 1878년 공식적으로 여성들에게 입학을 허락하기로 한 MIT의 결정을 비난했다.[42]

"당시에는(빅토리아 여왕 통치 말기였지요) 각 가정마다 자신만의 '천사'가 있었습니다. 그리고 난 글을 쓰기 시작하면서 첫 단어들에서부터 그것과 만날 수 있었지요. 내 원고지 위로 그것의 날개가 그림자를 드리웠고, 방 안에서는 그 치맛자락이 사각대는 소리가 들려왔습니다." 버지니아 울프는 1931년 '여성의 직업들'이라고 이름 붙인 한 강연에서 이렇게 말했다. 그녀는 멋진 페미니스트적에세이 《자기만의 방》을 발표한 지 2년 뒤에 이 강연을 그 후속편으로 생각했다.[43] 그녀는 처음 글을 쓰기 시작했을 때를 떠올리며, 코벤트리 팻모어가 그의 시에서 그 본질을 아주 잘 포착한 모델(자신의 아내에게서 영감을 받은)과 대면했던 이야기를 들려주었다. 그녀는 이 이상적인 여성(천사)을 이렇게 묘사하기 시작했다.

"그녀는 더할 수 없이 매력적이었습니다. 이기심이라곤 찾아볼수 없었으며, 가정생활이라는 어려운 기술에 정통했습니다. 닭고기가 있으면 다리를 선택했고, 방 안에 외풍이 있으면 그 가운데 앉아 있었지요." 젊은 저널리스트가 책상에 앉자마자 그 천사는 몸을숙여 그녀의 귀에 대고 속삭이듯 위협했다. 그녀를 목 졸라 죽이겠다고, 그녀가 자유롭게 글 쓰는 것을 방해하겠다고. 그래서 그녀에게는 선택의 여지가 없었다. "나는 천사에게로 달려들어 그녀의 목을 졸랐습니다." 그녀는 정당방위를 주장했다. "내가 그 천사를 죽이지 않았다면 그녀가 나를 죽였을 겁니다." 하지만 천사는 결코 만만한 상대가 아니었다. "그녀는 좀처럼 죽지 않았습니다. 허구적인 성격은 그녀의 커다란 무기였지요. 실재하는 것보다 유령을 죽이는 게 훨씬 더 힘든 법이니까요. 내가 그녀를 죽였다고 생각했을 때에도 그녀는 언제나 교묘하게 빠져나가곤 했습니다."⁴⁴ 버지니아 울프는 마침내 천사에게서 영원히 벗어났다고 믿었다. 하지만 가정의 천사는 그 후에도 그 유해에서 계속 되살아날 터였다.

미국의 전후 세대는 또다시 가정적 행복에 대한 찬양이 부흥하는 것을 목격했다. 20세기 초, 선거권(영국 여성들은 1918년에, 미국 여성들은 1919년에 획득했다)을 위한 투쟁은 여성의 자아 존중을 엄청나게 개선시켰다. 여성의 참정권을 주장하던 이다 알렉사 로스 와일리가 이야기한 것처럼, 선거권은 여성들에게 무엇보다 상류사회에서는 언급조차 부적절하게 여겨졌던 두 다리가 '미국의 경관보다 빨리 달릴 수 있다는 것'⁴⁵을 보여 주었다. 그러나 페미니즘의 '첫 번째 세대'를 탄생시켰던 그 시기의 열정과 희망은 이젠 아득히 먼 이야기처럼 들린다. 대공황과 제2차 세계대전 그리고 냉전이 남긴 깊은 상처와 결합한 거주용 교외의 비약과 소비에 의한 행복에의 이상 등은 페미니즘의 쇠퇴를 야기했다. 1934년부터 1966년까지 스크린에서 보여야 할 것과 보여서는 안 되는 것을 규정하며 맹위를 떨쳤던 헤이스 규약은 영화 스튜디오들에 '결혼과 가정의 신성함을 옹호할 것'을 촉구했다.

지난 15년간 미국 여성들은 가족에의 헌신과 집의 유지가 그들의 행복에 대한 갈망을 이루어 줄 거라는 세뇌를 당해 왔다. 자신들이 받은 교육을 가치 있게 사용하고 바깥에서 일하면서 사회의 당당한 일원이 되고 싶다는 많은 여성의 바람은 모두 '비여성적인 것'으로 비난을 받았다. 그런 욕망들은 '무성의 드센 여자들'을 양산할 뿐이라는 논리 때문이었다. 1960년대 초에는 수많은 백인 중산층 여성이 정신질환을 앓고 있는 경우가 많았다. 이런 상황에서 저널리스트 베티 프리단이 1963년에 출간한 《여성의 신비》는 엄청난 반향을 불러일으켰다.[46] 그녀는 여성 독자들에게 다른 무언가를 갈망하는 것은 지극히 정상이며, 문제가 되는 건 그들이 아니라고 이야기함으로써 수많은 여성의 삶에 혼란을 가져왔다.

2011년에는 역사학자 스테파니 쿤츠가 위의 책이 미국 사회에 미친 특별한 영향을 재조명했다.[47] 쿤츠는 프리단에게 경의를 표하며 책 출간 당시의 배경 속에서 그녀의 작업을 재검토했고, 맹점과 취약점을 분석했다. 그녀는 프리단이 받았던 수많은 편지를 자기 학생들의 도움으로 면밀히 검토하고 당시의 여성 독자들 수십 명을 인터뷰했다. 그중 한 사람은 당시를 이렇게 회고했다. "우린 세상에서 소외된 지적 여성들의 세대였습니다." 다른 여성은 자신에게 '아내 역할을 받아들이라고' 충고한 정신과 의사에게 신랄한 메모와 함께 《여성의 신비》를 보낸 일화를 들려주었다. 또 어떤 여성은 책을 읽는 동안 흐르는 눈물을 주체하지 못했고, 화장실에 항우울제를 버리러 가는 동안만 읽기를 멈추었다. 어떤 남편들은 아내가 집에서 책 읽는 것을 금했다. 또 어떤 여성들은 베티 프리단에게 편지를 보내 자신의 여성성을 더 잘 이해할 수 있게 해 준 데 대한 감사 인사를 전하기도 했다. 그다음 세대의 대표적인 여성들도 이와 유사한 증언들을 한 바 있다. 그중 한 여성은 이렇게 고백했다.

"난 지금까지 살면서 어머니를 이해한 적이 딱 두 번밖에 없습니다. 욥기를 읽었을 때와 《여성의 신비》를 읽었을 때입니다."

프리단의 책을 읽은 여성 독자들 중에는 대학에 등록하거나 재등록한 사람들도 있었고, 그중 몇몇은 뛰어난 연구자가 되었다. 또한 전투적인 삶을 살거나 작은 일자리를 발견한 여성들도 있었고, 어떤 여성들은 이혼을 택하기도 했다. 그러나 어떤 이들에게는 이 모든 게 너무 늦어 버렸다. 쿤츠는 하버드 대학의 유명한 사회학자의 딸인 앤 파슨스에 관한 이야기를 들려주었다. 학자는 딸에게 가정에서의 이상적인 여성상에 대해 귀가 따갑도록 이야기했다. 그녀는 베티 프리단에게 여덟 장에 이르는 긴 편지를 보내 자신이 예의 그 여성상으로 인해 얼마나 고통받았는지, 어떻게 그 때문에 학업을 포기했다가 다시 학교로 돌아갔는지를 들려주었다. 그녀는 부적응자라는 자괴감에 너무나 시달린 나머지 정신병원에 수감되고 말았다. 병원에 있는 동안 그녀는 똑같은 말로 노트를 가득 채워 넣었다. "너란 여자는 여자의 기본적인 본성조차 받아들이지 못하는 바보야." 그리고 결국에는 스스로 목숨을 끊고 말았다.[48]

여성과 남성을 갈라놓기

19세기의 사상가와 정치가, 노동조합 활동가 들이 임금노동은 여성들에게 어울리지 않으며, 그들이 있어야 할 자리는 가정이라고 단정 지었을 때부터 '자연스럽다'는 말이 그들의 입과 펜 끝에서 끊임없이 반복해 등장했다. 어떤 이들은 '부드러운 것과 단단한 것, 자연스러운 것과 인위적인 것, 현재와 미래, 인류의 번식과 무생물인 식품의 생산을 대조시키면서 여성과 기계의 양립 불가능성을 이야기했다.'[49] 오늘날에도 여전히 언뜻 보기에는 반박의 여지가 없는 (과학의 권위를 내세우면서 거짓 증거들에 기대는) 다양한 이론들이 특히 진화 심리학과 베스트셀러들을 통해 우리의 심상을 지배하고 있다.[50] 많은 이에게 각인된 '자연스러움'의 환상에서 벗어나는 것이 어려운 일인 만큼, 범접할 수 없을 만큼 공고해 보이는 사회적 조직의 형태들이 사실은 얼마나 다양한 사회적이고 역사적인 부침을 겪어 왔는지를 아는 것 역시 쉬운 일이 아니다.

앤 오클리는 집과 생산적 일터의 구분이 일반적인 인간 사회가 아닌 산업 사회를 특징짓는 것임을 상기시킨 바 있다. 집약적인 산업화 시기(1750~1850) 이전의 영국에서 가장 활발했던 산업은 섬유산업과 농업이었다. 아버지, 어머니, 자녀뿐만 아니라 남녀 하인들과 수습공들로 구성된 가족은 스스로의 유지를 책임지는 동시에 하나의 생산 단위를 형성했다. 따로 분리된 활동으로서의 집안일은 존재하지 않았다. 가사는 가족의 주요 활동에 포함되어 있었다. 결혼하지 않은 아들과 딸은 생산적인 일에서 남편과 똑같은 몫을 담당하는 여성의 지시 아래 집안일을 분담했다. 온 가족이 중앙 홀에서 함께 음식을 하고 먹고 휴식을 취했다. 별개의 공간으로서의 부엌은 16세기 말에 처음 등장해 19세기 말에야 노동자 계층 전반으로 확대되었다.

이런 상황에서는 여성이 생산 활동에 참여하는 것과 마찬가지로 남성도 가정의 영역에 전적으로 속해 있었다. 아버지는 어머니와 마찬가지로 자녀들과의 친밀한 관계 속에서 살아갔다. 17세기에 살았던 랠프 조슬린이라는 남성은 열 명의 자녀를 둔 아버지였다. 그가 남긴 일기에는 아이들이 매일매일 커 가는 모습을 관찰한 기록이 담겨 있었다. "그는 아이들이 몇 살에 처음 이가 났고 걷고 말을 하기 시작했는지를 기록했고, 언제가 젖을 떼기에 적절한 때인지를 자문했다. 적어도 그 경우에는 그와 아내가 함께 결정을 했다."[51] 일과 가정생활을 함께할 수 있게 하는 장소. 이러한 공간적 배열은 건축가 크리스토퍼 알렉산더가 인간에게 이로운 것으로 판단한 형상에 속한다. 그는 이런 방식으로 '사랑과 일이 서로 연결되고 하나가 된다'고 말했다. '그곳에 사는 사람들은 서로를 긴밀하게 느끼고 이해하게 되는 것이다.' 그리하여 아버지는 더 이상 아내와 자녀들을 '여가'와 주말과 동일시하지 않으며, 어머니는 주부와 '일하는 여성'이라는 상투적인 구분에서 벗어나게 된다.[52]

1940년부터 1950년까지 노르망디의 이브토에서 살았던 프랑스 작가 아니 에르노는 이와 같은 상황을 경험한 적이 있다. 부모님이 그들의 집 아래층에서 카페 겸 식품점을 운영했기 때문이다. 어린 아니는 그녀의 어머니만큼 아버지와도 친밀한 관계 속에서 성장했다. 그녀는 한참이 지나서야 자신의 삶이 학교에서 배운 규범과 괴리가 있음을 깨달았다. "'아침마다 아빠는 일터로 떠나고, 엄마는 집에 머문다. 엄마는 집에서 청소를 하고 맛있는 식사를 준비한다.' 나는 아무런 의문도 갖지 않은 채 다른 아이들과 함께 어름어름 따라 읽곤 했죠." 그녀의 아버지는 '아침에도 오후에도 일터로 떠나지 않았다. 단 한 번도. 아버지는 늘 집에 머물렀다. 그는 카페 겸 식품점에서 일했고, 설거지를 하고 음식을 만들고 채소를 다듬었다.' 여느 아버지들과는 달랐던 아버지의 모습에 대한 특별한 기억은 그녀로 하여금 근사한 글로 페이지를 채우게 했다. '아버지는 하루 온종일 평온한 모습으로 우리와 함께 있었다. 주변의 노동자들이나 종일 집을 떠나 있는 세일즈맨들과 비교하면 내 아버지는 언제나 휴가 중인 것 같았고, 나는 그게 무척 좋았다. 〔……〕 내 무릎에서 피가 나면 치료사 아빠는 걱정스러운 얼굴로 달려와 약을 발라 줄 것이고, 내가 수두나 홍역이나 백일해를 앓으면 몇 시간이고 내 머리맡을 지키면서 《작은 아씨들》을 읽어 주거나 낱말 맞추기 놀이를 할 것이다. 〔……〕 없어서는 안 되는 아빠는 나를 아침마다 유치원에 데려다주고, 점심때와 하교 시에는 모여 있는 엄마들과 조금 떨어진 곳에서 나를 기다릴 것이다. 핀으로 바지 아래를 꽉 조인 채. 그는 조금만 늦어도 안절부절못할 터다. 내가 바깥에 혼자 나다닐 수 있을 정도로 컸을 때에도 아빠는 내가 집에 무사히 돌아오기를 기다릴 것이다. 〔……〕 내가 네 살이 되자 아버지는 코트 입는 법을 가르쳐 주었다. 스웨터 소매 끝이 위로 말려 올라가지 않도록 손으로 꼭 쥐라고 주의를 주면서. 내게 남아 있는 아버지에 대한 기억은 온통 다정함과 염려의 이미지로 가득했다. 나는 내 아버지에게서 무뚝뚝한 가장, 큰 소리 치는 남자, 전쟁이나 직장의 영웅의 모습을 알지 못한다. 나는 이런 남자의 딸이었다.'[53]

앤 오클리는 오늘날 아이들은 반드시 어머니를 필요로 하며, '아버지와 어머니는 다르다'고 하는 사람들의 말은 옳다고 지적한다. 우리는 우리가 만든 사회 조직 속에서 그런 실재를 적극적으로 구축해 왔다는 점에서 그들의 말은 옳다는 것이다. 그리하여 우린 어머니가 아이들에게 필요한 것을 제공해 줄 수 있는 유일한 존재가 아니라는 사실을 잊고 살기에 이르렀다. 아이들에게 필요한 것은 그들을 돌보고 그들의 이야기에 귀 기울이고 그들을 사랑하는, 믿을 수 있는 한두 명의 성인이다. 오직 한 사람에게만 예속되는 것은 아이들로 하여금 그의 기분의 변화에 따라 상처받게 하고, 그 때문에 더욱 불안정한 존재가 되게 할 수 있다. 무엇보다 그 유일한 사람이 대단히 무거운 이 책임을 잘 감당해 내지 못할 경우에는 더욱더 그렇다. 홀로 어린 세 자녀를 돌보던 스테파니 알르누는 진이 빠져 아이들을 겁주려는 듯 나무 수저를 휘둘렀다. 그 후부터 아이들은 그녀가 가볍게 혼내는 소리에도 몸을 움츠리며 방어적인 몸짓을 취하곤 했다.[54] 그녀는 나중에는 "아이들의 볼기나 뺨을 때리지 않고 지나는 날이 하루도 없었노라"고 고백했다. "나는 그런 내가 부끄러워서 그러지 않으려고 애썼다. 그건 아이들에게도 고통이었기 때문이다. 하지만 난 점점 깊은 물속으로 가라앉는 기분이었다."[55] 게다가 사회가 표준으로 제시하는 이상적인 어머니상들은 여성들에게 미묘하지만 불가능하지는 않은 균형을 유지할 것을 요구한다. 지나치게 강력하고 전제적이며 숨 막히는 어머니는 너무 자주 부재하는 어머니만큼이나 재빨리 비난받게 될 터다.

여성들을 가정에 눌러앉게 하는 것은 언제나 자녀의 행복을 미끼로 행해져 왔으며 지금도 여전히 그러고 있다. 어떤 아버지들은 그들 역시 집에서 가끔씩만 마주치는 이 기이한 어린 존재들과 연관되어 있다는 사실을 잊기도 한다. 30대의 고위 공무원인 로랑처럼. 그는 아내에 대해 이렇게 이야기했다. "지금은 아내가 집에 머물고 있습니다. 둘째 아이가 태어났거든요. 아이를 돌보는 것만으로도 시간이 부족하죠. 하지만 몇 달 후면 다시 일을 할 수 있을 겁니다. 3년이라는 작은 공백이 있긴 하지만요."[56]

심지어 수많은 어머니가 기진맥진했을 때조차도 자신들이 자녀를 제대로 돌볼 수 있는 유일한 사람들이라고 확신하며 집에 머무는 삶을 살아간다. 1970년대의 한 주부는 남편이 자신만큼이나 딸의 안녕을 염려한다는 사실을 불쾌하게 여겼다. "문제는, 그가 마치 두 번째 엄마라도 되는 양 간섭이 심하다는 거예요."[57] 아마도 '아버지'라는 말은 세심하고 다정한 부모를 가리키는 건 아닌 듯하다. 스테파니 알르누는 쌍둥이를 출산한 뒤 큰딸이 염려되어 집으로 서둘러 돌아갔던 일을 설명했다. "남편이 아이를 봐 주긴 하지만, 그게…… 아빠가 그러는 건 마음이 안 놓여서요."

그녀는 세 아이와 집에 갇혀 지내다시피 하면서 때때로 이렇게 소리치곤 했다. "왜 아무도 날 도와주러 오지 않는 거야? 난 혼자라고!" 하지만 그녀는 자신의 짐을 덜어줄 수 있을 첫 번째 사람인 남편이 뒷전으로 물러나 있는 사실에 대해서는 의문을 제기하지 않았다. 그는 집에 돌아와 아이가 거실에 있으면 으레 방으로 데려가곤 했다. 아이는 그러는 걸 별로 좋아하지 않았고, 그녀는 때로 자신이 아이를 다시 데려와야 한다고 했다. 아이가 '다소 고집이 세기' 때문이었다. 남편은 아내에게 일주일에 딱 하루, 저녁에 합창단에서 노래하기 위해 외출하는 것을 허락하면서 딸을 함께 데려가라는 조건을 내세웠다. '자신이 저녁 내내 어린 세 자녀를 혼자 돌본다는 것은 있을 수 없는 일이기' 때문이었다. 달리 말하면, 그것은 그녀가 일주일 내내, 하루 종일 홀로 겪는 상황이었다. 그러나 알르누는 남편에게 그 사실을 지적하지 않았다.[58]

　　심리학자 비올렌 게리토는 '어머니들의 감정적이고 신체적인 피로'에 관심을 가지면서 '모성 본능'에 대해 이야기했다. 그리고 남성 독자들을 위한 일부 페이지에서 '모성을 올바로 평가할 것'을 촉구했다. 왜냐하면 어머니는 '세상에서 가장 고귀하고 가장 중요한 직업'이기 때문이다. 그녀는 가사의 분담에 대해서는 가볍게 언급했을 뿐이었다. 그리고 무엇보다 남성들에게 '해결책'이 아닌 '이야기 들어 주기'를 권유하고, 그들의 동반자에게 '고맙다'고 말할 것을 촉구했다.[59]

　　앤 오클리의 설명에 의하면, 17세기의 영국 여성들 중 농부나

직조공이 아닌 사람들은 제빵사와 맥주 양조업자로 일하면서 나라 전체에서 소비되는 빵과 맥주(당시의 주식이었던)의 대부분을 생산해 냈다. 인쇄업자, 서적상, 모직물 제조인, 금은 세공사, 목수, 대장장이, 약사 등등 동업 조합들은 '남자 형제들'과 똑같은 자격으로 '여자 형제들'을 받아들였다. 또 다른 여성들은 전당포, 해운업, 보험업 또는 유리제품 제조업 등에서 일했다. 심지어 선박이나 탄광을 소유한 여성들도 있었다. 그들의 경제 활동은 아내나 어머니의 위치와는 아무 상관이 없었다. 결혼한 여성들도 자기 사업을 온전히 책임지는 법적 지위를 선택할 수 있었다. 그들은 훗날 19세기의 여성들이 그랬던 것보다 훨씬 폭넓은 권리를 누렸다. 두 사람이 똑같은 행위를 분담하든 하지 않든 간에 여성의 남편에 대한 경제적 의존의 개념은 존재하지 않았다. 18세기에 과학이 남성의 보루가 되기 전에는 저명한 여성 외과의사, 안과의사, 치과의사도 있었다. 빅토리아 여왕(1819~1901)은 남성 조산원에게 도움을 청한 첫 번째 군주였다.[60] 20세기에 의학과 병원의 요새를 뚫고 들어간 탁월한 여성들은 과거에 적법하게 행해졌던 일들을 되살린 것뿐이었다. 실비아 페데리치의 설명에 의하면, 14세기에는 '16명의 여의사들이 프랑크푸르트시에 고용돼 일했으며, 그중에는 외과나 안과 전문인 유대인 여성도 여럿 있었다.'[61]

19세기의 현대적 가정의 탄생은 오랜 과정의 종착역과도 같았다. 《캘리번과 마녀》에서 페데리치는 16세기와 17세기에 유럽과 신세계에서 자행되었던 마녀사냥에 대해 이야기한다. 그녀는 마녀사

낭을, 자본주의의 비약을 가능하게 했던 '초기의 축적'(마녀사냥은 식민지화와 유럽 농민의 수용만큼이나 중요했다) 과정 속에서 다시 고찰하고 있다. '전례 없는 사회적 하락의 과정'을 거친 뒤 쇠약해지고 모든 힘을 빼앗긴 여성들은 임금노동에서 배제되고 남자들에게 종속되면서 생식에만 전념하게 되었다. 자본주의의 점점 더 결정적인 요소가 될 자원인 노동력을 생산해 낸 것이다. 17세기의 프랑스와 영국에서는, '가정은 재산 상속과 노동력의 재생산에 있어서 가장 중요한 제도로서의 새로운 중요성을 띠었다.' 모든 형태의 산아제한은 사악한 것으로 간주되었다. 이러한 출산장려정책은 특히 노예무역을 통한 '삶의 대량 파괴'와 병행하여 전개되었다. 노동자로서의 가치가 저하된 여성들은 하녀처럼 가장 하찮게 여겨지는 일들을 찾아 나서야 했고, 그중 많은 이가 체념하고 집으로 돌아갔다. 이런 사회적 현상에 대해 페데리치는 이렇게 설명하고 있다. "이 시대에 행해졌던, 생산적이고 재생산적인 일들과 남녀의 관계에 대한 새로운 규정짓기는 자본주의 사회에서 구축된 성 역할의 성격을 잘 보여 주고 있다."[62]

여성의 권리들이 '지속적인 쇠퇴'를 겪는 것과 동시에 강박적인 여성 혐오가 퍼져 나갔다. "여성은 본질적으로 남성보다 열등하고, 지나치게 감정적이고 방탕하며 자신을 통제할 수 없으므로 남성의 지배하에서 살아가야 한다." 남자들은 여자들을 두려워하는 법을 익혔고 악녀, 마녀 그리고 창녀의 원형들이 등장했다. '쑥덕공론'이라는 말은 중세에는 포함되지 않았던 경멸적인 뉘앙스를 띠었다. 동일한 사회 계층에 속한 남자들과 여자들 사이의 연대는 와해되었다. 마녀사냥 동안 어떤 사람들은 개별적으로 자신의 친족들을 화형대에서 구하고자 애썼다. 그러나 박해와 맞서기 위한 남성들의 집단적 조직은 존재하지 않았다(널리 알려진 것과는 달리 마녀사냥의 대부분은 종교재판이 아닌 세속적 사법재판소에 의해 조직적으로 행해졌다). 역사가들은 예외적인 경우를 딱 하나 발견했을 뿐이다. 1609년, 부두에서 돌아온 바스크 지방의 어부들은 어머니와 아내와 딸 들이 무더기로 붙잡혀 갔음을 알고 그들을 구하기 위해 죄수 호송대를 습격했다.[63]

18세기가 되자 그 기능을 다한 부정적인 이미지들은 고결하고 다정하며 '남성들에게 긍정적인 영향을 미칠 수 있는' 여성성의 이미지들에 자리를 물려주었다. 그러나 긍정적이거나 부정적인 고정관념들은 결정적으로 득세를 했다. '공포와 프로파간다의 시간들'은 깊은 흔적들을 남겼고, 남자와 여자를 서로 낯선 존재로 느끼게 했다.[64] 그리고 오늘날에도 여전히 그 자취들을 발견할 수 있다. 예를 들어, 아내가 남편에게 그의 끊임없는 잔소리 때문에 괴롭다는 사실을 이해시키고자 할 때 그가 그녀에게 하는 대꾸에서처럼. "당신하고는 도무지 대화를 할 수가 없어. 당신은 너무나 감정적이라고!"[65] 정신적인 소원함은 남녀 각자에게 선호하는 영역(일 또는 집)을 배정하는 데서 비롯된 구체적이고 일상적인 소원함을 배가시킨다.

아니 에르노는 자신의 부모님에 대해 "아버지와 어머니는 공동의 움직임 속에서 함께 살았다"[66]라고 이야기했다. 그러나 그들의 경우는 이젠 일종의 유물로 취급될 뿐이다. 이런 공동의 움직임은 대개 더 이상 찾아볼 수 없다. "당신 오늘 하루 어떻게 보냈어?"라고 물을 때 그 또는 그녀가 궁금해하는 것은 '당신'의 하루이지 '우리'의 하루가 아니다. 하지만 사랑하는 두 사람이 반드시 하루 종일 함께 있는 것을 바라지 않을 경우에라도, 적어도 생기 있는 관계를 유지하기 위해서는 그들의 삶을 이루는 씨실과 날실이 충분히 서로 얽혀 있어야 한다. 두 사람이 함께 충분한 시간을 보낼 수 있어야 하는 것이다. 열정을 공유하면서 공동의 계획을 위해 노력하거나, 관심거리가 서로 다를 경우에도 상대를 자신의 세상 속으로 받아들일 수 있어야 한다. 그러기는커녕 현대의 젊은 커플들은 주중에는 아침저녁으로 아주 잠깐씩밖에 서로를 보지 못한다. 게다가 그런 순간에조차 마라톤을 치러 내듯 힘겨워한다. 엄격하게 지켜야 할 일과표와 매일같이 완수해야 할 각자의 몫으로 인한 부담감은 서로의 관계가 느끼게 할 수 있는 즐거움, 유희, 교류 그리고 휴식을 방해하거나 위협한다. 이런 상황이다 보니 자녀들의 교육은 그들의 수태와 출생이 가져다줄 수 있을 기쁨과 동반자 의식과는 거리가 먼 짜증과 갈등을 유발하는 고역의 연속으로 전락할 위험이 크다. 또한 이처럼 분주한 일상은 남녀 간에 성적인 소원함을 야기한다.

실비아 페데리치는 마녀사냥을 '중세 말경 유럽 엘리트층이 그들의 경제적, 정치적 권력에 위협이 되는 모든 삶의 방식을 근절할 필요성'[67]에서 비롯된 것으로 설명한다. 마녀들을 박해한 사람들이 비난했던 죄악 중의 하나는 마녀집회, 즉 통음난무를 위한 야간 모임이었다. 이처럼 박해자들은 마녀들이 훗날의 자본주의가 강요하게 될 시간 규율을 철저하게 위반했다는 상상 속에서 그들을 더욱 더 탄압했다. 올바른 사람들은 밤에 잠을 자야만 했다. 노동력 재충전을 위해서. 소피 디브리는《교외의 마담 보바리》에서 여주인공의 성적인 삶의 쇠퇴를 다음과 같이 이야기했다. 둘째 아이가 태어나고 1년이 지나자 그녀의 남편은 '한 달에 한 번씩만 취침 시간을 늦추었을 뿐이다.'[68]

사회에 의해 철저하게 코드화된 역할의 굴레와 더불어, 남녀가 서로 다른 현실을 살아가고 각기 다른 목표를 추구하는 사실 역시 욕망을 죽이는 데 기여한다. 그 명백한 예를 미셸 애시포드의 〈마스터스 오브 섹스Masters of Sex〉(2013) 시리즈에서 발견할 수 있다. 이 드라마는 1950년부터 1960년까지 미국에서 인간의 섹슈얼리티를 과학적으로 연구해 화제가 되었던 버지니아 존슨과 윌리엄 마스터스의 실화를 근거로 만들어진 것이다. 저명한 산과 의사였던 윌리엄 마스터스는 온화하고 순수한 리비와 결혼했고, 그녀는 워싱턴 교외의 집에서 하루 종일 그를 목 빠지게 기다렸다. 그들은 평행한 삶을 살았고, 서로를 이해하지 못하거나 아주 피상적인 이해에 머물렀을 뿐이다. 어느 날 저녁, 성적인 삶의 부재에 혼란스러움을 느낀 그녀가 남편에게 잠자리를 요구했을 때, 그들의 섹스는 틀에 박히고 차분하며 부자연스러운 교접에 불과했다. 서로에 대한 확신의 결핍은 그들이 각자 자신의 연인과 누리는 자유로움과 열정과 반비례했다. 윌리엄은 공동 연구자였던 버지니아 존슨과 수년간 관계를 맺어 왔다. 두 사람은 지적이고 육체적인 화합 및 그들을 사로잡았던 공동 목표인 그들의 연구로 맺어진 사이였다. 한편 백인 부르주아 계층에 속하던 리비는 당시에는 '당연히' 인종차별주의자였다. 그런데 그녀는 우연히 민권운동에 확신을 가지고 뛰어들게 되었고, 거기서 한 흑인 투사와 사랑에 빠졌다. 그리하여 그들의 두 아들(인공수정으로 잉태된)이 자라던 마스터스 부부의 집은 기만으로 가득한 텅 빈 공간, 순전한 흉내 내기의 장場이 되고 말았다. 남편과 아내가 완전히 이탈한 집에서는 더 이상 어떤 의미 있는 것도 행해지지 않았다. 1950년대의 이상적인 주부상에 부합했던 리비는 모성에 모든 희망을 걸었다. 그러나 그녀는 자신이 아이들을 얼마나 사랑하든 그들이 자신의 삶을 온전히 채워 줄 수는 없다는 것을 깨달았다.

'구조적으로' 커플들을 갈라놓는 사회 조직을 재검토하지 않은 채 성적인 행복을 추구하라고 부추기는 것은 사악하게 여겨지기까지 한다. 19세기에서 물려받은 모델을 뒤엎지 못한 1960년대의 성 혁명은 추가적인 전횡을 생겨나게 할 뿐이었다. 저녁마다 부부는 일과 긴 통근 시간으로 인해 진이 빠진 채 서로를 마주한다. 상대가 하루 종일 어떤 일을 겪었는지 알지 못한 채. 게다가 그들은 아직 장도 봐야 하고 저녁을 준비한 다음 아이들 숙제도 봐줘야 하고 그들을 먹이고 씻겨서 재워야 한다. 그런 다음 아이들의 방문이 닫히는 즉시 탐욕스럽게 서로에게 달려들 것으로 여겨지지만……. 이는 거의 불가능한 일이다.

그리고 여성 잡지들도 그 사실을 잘 알고 있음을 은연중에 드러낸다. 여름마다 구독자들에게 바캉스가 그들의 성욕을 일깨울 수 있는 절호의 기회라는 것을 상기시키는 걸 보면. 언제나 욕구를 유지하기 위한 조언에 인색하지 않는 그들은 한 해의 다른 날들에는 예의 그 커플 소모전을 하나의 숙명이나 '판에 박힌 일과'에서 비롯된 현상으로 설명한다. 그러나 여기서 문제가 되는 것은 흔히 말하는 판에 박힌 일상이 아닌 '자본주의적' 일상일 터다.

아이러니하게도 머지않아 21세기 초반의 이상적인 부부상을 구현하게 될 브래드 피트와 안젤리나 졸리는 더그 라이만 감독의 액션 코미디 영화 〈미스터 & 미세스 스미스〉를 촬영하면서 인연을 맺었다. 영화 속에서 두 사람은 파경 직전에 있는 부부를 연기했다. 결혼한 지 6년이 지나자 스미스 부부의 공동의 삶은 다양한 현대적 기구들로 넘쳐 나는 근사한 저택에서, 무거운 침묵 속에서 함께 저녁을 먹고, 잦은 짜증과 의례적인 대화를 나누는 것으로 요약된다. 스미스 부인은 한숨을 쉬며 자신의 정신과 의사에게 속마음을 털어놓는다. "우리 사이에 놓인 커다란 벽이 자꾸만 높아지는 것 같아요. 그런 걸 뭐라고 부르나요?" "결혼이오." 두 사람은 서로의 경쟁 조직에 속한 비밀 암살요원들이다. 하지만 그들은 서로의 정체를 알지 못한다. 드디어 그들의 본모습이 드러나는 날, 그들 사이에는 다시 불꽃이 타오른다……. 영화는 대단한 성공을 거두지는 못했다. 하지만 주인공들이 비밀요원이라는 사실은, 결혼생활이 각자의 가장 중요한 부분을 상대에게 감추게 한다는 유용한 은유로 읽힐 수도 있다.《교외의 마담 보바리》의 여주인공은 폐경이 오자 쓸쓸함에 사로잡힌다. "넌 네 가족들을 원망했지. 네가 그렇게 빨리 늙은 건 그들 탓이야. 그들이 네 안에 감춰진 비밀을 알아채지 못했기 때문이라고."[69]

탐험가들

이성 커플과 핵가족 외에 다른 해법은 없는 걸까? 1인 가구(2011년 프랑스 가정의 34퍼센트를 차지하는), 무자녀 커플(26퍼센트), 한부모 가족(8퍼센트) 그리고 '복합 가족'(재구성 가정과 공동 세입자: 5퍼센트)[70]의 수와 19개국에서 법적으로 허용된 동성 커플의 결혼에도 불구하고[71] 앞선 모델은 우리 뇌리에 깊이 박혀 있다. 미국의 사회학자 에릭 클리넨버그의 지적에 의하면, (커플들과 비교할 때 차별적으로 부과되는 조세의 불평등에 항의하는 식으로) 독신자들을 옹호하고자 하는 몇몇 인물들은 '혼자 사는 사람들의 엄청난 수를 고려할 때 대단히 논쟁적인 문제'(미국 가정의 27퍼센트가 1인 가구다)를 제기하는 것이다. 조지 W. 부시 행정부는 결혼 장려 캠페인에 정부 예산을 투입했다.[72] 과거에나 지금이나 우리가 떠올리는 행복의 이미지에는 대담함과 다양성이 부족하다는 것은 부인할 수 없는 사실이다. 그리고 이러한 결핍은 다양한 결과를 초래한다. 아니 에르

노는 자신의 불행한 결혼생활에서 영감을 얻은 소설《얼어붙은 여자》에서 자신에게 주입된 여성에 대한 표상들이 자신의 삶에 얼마나 많은 영향을 끼쳤는지를 이야기한다. "여름이 되면 여자들은 커다란 시골집에서 잼을 만들었고, 밖에서는 작은 새들이 지저귀었다. 반면 삶에서 모든 게 허용된다고 믿었던 여자는 하녀의 방처럼 누추한 곳에서 기침을 하고 가래를 뱉어 냈다. 나는 행복을 선택할 수밖에 없었다."[73]

작금의 현실을 제대로 평가하는 일에 관해 아마도 가장 만족스러운 방식 중의 하나는 미국의 의학 드라마 시리즈 〈그레이 아나토미〉가 취하는 것일 터다. 2005년부터 방송된 감상적이고 다사다난한 이 드라마의 주인공들은 시애틀의 한 병원에서 일하는 외과 의사들이다. 그들은 흑인, 백인, 라틴 아메리카인이나 아시아인, 이성애자, 동성애자 또는 양성애자들로 이루어져 있으며, 수많은 프랑스 드라마에서 만나게 되는 어색한 전형들이 아닌 개성이 넘치는 생생한 인물들이다. 캘리 토레스와 애리조나 로빈스가 이루는 레즈비언 커플의 고뇌는 다양한 성적 취향을 지닌 시청자들의 마음을 조마조마하게 했다. 게다가 이 드라마의 집필자인 숀다 라임스는 크리스티나 양이라는 인물을 통해 아이를 원하지 않는 매우 아름다운 여성을 창조해 냈다. 그녀는 9년 동안 단 한 번도 젊은 외과의사로 하여금 자신의 뜻을 꺾게 하지 않았다. 젊은 여의사가 부성을 내세우는 자기 연인의 간절함에 직면했을 때조차. 그녀는 크리스티나 양으로 하여금 낙태를 선택하게 함으로써 미국 텔레비전의 커다란 금기를 깨뜨렸다.⁷⁴ 그리고 2013년에 크리스티나 양을 연기한 배우 샌드라 오가 드라마를 떠나고 싶다고 했을 때 작가는 그녀가 당당히 퇴장할 수 있게 해 주었다. 과거에 다른 배우들에게 종종 그랬던 것처럼 그녀로 하여금 버스 아래로 몸을 던지게 하는 대신 그녀가 꿈꾸었을 법한 근사한 직업적 기회를 선사한 것이다. 물론 창작자가 그녀에게 쏟았던 명백한 애정에도 불구하고 크리스티나 양을 부정적인 시선으로 바라본 시청자가 많았던 것도 사실이다. 그러나 그녀는 적어도 자신과 비슷한 삶을 사는 여성들에게 동일시를 가능케 하는 모델을 제공해 주었다는 점에서 그 의미를 찾을 수 있을 것이다.

〈그레이 아나토미〉에서 특별히 흥미로운 또 다른 인물은 '집'이다. 여주인공인 메러디스 그레이가 자랐고, 인턴 과정 초기에 동료들과 함께 살았던 집. 몇 년 후 그녀는 남편과 자녀들과 다른 곳으로 떠나면서 함께 어울리던 무리의 멤버였던 오랜 친구 알렉스 카렙에게 집을 맡긴다. 그 집은 각자 존재론적 위기나 부부의 위기가 닥쳤을 때 피신하는 은신처 같은 곳으로 남아 있었다. "누군가 나 보고 집으로 돌아가라고 했을 때 어디로 가야 할지 잘 모르겠더라고." 어느 날 저녁, 연인과 이별한 애리조나가 짐 가방을 든 채 알렉스를 찾아와 한 말이었다. 모두가 때때로 거실에 모여 맥주를 마시면서 잠시 숨을 돌리거나 자신들의 추억을 떠올리거나 세상을 떠난 친구들을 위해 건배를 하곤 했다. "너도 여기서 살았었어?" 어느 날 그들 무리에 처음으로 합류한 신참 동료가 물었다. 그러자 모두들 한목소리로 대답했다. "'우리 모두가' 여기서 살았었지." 한마디로 규정짓기 힘든 이 열린 공간에서 그들은 병원이나 각자의 가정에서 보이는 정체성과 거리를 둘 수 있다. 마치 너무 꼭 끼는 옷을 벗고 자신의 또 다른 모습을 드러내는 것처럼.

예의 그 집은 그 정도로 각자의 사회적이거나 연인으로서의 역할을 흔들어 놓아, 메러디스는 심지어 자신의 결혼생활에 위기가 닥쳐 긴급히 이야기를 해야 한다는 이유로 알렉스의 방에 불쑥 들어가 그의 애인을 내쫓기까지 한다. 그러자 문제의 애인은 황당해하며 분노를 폭발시킨다. 그녀는 정상적인 커플의 그것과는 전혀 다른 이러한 일상에 대해 불평을 터뜨린다. "메러디스는 '언제나' 우리 침대에 같이 있어. 그리고 이젠 애리조나가 우리 샤워장을 쓰고 있고! 마치 어떤 공동체에 속해 있는 것 같단 말이야!" 하지만 카렙은 정상화에 굴복하기를 거부했다. "내 말을 잘 들어……. 이 집은 언제나 열려 있었어. 메러디스가 나를 싫어했을 때에도(《그레이 아나토미》 시즌 1에서 알렉스 카렙은 밉상스러운 인물로 나왔다) 난 여기서 머물 권리가 있었다고. 누구나 힘들 때 편히 쉴 곳이 필요한 거야. 그래서 다들 여기로 온 거라고. 그러니까 내게 결정권이 있는 한 이 집은 언제나 누구에게나 열려 있을 거야. 알겠어? 그리고 메러디스가 내 침대에 있는 거랑 네가 내 침대에 있는 것은 전혀 다른 일이란 말이지."

알랭 드 보통의 표현을 다시 빌리자면, 집이 '심리적 틀'[75]이라면, 그 사실은 단지 집의 위생이나 안락함, 미학 때문만이 아니라 그것이 허용하는 관계들의 양상에서 비롯되는 것이기도 하다. 집은 그것이 금지하거나 유리하게 하는 우리 자신과 다른 사람들과의 관계 속에서 우리의 일면들을 활짝 피어나게 하거나, 우리의 어떤 잠재성을 실현시키거나 그대로 잠자게 할 수도 있다. 그 사실을 정확히 간파했던 버지니아 울프는 '여성과 소설'에 대해 이야기해 줄 것을 요청받고는 소설을 쓰기 위해서는 '약간의 돈과 자기만의 방'이 필요하다고 강조했다. 그러면서 이처럼 '세부적인 사항'에 집착하는 것을 미안하게 생각했다. 물론 이건 전혀 세부적인 게 아니었다. 그 후로도 수십 년간 예의 그 텍스트가 불러일으킨 반향이 그 사실을 입증하고 있다.[76] 그로부터 70여 년이 지난 뒤 샹탈 토마는 '자신의 방'에 대해 이렇게 설명했다. 자기 방에 들어가 문을 닫는 행위는 '부단한 시간을 향유하고, 오롯이 탐구된 개념적이고 상상적인 삶의 연속체 안에서 발전하기 위한 것'이다. 방은 '비록 작고 수수해 보일지라도 그 속에 불패의 원칙을 포함하고 있다. 그것은 타협을 모르는 완강함, 즉 나의 가능성을 끝까지 실현하려는 내 의지의 영역에 속하기 때문이다.'[77]

주거비와 불안정성의 증가 때문에, 혁신하고자 하는 사람들, 새로운 경험을 시도하려는 사람들, 자신들이 사는 공간을 달리 구분하고자 하는 이들이 언제나 그 수단을 갖추고 있기는 힘들다. 사람들은 자신들이 소유한 집(집을 가진 이들은 그 자체로 행복한 사람들이라고 볼 수 있다)에 매달리며, 결핍과 불확실성의 상황 속에서 모험을 시도한다. 에릭 클리넨버그는 스웨덴에의 여행으로 1인 주거 형태에 대한 조사를 끝맺는다. 스웨덴은 1인 가구의 최고 기록 (47퍼센트, 그리고 스톡홀름에서는 60퍼센트까지)을 보유하고 있는 나라다. 그는 여기서는 북유럽 국가 전체에서와 마찬가지로 상대적으로 높은 사회 안전망 수준과 집을 구하기 쉬운 점이 국민들로 하여금 각자의 자율성을 지킬 수 있게 해 준다는 사실을 강조한다. "그들은 불의의 사고를 당할 경우 사회 안전망이 자신들을 지켜 줄 거라는 사실을 알고 있다." 또한 자녀들은 대부분 19세부터 20세 사이에 가족의 품을 떠나 자신들의 아파트에 정착한다.[78] 하지만 유럽의 다른 나라들에서는 미국에서처럼 상황이 매우 달라진다. 어쨌든 이 영역에서 우리의 욕망은 실현 가능하든 그렇지 않든 간에 더욱더 깊이 탐구되고 가다듬어질 필요가 있다.

크리스토퍼 알렉산더는 그의 이상적인 건축에 대한 백과사전적 저술 속에서 핵가족은 '바람직한 사회적 형태가 아니다'라고 단호하게 말한 바 있다. "핵가족에서는 그 구성원들이 서로 너무 긴밀하게 얽혀 있기 때문이다. 그 속의 모든 관계는 변질되기 마련이고, 짧은 시간 동안이라도 위태로운 양상을 띠게 되곤 한다. (……) 각각의 어려움은 가족의 일체성을 조금씩 더 깊은 불편함의 소용돌이 속으로 몰아넣는다. 자녀들은 온갖 종류의 종속과 오이디푸스적인 신경증의 위험에 노출돼 있다. 부모는 서로에게 너무나 의존하다가 종국에는 서로 갈라서기도 한다." 따라서 그는 자녀가 있거나 없는 커플, 독신자, 퇴직자 등등 다양한 유형의 가정들로 구성된 공동체적인 주거를 지향할 것을 적극 권장한다.[79] 공동 거주의 원칙은 대략 다음과 같다. 독립적이지만 서로 이웃해 있는 집들은 필요한 공간들(세탁장, 연회장, 헬스장, 아이들 놀이방, 정원, 테라스, 손님방 등)을 공용으로 사용할 수 있다. 특히 프랑스에는 아직 잘 알려져 있지 않지만, 협동 주거는 주민들로 하여금 삶의 환경의 정비, 경영 그리고 향유에 있어서 모든 자유를 누릴 수 있게 하는 법률적 구조를 제공한다. 이러한 주거 형태는 북부의 나라들(스웨덴에서는 부동산의 18퍼센트, 노르웨이에서는 13퍼센트[80])에서 특별히 발전해 왔다. 하지만 스위스에서도 8퍼센트의 부동산이, 그리고 취리히 같은 도시에서는 20퍼센트에 육박하는 부동산이 이와 같은 형태를 띠고 있다.[81] 공동체 주민들은 기존에 살던 장소에 자리 잡지 않을 경우에는 건축가를 고용해 수년에 걸쳐 그들이 꿈꾸는 (대체로 생태학적 표준에 부합하는) 건물을 짓게 하기도 한다. 프랑스 빌뢰르반의 빌라주 베르티칼Village vertical[82] 같은 곳들은 혜택을 누리는 지역으로 머물지 않기 위해 (부동산의 사회적 접근에 전문화된) HLM*의 협동조합과 지역 단체들과 협동하여 일하기도 한다.

그들은 자신들의 재원을 공평하게 분배함으로써 개인적으로는 도달할 수 없는 삶의 질을 확보할 수 있다. 스위스인 작가이자 취리히에 여러 개의 주택 협동조합을 설립한 한스 위드메르[83]는 이에 관해 다음과 같은 주장을 펼쳤다. "누구나 사적인 안락함을 누릴 수 있기를 원합니다. 하지만 공동의 안락함이 훨씬 더 클 수 있음을 깨닫지 못합니다. 우리는 가진 것들을 공유함으로써 훨씬 많은 것을 누릴 수 있습니다. 내가 늘 강조하는 것처럼, '이웃하는 삶'

은 4성 호텔에서 사는 것과 같은 겁니다!"⁸⁴(그는 사회적, 생태학적으로 지지할 수 있는 도시적 구성 모델을 '이웃하는 삶'으로 명명했다.) 건축가 슈테판 폭스가 구상한 제네바 인근 시골의 밀로Mill'o(십여 채의 아파트로 이루어진 공동체적 목조 건물)는 너무나 아름답고 쾌적해서 프랑스의 여성 잡지 《글라무르》(2008년 8월)부터 한국의 텔레비전 방송에 이르기까지 뜻하지 않은 사람들의 방문을 받기도 했다. 그곳은 HLM의 기준에 부합하면서 주州에서 최초로 미네르기 에코 인증**을 받은 건축물이다. 그곳의 주민들은 공동구매 덕분에 매주 채소 재배 협동조합인 '코카뉴의 정원들'에서 유기농 식품과 농산물을 공급받을 수 있다. "비싸게 먹히는 것은 생태학이 아니라 개인주의다."⁸⁵

부모들에게 협동 주거는 더 많은 어른에게 아이의 양육을 배분할 수 있다는 장점(예를 들어 아이를 돌보는 문제의 어려움을 해소시킨다)을 제공한다. 그들은 베이비시터를 찾아야 한다거나 비용을 지불해야 하는 문제에 신경을 쓰지 않고도 불쑥 외출하기로 마음먹을 수도 있다. 장보기와 집안일 또한 공동으로 관리함으로써 각자의 부담을 덜 수 있다. "가끔 이웃들에게 학교에 가서 내 아이들을 데려와 달라고 부탁합니다. 어떤 때는 누군가가 빵을 사러 가면서 다른 사람들에게 사다 줄 건지를 물어보기도 하고요. 심지어 아침에 일어나면 창가에 바게트가 놓여 있을 때도 있다니까요."

───

—• 임대료가 저렴한 집(Habitation à loyer modéré)의 약어로 영세민용 임대아파트를 뜻하는 말이지만 저가의 현대식 아파트를 지칭하기도 한다.
—•• 친환경 에너지 절약형 주택에 부여하는 스위스의 인증 마크.

스트라스부르의 에코 로지Éco-Logis에 사는 뱅상 프릭의 말이다. 그의 이웃에 사는 젤리아 시몽은 이렇게 덧붙여 설명했다. "남편이 집을 비워서 열네 살짜리 딸이랑 혼자 지내던 때가 있었어요. 난 아침 여섯 시에 출근해서 저녁 일곱 시에야 돌아왔고요. 하지만 딸아이 때문에 걱정해 본 적은 한 번도 없답니다. 만약 무슨 문제가 생기면 문을 두드려 도움을 청할 수 있는 곳이 열 군데나 있으니까요."[86] 제네바의 밀로에 사는 나디아 마클루프는 2008년 여름에 이런 사례를 들려주었다. "다음 번 개학 때는 점심때 아이들의 식사를 담당할 사람을 고용하려고 해요. 여러 가족이 그 비용을 분담하고, 취사 시설을 갖춘 공동 식당이 있으니까 가능한 일이지요."[87] 실용적인 문제들은 차치하고라도, 불안정하고 고립된 집에서 살면서 미지의 적대적인 커다란 세상과 직접적으로 접촉하는 대신 자기 주변, 자기 머리 위와 발밑 그리고 집 벽 너머에서 (사회의 다른 부분들과의 사이에서 완충지대 역할을 하는) 우호적이고 친근한 존재들을 느끼는 것은 엄청나게 기분 좋은 일이며 여러모로 위안이 될 게 분명하다.

크리스토퍼 알렉산더는 공동 주거지의 사이에 낀 각 가정에 충분히 내밀한 사생활을 보장할 필요성을 강조한 바 있다. "각 가정, 각 사람, 각 커플에게 고유 영역에의 필요성에 부응하는 사적인 왕국, 거의 독립적인 보금자리가 확보되어야 한다. 공동체를 구축하려는 운동을 하는 그룹들은 이러한 필요성을 진지하게 고려하지 않았다. 그들은 그것을 간과해도 되는 무엇으로 여기면서 무시했다. 그러나 이는 매우 중요하고 근본적인 욕구에 관한 것이다." 그는 핵가족과 관련해, 또 다른 가정들에 둘러싸여 있건 그러지 않건 간에 가족이 함께 모일 수 있는 공동의 공간을 마련할 것을 권한다. 아이들을 위한 공간, 부모들을 위한 공간 그리고 어른들 각자를 위한 공간을. 공동체의 구성원 모두 '다른 사람이나 커플의 정체성에 매몰되는 일 없이 각자의 개별성을 유지할 수 있도록.' 그는 또한 자기 방이나 자신만의 공간에 대한 아이들의 욕구(다양한 오두막이나 은신처에 대한 열광으로 나타나는)를 언급했다. 그의 지적에 의하면, 한 가족이 또 다른 가족들에게 둘러싸여 사는 형태의 주거는 역설적으로 고독과 독립성에 유리하게 작용한다. 구성원 각자는 가족 중 다른 사람이 누군가를 필요로 하는 순간에 방치되었다고 느낄 것을 염려하지 않고도 혼자만의 시간을 가질 수 있기 때문이다.[88]

1970년대 이후로 공동체를 건설한 사람들은 상당한 진보를 이룩했다. 모든 수준의 집단적 삶과 모든 조합이 가능해졌다. 취리히의 공동 주거지인 하이젠홀츠Heizenholz는 개별적인 집들 외에도 공동 셋집인 커다란 아파트 세 채와 330제곱미터에 이르는 '클러스터(계획단지)'를 포함하고 있다. 공동 셋집에서는 대개 여러 사람이 방 하나씩을 개별적으로 사용하면서 부엌과 욕실을 공유한다. 클러스터에 사는 사람들은 커다란 공동 공간들(대부분 부엌과 식당)을 공유하면서도, 각자 조그만 부엌과 욕실로 이루어진 사적인 모듈을 사용하기도 한다.[89] 그리하여 각 거주자는 자신의 조그만 부엌에서 혼자 또는 친구들과 함께 식사를 하거나 커다란 식당에서 다른 이들과 함께 먹을 수도 있다. 2017년 말 예정으로 연합 주거 협동조합 코다Cooperative de l'habitat associatif, CODHA[90]와 루아가街 협동조합, 제네바 도시 재단이 공영주택의 일환으로 라 종시옹과 제네바에 짓고 있는 미래 친환경 단지의 300채의 아파트에도 똑같은 원칙을 적용할 수 있다. 미래 친환경 단지는 10개, 13개 그리고 26개까지의 방을 포함한 열다섯 채의 건물로 이루어질 터다. 그 가운데에는 공동 공간 주위로 배치된 개별적인 모듈도 포함될 예정이다. 서로 도우면서 함께 살기를 원하는 한부모가족들은 자녀들을 위한 방과 함께 더 큰 개별 모듈을 배당받게 될 것이다. 예를 들면, 한부모가족 셋이 총 260제곱미터에 이르는 방 13개 반을 함께 사용하게 될 예정이다. 이는 과거의 뉴욕 시장이 그토록 자랑스럽게 소개했던, 접이식 침대가 있는 토끼굴 같은 집들과는 전혀 다른 것이다……. 퇴직자들을 위한 클러스터의 공동 공간에는 그들을 보러 오는 손주들이 묵을 수 있는 방이 포함될 터다. "그럴 때 정말 유용하겠군요……."

《라 트리뷴 드 주네브》의 기자는 반색을 했다. "전통적인 부동산 개발업자는 결코 이러한 대담함을 발휘하지 못할 것이다. 하지만 협동조합에서는 투자자들이 곧 미래의 임차인들이다."[91] 코다 CODHA의 회장인 에릭 로시오는 이 점을 강조했다. 그러나 공권력으로 하여금 예의 그 원칙을 받아들이게 하는 것은 또 다른 문제다. "클러스터에 보내는 행정당국의 시선은 19세기의 자연주의자들이 오리너구리를 처음 발견했을 때를 떠올리게 한다."[92]

따로 또 같이

그러나 모든 사람이 공동 주거 프로젝트에 참여하고 싶어 하거나 그럴 기회를 가질 수 있는 건 아니다. 그럴 경우 커플이나 핵가족의 전통적인 모델과는 다른 방법들(물론 좀 더 소박하다)을 찾아볼 수 있다. 어떤 이들은 개인적인 공간을 더 많이 확보하고 개별성을 유지하기 위해 자신만의 방을 마련하고자 한다. 남편과 딸과 함께 시골에 사는 블로거 아녜스 마이아르[93]는 자신의 이야기를 들려주었다.

"어렸을 적에 난 내 방이 따로 없었어요. 왜냐하면 방 두 칸짜리 아파트*에는 그럴 만한 공간이 없으니까요. 그래서 난 식당 겸 거실에 놓인 소파베드에서 잠을 잤죠. 그리고 식탁을 투아레그족 텐트로 변모시키곤 했어요. 나중에 기숙사 생활을 할 때는 침대가 50개 놓인 공동 침실과 4~6명이 함께 자는 방에서 지냈고요. 이처럼 내밀한 공간의 부족에 대한 기억은 어른이 되었을 때 나만의 방을 요구하게 만들었죠."[94]

2002년, 파리에서 각각 편집자와 컨설턴트로 일하면서 어린 딸을 키우는 부부 블랑딘과 미셸은 각자의 방을 한 기자에게 공개

—• 여기서 '방 두 칸'은 우리 식의 방이 두 개라는 의미가 아니다. 침실, 부엌, 거실 등의 '각기 구분된 공간'이 두 개라는 뜻이다.

했다. 그녀는 "난 이렇게 어질러 놓는 걸 좋아해요"라고 한 반면, 그는 '완벽하게 정돈된 옷장'과 '주름 하나 없이 매끈한 침대 시트'를 보여 주었다. "각자의 방을 만든다는 건 바로 이런 겁니다." 그가 설명했다. "상대방과 그의 삶의 방식을 존중하는 거죠. 우린 두 사람이 하나가 될 수 있다고 생각지 않습니다. 서로 사랑하기 위해서는 각자 자유롭게 살 수 있어야 합니다." 블랑딘은 이렇게 덧붙였다. "우린 물론 함께 자는 것도 좋아해요. 하지만 각자의 방을 갖는다는 건 굉장히 로맨틱한 일이고, 사랑을 매일 새롭게 해 준답니다." 알자스에서 각각 간호사와 연극의 무대감독으로 일하는 윌리엄과 뱅상도 그들과 비슷한 선택을 했다. "물론 그럴 수 있는 재력이 있어야겠죠. 하지만 우린 별로 부자가 아니라서요. 그래서 자동차를 사는 대신 각자의 방에 투자를 하기로 한 겁니다."

또 어떤 이들은 편안한 수면을 보장받을 필요성을 내세운다. 로랑의 코골이 버릇은 피에르를 잠 못 들게 한다. "난 혼자 잔다는 건 생각할 수도 없습니다. 하지만 한잠을 자다가 새벽 4시경에 깨면 그가 코 고는 소리가 들립니다. 그때부터 스트레스를 받는 거죠. 다음 날 피곤할까 봐 걱정되거든요. 그래서 잠시 피신해서 혼자 조용히 쉴 수 있는 내 방이 필요한 겁니다." 엠마뉘엘과 브누아는 어긋난 시간표대로 살아간다. 야행성인 브누아는 때때로 거실에 있는 소파베드에서 잠을 청한다.[95] 아녜스 마이아르는 임신 말기 무렵 밤에 무척 자주 깨게 되면서 남편과 떨어져 자기 시작했고 그때 깨달은 게 있다. "난 그 어느 때보다 건강해질 수 있었어요. 수년 전부터 그래왔던 것처럼 밤에 피곤한 상태로 일어나지 않아도 되었거든요. 남편의 코 고는 소리와 수면 무호흡증 때문에 계속 잠에서 깨지 않아도 되니까 숙면을 취할 수 있었던 거죠. 딸아이는 생후 2개월째부터는 밤에 깨지 않고 잘 잤어요. 결국 우린 다 함께 힘들어하느니 각자 자기 방에서 더 잘 자는 편을 택하기로 했답니다."[96]

'각방 쓰기' '소파베드에서 잠자기' 같은 표현들은 주로 두 사람 사이에 심각한 문제가 있다는 전조로 해석이 되곤 한다. 따라서 당사자들은 주변의 몰이해와 직면하게 되어 있다. "내가 각방을 쓸 거라고 하니까 친구들이 나보고 미쳤대요. 남자친구는 내 말을 들으려고 하지도 않고요. 사람들이 쑥덕거리는 게 싫다고 하면서요."[97] 아녜스 마이아르는 오랫동안 '대부분의 사람들처럼 남편과 한방에서 같은 침대를 쓰는 게 당연하다고 생각한' 끝에 우연한 기회에 각방을 쓰겠다는 바람을 이야기할 수 있었다. 하지만 사람들은 그녀의 선택을 '아주 곱지 않은 시선으로 바라봤고', 그녀도 그 사실을 잘 알고 있었다. "난 부부의 침대를 함께 써야만 하는 것으로, 침실은 부엌이나 세탁장처럼 부부를 위한 전용 공간으로 여겼다."[98]

역사가 미셸 페로는 실제로 부부의 공동 침실은 '수세기에 걸친 부부생활'의 표상으로 남아 있다고 지적했다.[99] 호메로스의 《오디세이아》에는 오디세우스가 페넬로페와 자신을 위해 올리브나무 둥치로 침상을 만들고 그 주위에 집을 짓는 이야기가 나온다. 그들만이 아는 이 비밀은 훗날 집으로 돌아왔을 때 자신임을 밝히는 단서가 된다.[100]

그러나 이러한 상징의 힘도 다양한 변수가 생겨나는 것을 막지는 못했다. 민족학자 파스칼 디비는 프로테스탄티즘이 트윈침대를 자리 잡게 했음을 상기시켰다. 잠에 대해 연구하던 오스트리아의 연구자들이 채택한 해결책이었다. 그들의 주장은 이러했다. "두 사람이 함께 덮는 커다란 이불은 재앙과도 같다. 각자는 자기 쪽으로 그것을 끌어당기려고 한다. 우리는 그런 것이 커다란 긴장의 근원이 된다는 걸 측정해 냈다."[101] 18세기 프랑스에서는 교회가 수치스러움을 이유로 부부들에게 되도록 따로 떨어진 거처에서 잠잘 것을 권고했다. 귀족 계층에서는 부부가 각각 자신만의 구역을 따로 갖고 있었다. 1780년, 건축가 니콜라 르 카뮈 드 메지에르는 침실을 근본적으로 수면에 할애했다.

"그는 '관능'을 위해서는 거울들로 밝혀진 규방을 설계했고, 경우에 따라서 알코브에 '휴식용' 침대를 배치했다. 이 모두가 '감미로운 은거'를 위한 것이었다. 그가 부부생활과 성생활을 구분한 것은 분명하다."[102]

잘 자기 위해 따로 잠을 자는 관행은 '언제나 존재했다. 하지만 그 사실을 드러내 놓고 말하지는 않았다. 그것은 금기사항이었기 때문이다.'[103] 그러나 라틴족 국가들보다 앵글로색슨족 나라들이 그 사실을 더 잘 받아들이는 것으로 드러났다. 2013년 미국 수면 재단의 연구에 의하면, 미국인 커플들의 20퍼센트가 함께 잠자지 않으며, 2015년에는 새로 짓는 집들의 60퍼센트가 두 개의 부부 침실을 포함할 것으로 예상되었다.[104] 반면 프랑스의 잡지 《톱 상테Top Santé》는 자녀들이 떠난 뒤에야 그 사실을 고려해야 하며, "이런 결정은 언제나 '상징적인 결별'의 징후다"라고 선언했다. 잡지는 이런 현상에 질겁하며 그 지경까지 가는 걸 피하기 위한 해결책들을 추천했다. 예를 들면, 약국에서 목구멍에 코골이 방지를 위한 거품을 뿌릴 수 있는 분무기와 전기기구를 사라는 식이었다. 물론 레스토랑에 가거나 바다로 떠나거나 옷차림(속옷을 포함해서)과 화장에 공을 들임으로써 상대의 욕망을 자극할 수 있어야 할 것이다.[105]

또 다른 이들은 한 걸음을 더 내딛어 '동거하지 않는 커플들'을 이룰 수 있을 터다. 그러나 이 방법은 각방이라는 해결책보다 훨씬 더 큰 두려움을 안겨 줄 수 있다. 왜냐하면 이런 방법은 사랑에서 물리적 매체를 배제하고, 사랑으로 하여금 손으로 만질 수 없는 감정과 관계의 역학에만 의존하게 하기 때문이다. 이 새로운 모험에 뛰어드는 이들은, 칼릴 지브란의 표현을 빌리자면, 사랑으로 하여금 '그들의 영혼의 연안 사이에서 흔들리는 바다'가 되게 한다.[106] 그리고 바로 거기에서 집안일을 둘러싼 갈등을 해결할 극단적인 방법을 발견한다……. 45세의 여성 도로시아는 11년간 호세와 사랑하는 사이지만 그와 함께 살 엄두를 내지 못한다. 그리고 사람들은 그녀에게 이렇게 묻곤 한다. "그가 바람피울까 봐 두렵지 않아요?" 마치 같이 사는 사람들은 절대 바람도 안 피우고 결코 헤어지지도 않는 것처럼. 마치 끊임없이 상대방을 감시함으로써 그의 변함없는 사랑을 보장받을 수 있을 것처럼……. "우린 사흘 만에 얼굴을 볼 때도 있어요. 하지만 중요한 건, 다시 만났을 때 서로에게 얼마나 충실할 수 있는가, 서로를 얼마나 원하고 있는가 하는 게 아닐까요." 이러한 해결책은 각자 자녀가 있으면서 복합 가족을 시도하고 싶지도 않고 시도할 수도 없는 연인들에게도 유용할 수 있다.

세 자녀의 부모인 클라라와 크리스토프 부부는 명백한 사실을 인정해야만 했다. 반드시 똑같은 크기의 영역을 차지하지 않고도 얼마든지 사랑할 수 있다는 것이다. 따라서 그들은 가족이 사는 아파트에서 300미터 떨어진 곳에 그를 위한 원룸형 아파트를 빌렸다. 그는 일주일에 서너 번은 그곳에서 혼자 지냈다(난 그 반대의 경우에 대한 증언을 발견하기를 여전히 기대하고 있다). 물론 사치스러운 해결책이라고 볼 수도 있지만, '바람직한 이혼보다 반드시 더 비싸게 먹히는 것은 아닐 터다.'[107]

혼자 살기, 궁극의 두려움?

함께 살지 않는 것은 많은 이가 굉장히 두려워하는 상황(혼자 사는 삶) 속으로 발을 내딛는 것을 내포한다. 그러나 에릭 클리넨버그가 제시하는 매우 세분화된 도표는 우리로 하여금 이와 관련된 고정관념들을 재검토하게 한다. 물론 고립의 느낌과 인간적인 접촉의 결여는 커다란 고통을 야기할 수 있다. '싱글턴들'(혼자 사는 사람들: 독신자들, 배우자와 사별하거나 이혼한 사람들……)도 커플의 삶이 포함한 혜택들을 잘 알고 있다. 그 속에는 다른 존재가 주는 위안, 내밀함을 함께 나누기, 서로의 삶을 공유하기, 그리고 더 큰 경제적 여유와 섹스를 더 많이 할 수 있는 가능성 등이 모두 포함된다. 적어도…… 모든 게 순조롭다면 말이다. 왜냐하면 한쪽 상황에는 모든 이점을, 다른 쪽 상황에는 모든 단점을 부여하는 허상을 경계해야 하기 때문이다.

뉴욕에서 교사로 일하고 있고 두 번 이혼한 전력이 있는 60대의 여성 헬렌은 다음과 같이 고백했다. "난 결혼생활을 할 때처럼 많이 불행했던 적이 없었어요." 그녀와 연배인 음악가 샘은 자신의 현재 삶이 이상적이라고 생각하진 않지만 결혼한 것을 후회하지는 않았다. 하지만 그는 아내에게 등한시되면서 누군가와 함께 살면서도 몹시 외롭다고 느꼈다. 독일의 유명한 가수 크리스티아네 뢰징어는 커플에 대한 반론을 제기한 책《사랑은 종종 과대평가된다》(2012)를 위해 자료를 수집하던 중에 '토요일 저녁을 집에서 홀로 보내는 게 두려워 과격한 관계를 청산하지 못하는 여성들'의 극단적인 경우들을 접한 적이 있다.[108]

클리넨버그는 이렇게 되묻는다. 일반적으로 싱글턴에게서 발견된다고 여겨지는 정서들, '고독, 회한, 실패에 대한 두려움, 불안, 미래에 대한 불확실성' 등은 싱글턴들의 삶에 고유한 것들인가? 아니면…… 삶 자체에 고유한 정서들인가?[109]

홀로 사는 것은 아직 젊은 사람들에게조차 일종의 강박관념을 불러일으킨다. 혼자 죽게 될지도 모른다는 두려움. 늙거나 병들었을 때 의지할 사람이 아무도 없다는 사실. 1996년 헬렌 필딩이 창조해낸 독신녀 여주인공 브리짓 존스가 보여 준 이미지는 많은 사람의 마음속에 깊이 각인되었다. 르네 젤위거가 연기한 그녀는 자신의 아파트에서 '자신의 개들에게 잡아먹혀' 홀로 죽게 될까 봐 두려워한다. 40대의 기자인 필은 "누구도 결혼한 상태로 죽는 걸 두려워하진 않죠."[110]라고 말한다. "당신이 늙었을 때 누가 당신을 돌보겠느냐?" 아이를 원치 않는 사람들이 종종 듣는 질문이다. 하지만 이런 걱정을 앞세우면서 자신의 삶을 설계하는 게 현명한 일일까? 게다가 그게 가능한 일이긴 할까? 커플들의 경우를 보더라도 둘 중 한 사람은 반드시 먼저 죽게 되어 있다. 철학자 앙드레 고르와 도린 케어(2007년 불치병 진단을 받았다) 부부의 경우처럼 두 사람이 동시에 자살할 것을 고려하지 않는 한에는 말이다. 성인이 된 자녀들은 수백, 수천 킬로미터 떨어진 곳으로 떠나 살 수도 있다.

따라서 스스로에게 얼마간의 숙명론을 부여하고, 지금 당장을 사는 방식에 집중하는 편이 나을 것이다. 물론 현실적인 문제들(내가 자율성을 잃어버린다면 누가 와서 나를 도와줄 것인가? 내가 병이 든다면 누가 나를 보살필 것인가?)이 상징적이고 실존적인 차원의 불안감들(누가 나를 사랑할까? 난 다른 누군가에게 진정으로 중요한 존재가 될 수 있을까? 내 삶에 어떤 의미가 있을까? 난 죽은 후에 세상에 어떤 흔적을 남기게 될까?)을 가려 버리기도 한다. 하지만 이런 문제들은 너무나 미묘하고 너무나 복잡해서 커플을 이루는 것만으로는 그 답을 알 수가 없다.

에릭 클리넨버그가 인터뷰한 싱글턴들은, 자신들의 여건이 스스로 보기에도 그다지 좋지 않을 경우에도 종종 강렬하고 만족스러운 관계들을 유지하면서 고독과 자유를 마음껏 누리는 행복한 삶을 살고 있었다. 그들은 다른 이들과 어울리기를 추구하는 것이나 심지어 힘든 순간을 극복하는 것마저도 하나의 자극으로 받아들였다. 클리넨버그는, 가장 흔히 들려오는 불평 중 하나가 '자신을 위한 시간이 부족하다'는 것인 사회에서 싱글턴들은 개인적인 시간과 공간을 향유함으로써 '연인과의 관계를 위한 순간과 장소와 기간'을 선택할 수 있고, 그럼으로써 에너지를 재충전하고 그와 더욱더 깊은 관계를 형성하며, 더욱 풍요로워진 채 세상에 되돌아갈 수 있다는 점을 역설한다. 2006년, 스트라스부르에 살던 30대의 여성 크리스텔은 자신의 연인과 헤어졌다. 그녀는 그를 처음 자기 집에 초대했을 때의 이야기를 들려주었다. "그가 자기 집으로 돌아가는 걸 보는 즐거움은 그와 함께 주말을 보내는 즐거움만큼이나 컸답니다."[111]

게다가 혼자 사는 사람들은 은둔하려는 경향을 보이기는커녕 정기적으로 외출을 함으로써 도시의 삶을 활성화하는 데 기여한다. '혼자 산다'는 표현에 속으면 안 되는 것이다. 헨리 데이비드 소로가 2년간 살았던 월든 호숫가(매사추세츠주)의 숲속 오두막[112]도 그의 고향 마을 콩코드에서 걸어서 30분이면 갈 수 있는 거리였다. 그는 자주 그곳으로 가 가족과 친구들을 만나고 선술집에서 맥주도 마셨다. 또한 '그에게 소박하고 맛있는 음식을 가져다주는' 그의 어머니를 비롯한 지인들의 방문도 마다하지 않았다.[113]

그러나 클리넨버그는 혼자 사는 것은 무엇보다 벌이가 좋은 사람들에게 적합하다고 강조한다. 경제적 여유는 둘일 때보다 혼자일 때 누리기가 더 어려운 운신의 폭을 넓혀 주고, 안락함과 안정감을 부여해 줄 수 있기 때문이다. 혼자 사는 많은 이가 열정적으로 전문직에 종사하면서 그 속에서 삶의 의미를 발견하고 충분한 보상을 받고 있다. 하지만 앞서 말한 법칙이 언제나 통용되는 것은 아니다. 크리스티아네 뢰징어는 또 다른 관점의 의견을 제시한다. "부르주아 계층(교양 있는 가정, 여유로운 중산층) 출신이 아닌 사람들은 좀 더 큰 위험을 안고 있는 것도 사실이다. 난 소박한 농사꾼 가정 출신이며 장학생으로 학업을 마쳤다. 늘 이렇게 살다 보면 이런 삶에 익숙해지면서 대단한 것이 필요 없게 된다. 하지만 일단 어떤 수준의 삶을 맛보게 되면, 거기서 추락할 것을 더욱 두려워하게 되는 것 같다."[114] 또한 클리넨버그는 풍족한 생활을 하지는 않지만 무엇보다 자유로움에 큰 의미를 두는 퇴직자들을 만난 적이 있다. 그들은 절대 자녀들과 함께 살고 싶어 하지 않았다. 함께 사는 가정의 분위기가 때로는 서로에게 해가 될 뿐만 아니라, 자녀들은 손주들을 돌보게 하면서 그들에게 '일을 시키려는' 유감스러운 경향이 있기 때문이다. 그들끼리만 사는 것은 그들로 하여금 자발적인 도움을 줄 수 있게 하고, 그들이 원하는 사회적 삶과 활동을 할 수 있게 한다.[115]

홀로 고독을 즐길 수 있다는 사실은 때때로 좋지 않은 가정환경에서 비롯된 힘든 경험들의 보상이 되기도 한다. 아홉 형제의 맏이인 필리프는 도시계획 우선 지구의 비좁고 방음이 잘 안 되는 아파트에서 자라면서 그의 아버지가 떠난 후 다른 형제들을 돌봐야 했다. 그리고 전기공 직업자격증을 준비하는 동안 그에게 숙식을 제공해 준 무자녀 부부를 만났다. 그는 시골에 거주하면서 자신만의 방을 갖게 되자 '엄청난 양의 산소'를 호흡하는 기분이 들었노라고 회상했다. 성인이 된 후 그는 청소년기를 맞은 딸이 엄마와 함께 살러 가고 싶다고 했을 때 이러한 느낌이 주는 행복을 다시 맛볼 수 있었다.[116] 마찬가지로 어떤 여성들은 한두 차례의 이혼 끝에 자신들이 교육받았던 이상적인 부부상에 대해 다시 생각해 보게 되었다. 그들은 더 이상 두 사람이나 그 이상의 사람들을 위해 집안일을 하지 않아도 된다는 데 안도했다고 털어놓았다. 맨해튼에 살고 있는 52세의 여성 샬럿은 이혼하고 20년간 자녀들을 키워 왔다. 그녀는 이젠 '그 누구보다도 자신의 필요와 욕망을 우선시할' 권리가 자신에게 있다고 생각했다. 처음에는 커다란 집에서 혼자 지내면서 '침대 밑에 살인자'가 숨어 있는 건 아닌지 두려운 생각이 들었다. 그래서 자신에게 더 적합한 작은 집으로 이사를 했고, 그곳을 도시 한가운데 있는 자신만의 '오아시스'로 만들었다. 그녀와 같은 세대의 수많은 여성처럼 앞서 언급한 60대 여성 헬렌은 '위대한 사랑이 지닌 구원의 힘'을 믿었었지만, '사랑에 빠지고 남편과 함께 사는 것이 그녀를 온전히 충족시켜 주지는 못하며, 그녀가 되고 싶었던 자신이 되게 할 수는 없음'을 깨달았다.

클리넨버그의 연구 결과에 의하면, 대체로 남성보다는 여성이 혼자 사는 데 더 적합한 것으로 드러났다. 결혼생활에서 부부 관계를 유지하는 것은 여성에게 부과된 임무처럼 여겨졌다. 그리고 여성은 과부가 되든지 이혼을 하든지 간에 이러한 능력을 계속 유지해 나가지만, 남자는 종종 모든 걸 잃은 것처럼 느낀다. 특히 여자들끼리의 우정은 그들의 삶에서 중요한 위치를 차지하며, 이런 사실은 여성들 사이의 경쟁심과 남성들 사이의 동료애라는 오랜 고정관념과 배치되는 것이다.[117]

어떤 여성들의 경우에는 반드시 경험을 통해서만 결혼과 가족에 대한 불신을 갖게 되는 건 아니다. 자신의 자유를 중시하면서, 무엇보다 읽고 쓰고 한가로이 거닐고 여행하며 자주 거처를 옮기는 걸 좋아했던 샹탈 토마는 자녀도 없이 언제나 혼자 살았다. 그녀는 대학생 시절에 살던 방에서 느꼈던 환희에 충실한 삶을 살았다. 따지고 보면, 어째서 성인이 되었다는 이유로 초롱불들을 꺼뜨려야 한다는 말인가? 축제가 막 시작된 마당에? 무엇보다 여성의 독신 생활이 더 이상 예전처럼 금욕적인 삶을 의미하는 게 아닌 터에? 미국에서는 베티 프리단의 《여성의 신비》가 출간되기 1년 전인 1962년, 《코스모폴리탄》의 기자인 헬렌 걸리 브라운이 《섹스와 독신 여성》으로 센세이션을 일으켰다.[118]

그녀는 책 속에서 젊은 여성들에게 다양한 경험을 쌓고 자신을 알아가기 위해 되도록 결혼을 늦추라고 부추겼다. 가브리엘 쉬숑은 1700년에 이미 결혼과 수도원 사이에서 선택하기를 거부하며 《자발적 독신 또는 구속 없는 삶》이라는 책을 펴낸 바 있다. 열아홉 살 때부터 몽테뉴의 열렬한 독자였던 마리 드 구르네(훗날 《수

상록》의 사후 에디션을 펴내는 데 크게 기여했다)는 1622년에 《남자와 여자의 평등에 대하여》라는 책을 출간했다. 그녀는 '세상 사람들의 비난에 용감하게 맞서며 자신의 형제자매들과 세 고양이 동젤, 미네트 그리고 피아용을 돌보았다.'[119] 반려동물 문제와 관련해 에릭 클리넨버그는 몇몇 고정관념들을 깨뜨린 바 있다. 혼자 사는 사람들보다 커플이나 자녀가 있는 가정들이 개와 고양이 같은 반려동물들을 훨씬 많이 키운다는 것이다. 하지만 혼자 살면서 반려동물들을 키우는 이들도 그 속에서 '세상의 비아냥거림에 맞설' 가치가 충분히 있을 만큼 다양한 혜택(더 긴 기대 수명, 불안과 스트레스 완화, 안정감 등)을 이끌어 낼 수 있다.[120]

이제 세상 사람들의 비아냥거림에 대해 이야기해 보자. 아마도 혼자 사는 사람들을 가장 힘들게 하는 것은 주변 사람들이 그들에게 부여하는 단순화되고 수치스러운 이미지일 터다. 결혼과 가족은 오랫동안 하나의 기준일 뿐만 아니라 하나의 이상 또는 적어도 따라야 할 하나의 규범처럼 여겨져 왔다. 이와 관련해 프랑스의 한 심리학자는 이렇게 증언한 바 있다.

"내게 상담을 하러 온 여성들 중에는 거리낌 없이 이런 말을 하는 이들이 있습니다. '난 서른 살이 넘었는데 아직 아이도 없이 혼자 살고 있어요. 내 인생은 실패작이에요.'"[121]

이러한 상황에서는 자신의 비정형적인(사실 생각하는 것만큼 비정형적인 것도 아닌) 삶의 여건을 적극적이고 창조적인 것으로 변화시키기가 매우 어렵다. 만약 당신이 그런 시도를 한다면, 가까운 사람들이 기꺼이 당신의 기를 꺾으려 들 것이다. 클리넨버그가 만난 사람들은, 그들의 부모나 친구 그리고 동료들이 그들의 인격이나 개성보다 결혼 유무를 그들의 가장 중요한 특성으로 여긴다는 걸 알고는 놀라움을 금치 못했노라고 이야기했다. 캘리포니아에서 기자로 활동하는 킴은 독신자를 '누군가를 만나지 못한 불쌍하고 불행한 사람'으로 여기는 세태에 분노했다.[122]

그런 압박감을 느끼는 동안에는 스스로의 생각이나 기대를 외부의 시선 및 기대와 구분하기가 힘들어진다. 맨해튼에 사는 37세의 웹디자이너 몰리는 언제나 혼자서 오랜 시간을 보내는 걸 좋아했다. 그녀는 때때로 혼자 집에 있는 게 너무 좋아서 전화가 와도 받지 않는다. 그녀는 이렇게 자평했다. "내가 만약 여자들은 으레 아버지 집에서 남편 집으로 옮겨 가는 시대에 살았다면 나 자신에 대해 이렇게 많은 걸 배우지는 못했을 것이다." 그러나 이런 그녀조차도 어쩌면 자신의 삶은 실패작일지도 모르며, 무언가가 정상이 아니라는 강박관념에서 완전히 벗어나지는 못했다. 그녀는 몇 번의 연애 경험이 있긴 하지만 '진지한 사랑'을 한 적은 한 번도 없었다. 그녀는 자신의 '소울 메이트'를 찾는 데 적극적으로 많은 시간을 할애했다. 마치 그러는 게 의무이기라도 한 것처럼. 그리고 어느 날 그러는 게 지겨워졌고, 자신의 자유 시간을 친구들과 보내는 데 할애하기로 했다. 그녀가 혼자 사는 걸 좋아하고, 그게 그녀에게 잘 맞는다는 사실은 중요하지 않았다. 자신의 삶의 방식을 받아들이는 것은 그녀에게 '엄청난 양의 에너지'를 요구했다.[123]

앞서 본 것처럼 여성이 남성보다 혼자 사는 데 더 적합하다고 하더라도 사람들은 독신 여성들에게 수치스러운 낙인을 찍는 경향이 있다. 독신 여성은 불완전하고 미완인 존재이며 일종의 변칙이라고 여기는 생각이 여전히 남아 있는 것이다. 샹탈 토마는 저서 《자신에게 주어진 자유를 어떻게 받아들일 것인가》의 여러 페이지를 이러한 편견을 물리치는 데, 무엇보다 그녀가 그러기를 즐기는 것처럼 혼자 카페에 갈 수 있는 권리를 옹호하는 데 할애하고 있다.[124] 카페의 또 다른 고객이 그녀에게 다가가 혼자냐고 물으면 그녀는 이렇게 대답한다. "네, 하지만 난 혼자 있고 싶은데요." 남자들이 추근거릴 때마다 그녀는 이런 생각을 하게 된다. "혼자 있는 여성에게 '혼잔가요?'라고 묻는 남자는 〔……〕 극장이나 레스토랑 또는 기차에서 '여기 앉아도 될까요?'라고 묻는 사람과 다를 바 없다. 그녀가 '네'라고 답하면 그는 그 자리를 덥석 차지해 버린다. 마치 여자가 계속 혼자 있어야 할 어떤 이유도 없다는 듯이. 그것은 무익한 빈자리로 여겨지기 때문이다. 이러한 동일시가 불쾌하게 느껴질지 모르지만 이건 도처에서 끊임없이 발견되는 현상이다."[125] 만약 한 시간의 평온함을 누리는 것이 비정상으로 보인다면 삶 전체에 대해서는 어떤 생각을 할 수 있을까?

여자는 '다른 누군가를 위해 살아야 하는' 존재이므로 가정이나 배우자를 위한 삶을 살 수 없다면 그 삶에 어떤 의미가 있을 수 있을까? 발자크는 1832년 《투르의 사제》에서 노처녀들에 대해 이런 이야기를 한 바 있다. '남자들도 어머니들도 여성의 헌신에 대해 거짓말을 한 그들을 용서하지 않았다. 〔……〕 독신으로 살아가는 여자라는 존재는 무의미 그 이상이 될 수 없기 때문이다.' 오늘날에도 문학 교수이자 커플의 삶을 찬양하는 (여성) 작가인 클로드 아비브의 글 같은 데에서 이런 확신을 다시 접할 수 있다.[126]

"연인이나 어머니인 여성은 자신도 몰랐던, 이전에는 존재하지 않았던 능력들을 보여 준다. 반대로 독신 여성은 아무것도 새로울 게 없다. 그녀의 고독은 아무것도 보여 주지 못한다."[127]

반면 혼자 사는 남자는…… 독신 남성은 또 다른 문제다. 2014년 봄, 두 명의 할리우드 스타 조지 클루니와 제니퍼 애니스톤이 동시에 각자의 약혼을 발표했을 때(클루니는 영국의 변호사와, 애니스톤은 배우와 약혼했다), 온라인 잡지 제제벨닷컴(Jezebel.com)은 각종 미디어들이 이 두 소식을 어떻게 다루는지를 재미 삼아 비교했다. 애니스톤과 관련해서는 이렇게 외치는 기사 제목들이 두드러졌다. "마침내!" 또는 "마침내 행복해지다!" 그리고 클루니와 관련한 기사 제목들은 이런 식이었다. "세상의 종말이 다가온 듯. 비탄에 빠진 여성 팬들, 초콜릿으로 슬픔을 달래다."《데일리 메일》은 관련 기사에 대담하게도 이런 제목을 붙였다. "'정착하기를 거부하는 남자를 내가 낚았어요'라고 말하는 듯한 눈빛: 클루니를 길들인 여성은 영국의 아름다운 변호사다.' 이미 오래전부터 언론이 이 두 사람에 부여하는 이미지는 판이하게 달랐다.

클루니는 '이탈리아의 코모 호숫가에 독신자용 아파트를 소유한 매력적이고 멋진 플레이보이로, 비평가들의 찬사를 받는 영화들을 촬영하거나 다르푸르를 구하는 것* 같은 일을 위해서만 아름다운 여자들을 유혹하기를 멈추는 남자다.' 애니스톤은 브래드 피트(안젤리나 졸리 때문에 그녀를 떠난)와 이혼한 이후로 부족함 없는 연애를 해 왔음에도 불구하고 철저한 인생 낙오자의 이미지를 달고 다녔다. "그녀는 슬펐고, 그녀는 외로웠고, 그녀는 슬프고 외로웠다." 그녀의 삶은 '눈물과 요가'로 점철되었다. 사람들은 그녀가 어떤 관계를 끝낼 때마다 '마음이 무겁고, 그녀의 생물학적 시계에서 시한폭탄처럼 똑딱거리는 소리가 들린다'고 쑥덕였다. '제니퍼 애니스톤 임신'이라는 말을 구글에서 검색하니 무려 2800개의 결과가 나왔다. 그녀는 단 한 번도 임신한 적이 없는데도 말이다.

클루니가 이 여자에서 저 여자(1993년 이후로 여섯 명이었으니 사실 그리 많은 것도 아니었다)에게로 나비처럼 옮겨 다닐 때마다 잡지에 실린 그의 사진에는 '결별하다'라는 단어가 함께했다. 하지만 존재하지 않는 아이에 대한 대문짝만 한 기사 제목은 어디에서도 찾아볼 수 없었다.[128] 당사자의 항변 같은 것은 중요하지 않았다. 이런 사실들은, 여자는 삶의 어느 순간에 결혼을 하고 어머니가 되어야 한다는 사회적 압박을 드러내 보여 준다. 이에 대해 제니퍼 애니스톤은 이런 이야기를 한 바 있다. "난 흔히 말하는 삶의 의무에 관한 리스트 같은 걸 만든 적이 없어요. 이를테면 거기 적힌 것들을 모두 성취하지 못하면 여자로서 부분적으로 실패한 삶을 살았

—• 조지 클루니는 아프리카 수단의 다르푸르 지역에서 자행되는 참상을 세계에 알리는 데 힘썼으며, 2011년 남수단의 분리 독립에 공헌한 바 있다.

다고 생각하는 식으로 말이죠. 난 아이를 낳지 못한다고 해서 여성으로서의 내 가치가 줄어든다는 생각을 해 본 적이 없거든요."[129]

엘리자베스 길버트는 한 친구의 예를 들어 이를 설명한다. 그녀는 마흔 살이 될 때까지 자신이 결혼하기를 기다려 왔다. '스스로를 어른으로 여길 수 있기 위해서다.' 그녀는 이처럼 언제나 '자신의 진정한 삶을 훗날로 미뤄 왔다.' 마침내 이런 자신의 어리석음을 깨달은 그녀는 '알에서 깨어나기'로 마음먹었다. 그녀는 자신의 생일날 아침, 직접 만든 조그만 목선과 함께 태평양 연안으로 향했다. 배 안에는 장미 꽃잎과 쌀알을 가득 채워 넣었다. 그리고 물속으로 걸어 들어가면서 불을 지른 배를 띄워 보냈다. "그것은 개인적인 구명救命 의식과도 같은 것이었습니다. 크리스틴은 훗날 내게 이런 말을 하더군요. 바닷물이 '신부新婦의 독재'라는 이름의 배(여전히 불타고 있던)를 멀리 싣고 감에 따라 자신이 스스로를 넘어서면서 더 강해지는 기분이 들었다고요. 그건 마치 그녀가 위험 수위를 성큼 넘어설 것을 스스로에게 약속한 것이나 마찬가지였습니다. 그녀는 마침내 너무 늦지 않게 자신의 삶을 있는 그대로 받아들이기로 한 것이지요."[130]

가족이 된 친구들

마지막으로 가능한 또 다른 선택이 있다. 자기가 사는 곳을 자신의 연인이나 배우자가 아닌 친구들이나 지인들과 공유하는 것이다. 사회학자 프랑수아 드 생글리는 2112년에 일어나는 것으로 설정된, '우리는 왜 결혼을 폐지했나?'라는 제목의 이야기 속에서 '외토피 eutopie'라는 개념을 제시한 바 있다. 외토피는 문자 그대로 '행복한 장소' '유익한 장소'를 의미하며, 결혼은 2048년에 폐지된 것으로 되어 있다. 그의 설명에 의하면, 1970년대에 도입된 합의이혼 제도나 동성커플의 결혼 허용 등도 구제가 불가능한 결혼이라는 제도를 개선하기엔 충분하지 않았다. "두 사람이 함께 사는 건 위험한 일이었다. 언제나 어떤 방식으로든, 서로의 평등에 악영향을 끼치는 가사의 분할을 고착시켰기 때문이다." '2040년까지 지배적이었던 이성 커플의 표상'은 집안일의 분담 그 이상으로, 두 사람으로 하여금 스스로를 상대 배우자의 보완적인 존재로 여기면서 그런 사람이 되고자 애쓰게 했다. 그리하여 "남성과 여성의 정체성 중 어느 한쪽이 우세할 수밖에 없었다." 미래 세상에서는 사람들로 하여금 이러한 거울 놀이를 중단하게 하고, 각자 독립적인 개인으로서 발전하고 활짝 피어날 수 있게 하기 위해 1인 가구가 사생활의 공인된 형태로 자리 잡았다.

그러나 1인 가구들은 사적인 장소와 공동의 장소를 결합한 거주지에서 살았다. 아이들은 각자 자신의 편부모와 함께 살았다. "그들은 자기 집의 자기 방에서 편부모와 살면서, 공동의 장소 덕분에 또 다른 어른들도 만날 수 있었다."[131] 뉴욕대의 사회학 교수인 주디스 스테이시는 아마도 이러한 방식에 동의를 표할 터다. 친구들과 함께 사는 사람은 그들에게서 감정적 지지를 받을 수 있을 것이며, 그녀의 표현에 의하면, "육체적 이끌림으로 인해 발생하는 예기치 못한 일들도 더 이상 거주자의 안전이나 안정을 위협하지는 못할 것이다."[132]

독립적이면서도 하나의 집단을 이루는 개인. 이것은 이제 독신자, 과부와 홀아비, 이혼자, 편부모 모두의 상황이 될 터다. 그들은 각자 공동 셋집에서 살거나 협동 주거지에 자리 잡게 될 것이다. 고령자나 더 이상 가족과 함께 살 수 없게 된 이들에게 이러한 해결책은 고독을 해소하고, 반드시 터무니없이 비싸지는 않은 집세를 공평하게 분담하고, 양로원에 가는 것을 피하게 해 준다. 코다의 회장 에릭 로시오는 이런 이야기를 들려주었다. "어느 날 여성 열두 명이 나를 보러 왔습니다. 평균 나이가 55세쯤 되는 분들이었지요. 남편과 자녀들은 모두 그들의 곁을 떠났고요. 그분들은 도시의 여기저기에 흩어져 살고 싶지 않다면서 함께 모여 살 수 있기를 바랐지만 우린 그들에게 아무것도 제공해 주지 못했습니다." 제네바의 라 종시용에 건축 중인 미래 친환경 단지 내의 클러스터는 무엇보다 이러한 종류의 요구에 부응하는 것을 목표로 삼고 있다.[133] 프랑스의 센생드니주州 몽트뢰유에서는 1991년 일단의 여성들이 '바바야가의 집'이라는 프로젝트를 시작했다(바바야가는 러시아 민화에 등장하는 마녀의 이름이다). HLM의 사무소가 공동 관리하는 바바야가의 집은 많은 어려움과 부침에도 불구하고 2013년 2월 문을 열었다. 스물한 채의 개별 아파트에는 오직 여성 퇴직자들만이 거주할 수 있다. 테레즈 클레르가 주창한 프로젝트에 처음 동참했던 이들은 혼자 사는 여성이 대부분이었으며, '그들은 가장 빈곤한 사람들이기도 했다. 그들이 받는 퇴직연금은 남성들의 그것보다 평균 40퍼센트[134]나 적었다.' 도의회의 요청으로 그곳의 아파트 네 채는 30세 이하의 젊은이들에게 할당되었다.[135]

공동 셋집은 무엇보다 대학생들이 많이 이용하지만 퇴직자들 역시 이런 거주 형태에 관심이 많다. 프랑스의 홀로 살던 노인 1만 9490명의 목숨을 앗아간(프랑스 국립보건의학연구소의 통계에 의하면) 2003년의 살인적인 폭염 이후 사회심리학자 크리스티앙 보멜은 이런 종류의 해결책에 도움을 줄 수 있는 라 트람La Trame* 조합을 설립했다. 조합은 그 프로젝트에 3~8명으로 이루어진 그룹들을 끌어들였다. 파리에 살면서 30년 전부터 서로 알고 지낸 세 여성은 앙주에서 여생을 함께 보내기로 결심했다. 그들은 채소밭, 과수원, 정원 그리고 목초지로 이루어진 8헥타르의 대지 가운데 있는 오래된 방앗간을 개조해 그곳에 모여 살았다. 그러다 그중 한 사람이 뇌수막염에 걸렸고, 6개월간 혼수상태로 병원에 입원해 있던 그녀는 2년에 걸쳐 차츰 건강을 회복했다.

다른 두 여성은 입을 모아 말했다. "파리에서 혼자 살았더라면 그녀는 벌써 죽었을 겁니다." 르 가르주州에서는 두 여성과 두 남성이 스승의 고택에서 함께 살았다. 60대의 여성 일데는 그곳에서의 삶을 이렇게 설명했다. "나는 이 집을 정말 사랑해요. 이곳의 방들에는 마치 연극 무대처럼 문이 여러 개 있답니다. 그 문들이 각자

—• 　Trame은 프랑스어로 '씨실'을 뜻한다.

에게 개인적인 완충지대를 만들어 주죠. 그래서 외부로부터 전화를 받은 후에도 차분히 화장을 하며 외출 준비를 할 수 있고요. 우린 그런 식으로 사생활을 지키면서 다른 이들과 나눌 수 있는 것들을 나누며 산답니다."[136]

2012년에는 비트리쉬르센에 사는 94세의 전직 교사 아를레트와 저널리즘을 공부하는 25세의 대학생 마리암의 성공적인 세대 간의 동거가 세상에 소개된 적이 있다. 마리암은 6년 전부터 아를레트의 집에 세 들어 살았고, 두 사람은 함께 식사를 하고 오랜 시간 대화를 나누면서 깊은 우정을 쌓아 갔다. 마리암은 아를레트에 대해 놀라움과 감탄을 감추지 못했다. "친구들하고 파티를 여는 날에도 아를레트는 새벽 3시까지 우리와 함께 시간을 보냈답니다."[137]

공동 셋집에서의 삶은 세입자들 사이에 깊은 친밀감을 유발한다는 이점을 포함하면서 로또 당첨과 유사한 면이 있다. 서로의 기질의 불일치, 서로 다른 습관들로 인한 마찰 그리고 집안일 등을 둘러싼 갈등과 충돌로 인해 모두에게 지옥이 될 수도 있다는 점이 그것이다. 알리스는 30대이던 2000년에 그것을 직접 겪은 적이 있다. 그녀는 여덟 명의 또래 여성과 시골의 커다란 집으로 이사했다. 그들은 또한 비용을 분담해 도시에 아파트도 한 채 마련했다. 한 사람이 그곳에 상주하고, 나머지 방 두 개는 다른 사람들이 도시로 나갈 때 임시 거처로 사용될 터였다. 알리스는 처음에는 그러한 사치에 반색했다. "그건 내게는 너무나 비현실적인 이야기로 들렸죠. 어떤 사람들은 무직이거나 최저통합수당*도 받지 못했지만 그래도 비용은 부담할 수 있었어요."

그러나 단체 생활은 이내 재앙으로 변했다. 무엇보다 세입자들 간의 소통의 부재가 그 이유였다. 알리스는 자기 방에서 혼자 오랜 시간을 보내면서 얼굴을 잘 내비치지 않았다. 자녀가 있어서 눈코 뜰 새 없이 바쁜 커플들은 그녀를 '개인주의자'라고 비난했다. 그녀는 진절머리를 내며 그 생활을 청산했고 오랫동안 그 후유증에 시달렸다. 그 후 새로운 공동생활을 별문제 없이 해냈음에도 불구하고 그녀는 2010년 현재 혼자 살면서 또다시 그렇게 살 의사가 전혀 없음을 밝혔다. 그것은 그녀에게 일종의 '퇴보'를 의미하는 게 될 터였다.[138]

반면 또 다른 어떤 이들은 놀라운 연금술에 성공해 더 이상 아무것도 바꾸고 싶어 하지 않았다. 대학생일 때 함께 이주한 네 명의 뉴요커는 18년이 지난 2012년에도 계속 함께 살고 있었다. "우린 서로에게 매우 가까운 존재들입니다. 서로를 많이 아끼지요." 사총사 중 한 사람인 릭 브라운이 설명했다. "우린 스스로에게 공간을 여유롭게 할애하며 다른 이들의 일상에 간여하지 않습니다. 말하자면 가족이 주는 모든 혜택을 누리면서 그에 동반되는 단점들은 거의 알지 못하는 삶을 산다고 할까요." 그들은 애인이 생기면 그녀에게 집의 열쇠를 주었다. 결혼 청첩장이나 아이의 탄생 카드 같은 것은 냉장고 문에 붙여 두었다.

—• Revenu Minimum d'Insertion. 소득이 없는 사람들에게 취업에 필요한 최소한의 수입을 보장하는 제도.

"말하자면 함께 자라고 함께 늙어 가는 셈이지요."

그중 하나인 샤이아포른 티라쿨스티트는 이렇게 요약했다. 그들은 여러 차례 함께 이사했고, 정원이 딸린 3층짜리 주택에 정착할 수 있었다. 그들 각자의 방은 다른 누구의 방과도 붙어 있지 않았다. 함께 살 집을 찾는 건 항상 쉬운 일은 아니었다. "너무 힘들어서 너희들을 모두 죽여 버릴까 생각한 적도 있었지." 루크 크레인이 웃으며 말했다. 각각 배우, 비디오게임 디자이너, 저널리스트 그리고 스포츠 코치로 일하는 네 사람은 미성숙함과는 다른 신선함과 어릴 적 꿈들의 많은 부분을 그대로 간직한 듯 보였다. 딸린 가족도 빚도 없이 집세를 분담한다는 사실은 그들로 하여금 직업적으로 자유롭게 하면서 그들이 좋아하는 것에 전념하고 심지어 '좋은 직장들'마저 주저 없이 떠날 수 있게 해 주었다. 다나허 뎀프시는 파이저에서 잠시 정보 분석가로 일했었다. 그는 그곳에서 난생처음 유급휴가와 의료보험의 혜택을 누릴 수 있었다. 그러나 풀타임으로 일하는 직장생활이 자신에게 맞지 않는다는 걸 깨닫고 사표를 냈다. "결혼을 하고 아이가 있는 내 친구들에게는 나의 이런 결정이 이해되지 않았을 겁니다. 거길 계속 다녔다면 돈은 제법 벌 수 있었을지도 모르지요. 하지만 난 분명 불행해졌을 것입니다."[139] (여기서 나는 한 친구가 자신의 동기생에 대해 들려준 이야기가 생각났다. 그는 자신이 몹시 싫어하는 어떤 회사에서 불특정 기간 계약제로 일하게 되었다. "그 친구는 자신이 불행하다고 느꼈을 거야. 하지만 그는 적어도 그렇게라도 평생 일할 수 있으니까 그나마 다행인 거지.")

집세를 분담하는 것 외에도 '분담하지 않는' 방법을 선택할 수도 있다. 나는 제네바에서 살 때 유럽에서 가장 활발하게 일어났던 스콧 운동의 증인이 되는 행운을 누린 적이 있다. 1980년대부터 2000년대 말까지 약 30년간 이어진 운동은 절정기에 160군데가 넘는 장소의 점거를 기록한 바 있다. 그 주역들은 또한 값싼 주거지 부족과 그에 대한 사색에 반응하며 도시의 모습을 바꾸어 놓았다. 그들은 전복적이고 창조적인 열기로 들끓는 콘서트와 공연장, 독특한 분위기의 바, 저렴하거나 무료인 식당들, 탁아소 그리고 중고 책방을 열었다. (게다가 라 종시옹의 미래 친환경 단지는 1990년대 말에 자주적으로 관리되는 거대한 문화공간이었던 부지, 일명 아르테미스에 세워질 예정이다.) 그리고 그들은 놀라운 면모를 지닌 삶의 장소들을 구축해 냈다. 그 자신도 한때 무단 거주자로 살았던 사진가 쥘리앵 그레고리오는 이 황금시대의 마지막 10년간의 자료를 수집했다.[140] 그는 실내를 장식하는 경쾌하고 창의적이며 알록달록한 잡동사니들을 사진으로 포착했다. 공동생활의 풍요로움을 이야기하는 것들이었다. 세면대 옆에 놓인 10여 개의 칫솔들, 하트와 화살 그리고 대문자로 쓴 글씨들로 빼곡한 나무판자들. 거주자들은 그곳에 매직펜이나 분필로 메시지를 남기곤 했다. "금요일 16시부터 16시 30분 사이에 장작을 대신 좀 받아 줄 수 있는 사람?" 또는 원망하는 어투로 남긴 메시지도 있었다. "냉장고에 비닐로 싼 음식을 넣어 놓는 건 다른 사람이 못 먹게 하려는 거겠지……. 제기랄, 혼자 잘 먹고 잘살아라."

나는 이 운동에 참여해 본 적이 한 번도 없었다. 사실 난 딱히 할 수 있는 게 없었다. 언젠가는 오빠가 들려주는 경험담에 얼굴이 새하얗게 질린 적도 있었다. 그와 친구들은 라 투르 스콰에 참여했던 초기에 쥐떼와의 전쟁을 치러야 했다. 하지만 난 그들이 하는 일들을 감탄과 함께 지켜보았고, 그 운동이 주거지 및 함께 사는 사람들과의 관계에 일련의 변화를 가져왔음을 가늠할 수 있었다. 일부 선동가들은 이를 수치스러운 특혜로 규탄하면서 여느 세입자들로 하여금 무단 거주자들에게 반기를 들게 하기도 했지만, 집세를 내지 않아도 되는 사실은 많은 것을 철저하게 바꾸어 놓았다. 거주자들은 아주 적게 일해도 되기 때문에 각자 자신의 삶을 살면서 다른 이들을 위해서도 놀라우리만치 많은 시간을 할애할 수 있었다. 아이들은 스콰에 자신들의 부모가 함께 있건 없건 간에 언제나 많은 어른의 보살핌을 받을 수 있었다. 친구들, 지인들, 끊임없이 찾아오는 방문객들은 정보와 지혜, 다양한 기회와 우연적인 일, 만남, 반드시 해야 할 일의 순환과 함께 그곳에 활력을 불어넣었다. 스콰의 거주자들은 주거용 트레일러를 수리하는 친구를 도우며 하루 종일 시간을 보내거나, 여럿이 힘을 합쳐 복구시킨 오래된 회전목마를 함께 광장으로 옮기기도 했다. 또한 충분한 시간적 여유를 가지고 문제가 있거나 힘든 일을 겪은 이들의 이야기를 들어 주고 그들을 다독거려 줄 수 있었다.

이러한 삶의 방식에서 비롯된, 현실적 문제들과 인간관계에 대한 여유로움은 놀라우리만치 굳건하고 삶의 지혜가 넘치는 인격체,

즉 어떤 어려움이 닥쳐도 잘 헤쳐 나갈 수 있으며, 잘 살아남는 것뿐만 아니라 잘 살아갈 수 있는 사람을 형성하는 데 크게 기여한다. 나는 앞서 노동의 자본주의적 규율에 지배받는 커플들은 서로의 삶을 이루는 씨실과 날실을 서로 얽히게 하기가 매우 어렵다는 이야기를 한 바 있다. 그러나 여기서는 연인관계도 아니고(또는 반드시 그런 건 아니고) 혈연관계도 아닌 사람들이 매우 밀접하게 서로의 씨실과 날실을 얽혀 가며 살고 있는 것이다.

"우린 막 12층짜리 아파트의 9층으로 이사를 했어요. 내 해산일이 얼마 남지 않았거든요. 이제야 좀 더 넓은 집에 아기 침대를 설치할 수 있게 되었답니다. 하지만 창문으로 보이는 낯선 풍경과 마주하면서 하늘을 바라보노라면 흐르는 눈물을 주체할 수가 없더라고요. 남편이 직장으로 떠나고 나면 날 찾아오는 사람이 아무도 없고 나 역시 거의 외출을 하지 않는답니다. 그래서 하루 종일 누구하고도 말을 하지 않고 지내는 날이 많아요. 장은 일요일에 몰아서 보기 때문에 외출할 이유가 더더욱 없고요. 그러다 보니 남편의 귀가 시간만 목이 빠지게 기다리게 되더라고요."

일본의 SOS베이비협회에 접수된 이런 증언들은 남녀 간의 일의 분담이 띠는 화학적으로 순수한 형태를 보여 주는 듯하다. 어떤 젊은 어머니는 24시간 전화상담 센터에 전화를 걸어 실어증에 걸릴 지경이라고 하소연했다. 그녀는 아기와 함께 하루 종일 혼자 지냈고, 남편은 너무나 늦게 피곤한 상태로 돌아와 그녀에게 말을 붙일 기운도 없이 쓰러져 잠들곤 했다. "심지어 어떤 여성의 남편은 자기 딸이 태어나고 만 하루가 지날 때까지도 그 사실을 알지 못했답니다."[141] 협회의 운영자들이 들려준 이야기다. 이 끔찍한 상황은 부분적으로 일본이 선진국 중 가장 낮은 출생률을 기록하는 나라 중 하나라는 사실을 설명해 준다.[142]

반대로 지금까지 살펴본 시도들은 모두가 어떤 방식으로든 이러한 삶의 모델을 개선하는 데 그 목표를 두고 있다. 이는 물론 언제나 쉽지만은 않으며 가능하지 않을 때도 있다. 그러나 우리가 물려받은 시스템의 근원과 기능을 더 잘 이해하는 것은 그것에 저항하기 위한 무기를 찾는 데 도움을 줄 수 있다. 중요한 것은 혼자든, 커플이거나 친구들과 함께든, 자녀가 있든 없든 간에 결코 순순히 체념하지 않고 축제의 초롱불을 꺼뜨리지 않는 것일 터다.

7장

사람들로 북적대는 궁전:

이상적인 집을 상상하기

계단은 하나의 상자에 불과할 수도 있는 건물을 미로로 변화시킨다. 그 자체로 하나의 탈출구 및 통로를 나타내며, 미개척지인 낯선 곳의 존재를 예고한다. 계단은 우리가 보는 것이 전부가 아니라는 걸 말해 준다. 집이 우리가 예감하거나 언뜻 엿보기만 했던 또 다른 다양한 즐거움과 풍요로움을 느끼게 해 줄 또 다른 방들과 장치들을 마련해 두고 있음을 우린 계단을 통해 알게 되는 것이다.

콧수염을 기르고 몽상에 잠긴 듯한 매력적인 도공 피에르는 며칠 후 생일을 앞두고 있었다. 이때를 위해 그는 거창한 계획을 세웠다. 그는 자신의 동반자와 145명에 이르는 친구들을 위해 많은 차를 담을 수 있는 거대한 다기를 만들 참이었다. 모두들 와서 그를 도왔다. 점토를 롤러로 다지고, 판을 세우고, 주둥이와 손잡이와 뚜껑을 조립하는 데 힘을 보탰다. 작업이 모두 끝나자 그들 앞에는 그들 몸집의 두 배나 되는 거대한 다기가 서 있었다. 그들은 침실 크기만 한 바퀴 달린 나무판 위에 그것을 올리고 밖으로 꺼내기 위해 도기 제조소의 한 벽면을 허물었다.

　그런데 문제가 생겼다. 아파트 15층의 C열 6호실 피에르의 집으로 그것을 운반할 방법이 없었던 것이다. 궁리 끝에 그의 친구들은 그가 모르게 그것을 인접한 숲속의 빈터로 옮겨다 놓았다. 그곳에서 그들은 다기 주위로 다기 형태의 2층짜리 집을 지었다. 문과 창문들과 굴뚝이 달린 집이었다. 그리고 그 안을 종이로 가득 채워 넣고 주위에 조그만 나무들을 빼곡히 둘러 집이 보이지 않게 했다.

피에르의 생일날 저녁 그들은 그를 초대해 거기에 불을 붙이게 했다. 나무와 종이가 모두 타고 나자 그의 눈앞에는 완벽하게 구워진 집-다기가 모습을 드러냈다. 그곳에는 그와 모든 친구들이 함께 들어갈 수 있었다.

이 이야기를 처음 접했을 때 나는 차의 맛을 알기에는 너무 어렸지만 즉시 이야기에 매료되었다.[1] 나는 휘둥그레진 눈으로 로제 프라숑의 독창적인 삽화들에 빠져들었고, 무엇보다 밖에서 바라본 집-다기를 보여 주는 마지막 그림이 가장 마음에 들었다. 화환들로 둘러싸인 집의 내부는 환히 밝혀진 채 파티를 즐기는 사람들로 북적거렸다. 두 사람이 웃는 얼굴로 창가에 몸을 기댄 채 서로의 잔을 부딪쳤고, 그중 한 사람은 색종이로 만든 뾰족한 모자를 쓰고 있었다. 또한 숲속 나무들 사이에서 또 다른 사람들이 나타나 아래층에서 춤추는 이들과 합류했다. 로제 프라숑, 퀸틴 블레이크(로알드 달의 공식 일러스트레이터), 니콜 클라블루, 토미 웅게러, 페르난도 퓌그 로자도, 비네테 슈뢰더, 모리스 센닥, 조르주 르무안, 토베 얀손, 에티엔 들레쎄르 그리고 또 다른 많은 이가. 난 아직 경험들과 준거들로 채워지지 않은, 점토만큼이나 말랑말랑한 어린아이의 머리로 그들의 경이로운 그림들을 남김없이 빨아들였다. 그들의 그림은 내게 다른 세상들을 향한 출구 역할을 했고, 난 실제로 그 속으로 성큼성큼 걸어가는 기분이 들었다. 이제 와서 그 그림들을 다시 보다 보면 단순한 독서의 추억을 훌쩍 넘어서서 지난날 경험했던 또 다른 세상들 속으로의 여행과 마주하게 된다.

내 부모님의 몇몇 친구의 집들은 그만큼 강력하고 매우 유사한 성질의 인상을 내게 남겼다. 따지고 보면 그림과 집은 모두 손으로 창조해 내는 산물인 데다, 한정된 배경 속에서 펼쳐지면서 한 개인의 개성적인 면을 가장 잘 드러낸다는 공통점을 지녔다. 또한 둘 다 우리로 하여금 자신만의 작은 유토피아로 빠져들게 하면서, 삶에 대한 어떤 이상을 품게 만든다. 다섯 살이나 열 살짜리 어린아이는 자기 부모의 친구들과는 다소 거리감 있는 관계를 유지하는 법이다. 그러나 그들 중 몇몇은 내게 가장 은밀한 비밀과 그들의 본질을 전해 주었다. 단지 내가 그들의 집에 들어갔다는 사실만으로. 그건 마치 퀸틴 블레이크나 토미 웅게러의 그림들이 그들이 어떤 사람들인지를 말해 주는 것과도 같다.

부모님 친구들 중에는 안경을 끼고 잘 웃으며 사람 좋아 보이는 건축가가 있었는데 그는 제네바 근교의 시골에서 혼자 살았다. 그곳은 포도 재배를 하는 지역으로, 아마도 제네바 주변에서 가장 아름다운 곳일 터다. 그는 자신이 키우는 20여 마리의 고양이들이 자유롭게 드나들 수 있도록 창문들을 언제나 활짝 열어 두었다. 일요일이면 가끔씩 친구들 한 무리가 그의 집으로 몰려오곤 했다. 그들은 그를 도와 부엌에서 음식을 장만했다. 부엌은 거실 구석에 마련한 조그만 공간으로, 마치 지붕이 없고 출입구가 여럿인 오두막을 연상케 했다. 우리는 사방을 돌아다니면서 집의 구석구석을 탐험했고, 그에게 그림 도구를 빌렸다. 나무와 돌로 이루어진 순수하면서도 세련된 배경과 공들여 배치한 따사로운 조명이 비추는 집은 우리에게 건축가의 집에 와 있다는 느낌을 주기에 충분했다. 좁고 가파른 계단으로 올라가면 맨 먼저 조그만 복도를 통해 각 방으로 갈 수 있었다. 그리고 맨 위층에는 창고를 개조한 아틀리에가 있었다. 그곳에서 다시 사다리를 통해 커다란 메자닌으로 올라갈 수 있었다. 메자닌에는 난간이 없어서 지붕 아래에서의 일탈 여행이 주는 즐거움에 현기증의 짜릿함이 더해졌다. 그곳에서 나는 가구가 거의 없는 단순하고 너른 공간과 인상적인 수직垂直의 만남이 어떤 만족스러운 효과를 불러일으키는지를 체득할 수 있었다.

사실 그림과 집은 그 어떤 것보다 나를 흥분시킨다. 그러니 집을 그린 그림들에 대해서는 더 말할 필요가 있을까? 그런 그림들은 두 가지 형태의 마법을 결합하고 배가시키기 때문이다. 나는 성인이 되어서야 클로드 퐁티의 《나의 계곡》을 발견하고는 어렸을 때 이 그림책을 읽지 못한 것을 못내 아쉬워했다. 그만큼 난 어릴 적에 집-다기와 또 다른 수많은 집 속으로 나 자신을 투영했던 것처럼 나무-집의 둥그렇고 엉뚱하게 생긴 방들 속으로 뛰어들고 싶었다. 퐁티는 한 페이지 전체에 집의 세로 절단면을 보여 주고 있다. 지하 저장고에서 나무의 몸통 꼭대기까지 구불구불 이어진 계단은 7~8개 층 또는 반 층들로 통하고, 각 층에는 각각 또는 대부분 벽난로가 설치돼 있다. 맨 꼭대기에 있는 '별들의 방'에는 십자형 유리창 앞에 놓인 망원경, 지구의, 소파베드, 조그만 책장이 보인다. 바로 아래쪽에 있는 욕실의 욕조에서도 탁 트인 하늘의 전경을 감상할 수 있다. 방들이 있는 층('여러 친구들과 함께 잘 수 있는 방'을 포함한)의 '드 라 발랑케트'라는 방에는 사슬이 달린 붉은색 소파 베드가 창문 높이로 천장에 매달려 있다. 나는 멀리서 보이는, 램프로 불 밝힌 조그만 서재에서 글을 쓰는 나 자신을 상상해 본다. 계단 아래에 자리 잡은 서재는 또 다른 커다란 서재와 인접해 있다(하지만 커다란 서재는 좀 더 위쪽으로 '따뜻하게 책을 읽을 수 있는 침대' 옆에 있다. 침대는 바로 아래층에 위치한 부엌 겸 식당의 화덕에서 나오는 열기로 알맞게 덥혀진다). 실내 수영장과 '그네의 방'은 신체가 약해지는 문제를 겪지 않고 오랫동안 은둔할 수 있는 삶에 대한 나의 판타지를 이상적으로 충족시켜 줄 것이다. 음식으로 말하자면, 지하 저장고에 비축해 놓은 '겨울용 양식'으로 충분히 지낼 수 있을 터다.

일러스트레이터들은 집의 건축가들에 대해 크기라는 우위를 점하고 있다. 그들이 작품을 구현할 때 만나게 되는 유일한 제약은 그들의 상상력이다. 난 수년간 내 방 벽에 니콜 클라블루가 환상적인 침대들[2]로 가득 채운 페이지들을 붙여 놓고 잠들기 전에 한참 동안 바라보곤 했다. 성냥갑–침대, 조개–침대, 동굴–침대, 닫집과 주름 장식이 달린 침대(사람들이 서로 포개듯 잠든), 《완두콩 공주》의 그것에 버금가지만 완두콩 대신 호박으로 만들어진 매트리스······. 커다란 덮개를 씌우고 푸른 식물들로 장식한 아파트–침대에는 푹신한 쿠션들이 놓여 있고, 간이 부엌, 문갑 그리고 세면대까지 설치돼 있다. 마치 이브 로베르 감독의 1968년작 영화 〈행복한 알렉산더〉에서 필리프 누아레가 연기한 주인공이 자신이 필요한 것들을 침대에서 받아 볼 수 있도록 집 안에 도르래 시스템을 설치한 것처럼.

또한 기술자나 건축가는 애니메이션 〈하울의 움직이는 성〉[3]을 만든 미야자키 하야오 같은 감독과 경쟁하기가 어렵다. 증기를 내뿜는 굴뚝들과 피스톤들이 솟아 있는 이 움직이는 잡동사니의 조합은 우여곡절을 겪으며 새의 다리로 이동한다. 또한 신비한 마법의 출입문 손잡이는 정반대쪽에 있는 다양한 장소들로 옮겨 가게 해 준다. 거대한 세계를 넘나드는 이 별난 고철덩어리 성은 인류의 오랜 꿈에 부합한다. 마찬가지로 니콜 클라블루의 몇몇 침대들(반응하는 침대, 번개처럼 빠른 침대, 나는 침대, 팔다리가 달린 침대 등등)은 더없이 달콤한 안락과 여행과 속도의 속성들을 결합하고 있다. 이처럼 내밀함의 매혹과 모험이 주는 짜릿함을 결합하고자 하는 욕망은 끊임없이 모습을 바꾸는 침대가 나오는 윈저 맥케이의 만화 《잠의 나라의 리틀 니모》[4]를 탄생시켰다. 이러한 욕망은 가스통 바슐라르가 이야기한, 꿈의 강력한 모티브를 형성한다. "만약 '창조자'가 '시인'의 이야기에 귀 기울인다면, 그는 푸른 하늘에 지상의 탄탄한 안전성을 옮겨 갈 나는 거북을 창조할는지도 모른다."[5]

비록 예술가들처럼 자유분방하고 환상적인 창조물들을 만들어 낼 수 없을지는 몰라도, 발명가들은 패배를 인정하지 않고 자신의 집을 끌고 다니고 싶은 욕망을 다양한 방법으로 구체화했다. 주거용 트레일러, 캠핑 트레일러, 캠핑카……. 바람이 세게 부는 날만 일하러 갈 수 있게 한 '바람의 집'을 제작한 기 로티에는 1964년에는 '날아다니는 바캉스용 별장'의 축소 모형을 선보였다. 서너 명이 함께 지낼 수 있는 생활공간과 부엌, 화장실 그리고 조종간을 갖춘 트레일러-헬리콥터였다. 그것은 당시 실험된 진Djinn 헬리콥터의 기술에서 '회전 날개의 기계적인 연동連動을 없앤' 제트 날개를 빌려왔다. 그 덕분에 마치 마법에 의해 공중에 떠가는 것처럼 간결하고도 안정적인 모습의 헬리콥터가 탄생할 수 있었다.[6]

부유한 상속녀의 아들인 작가 레이몽 루셀은 1925년 '유랑하는 도시'로 명명한 자동차를 제작하게 해서는 프랑스, 스위스 그리고 이탈리아를 누비고 다녔다. 길이가 9미터에 달하는 이 차는 여러 칸으로 나뉘어 있었는데, 크기를 조정할 수 있는 거실-서재-침실, 욕조가 딸린 욕실 그리고 두 명의 운전사와 그의 하인이 머무는 공동 침실이 포함돼 있었다. 소파와 크고 안락한 침대, 창문의 커튼 등은 부르주아풍 아파트의 실내를 연상시키는 완벽한 환상을 제공했다. "마법처럼 눈앞에 펼쳐지는 풍경과 매혹적인 하늘 아래에서 자유롭게 주유하며 '하루를 수확할 수 있게' 하는 것만큼 끊임없이 쇄신되는 풍요로운 감각들로 가득하고 유쾌한 이동 방식이 또 있을까? 자신의 습관을 조금도 포기하지 않으면서 친근한 '가정'의 모든 혜택을 누리게 하고, '내 집'을 떠나는 일 없이 여행하는 특별한 즐거움을 맛보게 하는 것만큼?"《릴뤼스트레 L'Illustré》는 '세상에서 가장 아름다운 자동차'로 선정한 것에 할애한 르포르타주에서 이렇게 열광한 바 있다.[7]

어릴 적에 가지고 놀던 내 장난감 중에는 아코디언 모양으로 길게 이은 판지들 각 양면에 건물들의 정면을 그려 놓은 것이 있었다. 그래서 그것을 세워 놓기만 하면 저절로 길들이 생겨났다. 나는 그 순박한 그림들을 이루는 세세한 것들을 지칠 줄 모르고 보고 또 보았다. 건물 아래층에 있는 제과점의 진열창에 놓인 사탕 병들 앞에서는 입에 침이 가득 고였다. 평화로움과 순수함의 분위기가 지배하는 이 매력적이고 시적인 도시에서는 모두가 더없이 만족한 얼굴로 일상적인 일들, 말하자면 바게트 사기, 개 산책시키기 등에 전념한다. 재능 있는 일러스트레이터의 붓 끝에서 탄생한 이상적인 세상에서 살 수 있는 행운을 누리게 되면 누구나 그러겠지만 말이다. 동시에 그 모든 것에서 손에 닿을 듯한 감미롭고도 짙은 신비로움이 뿜어져 나왔다. 각 창문 뒤에서는 단편적이기 때문에 더욱더 호기심을 자극하는 장면들이 펼쳐졌다. 그 그림들이 이차원적인 게 아니었다면 난 목을 비틀어 더 깊이 들여다보려고 했을 것이다.

그 속에서는 대수롭지 않은 것들도 환상적인 색채를 띠었다. 예를 들면, 부엌에서 미소 띤 얼굴로 요리를 하는 할머니의 고정된 시선은 그녀를 마치 상냥한 마녀처럼 보이게 했다. 마찬가지로 고개를 쳐들고 거리를 산책하면서 불 밝혀진 창문들 너머로 실내를 들여다보고자 할 때 우리의 눈길을 가장 사로잡는 것은 어떤 분위기, 조명, 전등이나 샹들리에, 책꽂이의 한쪽 면, 블라인드나 커튼, 식물로 가득한 발코니와 같은 세부적인 것들이다. 우리의 상상력은 작은 표지標識들이 불러일으키는 충동을 기반으로 이 그림을 완성시키는 데서 더없는 즐거움을 느끼게 될 것이다. 단편적인 것은 상상력의 최음제이며, 결핍은 상상력의 자극제가 된다.

이는 또한 (멋진) 계단들이 나를 매료시키는 현상을 설명해 준다. 핀터레스트에 등록한 지 얼마 되지 않아 난 계단 사진들의 목록을 만들고 싶다는 생각에 당혹스러움을 느낀 적이 있다. 그리고 이런 기이한 열정을 품은 사람이 나뿐만이 아니며, 계단 사진을 수집하는 것보다 흔한 일도 없다는 걸 알게 되었다.[8] 계단은 하나의 상자에 불과할 수도 있는 건물을 미로로 변화시킨다. 또한 그 자체로 하나의 탈출구 및 통로를 나타내며, 미개척지인 낯선 곳의 존재를 예고한다. 우리를 매혹시키는 집에서의 계단의 존재는 탐험이 아직 끝나지 않았음을 의미한다. 마치 영화나 책을 볼 때 아직 남아 있는 시간이나 페이지 수를 생각하면서 그 즐거움을 음미하는 것처럼.

계단은 우리가 보는 것이 전부가 아니라는 걸 말해 준다. 집이 우리가 예감하거나 언뜻 엿보기만 했던 또 다른 다양한 즐거움과 풍요로움을 느끼게 해 줄 또 다른 방들과 장치들을 마련해 두고 있음을 우린 계단을 통해 알게 되는 것이다. 차례로 새로운 모습을 선보이는 곡예사처럼 계단은 또 다른 전망, 공간을 조각하는 또 다른 방식을 예고한다. 또한 관점을 증가시키고, 때로는 조명照明 우물을 만들어 낸다. 가파르지 않은 계단의 경우에는, 한 걸음씩 올라갈 때마다 계단 아래로 가정적 풍경이 펼쳐진다. 계단은 우리의 시각만 즐겁게 해 주는 게 아니다. 계단은 우리 다리의 근육을 자극함으로써 우리에게 신체를 되돌려 주는 역할을 한다. 아파트 생활에 의해 속박당하고, 너무 비좁아 움직임이 거의 요구되지 않는 공간에 갇혀 있는 바람에 우리에게조차 그 존재가 잊힌 우리의 몸을. 계단은 우리의 몸으로 하여금, 주변의 오를 수 있는 곳이면(그럴 만한 곳이 아닌 곳을 포함해서) 어디든지 올라가야만 했던 모험적인 어린아이의 그것으로 되돌아가게 한다. 또한 집의 밑바닥과 꼭대기 사이, 어두컴컴한 지하실과 하늘이 보이는 지붕 밑 방 사이에 위치한 계단을 갖춘 집은 그렇지 못한 곳보다 한층 더 풍부한 상징성을 지닌다. 반대로 도시에서는 복층 아파트(듀플렉스)나 3층 아파트(트리플렉스)를 제외하고는 "집은 이제 단순한 수평성만을 지니고 있다. 한 층에서 서로 맞붙어 있는 방들에는 내밀함의 가치를 구별하고 평가하는 데 필요한 근본적인 원칙 중 하나가 결여돼 있다."

환상과 실제

페티시즘, 감춰진 것에 대한 갈망, 기본적인 욕구의 확인, 관능의 분출, 너무나 많은 가능성 앞에서 우왕좌왕하기……. 이런 증상들을 겪는 이들에게 집에 대한 열정은 또 하나의 리비도*에 속할지도 모른다. 우리는 어린 시절에 수많은 책과 장난감 덕분에 우리의 상상력에 강력하게 불을 지필 수 있었지만, 자라나는 과정에서 점차 그러한 점화제의 결핍을 느끼게 되었다. 적어도 최근까지는 그랬다. 이미지 인터넷의 비약적인 발전이 텀블러나 핀터레스트의 수백만 사용자로 하여금 온갖 종류의 집과 실내 사진들의 바다에 풍덩 빠져들게 하기 전까지는.

포른porn[**]이라는 말이 도처에서 쓰이는 현상은 의미심장하다. 이 말은 물론 가정의 영역(푸드 포른food porn이라는 표현이 자주 사용되고 있다)에만 국한된 것은 아니다. 오두막 이미지 애호가들을 빗대는 캐빈 포른cabin porn, 서가나 실내장식, 계단 이미지 애호가들을 위한 북셸프 포른bookshelf porn과 인테리어 포른interiors porn, 스테어 포른stair porn 등등의 말이 통용되고 있다. 그러나 이러한 취향들은 기이하게도 비밀스럽게 향유되고 있는 실정이다. 그 반대의 사실을 나타내는 다양한 증언에도 불구하고, 사회는 이처럼 환상적인 열정에 심취하는 성인들을 시대에 뒤처진 사람들로 간주하는 듯하다. 물론 거기서 경제적 이익을 끌어내기 위해 그들을 부추기기를 서슴지 않는 상업 분야를 제외하고는. 나는 유년기를 벗어난 뒤로는 되도록 자주 지인들의 집을 방문한 것 외에도 손에 닿는 여러 방법을 동원해 내 상상력을 키워 나갔다. 무엇보다 실내장식에 관한 수많은 잡지를 섭렵했다. 그게 내가 구할 수 있는 최선의 것이었기 때문이다. 난 그 속에 실린 집들의 모습 앞에서 입을 벌린 채 감탄을 금치 못했다. 반면에 지나치게 멋을 부렸거나 호사스럽거나 과장되게 꾸며 내 마음에 들지 않는 실내 풍경 앞에서는

— • 프로이트가 제시한 개념으로 기본적으로 인간이 지니고 있는 성적 욕구, 본능 에너지를 의미한다. 육체적인 성욕과는 구분되는, 보다 넓은 개념으로 쓰이는 말이다.
— •• '외설스럽다'는 의미의 '포르노그래피'의 약자로, 여기서 언급되는 취향들이 은밀한 것으로 머물러 있는 사실을 빗대는 표현인 듯하다. 우리나라에서도 요즘 이와 유사한 의미로 '-성애자'라는 표현이 자주 사용된다.

그런 페이지들을 지배하는 메커니즘을 분석해 보기도 했다. 그런 것들은 대부분 부자들의 삶의 방식을 보기 좋게 늘어놓은 것에 불과했다.

　화려한 저택들로 가득한 잡지들 외에 또 다른 수단들을 접하지 못하다 보면 꿈꾸는 능력을 상실할 위험에 처하게 된다. 비단 우리의 상상력이 엉뚱한 꿈을 꾸지 못하기 때문만은 아니다. 엉뚱하고 기발한 꿈을 꾸는 능력은 우리의 상상력과 공존하는 것이다. 바슐라르는 초가집과 궁전 중 어디에서 살기를 원하는가에 따라 남자를 구분했다는 조르주 상드의 예를 들어 우리의 상상력을 설명한다. "우리 각자에게는 초가집에서 보내는 시간과 궁전에서 보내는 시간이 있다."[10] 과연 우리의 환상은 우리의 내적 필요성이 부여하는 형태를 띠기 마련이며, 우리에게 일종의 보상과 분출구 역할을 한다. 예를 들어 타이니 하우스는 초가집에 대한 꿈이 반영된 것이다. 그러나 이러한 현상에 관심을 가졌던 《뉴요커》의 한 기자는 공간에 굶주린 뉴욕시 거주자로서 자신이 꾸는 꿈은 정반대라고 털어놓았다. "때때로 나는 내가 사는 아파트 안에서 그 존재를 몰랐던 방들을 발견하는 상상을 하곤 합니다. 그곳들을 탐험하고자 하는 동안에는 내 실제 삶에서는 찾을 수 없는 마음의 평온을 느낍니다. 난 어렸을 적에 아주 커다란 집에서 사는 꿈을 꾸었었지요. 끝에서 끝으로 가려면 오토바이를 타고 달려야 할 만큼 엄청나게 큰 집에서 말입니다."[11]

　조르주 페렉은 《공간의 종류들》에서 일곱 개의 방이 있는 아파트를 상상했다. 일주일의 매 요일을 위한 방이 하나씩 있는 아파트. 예를 들면 '수요일 방'은 아이들을 위한 것이 될 터다. 수요일에는 아이들이 학교에 가지 않기 때문이다. "이 방은 일종의 타르틴 부인*의 궁전이 될 것이다. 벽들은 생강빵으로, 가구들은 점토로 만들어진……."¹² 그러나 우리가 노니는 상상 속의 공간들은 집에 대한 우리의 구체적인 구상과 혼동되지는 않는다. 각자는 각기 다른 논리와 필요성에 부응하기 때문이다. 설사 모든 경제적 제약에서 벗어나 자신이 사는 방식을 마음대로 결정할 수 있다고 하더라도 《뉴요커》기자는 오토바이로 달려가야 할 집을 선택하지는 않을 것이다. 그리고 우리의 기대에 가장 잘 부합하는 더없이 완벽한 집에서 살게 된다 하더라도 우린 어쩌면 계속해서 또 다른 집들을 그려 보게 될지도 모른다.

그런데 삶을 풍요롭게 하는 평온한 꿈꾸기에서 자신의 삶을 경시하게 만드는 꿈꾸기로 옮겨 가는 것은 커다란 위험을 초래할 수 있다. 부자들의 아파트와 저택을 노출하는 것은 이러한 위험을 더욱 커지게 한다. 보여 주기식 사회의 장치들은 끊임없는 성공의 연출과 함께 (반항이 아닌) 불만족을 양산하는 기능을 지닌다. 그것들은 삶의 더 나은 물질적 여건을 요구할 모든 이유가 있는 이들에게서 최소한의 자기 존중(이것 없이는 반항도 있을 수 없다)마저 앗아가 버린다. 또한 그들보다 형편이 나은 이들로 하여금 끊임없이 서로 비교하게 만든다. 그리하여 사람을 주눅 들게 하면서, 있는 그대

─ • 타르틴(버터나 잼을 바른 빵 조각)을 여성의 모습으로 형상화한 캐릭터를 가리킨다.

로의 자신 및 자신이 가진 것과 일체를 이루지 못하게 하는 불행이 퍼져 나가게 된다. 인스타그램 같은 소셜 네트워크는 실시간 비교를 가능하게 함으로써 이런 현상을 더욱 심화시킨다. 《엘르》는 오늘날 '라이프스타일'의 유행과 수많은 온라인 광고 그리고 가격 상승(귀한 것은 더 갖고 싶어지는 법이다)으로 인해 상류층 사이에서 확산되는 현상을 '부동산의 보바리즘'이라는 표현에 빗대어 설명한다. "보바리 부인은 이제 더 이상 파리로 올라가는 꿈을 꾸지 않는다. 현대판 보바리 부인은 이 조그만 창고를 멋지게 변화시키는 상상을 한다. 담청색 덧문을 달면 정말 근사할 거라고 생각하면서. 다만 자신에게는 보수에 필요한 5만 유로가 없다는 사실에 절망감을 느낄 뿐이다……"

보바리즘은 플로베르가 소설을 발표할 당시 기막히게 간파한 잘못된 꿈꾸기의 본질이다. 즉 불안한 비교로 인한 강박 관념, 정착하는 능력의 결핍을 가리킨다.[13] 정신의학자 세르주 에페즈는 이에 관한 질문에 다음과 같이 답한다. 그는 부동산과 관련된 강박 속에서 "사람들은 더 이상 하나의 길, 하나의 커플, 하나의 집에만 갇혀 있는 걸 견디지 못하는"[14] 사실의 증후證候를 발견한다. 여기서 '갇혀 있다'라는 말은 무척 의미심장하다. 이는 절대 앞으로 나아가지 못할 뿐만 아니라, 그 때문에 자신이 가진 것을 결코 누릴 수 없음을 의미하는 것이기도 하다.

그럼에도 이러한 논리 속에는 치명적인 어떤 것도 존재하지 않는다. 그 어느 것도 우리가 유년시절이나 그 후에 경험할 수 있었던 꿈의 행복한 모습들에 매달리는 걸 가로막지 못한다. 앞서 본 것처럼 집콕족은 자신이 가진 것에 만족하는 능력으로 특징지어진다. 자신의 거주지가 '내 집'이라는 기능을 충족시키는 한, 가정적 행복을 이루는 감각적이고 상상적인 기쁨을 동시에 느끼게 해 주는 한 그것이 가질 수 있는 단점은 별다른 문제가 되지 않는다. 이런 게 바로 샹탈 토마가 이야기한 '불패不敗의 원칙'[15]이 아닐까. 나는 지금까지 나를 매혹시킨 집들을 방문하면서 그런 데서 질투나 불편함을 느낀 적이 한 번도 없었다. 그보다는 세상에 그런 곳들이 존재한다는 사실과 덕분에 앞으로 나의 환상 목록이 더욱 풍요로워질 거라는 생각에 일말의 흥분을 느끼곤 했다. 어쩌면 그건 나의 착각일지도 모르고, 경계할 필요가 있다는 것도 잘 안다. 하지만 난 실내장식 잡지들 속에서 내 눈길을 사로잡은 장소들을 내게 이롭게 활용하는 데 성공했다고 믿고 있다. 그것들을 마치 집-다기의 변형쯤으로 여기면서 말이다.

우리는 어린 시절의 불꽃놀이가 지나간 뒤에는 상대적으로 초라하고 단조로운 집들의 수많은 이미지를 소비하는 데 만족해야 한다. 그리고 합리적인 거주지에 관한 우리의 꿈들(사실상 하나의 계획에 더 가깝다) 역시 머물 곳을 찾지 못하고 떠돌게 된다. 건축 및 도시와 관련된 선택들이 우리의 일상을 형성하고, 우리 자신과 우리가 처한 환경과의 관계 및 서로 간의 관계, 즉 우리의 모든 삶을 결정짓는데도 불구하고, 이 모든 것은 놀라우리만치 여전히 자료에 의해 뒷받침되지도, 분석되거나 논의되지도 않고 있는 실정이다. 혹은 어쩌면 자료들은 존재하지만 그런 것들에 기울이는 우리의 관심이 부족한 건지도 모른다. 우리는 그러한 선택들이 우리의 손이 닿지 않는 곳에 있다는 사실을 순순히 받아들이는 듯하다. 심지어 그것들을 이해하기 위한 기본적 어휘와 개념조차 갖추고 있지 못하다. 알랭 드 보통은 심리학적인 이유를 들어 이러한 무관심을 설명한다. 우리는 건축의 중요성을 인식하기를 거부한다. 왜냐하면 그것은 곧 '나쁜' 건축이 의미하는 바를 인식함을 포함하면서 우리 대부분을 우울하게 만들 것이기 때문이다. "만약 방 하나가 우리의 정신 상태를 변화시킬 수 있다면, 우리의 행복이 벽의 색깔이나 문의 형태에 달려 있다고 한다면, 우리가 바라볼 수밖에 없고 살 수밖에 없는 대부분의 장소에서 어떤 일이 일어날 것인가?"[16] 나는 내게 있어서 이상적인 거주지에 근접하는 것들을 그려 보고 싶다. 어쩔 수 없이 아주 소박하고 아주 개인적인 방식으로, 그러나 어떤 제약도 느끼지 않으면서. 우리에게는 이런 종류의 자료가 매우 부족하기 때문이다.

짓기 혹은 광내기

몇몇 예외를 제외하고는 일반(비전문적) 미디어들은 건축을 주제로 다루는 경우가 극히 적다. 그런 경우에라도 건축을 현대 예술의 한 분야로 취급할 뿐이며, 비대해진 자아가 두드러지는 몇몇 스타 건축가들의 모습을 보여 주는 데 그친다. 그리고 그들의 작품은 무엇보다 세상의 강한 자들을 위한 것이기 십상이다. 화려한 저택들, 대기업의 본사들, 럭셔리한 매장들과 일류 호텔들……. 저명한 건축가들이 공공 주문을 받아 보통의 시민들을 위한 건축을 할 경우에도 자신들의 건축물이 자리하게 될 배경과 그 속에서 살게 될 사람들에게는 별로 관심이 없어 보인다. 작가 마이클 폴란은 자신의 오두막을 구상하던 중에 그의 건축가에게서 《프로그레시브 아키텍처Progressive Architecture》라는 잡지의 정기구독권을 선물로 받았다. 건축에 관한 생각에 자극을 주기 위해서였다. 작가는 자기 친구가 이 선물을 통해 자신들의 프로젝트에서 '하고 싶지 않은' 것을 알려 주고자 한다는 사실을 이내 간파했다. 잡지는 설계도와 도면에만 지면을 할애했고, 그런 것들을 근거로 해서 매년 상을 수여했다. 마침내 기자가 건물을 방문해 그 기능 방식과 거주자들의 삶을 취재한 기사를 싣는 새로운 난이 잡지에 신설되자 '그것은 건축 비평가들 사이에서 급격한 혁신으로 간주되었다.'

건축의 포스트모던 학파는 이러한 무심함을 극단으로 몰고 간다. 그 대표자들은 때로는 건물의 사용자들을 불편하게 만드는 데서 자부심을 느끼기까지 한다. 해체주의 건축가 피터 아이젠만은 그가 신시내티에 지은 컨벤션 센터가 창출하는 '새로운 공간 감각'이 한 컨벤션 참가자에게 구토를 일으킨 사실을 자랑하기도 했다. 그는 1970년대에 자신이 건축한 집들로 '내 집이라는 생각을 해체하고' 싶어 했음을 설명했다. 그리고 고객들의 필요에 부응하기보다는 '그들의 필요성을 없애 버리기'를 원했다. 폴란은 피터 아이젠만이 지은 집 중 하나를 방문했을 때, 침실 바닥에 기다란 틈새를 만들어 더블침대를 들여놓을 수 없게 한 것(그는 적어도 고객들의 필요성 한 가지는 제거한 셈이다)을 목격했다. 마찬가지로 그는 식당에 기둥을 세워 '저녁 식탁에 둘러앉아 대화하는 것'을 불가능하게 했다.

폴란은 손수 자신의 오두막을 짓기로 마음먹었다. 그가 대부분의 시간을 보내는 말과 개념의 왕국에서 잠시라도 벗어날 필요성을 느꼈기 때문이다. 따라서 그는 많은 현대 건축가가 그들의 작품을 해독해야 하는 상징들로 구상한다는 걸 발견하고는 당혹스러움을 느꼈다. 심지어 어떤 건축물들을 이해하기 위해서는 전문가만이 알 수 있는 지식이 필요했다. 폴란은 이는 곧 건축가들이 그들의 학문에서 '가장 중요한 가치를 이루는 것'을 포기하는 셈이라며 애석해했다. 그가 생각하는 건축은 몸과 모든 감각의 반응을 이끌어 내며, 그곳에서 신체적 경험을 쌓아 갈 수 있게 하는 것이었다. 또한 사용자들로 하여금 필연적으로 특별할 수밖에 없는 건축물(어디에나 있는, 세계화된 이미지의 건축이 아닌)을 깊이 이해하고 그 모든 가능성을 탐색하기 위해 그곳에 뿌리내리게 하는 것이어야만 했다.[17]

그의 지적에 이와 배치되는 '그릇된 계산'은 프랑스 건축가 카림 바스부스가 '픽셔너리'* 논리라고 부르는 것 속에서 특별히 두드러져 보인다. 이 이름을 붙인 게임 속에서처럼, 최근 20년간 지

—• Pictionary. 단어를 보고 그림을 그려서 어떤 단어인지 맞추는 게임.

어진 상징적인 수많은 건물은 하나의 개념, 즉 무엇보다 홍보와 미디어적인 역할을 확고히 하기 위한 다소 단순한 개념을 설명하는 데 중점을 두고 있다. 도미니크 페로가 파리에 건축한 프랑스 국립도서관 건물들을 상징하는 네 권의 펼쳐진 책의 형상, 바르셀로나의 식수 회사 본사를 위해 장 누벨이 지은 아그바 타워가 분출하는 투명한 빛, 페들 소프 & 워커Peddle Thorp & Walker 건축회사의 작품인 베이징 워터큐브 국립수영센터(올림픽 수영경기장)의 물거품 디자인……. 이처럼 어떤 건축물이 하나의 상징을 나타냄을 강조할 때는 그 목표가 건물의 형태를 강요하고 다른 어떤 관심사보다 우위에 있게 된다. 그리하여 사람이 사는 공간을 짓누르기에 이른다. 앞서 나는 마음에 드는 집을 탐험하는 것을 독서나 영화 보기에 비유한 적이 있다(물론 규모의 차이는 있다. 실제 건물에는 우리 몸 전체를 사용해 들어가야 하기 때문이다). 어떤 새로운 장소의 발견에서 계단은 추리소설에서 느껴지는 서스펜스와 비슷할 터다. 바스부스는 건축에서도 이러한 극화劇化는 필수적이라고 이야기한다. "건축물은 공간-시간의 전개에 맞춰 구상되고 그 모습을 드러낸다. 각 부분의 순서는 그 속에서의 여정을 본떠 정해진다. 우리로 하여금 언뜻 일별하는 것으로 그 미학적 잠재성을 허비함이 없이, 건축물에 대한 우리의 인식을 유보하게 하고, 우리가 나아감에 따라 그 가능성이 조금씩 드러날 수 있도록."

그러나 픽셔너리의 논리는 이러한 단계적 발견을 위협한다. 이미지화된 건물들의 거주자들은 제한된 실내와 불편하고 불쾌하기까지 한 용도와 타협해야만 할 터다. 그런 건물들은 밖에서 보이는 효과에 맞춰 만들어졌기 때문이다. 그런데 '건축에서 용도는 공간의 주된 존재 이유이며, 조각과 달리 그 공간을 살아 있는 유용한 무엇으로 만드는 것이다.' 바스부스는 '현대 문화는 사람이 사는 공간을 억압한다'[18]고 주장한다.

건축물의 용도, 사람이 사는 공간. 미국의 건축가 크리스토퍼 알렉산더는 바로 이러한 것들에 지대한 관심을 기울인다. 그는 하나의 건축물은 무엇보다 그 속에서 일어나는 크고 작은 사건들에 지배된다고 단언한다. 그것들은 건축물의 의미와 정체성과 분위기를 결정짓기 때문이다. "거대한 방을 떠올려 보라. 커다란 창문들, 텅 빈 위압적인 벽난로, 화판틀과 의자 외에는 어떤 가구도 없는 곳 – 그곳은 피카소의 아틀리에다." 이번에는 좀 더 평범한 예를 들어 보자. "친구들이 모여 함께 요리를 한다. 포도주를 마시고 포도를 먹으면서 포도주와 마늘과 토마토를 곁들인 소고기 스튜를 만든다. 네 시간에 걸쳐 스튜가 익어 가는 동안 우린 포도주를 마시며 기다리다가 함께 음식을 먹는다." 알렉산더는 자신의 일상을 되돌아보다가, 대부분 사람들의 일상처럼 그것이 끝없이 반복되는 한정된 행위들로 이루어져 있음을 알게 되었다. "잠자기, 샤워하기, 부엌에서 아침 먹기, 서재에서 글쓰기, 정원에서 산책하기, 아틀리에에서 친구들과 점심을 준비해 같이 먹기……" 그는 자신의 일상이 더 많은 일로 채워지기를 바라지는 않았다. 그리고 일정한 행위들이 같은 패턴으로 지속적으로 반복된다는 사실은 그것들이 매

우 중요하다는 것을 의미한다. 즉 그러한 행위들의 질에 우리 삶의 질이 달려 있는 것이다.[19]

알렉산더는 건축에서의 아름다움이나 성공은 단순한 취향의 문제와 관계가 있다는 생각에 대해 반박한다. 그의 주장에 의하면 건축은 '살아 있는' 작품과 '죽은' 작품으로 나눌 수 있다. 전자는 그가 '말로 형용할 수 없는 자질'이라고 부르는 것을 지니고 있다. 그는 그 자질을 정의하는 데에 대단히 시적인 페이지들을 할애하고 있다. 그것을 정확히 이름 지을 수 없는 이유는 그것이 불분명하기 때문이 아니다. 그 반대로 '말들은 그것을 포착할 수가 없다. 그것이 어떤 말보다도 명확하기 때문이다.' 그것은 한 장소를 구성하는 요소들(인간적인 것과 비인간적인 것)을 조직하는 유일한 연금술이다. 그곳의 거주자 각자가 활짝 피어나고, 거기에 깃든 모든 힘들이 조화롭게 솟아나면서 서로 간에 바람직하게 협력할 수 있게 하는 것이다.

반대로 이런 자질이 결여된 장소는 우리로 하여금 에너지를 방출하지 못하게 하면서, 삶에 대한 감각과 '사람들이 어떤 식으로든 자유로울 수 없는 상황들을 야기함으로써' 삶이 포함한 가능성을 파괴한다. 우리를 풀 수 없을 만큼 단단하게 얽힌 매듭들 속에 가두어 버리는 것이다. '말로 형용할 수 없는 자질'은 살기에 안정적인 시스템을 규정짓는 것일 뿐만 아니라 원(圓)이 효율적이라는 의미에서 발전 가능성이 많고 효율적이다. 왜냐하면 예의 그 자질은 '순환하는 것'으로, '우리가 사는 곳에 존재하는 한에서 우리 안에 존

재하는 것이며, 우리 안에 존재할 때만 우리가 사는 곳에 존재하기 때문이다.'

알렉산더의 생각은 지리학자 오귀스탱 베르크의 인간이 사는 환경에 대한 통찰력 있는 연구들을 떠올리게 한다. 베르크는 우리에게 어떤 건물과 그곳의 거주자들이 지속적인 움직임으로 서로를 형성하고 만들어 가는 방식에 주의를 기울여 그것을 더욱 발전시켜 나갈 것을 권한다. 건물과 사람은 서로 분리되고 고정된 요소들이 아니며 서로의 존재에 깊이 개입하기 때문이다.[20]

이처럼 어떤 장소와 그 거주자들 사이의 끊임없는 움직임, 상호 간의 느리고 미묘한 형성 과정의 예시는 세르주 레즈바니의 《집의 소설》 속에서도 발견된다. 작가는 그 속에서 조그만 집에 대해 이야기한다. 르 바르주의 마시프데모르Massif des Maures에 위치한, 오두막보다는 조금 크고 별장보다는 조금 작은 그 집에서 그는 자신의 아내 뤼라와 함께 살았다. "라 베아트*로 명명한 '소박하고도 근사한' 집은 결코 있는 그대로 '아름답거나', 생각이나 바람이나 욕망의 대상이었던 게 아니다. 이 집은 우리와 함께 살아오는 동안 그 겉모습이 달라지지는 않은 채 차츰 변화되어 왔다." 그는 이 사실을 다음과 같은 비유로 설명했다. 집은 "살아 있는 것에서 액체가 분비되어 만들어진 조개껍데기를 닮았다. 오목한 곳에서 존재하고 살아가는 방식의 안식처라는 사실이 (그 기능의 분명한 필요성으로 인해 아름다워진) 하나의 독특한 형태를 만들어 낸 것처럼."[21]

　•　La Béate. 프랑스어로 행복하고 평화로운 집이라는 뜻.

'꽃을 만들 수' 없는 것과 마찬가지로 '말로 형용할 수 없는 자질'을 만들어 낼 수는 없으며 다만 그것이 피어날 수 있는 여건을 조성할 수 있을 뿐이다. 이는 곧 어떤 장소와 그 거주자들의 특수성에 세심한 관심을 기울이는 것을 의미한다. 알렉산더는 일례를 들어 그 사실을 설명한다. "우리 집 정원에 티티새의 겨울 먹이를 놓아두기 위한 홰를 설치하려 한다고 가정해 보자." 티티새들은 땅에 너무 가까이 내려오는 걸 좋아하지 않는다. 따라서 홰는 너무 낮게 설치되어서는 안 될 것이다. 그러나 너무 높이 설치되어서도 안 된다. 바람이 새들이 내려앉는 걸 방해할 터이기 때문이다. 또한 부근에 빨랫줄이 있으면 새들이 겁을 집어먹을 것이다……. 이처럼 겉보기에는 매우 단순해 보이는 일이 실상은 많은 고민을 요하는 일로 드러난다. 티티새들이 그들을 위해 가져다 놓은 낟알을 먹는 걸 보기 위해 건축가는 '그들의 행동을 이끄는 수많은 미묘한 힘'의 원리를 파악해야 하는 것이다.

삶의 번성에 유리한 건축이나 정비整備의 결과물은 '그 기하학에 있어서 유동적이고 느슨한 특징'을 지닌다. 또한 심오한 필요성에 부응하기 때문에 겉보기에는 불규칙성과 불균형성을 지닌 불완전한 것으로 보이기도 한다. 이러한 이유들에서 모든 모서리가 완벽하게 직각으로 돼 있고, 모든 창문이 똑같은 크기로 된 건물은 경계할 필요가 있다. 똑바르고 곧기만 한 건물은 필연적으로 무관심의 결과물일 수밖에 없으며, 건물과 그 거주자들에게 가해진 일종의 폭력인 셈이다.

따라서 건축물의 용도를 무엇보다 중요시하는 건축가들이 어떤 지역의 특성이나 전통을 반영한 건축물들에 관심을 가지는 일은 당연하다고 볼 수 있다. 이는 향수에 젖어 오래된 형태들을 있는 그대로 되살리려는 게 아니라, 그 형태들을 선택하고 구체화했던 이들의 오랜 경험을 물려받아 그것들을 이루는 중요한 원칙들을 이해하고, 과거의 건축가들이 당시에 그랬던 것처럼 한껏 대담함을 발휘하는 것을 의미한다. 건축가이자 디자이너였던 샤를로트 페리앙(1903~1999)의 여정은 이러한 정신을 잘 보여 주는 훌륭한 본보기라고 할 수 있다. 그녀는 10년간 르 코르뷔지에의 아틀리에에서 함께 일한 뒤 산업디자인의 고문으로 일해 달라는 일본 통상산업부의 제안을 받아들였다.

그녀는 한창 혼란에 빠진 프랑스를 뒤로한 채 1940년 6월 도쿄로 떠나 전쟁이 끝날 무렵에야 고국으로 돌아왔다. 이 오랜 체류는 필연적으로 그녀에게 지대한 영향을 미칠 수밖에 없었다. 샤를로트 페리앙의 동료였던 야나기 소리가 지켜본 것처럼 '가장 급진적인 현대 디자인의 리더 중 한 사람'이었던 그녀는 '무엇보다 그 용도에 따른 디자인의 순수함으로 돋보이는'[22] 일본의 전통적인 사물들에 열정적으로 빠져들었다. 그녀는 일본식 집에서 동료 르 코르뷔지에와 피에르 잔느레가 체계화한 몇몇 원칙을 재발견했다. '미닫이문, 주야에 다양한 용도로 쓸 수 있는 기하학 형태의 방, 붙박이장, 부속품의 표준화.'[23]

샤를로트 페리앙은 일본의 영향을 또 다른 유산들과 결합시키면서 전위적인 자신의 방식에 통합시켰다. 사부아 출신에 스포츠광이었던 그녀가 알프스의 스키장 레자르크Les Arcs에 건축한 아파트들에서도 그 흔적을 발견할 수 있다. 또한 메리벨에 있던 그녀의 작은 별장에서는 일본의 영향이 더욱 두드러짐을 알 수 있다. 그녀는 그곳에 일본의 장지를 바른 칸막이 문 쇼지*를 본떠 만든 유리 미닫이문을 설치했다. "미닫이문들은 외부에서는 돌 벽들 사이로 모습을 감추고, 실내에서는 나무 벽면 사이로 사라진다. 날씨가 좋은 날에는 아름다운 파라솔 지붕이 별장에 내리쬐는 햇볕으로부터 나를 지켜 준다. 나는 별장 가까이 있는 전나무, 새, 다람쥐 들, 나의 테라스 그리고 하늘─산꼭대기와 맞닿은 지평선과 친밀한 관계를 맺고 있다." 별장 일층에는 화강암 판석으로 만든 벽난로를 설치했다. 그리고 그 용도에 대해 크리스토퍼 알렉산더도 인정할 만큼 근사하게 묘사한 글을 남겼다. "그곳은 방 안에 있는 또 하나의 방으로, 우린 거기에 새끼 멧돼지 고기, 꼬치구이, 소시지, 크리스마스용 닭고기, 바나나 등을 구워 먹는다. 그리고 화덕의 불꽃이 비추는 빛 속에서 겨울밤의 어둠이 내리기를 기다리며 술을 마시거나 노래를 부른다. 그사이 밖에 내리는 눈의 침묵 속에서 타오르는 나무는 그 노랫소리로 우리를 달래 준다. 별장에는 조그만 부엌도 있긴 하지만 그건 단지 설거지를 하기 위한 곳일 뿐이다!"[24]

알렉산더에 의하면, 건축가는 자기 존재의 망각에 의해서만,

— • しょうじ. 방과 방 사이, 또는 방과 마루 사이에 칸을 막아 끼우는 문. 미닫이와 비슷하나 운두가 높고 문지방이 낮다.

무언가를 말하고 어떤 이미지(그것이 무엇이든 간에)를 전달하려는 유혹을 철저하게 떨쳐 버릴 때만 '말로 형용할 수 없는 자질'을 구현할 수 있다. 그는 프랭크 로이드 라이트나 알바르 알토처럼 자연과의 조화를 중요시했던 훌륭한 건축가들뿐만 아니라 히피풍의 건축(그는 1970년대에 이 글을 썼다)에서조차도 이러한 결점(지나치게 무언가를 보여 주고자 한다는 의미에서)을 발견했다. 무언가를 입증하는 데 치중하는 건축가는 건물의 정확성과 요구를 가장 중요하게 여기기 때문이다. 물론 그의 작품이 살아 숨 쉬기 위해서는 거기에 그의 자아가 아닌 개성을 불어넣어야만 할 터다. '건축가의 의지로 가득 찬 건축물에는 더 이상 그 고유한 성질이 남아 있지 않을 것'이기 때문이다. 이러한 이유로 샤를로트 페리앙은 일본의 전통적인 가옥들을 찬양했다. 왜냐하면 '무언가를 보여 주고자 애쓰지 않고 인간으로 하여금 그 자신과 조화를 이루게 하기 때문이다.' 그녀는 일본의 위대한 민예 연구가이자 철학자인 야나기 무네요시의 신념에 깊은 공감을 표했다. "아름다움은 말이 많아서는 안 되며, 침묵의 요소를 포함해야만 한다."[25]

보여 주기를 위한 건축의 거부는, 수많은 건축가와 더 일반적으로는 이미지에 집착하는 우리의 모든 문화가 그렇듯 시각을 최우선으로 치는 대신, 모든 감각을 고려하는 능력과 그 맥락을 같이한다. 이 문제와 관련해 크리스토퍼 알렉산더는 한 가지 추억을 들려준다. 언젠가 덴마크에서 한 여성 친구와 딸기를 곁들여 차를 마실 때였다. 그녀는 딸기를 '종이처럼 얇게' 잘랐다. 그녀가 한참 동안 그러는 걸 보면서 궁금해진 그는 그 이유를 물었다. 그녀의 설명은 이랬다. 우리가 딸기의 맛을 느끼는 건 그 표면이 설유두와 접촉하기 때문이다. 따라서 표면의 면적이 넓을수록 그 맛을 더 잘 느끼게 된다는 것이다. 그는 그녀의 모든 삶이 그런 식이었노라고 이야기한다. "삶에 아무런 군더더기가 없으며, 자신이 하는 것을 충실하게 해내기. 그녀로서는 이런 방식으로 사는 데 아무런 어려움이 없었다. 그러나 머릿속이 이미지로 가득한 남자에게 그런 식의 삶은 더없이 어려운 일일 터였다. 나는 그날 그녀에게서 10년간 수련을 하는 것보다 건축의 기술에 대해 더 많은 것을 배울 수 있었다."

건축 분야의 교육과 비평에서 시각이 점점 더 우세해지는 것을 염려한 핀란드의 건축가 주하니 팔라스마는 이 문제와 관련해 예리한 분석을 보여 주는 짧은 에세이를 발표한 바 있다.[26] 고대 그리스 시절부터 서양문화는 앎과 동일시된 시각을 가장 고귀한 감각으로 여겨 왔다. 이미지로 넘쳐 나고 추상화와 합리화에 심취한 우리 시대는 (마찬가지로 중요한) 주변을 인식하는 시선 대신 하나의 대상에 맞춰진 시선을 우선적으로 강조한다. 하나의 대상에 맞춰진 시선은 우리를 세상에서 축출하는 반면, 주변의 무의식적인 인식은 '망막에 맺힌 형태들을 공간적이고 신체적인 경험들로 변화시키며, 우리를 세상의 살 속으로 끌어들이고 공간에 통합시킨다.'

이러한 감각들의 부조화는 우리로 하여금 세상을 낯설게 느끼게 하는 데 일조한다. 실제로 시선은 거리 두기, 객관화, 지배와 관련된 태도를 야기한다. "우리는 무언가를 꿈꾸거나 음악을 듣거나 우리가 사랑하는 사람을 어루만질 때는 눈을 감는 경향이 있다." 반면 촉각은 접촉, 관계 맺기, 친근감과 관련이 있다. 허무주의적인 시선은 그려 볼 수 있지만 '허무주의적인 촉각'은 상상하기 힘들다. 게다가 우리가 가정적 세계에서 겪는 가장 강렬한 경험들은 피부를 통해서, 따뜻함과 안도감과 친밀감이라는 신체적 감각을 통해 이루어진다. 앞서 길고도 행복한 겨울날의 칩거와 관련해 언급한 적이 있던, 눈에 파묻힌 풍경 속에서 불 밝혀진 집의 이미지가 풍기는 매력이 그 사실을 입증한다. 팔라스마는 핀란드에서 보낸 어린 시절의 한 강렬한 기억을 오래도록 간직하고 있다. 그는 해 질 녘에 집으로 돌아와, 잘 덥혀진 실내의 안락함을 음미하며 얼어붙은 팔다리가 차츰 녹을 때 느끼던 행복감을 잊지 못한다. 그는 결론적으로 이렇게 단언한다. "우리는 하나의 건축물을 망막에 맺힌 분리된 이미지의 연속이 아닌 그것의 물질적, 신체적, 정신적인 본질에 비추어 평가하는 것이다."

일본 건축이 지향하는 매력에 빠져들다

건축물의 용도와 은밀한 삶에 주의를 기울이기, 건축가로서의 신중함, 감각들의 조화를 고려하기⋯⋯. 이 밖의 어떤 조건들이 '말로 형용할 수 없는 자질'을 생겨나게 할 수 있을까? 크리스토퍼 알렉산더는 적어도 부분적으로는 시간이 지남에 따라 모습이 달라질 수 있고, 모든 사물의 과도적 성질을 상기시킬 수 있는 자재들을 사용하기를 적극 권장한다. 영원히 지속될 거라는 인상을 주는 건축물에서는 어떤 생동감도 느낄 수 없다는 이유에서다. 마이클 폴란 역시 현대 건축가들이 과거의 유령들에서 벗어난, 빛나는 기하학적인 것들뿐만 아니라 '미래에도 면역된' 건축물들을 꿈꾼다고 지적한다. 르 코르뷔지에의 작품들이 그 전형으로 꼽힐 수 있는 이런 건축물을 만드는 건축가들은 외부의 요인들과 내부의 거주자들의 이중 영향으로 인해 겪게 될 변화를 고려하지 않는 듯 보인다. 그들의 작품은 지속적인 시간 속에 새겨지면서 하나의 역사의 장이 될 터다. 즉 그들에게서 벗어날 운명을 타고난 것이다. 그러나 그들은 자기 작품에 대한 통제 욕구가 너무 큰 나머지 이 근본적인 진리를 수용하고 그것을 건축 방식에 통합하기를 거부한다. 그들은 자신과 함께 나이 드는 우아함을 지닌 돌이나 나무 같은 자재들을 경시하고 언제나 새것처럼 보이는 건축을 선호한다. 그 결과, 그들의 작품은 나이가 드는 대신 황폐해진다. 또한 그들은 실내 설비와 장식의 세세한 것까지 통제하고 싶어 한다. 따라서 자신이 지은 집에 누군가가 사는 것을 보면 마음이 불편해진다. 자신의 작품이 앞으로는 결코 입주 전날만큼 완벽할 수 없을 것이기 때문이다. 자신이 지은 건물을 다시 보러 가는지를 묻는 질문에 한 건축가는 이렇게 대답했다. "오, 절대 안 갑니다. 너무 실망하게 되거든요!"[27] 이런 건축물들을 응시할 때면 시대의 재능이 잠들어 있는 무덤들을 보는 듯한 느낌이 든다.

오베르빌리에의 말 극장 쟁가로*, 에비앙의 라 그랑주 오 라크**, 루베의 라 콩디시옹 퓌블리크***, 생드니의 아카데미 프라텔리니**** 등을 건축한 파트리크 부생의 건축 철학은 '일시적인' 건축을 표방함으로써 이러한 사고방식과 구분된다. 그는 자신의 건축에 대해 이렇게 설명한다. "건축물이 일시적이라는 건 그것이 곧 사라진다는 게 아니라 결코 고정된 시간 속에 고착되지 않는다는 의미입니다. 건축물은 결코 완성된 게 아니기 때문이죠. 완성된 건축은 죽은 건축입니다. 나는 모든 변화에 열려 있습니다. 나 자신에 의해 또는 또 다른 것들에 의해서 말이죠."[28] 그는 마치 정원을 가꾸듯 건축을 해야 한다고 주장한다. "누군가에게서 넘겨받은 정원을 정성껏 유지시키고 가꾸어 나가야 합니다. 그래야 정원이 무언가를 생산해 낼 수 있으니까요. 그런데 집을 세놓을 때는 그것을 건드리는 걸 금합니다. 만약 정원을 그렇게 다룬다면 정원은 금세 죽어버리고 말 겁니다."[29]

비영속성과 덧없음의 느낌이 지배하는 일본 문화에서 사비さび는 세월이 야기한 고색 또는 화려함의 포기를 의미한다. 그것은 마모, 생동감의 상실 그리고 녹錄이 자신의 용도에 충실했던 대상에 가져다줄 수 있는 미학적 깊이를 높이 평가하면서 자재의 변질과 시간의 흐름의 자취를 받아들이고 즐길 것을 권한다.[30] 교토의 금각사가 화재로 파괴되고 1955년에 똑같은 모습으로 재건되었을 때 한 구경꾼이 이런 말을 했다. "적어도 10년은 기다려야 할 겁니다. 사비가 어느 정도 생겨나려면 말이죠."[31] 와비 사비わび·さび는 일본의 전통 미학의 중심 개념으로, 와비는 검소함 그리고 나무, 종이, 짚 같은 투박한 재료들의 사용을 가리킨다.[32] 와비 사비한 사물들은 '태양, 바람, 비, 더위와 추위의 흔적을 간직하고 있으며, 퇴색하고 녹슬고 광택을 잃고 때 묻고 변형되고 줄어들고 시들고 균열이 생긴다.'[33] 긴쓰기金継ぎ 또는 긴쓰쿠로이金繕い라고 불리는 복원 기술은 금빛 칠로 어떤 사물, 이를테면 찻잔 같은 것의 균열을 두드러지게 하는 데 중점을 둔다. 대상의 결함으로 그것을 더욱 아름답게 하기 위해서다.

그렇다. 난 또다시 일본에 대해 이야기하는 중이다. 샤를로트 페리앙 이전과 이후에도 다른 많은 서양인이 일본의 문화에 매료되었다. 프랭크 로이드 라이트는 1893년 시카고에서 열린 만국박람회[*****]에서 일본의 건축을 처음 접했다. 그의 나이 스물여섯 살 때의 일이었다. 그리고 이후 그의 작업에는 거기서 받은 충격이 반영되었다. 그는 1917년부터 1922년까지 일본에 머물렀다. 1925년 파리에서는 국제 장식미술·현대산업 박람회를 참관한 이가 이런 질문을 던진 바 있다. "우리의 이론가들은 소박하고 경쾌하며 대기와 빛을 한껏 받아들이는 일본식 집의 실용적인 구조 앞에서 자신들

—•   Zingaro. 말을 이용한 연극을 하는 곳.

—••   La Grange au Lac. 음악 콘서트 홀.

—•••   La Condition Publique. 음악, 연극, 춤, 콘퍼런스, 전시회, 콘서트, 무도회 등의 모든 문화 예술과 관련된 실험과 공연과 만남을 위한 곳.

—••••   L'Académie Fratellini. 서커스 예술의 공연과 교육을 위한 센터.

—•••••   1893년은 콜럼버스가 신대륙을 발견한 지 400주년이 되는 해였는데, 이를 기념해 시카고에서 만국박람회가 열렸다.

이 뒤처졌음을 인정해야 하지 않을까?"[34] 예술가이자 평론가인 레오나드 코렌에게는 1960년대 말 로스앤젤레스에서 건축 공부를 하던 중에 알게 된 일본의 전통문화가 그의 많은 동료에게처럼, 삶의 위대한 질문들에 대한 대답들을 속삭여 주는 듯했다. 그에게 와비사비는 '삶의 기술에 절도의 의미를 재도입시킨, 자연에 근거한 미학적 패러다임'으로 여겨졌다. 그것은 그에게 미국 사회의 작품들에서 보이는 무감각에 대한 해독제와 그의 앞에 놓인 딜레마("환멸을 느끼게 하는 물질주의에 굴복하지 않고 어떻게 아름다운 대상들을 창조해 낼 수 있을까?"[35])를 해결할 수 있는 방법을 제공해 주었다. 주하니 팔라스마는 다른 감각들에 대한 시각의 우위에 관한 비평을 위해 오카쿠라 가쿠조의 《차의 책》과 다니자키 준이치로의 《음예예찬》을 참조했다.[36]

이러한 일본식 건축에의 심취를 이해하는 건 어려운 일이 아니다. 그만큼 일본의 전통 가옥은 가정생활의 질과 기쁨을 증가시킬 수 있는 장치들을 다양화하고 체계화한다. 기자이자 사진작가인 다비드 미쇼의 작품은 이런 사실을 여실히 증명하고 있다. 그는 오늘날 일본의 커플들이나 가족들이 앞서 말한 '주거의 예술'을 생생하게 계승하는 방식에 대한 자료를 수집한 바 있다.[37] 이제 단계적인 탐험을 통해 그 집들 속으로 들어가 보도록 하자…….

집의 정문을 지나 나오는 현관 겡캉げんかん은 빛에서 그늘로, 공적 공간에서 사적 공간으로의 이행이 이루어지는 곳이며, 타일을 깔거나 시멘트를 바른 바닥(예전에는 다져진 흙으로 이루어진)을 포함한다. 그곳의 돌 위에서 신발을 벗은 다음 바닥을 높인 마루를 거쳐 엄밀한 의미의 집 안으로 들어가는 것이다. 문 입구에 걸어 놓는, 사이가 갈라진 짧은 천 노렌のれん은 본래 상점이나 식당 입구에 거는 것으로, 집의 실내를 감추는 것과 동시에 언뜻 엿볼 수 있게 한다. 집 주위로 빙 둘러 나 있는 툇마루 엔가와えんがわ는 집의 다른 곳과 왕래하는 통로 역할을 하거나 휴식을 취하고 바람을 쐴 수 있게 한다. 한마디로 그곳에서는 남의 눈을 피해 동시에 집 안과 집 밖에 있는 것처럼 느낄 수 있는 것이다. 또한 그 위쪽에 설치된 차양 덕분에 비가 세차게 내리는 날에도 마음 놓고 창문을 열 수 있다. 바깥쪽에 있는 미닫이 덧문들은 비바람이 치거나 어둠이 내릴 때 집 전체를 보호하는 역할을 한다. 갈대발을 친 문인 요시도よしど는 여름에 빛을 거르는 것과 동시에 미풍을 통과시킨다. 쇼지しょうじ와 후쓰마ふすま(쇼지는 살의 한쪽에만 종이를 바르는 반투명한 명장지, 후쓰마는 살의 안팎으로 종이를 두껍게 바르는 불투명한 맹장지로 돼 있다)라고 불리는 나무 칸막이 문은 원하는 만큼의 공간이 확보되도록 바닥에 팬 홈을 따라 미끄러지게 돼 있다. '눈을 구경하기 위한 쇼지'인 유키미ゆきみ 쇼지는 아래쪽에 조그만 창문이 나 있어서 그곳을 통해 정원을 뒤덮은 새하얀 눈을 감상할 수 있다. 이러한 건축은 유용성보다는 아름다움이나 시정詩情을 강조하는 것을 진지하게 다루는 방식으로 우리를 매혹한다. 다도를 위해 지은 건물인 스끼야すきや. 꽃이나 자신이 좋아하는 장식물들로 꾸며 놓고 손님을 맞이하는 용도로도 쓰이는 공간인 도코노마とこのま('예술적인 알코브'에 해당한다). 색색의 종이로 만들어 가구 위에 올려놓거나 매달아 놓는 종이풍선 카미후센かみふうせん⋯⋯. 이토록 경쾌하면서도 절도 있는 건축과 비교해 볼 때 현대 일본을 휩쓸고 있는 서양의 전통 건축은 더없이 추한 낭비에 지나지 않는다는 느낌이 들게 하는 것이다.

일본의 집은 자재들의 취약함, 시간의 흐름과 함께 변화하는 능력 그리고 그것들이 우리의 감각에 이야기할 줄 아는 힘 사이에 존재하는 밀접한 관계를 잘 보여 준다. 나무로 된 욕조 후로오케ふろおけ는 욕실 전체를 향기롭게 한다. 야나기 무네요시가 시도했던 대중적 수공업의 재해석에 심취한 예술가 스기우라 아키시의 식당에서는 천장에 매달린 둥근 지등紙燈이 불이 꺼져 있을 때조차 경쾌하면서도 당당한 모습과 그 흰빛으로 짙은 색의 나무 골조를 밝히고 있다. 방 안에 있는 서랍장과 테이블 그리고 긴 의자의 나무 마디들은 그것들이 유래한 나무의 존재를 입증한다. (1867년에 이미 파리 만국박람회의 첫 번째 일본 전시관에서 한 방문객은 이렇게 감탄한 바 있다. "전시된 골조의 나무는 아무런 꾸밈없이 두껍고 견고하며 치밀하다. 그것이 지닌 힘과 광택이 느껴지며, 나뭇결을 세어 볼 수도 있다."[38]) 육중한 서랍장 위에는 자기로 만든 섬세한 촛대가 놓여 있어서 초의 불꽃이 주위를 비춘다. 테이블 위에는 버들가지로 만든, 손잡이가 달린 조그만 바구니가 놓여 있다. 나무 덧창의 창살들은 바닥에 그 그림자를 비춘다. 바닥에 놓인 또 다른 지등은 방의 어

두운 구석을 밝히면서 친밀감이 느껴지는 빛을 퍼뜨린다. 거실에는 옻칠을 한 나지막한 테이블 위에 대나무 손잡이가 달린 찻주전자와 배가 불룩한 조그만 자기 화병이 당당히 놓여 있다. 사람들은 마룻바닥에 놓인 흰색과 파란색과 검은색의 가느다란 줄무늬 방석 위에 앉아 있다. 방석들의 윤기 없는 포근함은 옻칠한 테이블과 식기의 모습과 대조를 이룬다. 그 뒤쪽에서는 '쇼지'의 장지를 투과한 빛이 이 모든 것을 은근하게 비추고 있다. 이처럼 소박하고 평온한 집에서는 그 거주자들의 신체와 깊이 친화하지 않는 어떤 자재도 찾아볼 수 없다.[39]

샤를로트 페리앙은 일본의 전통에서 자신의 '실용적 관능' (1928년부터 르 코르뷔지에의 세계에 모피와 직물 그리고 가죽 같은 재료를 도입하게 했던)에 대한 반향을 발견했다.[40] 그녀의 일본 체류는 이러한 성향이 자연스럽게 발현되게 해 주었다. 몇몇 일본인들에게서 다소 도가 지나쳤다는 말을 들을 정도로. 일본의 비평가 가쓰미 마사루는 다음과 같은 반론을 제기했다. "우리 젊은이들은 이 모든 문화가 합리적이기를 바랍니다. 문명세계의 일상 속에서 노골적인 자연의 반영을 드러내고자 하는 건 불건전한 발상입니다." 그러나 그녀는 그런 가운데서 '일본 건축의 아름다운 면모 중 하나'를 발견했노라고 주장하면서 이렇게 항변했다. "아무리 자연적이라고 말해도 이 나무는 조금도 자연적이지 않다. 나무를 자르는 순간 인간의 개입이 시작되었기 때문이다!"[41] 그녀가 일본 체류 중 거둔 가장 눈부신 성과 중 하나는, 프랑스에서 르 코르뷔지에와 피에르 잔느레와 함께 구상했던 '긴 흔들의자'의 본래 금속을 대나무로 대체해 재탄생시킨 사실이다. 인체공학적인 만큼 아름답기도 한 의자의 두 가지 버전(LC4와 도쿄)은 지금까지도 디자인의 고전으로 남아 있다.

후지모리 데루노부는 어떻게 내 시각을 구원했나

자연의 세계에서 그 힘을 빌려온 재료들을 사용하는 세련된 창작 방식, 재치 있고 유희적인 정신, 눈길을 잡아끄는 모습의 건축들……. 1946년에 태어난 후지모리 데루노부는 아마도 이러한 유산의 기치를 가장 높이 든 인물일 것이다. 비현실적이고 매혹적인 형태를 지닌 그의 건축들은 신화적인 동물들을 닮지 않을 때는 거의 인간적인 모습을 보여 준다. 나가노현에 있는 야키수기 하우스('그을린 삼나무로 만든 집'을 의미하는 이름)의 정면을 위해 그는 (심오한 검은색을 띤 악어 비늘판 같은 모습을 부여하면서) 불순한 기후로부터 나무를 보호하려고 나무판자의 표면을 그을리는 지방 특유의 오랜 기술을 현대적 취향으로 되살렸다. 도쿄에 있는 탄포포 하우스('민들레 집')는 그 자신을 위해 화산암을 사용해 지은 것이다. 집의 벽과 지붕의 틈새에서는 풀과 민들레가 자란다. 그는 '더부룩한'[42] 집의 모습을 사랑한다고 이야기한다. 집에는 아무런 장식도 없이 텅 빈 다실이 있고, 벽과 천장은 온통 불규칙하게 자른 떡갈나무 판자들로 뒤덮여 있으며, 그 눈부신 금빛은 등나무 바닥의 빛깔과 완벽한 조화를 이룬다. 이러한 재료들이 너무도 강렬한 존재감을 내뿜는 터라, 건축가 자신이 지적한 것처럼 마치 '그 속에 잠겨 드는 듯한' 느낌이 든다.

"이 방에는 창문이 하나 있다. 그러나 여기서는 유리창의 다른 한편으로 밀려난 공간이 아닌 이 재료들이 포용하는 내적인 공간을 느낄 수 있다."[43]

그가 2000년 일본 남부 구마모토현에 건축한 농업대학교 교내식당에서도 이 금빛 나무를 다시 만나게 된다. 오리목을 깐 바닥, 의자, 식탁, 식탁과 같은 높이에 나 있는 조그만 십자형 창문들……. 식당에는 거칠게 다듬은 높다란 소나무 줄기들이 사이사이 기둥처럼 서 있고, 어떤 줄기에는 높다란 가지들이 그대로 붙어 있다. 오직 벽들만이 눈부시게 새하얀 석고로 칠해져 있을 뿐이다. 아름다움을 돋보이게 하는 너그러운 조명에 의해 더욱 빛나는 식당에서는 공공장소에서 매우 이례적으로 느낄 수 있는 따뜻함과 관능이 뿜어져 나온다. 후지모리는 기계적으로 자른 판자를 좋아하지 않으며, 산업이 폐기하는 나무를 그 뜻밖의 우연적인 자질들 때문에 더 높이 평가한다. 그는 자신이 건축한 아키노 후쿠 미술관의 홀에 직접 전지가위로 잘라 만들어 그 표면이 울퉁불퉁한 테이블을 가져다 놓고는 이렇게 말했다. "그 위에 놓은 찻잔이 똑바로 서 있지 못하는 것은 전적으로 당신 잘못입니다."[44]

지금까지 나는 후지모리의 건축물들을 방문할 기회를 한 번도 갖지 못했다. 하지만 그의 작품집의 페이지를 넘기는 동안 경탄을 금치 못하며 나도 모르게 감탄사를 연발했다. 핀란드의 건축가 주하니 팔라스마의 고찰은 나의 반응이 지닌 힘을 깨닫는 데 도움을 주었다. 그의 지적에 의하면, 현대는 시각을 무엇보다 우선시하며 청각 역시 강조한다. 그러나 (인간을 타락시키는 동물적인 감각과 동일시되는) 촉각과 미각 그리고 후각은 마치 '단지 사적인 기능을 지닌 오래된 감각의 흔적쯤'으로 여긴다. 이는 더 이상 앞선 시대에서처럼 감각들의 등급화가 아닌, 일부 감각에 대한 단호한 검열이나 다름없다. 그 결과 시각에서 감각들 사이의 자연스러운 협동을 배제함으로써 시각마저도 약화시키게 된다. 눈은 우리의 신체적 경험에 대한 기억 없이는 제대로 작동할 수 없기 때문이다. 게다가 본래 '시각을 포함한 모든 감각은 촉각의 확장'이며, '피부 조직이 분화한 것'이다. 따라서 촉각은 '모든 감각의 어머니'인 셈이다. 팔라스마는 더 이상 우리의 시각을 수용하지도 풍요롭게 하지도 못하는 현대 건축이 지니는 '물질성의 빈약한 감각'을 비판한다. 그는 무엇보다 증가하는 반사경 사용에 대해 언급한다. 이런 것들과는 반대로 자연적인 재료들은 '우리의 시각이 그 표면을 뚫고 들어갈 수 있게 한다.'[45]

후지모리는 이러한 속성을 의식적으로 발전시켰고, 그 이유를 이렇게 설명한다. "일률적이지 않고 우툴두툴한 조직으로 된 두드러지는 표면은 우리의 촉각을 자극한다. 심지어 직접 그 표면을 만지지 않더라도 시각을 통해 그 우툴두툴함을 느낄 수 있다."[46] 따라서 비록 사진으로라도 그의 작품을 감상하는 것은 내 눈을 오랜 실망감에서 해방시켜 주었다.

　　후지모리는 일본의 신도神道와 특별히 끈끈한 관계를 이어가는 마을에서 어린 시절을 보냈으며, 이러한 범신론적인 유산이 그에게 커다란 영향을 미쳤음을 부인하지 않았다. 그러나 그는 자신과 스타일이 전혀 다른 저명한 건축가 이토 도요가 그와 같은 데서 자랐음을 강조한 바 있다. "인간에게 미치는 환경의 영향은 단순하고 직접적인 게 아니다."[47] 그는 전통을 위한 전통에 관심을 두지 말라고 이야기한다. 이는 그의 작품들을 봐도 알 수 있다. 1991년, 그가 처음으로 설계한 건축물인 진초칸 모리야 사료관이 모두를 당황하게 했을 때, 동료 건축가인 구마 겐고는 그가 일종의 향수를 불러일으키면서도 전혀 낯선 무언가를 창조해 냈다고 평했다. 이러한 고찰은 마치 기사 서임식과 같은 효과를 발휘했다.[48] 후지모리는 자신이 특별히 일본 문화에 집착하지 않는다고 단언하면서 스스로를 '국제적인 토박이'로 규정한다. 탄포포 하우스의 식물이 자라는 지붕은 프랑스의 노르망디 지방의 집들에서, 야키수기 하우스의 실내는 라스코 동굴에서 영감을 받은 것이다. 그는 흙으로 된 건축, 특히 말리의 젠네 대사원을 관찰하러 니제르와 말리에 갔고, 어도비 벽돌*로 만든 집들을 살피기 위해 미국 서부로 떠났다.[49] 그가 가장 감탄한 건축물 중에는 프랑스의 롱샹에 있는 노트르담뒤오Notre-Dame-du-Haut 성당이 있다. 이는 르 코르뷔지에의 후기 작품으로, 후지모리는 그 속에서 세계적인 건축가의 유년시절로의

　●　찰흙을 성형한 다음, 일광으로 자연 건조시킨 벽돌 모양의 것을 가리킨다.

회귀를 읽어 냈다.[50]

그러나 후지모리는 한편으론 일본 전통에의 충실함을 명백하게 드러내면서 일련의 다실(찻집)들을 건축했다. 물론 자신만의 방식으로. 그중에서 가장 아름다운 것은 아마도 이론의 여지없이 호쿠토시의 박물관 공원에 지은 오두막 찻집일 터다. 뾰족한 모자를 쓴 것 같은 형상의 오두막은 손으로 만 동박鋼箔 지붕, 흙으로 된 조그만 벽난로와 벽으로 이루어져 있다. 그리고 나무껍질이 그대로 남아 있는 굵은 삼나무 줄기가 높다란 기둥처럼 그것을 떠받치고 있다. 오두막 찻집은 그것을 둘러싼 벚나무들이 개화할 때면 특별히 몽환적인 분위기를 자아낸다. 특히 밤에 어둠에 잠긴 분홍빛 눈꽃들 가운데서 불 밝힌 창문이 빛날 때의 광경은 놀랍도록 인상적이다. 오두막 속에서는 작은 공간들이 느끼게 하는 매력을 발견하게 된다. 협소함은 다도의 대성자로 불리는 센 리큐(1522~1591)가 다실을 위해 확립한 규칙 중 하나다. 강렬한 경험을 수용하기 위해 불을 피울 수 있는 화로를 곁들여 구상된 조그만 오두막 찻집은 후지모리에게 '인간적인 건축의 결정체'[51]다. 그는 또한 센 리큐가 권장했던 니지리구치にじりぐち, 다실 안으로 들어가기 위해서는 몸을 숙이고 뒤틀게 만드는 작은 출입구를 구현해 냈다. 이러한 구조는 우리를 겸손해지게 하면서, 다도에는 사회적 계급이 존재하지 않는다는 사실을 상징하는 동시에 우리로 하여금 새로운 세계로 들어간다는 느낌을 갖게 한다.

몸을 긴밀하게 감싸는 오두막 찻집은 마치 옷과 같은 느낌이

들게 하면서 강력한 동일화 현상을 유발한다. 게다가 후지모리는 자신이 고객의 요청으로 처음 지은 오두막 찻집에 대한 생각을 떨쳐 버리지 못하고 나가노현에 있는 자신의 은거지에 하나를 더 짓기로 마음먹었다. 그리하여 인접한 산에서 벌목한 두 그루의 밤나무 몸통 꼭대기(땅에서 6미터 30센티미터 높이)에 자리 잡은 '높은 나무 위 찻집'이 탄생했다. 그곳에는 사다리를 통해서만 갈 수 있으며, 중도에 숨을 고를 수 있는 발판이 마련돼 있다. 건축가는 그곳에 자신의 고객들을 초대해 그들을 위해 구상한 설계도를 보여주곤 한다. "내 설계가 마음에 들지 않는 사람들은 오두막을 흔들면 될 것이다!"[52] 그는 자신이 건축한 집들 속에도 찻집의 철학('일상적인 삶과 동떨어진 독립적인 세계')을 재현한 다실을 포함시켰다. 또한 이러한 다실은 버지니아 울프의 '자기만의 방'이나 크리스토퍼 알렉산더가 권장한 '은밀한 장소'를 떠올리게 했다. 니라 하우스의 건축주는 노골적으로 '비밀스러운 방'을 만들어 줄 것을 주문했다. 야키수기 하우스의 건축을 의뢰한 이는 홀로 조용히 쉴 수 있는 조그만 방을 원했다. 건축가는 그에게 나무 위에 올라앉은 서재를 꾸며 주었다. 그곳에서 그는 정원의 단풍나무 가지들과 마주하는 창문을 겸한 책상에서 글을 읽고 쓸 수 있을 터였다.

이러한 건축에는 곳곳에 놀이를 위한 장치가 존재한다. 목탄 하우스에는 '호빗 크기'의 문들이 있다. 그곳에 있는 아이들 방에는 다소 가파른 사다리를 통해서만 갈 수 있다.[53] 건물 위층의 돌출부에 마련된 다실에 가기 위해서는 집 밖의 사다리와 방바닥의 뚜껑

문, 또는 침실의 비밀 문을 통해야만 한다. 사다리는 방문객으로 하여금 '그 공간에서 다르게 느끼고 생각하도록' 이끈다. 후지모리는 사다리를 오르는 사람들이 '얼마간의 두려움'[54]을 느끼기를 바란다. 그의 건축은 강렬한 감각을 제공하고 대담함을 부추김으로써 자극과 흥분을 야기하는 장치들과 안락하게 몸을 웅크리게 하는 구조들을 결합하고 있다. 이와 마찬가지로 그는 거주자와 풍경 사이에 '소박한 장애물'이 위치함으로써 보는 이의 마음을 편안하게 해 주는 십자형 창문을 사랑한다.[55] 그가 지은 몇몇 집들의 정면에 커다란 창문들과 아주 작은 창문들이 번갈아 나 있는 것은 현대 건축물에 부재하는 친밀함을 입증한다. 이러한 창문들과는 정반대로, 현대 건축이 매우 높게 평가하는 커다란 직선의 유리창들은 풍경을 하나의 장식으로, 거주자를 일종의 진열품으로 변모시킨다. 2014년에 도쿄의 교외에 가라사와 유스케가 건축한 S 하우스는 완전히 투명한 벽면을 갖춤으로써 이러한 경향을 극단까지 몰아붙인다. 오직 욕실만이 이웃의 눈길에서 벗어나 있다.[56] 시선을 기반으로 지어진 세계는 감시가 만연하며 거주자의 삶이 일종의 전시품이 되는 세상일 터다.

이처럼 서로 상반되고 보완적인 인간의 열망에 부응하고자 하는 의지는 후지모리에게 자신의 건축물들에 사는 사람들에 대한 공감으로 나타난다. 내게는 구성주의 건축의 의도된 불안정과 도도함보다 더 중요하게 생각되는 특징이다. 결정적으로 그의 작품들에서는 앞서 몽상의 가장 큰 모티브로 언급된 안정감과 모험의 혼합을 발견할 수 있다. 이러한 자질은 야키수기 하우스에서 무엇보다 뚜렷이 표현되고 있다. 그 형태의 환상적인 자유분방함 및 그 재료의 강렬함에 더해진 자질은 아마도 내게는 이 집이 세상에서 가장 아름답게 보이는 이유를 설명해 주는 게 아닐까.

　최근 몇 년간 일본 전통과 그 계승자들은 그 작품들의 생태학적 자질로 인해 새로이 주목을 받았다. 건축에 재활용 재료의 사용을 주장한 프랑스인 건축가는 와비 사비 개념을 참고했다.[57] 실제로 탄포포 하우스의 두꺼운 벽들은 훌륭한 단열재 역할을 한다. 그러나 이는 하나의 목적이었다기보다는 후지모리가 추구한 방식의 결과물이었다. 그는 건축물의 에너지 소비를 건축가가 아닌 기술자의 역할에 속한 것으로 여겼다.[58] 그는 생태학에 지대한 관심을 가졌지만, 생태계에 대한 영향을 최소화하기 위한 목적으로 발전한 건축에 실망감을 드러냈다. "이러한 건축은 고전적 현대주의와 비교할 때 어떤 실질적인 변화도 가져다주지 못한다. 간단히 말해 난 자연과 사람 그리고 자연의 법칙 가운데서 발전할 수 있을 창의성에 관심이 많다. 나의 창작욕을 고취하는 것은 이런 관계들이지 에너지의 경제학에 기반을 둔 계산이 아니다." 그는 천연 재료들로 작업을 한다. 그가 보기에는 '강철, 유리 그리고 콘크리트는 자연 세계의 풍요로움과 잘 어울리지 못한다.'[59] 그는 1998년에 이렇게 고백한 바 있다. "내 눈앞에 있는 흙과 나무와 돌을 보는 순간 난 즉각적인 흥분을 느꼈다. 내 안에서는 사람들이 나를 데루보라고 부르던 시절, 신슈의 들판과 산을 누비고 다니던 내 젊은 날의 피가 다시 끓어오르기 시작했다."⁶⁰ 재생 판지의 사용으로 명성을 떨친 그의 동료 건축가 반 시게루는 '영구적인' 건축에는 관심이 없다고 밝혔다. "난 무엇보다 낭비를 싫어한다. 그뿐이다."⁶¹

무엇보다 하찮거나 자연적인 재료들의 사용은 그런 것에 익숙하지 않은 이들에게 회의적인 반응을 불러일으킬 수 있다. 그에 대해 노골적인 경멸을 드러내지 않는 사람들도 그것을 '시적'이라고 여기며 예의상 감탄을 표명할 수는 있지만 결코 진지하게 받아들이지는 않는다. 2014년, 반 시게루가 '건축계의 노벨상'이라고 불리는 프리츠커상을 받았을 때, 영국의 한 작가는 수상자의 스타일(매우 신중하고 절도 있는)을 '중간계(J. R. R. 톨킨의 소설 《호빗》과 《반지의 제왕》에 등장하는 세계)에 버금가는 이상야릇한 것'⁶²이라며 비웃었다. 1995년 고베 지진 이후 반이 만든 '페이퍼 로그 하우스(종이 통나무 집)'처럼 판지로 만든 난민 보호소들은 인도, 중국, 르완다, 이탈리아, 필리핀을 비롯한 여러 나라에서 전쟁이나 자연재해의 희생자들에게 집을 제공해 주었다. 이런 작업들로 인해 그는 난민들을 위한 유엔난민고등판무관실의 자문위원이 되었다. 이들 집들은 임시 거처였지만, 그는 자신의 주말 별장인 페이퍼 하우스(종이 집)의 건축에 사용한 것과 똑같은 방식을 사용했다. 자신이 사용하는 건축 기술의 지속성을 증명하고자 했기 때문이다.⁶³

"사실 하이테크 재료들이 꼭 필요한 것은 아니다. 내가 가장 관심을 가지는 건 평범한 재료들을 사용하는 것이다. 그것이 곧 매우 창의적으로 생각하는 방식이라고 믿기 때문이다. 사람들은 모두 견고한 자재들을 발전시키려는 생각에 사로잡혀 있다. 하지만 우리는 취약하면서도 모든 건축학적 규범에 부응하는 재료들로 건물을 지을 수 있다. 재료의 내구성은 최종 건축물의 내구성과는 아무런 상관이 없다. 종이 관管을 사용한 구조는 콘크리트 구조에는 치명적이 될 지진도 얼마든지 견딜 수 있다."[64] 어렸을 적에는 목수가 되기를 꿈꾸었던 그는 재활용이 가능한 재료인 나무[65]를 사랑한다. '콘크리트보다 오래가고 수리하기가 훨씬 더 쉬우며 매우 아름답기'[66] 때문이다. 마찬가지로 나무의 황홀한 사용으로 인해 국제적인 명성을 얻은 구마 겐고는 '콘크리트의 지배에 도전하고자 하는' 목표를 세웠다. "콘크리트는 사람들이 생각하는 것만큼 견고한 재료가 아니다. 일본에서는 제2차 세계대전 전까지 콘크리트를 사용한 건축을 거의 찾아 볼 수 없었다. 그러다 느닷없이 어디에서나 그것을 만나게 되었다. 콘크리트는 편리하고 비용도 적게 들지만 지나치게 남용되고 있다."[67]

모두를 위한 건축?

스위스 취리히에 있는 미디어 그룹 타메디아의 본사, 도쿄의 스와치 그룹 본사, 한국의 한 골프 클럽, 2011년 밀라노 디자인 주간의 헤르메스 브랜드 전시관…… 한 기자의 말을 빌리면, 반 시게루의 작품을 체험해 볼 기회를 얻기 위해서는 '엄청난 부자거나 최근에 모든 걸 잃었어야만 한다.'[68] 반 시게루도 자신이 서로 극과 극인 세계들 사이를 오가고 있음을 인정했다. 그는 예로부터 언제나 강력한 힘을 가진 사람들이 건축가들을 고용해 자신들의 힘과 부를 드러내고자 했음을 지적한다. 그러나 그는 '전혀 다른 상황에 처한 고객을 위해 일하는 것이 중요하다'고 생각하며, 따라서 자연재해의 희생자들을 도울 수 있음을 높이 평가한다. "이는 특혜를 누리는 고객들을 위해 작업한 뒤의 나의 정신적 균형을 개선시켜 준다."

그는 이러한 재앙들 가운데서 건축가들이 느껴야 할 책임을 강조한 바 있다. "지진은 그 자체로는 사람을 죽이지 않는다. 치명적인 것은 그로 인한 건물의 붕괴다. 또한 그 때문에 터전을 잃어버린 이들에게는 누군가가 머물 곳을 마련해 주어야 한다."[69] 2011년 일본이 쓰나미로 인한 피해를 입었을 때 체육관에 설치한 1800개의 천 칸막이는 종이 관에 고정시킨 것으로, 그곳으로 피신한 이재민들에게 최소한의 사생활을 보장해 주었다. 그는 그 작업을 위해 관계 당국과 투쟁해야 했다. "그들은 난민들의 사생활에는 조금도 관심이 없어요. 그런 건 전혀 중요한 문제가 아니라는 거죠. 하지만 이건 인간의 기본적인 권리에 속하는 겁니다. 고통받는 이들에게는 더욱더 필요한 것이고 말이죠." 그 뒤에도 그는 어항인 오나가와정에 189개의 컨테이너 임시 주택을 설치했다. "재앙이 닥친 후 난 처음으로 진정한 안도감을 느낄 수 있었습니다." 그곳에 가족과 함께 자리 잡은 한 남자는 열 살짜리 딸이 기뻐하는 모습에 행복해하며 이렇게 말했다. 그는 무엇보다 넉넉한 공간과 충분한 방음과 단열에 커다란 만족감을 표시했다. 지진이 일어나고 3년이 지난 뒤에도 공공장소를 갖춘 컨테이너 마을은 여전히 남아 있었다. 그곳의 거주자 중 일부는 거기서 평생 살아도 좋겠다고 단언했다.[70]

　반 시게루는 임시 주거지들을 건축할 때마다 매번 즉각 구할 수 있는 자원들을 사용할 뿐만 아니라 그 지역의 삶의 방식까지도 고려한다. 그는 또한 2008년 중국의 쓰촨 성 대지진 당시 아홉 개의 교실로 된 학교처럼 공공건물들을 건축하기도 했다. 이러한 건축물들은 저렴한 비용과 견고함에 더하여 미학적이라는 호사까지 누렸다. "대재앙으로 인해 마음의 상처를 입은 사람들이 아름다운 무언가를 통해 상처를 치유할 수 있도록 해야 합니다."[71] 그를 비방하는 사람들은 그의 작업으로 인한 혜택을 보는 난민들이 극소수뿐이라는 사실을 강조한다. 기껏해야 몇십 명밖에 되지 않는다는 것이다. 그러나 그 규모의 결정은 건축가인 그가 아닌 공권력에 달려 있는 문제다. 게다가 그의 부유한 고객들의 저택(많아야 네다섯 명의 가족을 위한 집)을 짓는 데 드는 시간과 비교해 볼 때 이와 같은 건축 작업의 효율성이 결코 적다고 할 수 없다.

　그가 사는 건축 세계에서는 그의 행위가 포함하는 인도주의적 측면이 언제나 열띤 반응만을 야기하는 것은 아니다. 어떤 이들은 그가 자신의 경력을 쌓기 위해 그런 것을 이용한다며 비난하기도 한다. 혜택 받은 소수를 위해서만 일하지 않고 세상의 문제들에 관심을 갖고자 하는 그의 의지는 누군가의 기분을 상하게 하기에 충분하다. 그가 프리츠커상을 수상했을 때 건축가 자하 하디드의 한 동료는 페이스북에 이런 코멘트를 남겼다. "나는 프리츠커상의 심사위원들이 '정치적 올바름'의 영향을 받은 게 아닌지 염려된다."[72] 과연 자하 하디드에게서는 이러한 영향을 받을 가능성이 전혀 보이지 않는다. 2022년 월드컵 경기를 위해 카타르에 건축 중인 알 와크라 스타디움의 설계자인 그녀는 지금까지 건축 현장에서 발생한 수많은 이민노동자의 죽음에 대한 질문에 그것은 자신이 상관할 바가 아니며 카타르 정부의 일일 뿐이라고 일축했다.[73] 한편으로 반 시게루에게 주어진 명예가 건축계의 발전된 사고방식을 입증하는 것이라고 한다면, 다른 한편으로 그건 어쩌면 그의 동료들로 하여금 적은 비용으로 스스로를 합리화하게 하는 구실이 될지도 모른다.

"건축가들은 부자들의 꼭두각시로 전락했다."[74]

1993년 미국의 앨라배마주 뉴번에 루럴 스튜디오를 공동으로 설립한 새뮤얼 막비는 건축계 현황이 그에게 불러일으키는 반발심을 큰 소리로 외치는 것을 두려워하지 않았다. 남부식 억양을 근사하게 구사하고 수염이 덥수룩한 거구의 남자는 대학에서 모두가 '검은색 옷을 입고 똑같은 이야기를 하는 것'을 매우 유감스럽게 생각했다. "이 모든 것에서 고리타분한 냄새가 풍기고 상상력의 부족이 느껴진다."[75] 오번 대학에 소속된 루럴 스튜디오는 벌써 20년 넘게 건축과 학생들을 대상으로 한 학기나 1년짜리 연수 프로그램을 진행해 왔다. 그 기간에 연수생들은 팀을 이루어 개별적인 주택이나 공공건물을 구상하고 건축한다. 그 지역 인구의 26퍼센트는 빈곤선 이하에서 살아가며 그중 대부분이 트레일러에 거주한다. 해

일 카운티에 속하는 뉴번은 1941년 제임스 에이지가 글을 쓰고 워커 에번스가 사진을 찍어 공동 출간한 《이제 위대한 이들을 찬양하자》**로 유명해진 곳이다. 두 사람은 대공황 기간에 그 지역을 돌아다니며 이 책을 구상했다. 그곳의 '도심'이라고는 앨라배마 하이웨이 61번의 양쪽에 흩어진 몇몇 건물, 즉 우체국과 상품보관 창고 그리고 루럴 스튜디오 본부가 전부였다. 그곳 시의회의원들의 요청으로 루럴 스튜디오는 2004년에는 소방서, 2011년에는 시청을 추가했다. 또한 그 지역에 청소년의 집, 교회, 병원 뜰, 야구장을 지었고, 학대받은 아이들을 위한 센터를 지어 딱딱한 익명의 행정기관이 아닌 따뜻하고 안정적인 분위기 속에서 사회복지사와 경찰관에게 이야기할 수 있게 했다.

1997년 새뮤얼 막비는 영국의 건축가 마이클 홉킨스와 한 콘퍼런스에 참여한 적이 있었다. 그것은 그들에게 각자의 고객들을 비교해 볼 기회를 제공했다. 홉킨스가 엘리자베스 2세 여왕을 위해 일하던 때에 막비는 루럴 스튜디오가 건축한 첫 번째 집의 수혜자인 셰퍼드와 앨버타 브라이언트를 위해 일하고 있었다. 그들은 블랙 워리어 강변에 있는 메이슨 벤드라는 조그만 마을에서 낚시와 사냥 그리고 채소 재배로 근근이 살아가고 있었다. 막비는 적극적이고 비판적이며 사회적 의미가 담긴 건축 방식을 열렬히 주창했다. 그는 건축가들이 선택받은 이들과 다국적 기업들에게 맹종하기

—• Political Correctness. 모든 종류의 편견(인종, 성, 성적 지향, 종교, 직업 등에 대한)이 섞인 표현을 쓰지 말고 차별적으로 행동하지 말자는 정치적, 사회적 운동.

—•• 대공황 시대 남부 소작농들의 삶을 감동적으로 기록한 르포르타주.

보다는 스스로 결정을 내릴 줄 알아야 한다고 생각했다. 이에 홉킨스는 그런 건 자신들의 역할이 아니라고 반박했다. 막비는 처음에 이런 반응에 놀랐지만 이내 그것이 건축가들 대부분의 생각임을 깨달았다.[76]

꾸준히 다양한 실험을 거듭하는 루럴 스튜디오의 작품들은 그 품질과 창의성으로 세상을 놀라게 한다. 근본적으로 기부금만으로 충당되는 적은 예산과 재활용 자재들을 사용한 집들에서는 현대적 감수성과 그 지방 특유의 건축 양식이 동시에 드러난다. 집들을 강렬한 햇빛과 (빗물이 되도록 집에서 멀리 떨어진 데서 조금씩 흘러내리게 해서) 폭우로부터 보호하기 위한 넉넉하고 압도적인 지붕. 여름에 공기를 식혀 주는 자연 환기 장치를 갖춘 높다란 천장. 가정생활의 중심이기보다는 지역에서 중요한 사교의 장 역할을 담당하는 넉넉한 포치.* 건물을 점토질의 습한 땅에서 멀어지게 하기 위한, 필로티**를 기반으로 한 구조는 흰개미로 인한 피해를 줄이고 (노인이나 장애인을 위한 휠체어 통로를 설치할 때를 제외하고) 생태발자국***을 최소화하게 해 준다는 이점이 있다. 집의 내부에서는 낡거나 고풍스러운 가구들과 집주인의 개인적인 물건들이 배경의 전위적인 간결함과 대조를 이룬다. 이처럼 이질적인 두 세계의 충돌은 르 코르뷔지에의 노동자들의 도시나 1986년 장 누벨이 프랑스의 님 부근에 건축한 네마우수스Nemausus 1의 '사회적 로프트'****에서 관찰되는 그것을 떠올린다. 루럴 스튜디오가 짓는 집들에서는 건축가들과 거주자들 사이에 존재하는 간극이 훨씬 더 크긴 하지만. 그러나 재활용 자재들로 된 구조들의 따뜻한 면모와 지방 고유의 특성들이 이러한 차이를 완화시킨다. 처음에는 깔끔하게 텅 비어 있던 집들은 입주 후 얼마간의 시간이 지나면 복잡하고 어수선해진다. 2003년 그린즈버러 부근에 '뮤직맨'으로 불리던 지미 리 매슈를 위한 집을 지은 제이 샌더스는 이런 말을 남겼다. "내 의도는 뮤직맨이 살아온 방식을 바꾸려는 게 아니다. 실제로 그가 예전에 트레일러에서 거주할 때와 지금 이 집에 살 때의 삶의 방식은 매우 유사하다. 그는 똑같은 종류의 물건들을 쌓아 둔다. 나는 단지 그가 좀 더 나은 여건에서 그럴 수 있기를 바랄 뿐이다. 수돗물, 공기, 빛 그리고 자유롭게 움직일 수 있는 공간과 함께……"[77]

루럴 스튜디오는 사회 기관들의 제안을 근거로 해서 고객들을 선별한다. 대학생들은 그들과의 대화를 통해 고객들의 바람과 필요를 파악한다. 네 아이의 엄마인 이블린 루이스는 자신의 폐소공포증을 떨쳐 버릴 수 있도록 높은 천장과 여러 개의 창문 그리고 커다란 공동 공간을 원했다. 그녀는 이 모든 소원을 이루었고, 1998년 자신의 100제곱미터짜리 '기적의 집'으로 이사할 수 있었

— • porch. 건물의 현관 또는 출입구의 바깥쪽에 튀어나와 지붕으로 덮인 부분.

— •• pilotis. 르 코르뷔지에가 제창한 근대 건축 방법의 하나. 건축물의 일층은 기둥만 서는 공간으로 하고 이층 이상에 방을 짓는 방식이다. 본디는 건축의 기초를 받치는 말뚝이라는 뜻이다.

— ••• 인간이 지구에서 삶을 영위하기 위해 필요한 의식주, 에너지, 시설 등의 생산, 폐기물의 발생과 처리에 들어가는 비용을 개인 단위, 국가 단위, 지구 단위로 나타내는 방식이다. 생태발자국은 헥타르 또는 지구의 개수로 수치화하는데, 그 수치가 클수록 지구에 해를 많이 끼친다는 의미이기 때문에 인간이 자연에 남긴 피해 지수로 이해할 수 있다. (출처: 두산백과)

— •••• loft. 예전의 공장 등을 개조한 아파트 등을 가리킨다.

다. 2007년 조엘 무어는 동생과 함께 사는 새집에서 양철 지붕 위로 빗물이 후드득 떨어져 내리는 소리를 듣는 기쁨에 대해 이야기했다.[78]

그러나 집에 관한 서로의 의견을 미리 조율한다고 해서 오해나 실망이 전혀 없는 것은 아니다. 1997년 나비 날개 모양의 지붕으로 인해 '버터플라이 하우스'라는 상징적인 이름으로 불리는 집에서 살게 된 앤더슨 해리스는 몇 년 뒤 더 넓었던 자신의 이전 집을 그리워했다. 비록 이제는 수돗물을 사용할 수 있게 된 것에 대해 안도하면서도. 좀 더 최근에 지은 집에서 혼자 살아가는 어떤 이는 침실과 거실 사이에 커튼이 아닌 벽을 설치하는 게 더 나았을 거라며 투덜거렸다. 그것은 선택에 따른 결과였지만, 그는 예산이 부족해 그리한 것이라고 믿었다. 그는 집 앞쪽에 설치한 포치는 무척 마음에 들어 했지만 뒤쪽의 그것으로는 뭘 해야 할지 잘 몰랐다. 루럴 스튜디오의 구성원들은 이런 일이 있을 때마다 기록을 해둠으로써 다양한 경험들로부터 많은 것을 배울 수 있었다. 그들은 20년간 150채의 건물을 지음으로써[79] 그 지역에서 일종의 '건축 도서관'을 보유하게 되었다.

아무것도 없는 사람들에게 아름답고 안락하며 커다란 집을 제공하는 것. 이런 일은 물론 엄청난 유혹으로 다가오기 마련이다. 그것은 모두의 대단히 중요한 열망을 반영하면서, 이 역시 극심한 불평등에 의해 야기된 양심의 거리낌을 얼마간 해소해 준다. CNN이나 〈오프라 윈프리 쇼〉가 여러 해에 걸쳐 뉴번을 찾아간 것도 별로 놀라운 일도 아니다. 그러나 입주 시에 말끔한 새집 입구에서 포즈를 취하는 새 집주인을 보여 주는 사진이 불러일으키는 '신데렐라 효과'를 경계해야만 할 터다. 이러한 개입이 상당한 발전을 가져다주었음에도 그들의 삶의 근본적인 요소들은 변하지 않았음을 잊게 할 위험이 있기 때문이다. 어쨌거나 이 일은 공권력과 부의 분배와 재분배의 부족한 점을 채워 줄 수 없는 자선사업에 불과하며, 어쩔 수 없는 임의적인 면을 포함하고 있다. 게다가 스튜디오의 책임자들도 자신들이 하는 일의 한계를 깊이 인식하고 있다.

"루럴 스튜디오나 우리의 건축은 가난을 극복할 힘을 갖고 있지 못하다."[80]

근본적으로 가난한 흑인들로 이루어진 남부의 주민들을 위한 집을 짓는, 대부분 도시 중산층 출신의 백인 대학생들. 이들로 구성된 루럴 스튜디오는 지역민들에게 어느 정도의 간섭과 통제를 행사하지 않을 수 없었다. 그러나 적어도 그 책임자들은 자신들이 하는 일에 대해 깊이 생각하고, 자신들의 행위가 자신들에게 선택받은 땅에 미치는 영향에 대해 끊임없이 자문하는 사실에 자부심을 가졌다. 2000년대 초반, 한 교육가는 그들의 프로젝트의 성공에 대해 우려를 표명했다. 그들의 존재가 지역에 지나친 부담으로 다가오고, 그들로 하여금 애초의 사명감을 잊게 만들 수 있기 때문이다. "그들은 녹음기에 대고 이야기하는 데 점점 더 많은 시간을 보낸다."[81] 뉴번에는 186명밖에 안 되는 주민이 살고 있는 터라 루럴 스튜디오에 속한 대학생들은 그곳 인구를 25퍼센트나 증가시켰다.

따라서 침입자 같은 느낌을 주지 않고 그곳 사람들과 원만하게 어울릴 수 있도록 두세 명씩 그룹을 지어 몰려다니지 말라는 지시가 그들에게 내려졌다. 게다가 막비의 후임자인 앤드루 프리어가 지적한 것처럼, 재난 현장에 나타났다가 다시 떠나곤 하는 인도주의적 건축가들과는 달리 루럴 스튜디오의 관리자들은 현장에서 계속 살고 있다. "한곳에 눌러 살게 되면 이런저런 구설수에 오르기 마련이다. 무언가를 성공시켰을 때에도 그렇다(덜 자주 그렇긴 하지만)."[82] 그들이 처음에 지은 집들 중 몇몇은 지나친 과시용이라는 비난을 받은 터라 루럴 스튜디오는 좀 더 신중하게 건축을 진행했다. 또한 어떤 오래된 집의 포치를 좀 더 전통적인 방식으로 (처음에 했던 작업은 맹렬한 비판을 불러일으킨 바 있다) 리모델링하여 주민들을 위한 공간으로 탈바꿈시켰다. 그러나 샘 웨인라이트 더글러스가 진행한 다큐멘터리에서 인터뷰에 응한 많은 주민은 이만큼 뛰어난 건축물들과 나란히 살 수 있다는 데에 만족감을 표했다.[83] 새뮤얼 막비는 시골에 사는 서민들은 대담한 건축의 가치를 이해하지 못할 거라는 편견을 경계해야 한다고 강조했다.

건축계 안팎에서 부자들을 위해 일하는 스타 건축가들의 위세는 적지 않은 사람들의 불만을 자아낸다. 그리고 모순적으로 그들의 위세에 대해 반박하는 이들도 그 일로 인해 스타(앞선 스타들보다는 덜 부자이긴 하지만)가 되는 경향이 있다. 막비도 말년에 이르러 자신에게 주어진 상들을 모두 받아들였다. 게다가 루럴 스튜디오의 작업은 대부분 그의 카리스마적인 성격에서 비롯된 것이라는 우려를 낳기도 했다. 그러나 2001년 막비가 백혈병으로 세상을 떠난 이후에도 스튜디오는 여전히 활동을 이어갔고, 괄괄한 남부 출신 창립자와는 정반대인 신중한 영국인 앤드루 프리어의 지도로 발전을 해 나갔다. 쇠락하는 지역에서 자란다는 게 어떤 건지 누구보다 잘 알고 있었던 영국 요크셔 출신의 프리어는 스스로를 '뼛속까지 사회주의자'로 규정했다. 매년 찾아오는 새로운 대학생 그룹들 덕분에 스튜디오는 매너리즘이나 향수에 빠질 위험이 별로 없었다.[84] 2005년 그는 '2만 달러 집20K Houses Project' 프로젝트를 시작했다. 규칙적으로 업데이트되는 주거용 카탈로그는 지역의 건축업자들이 충분히 시행할 수 있는 것들로 구성했다. 건축 비용은 사회보조금으로 살아가는 가정들이 합리적인 비용으로 매달 갚아 나갈 수 있게끔 책정했다.[85]

루럴 스튜디오의 대표가 된 프리어는 몇몇 방식을 개편했다. 그는 무엇보다 생태학의 문제를 최우선으로 고려했다. 막비는 필요성과 더불어 즉흥적인 취향에 따라 재활용 자재를 사용했다. 그러나 그의 후임자는 거기에, 부근 숲에서 더 큰 나무들의 성장을 촉진하기 위해 정기적으로 벌목하는 소나무의 사용을 추가하기도 했다. 소나무는 무엇보다 제지 산업에 원료를 공급하지만 디지털 혁명으로 인해 더 이상 예전처럼 많이 쓰이지는 않는다. 루럴 스튜디오는 또한 자신들이 사용하는 건물들(아틀리에와 강의실을 포함한 집단적 삶의 장소인)의 에너지 효율성에 대해서도 연구하기 시작했다. 그 지역에서의 식품 자급자족의 상실에 대해 고찰하기 위한 농장도 생겨났다. 스튜디오의 학생들은 그에 필요한 시설들을 구상하고 건축했으며, 그중에는 생물기상학적인 온실도 있었다. 이제 그들은 경작하고 수확하고 요리하고 땅에 퇴비를 주는 데 많은 시간을 보내고 있다. 요리사도 고용해 구내식당을 대중에 공개했다. 또 다른 변화를 들자면, 관리자들은 이제 건축 팀이 남녀가 같은 비율로 구성되도록 신경을 쓴다는 점이다.

총체적으로 루럴 스튜디오에서 일하는 대학생들은 아주 예외적인 수준의 교육 혜택을 누리고 있다. 모든 오락거리를 멀리하는 생활 덕분에 지역의 삶과 일에 몰두하는 것 말고는 다른 선택이 없기 때문이다. 그들은 해일 카운티의 다양한 면모를 익히는 것 외에도 목조 작업이나 데생과 사진에 대한 강의를 듣는다. 연필이나 붓을 다룰 줄 아는 것은 그들로 하여금 데생이 일종의 '손으로 생각하는' 방식임을 깨닫게 한다. 그들의 선생들은 이에 대해 이렇게 설명한다. 그것은 그들에게 컴퓨터 사용을 금하려는 게 아닌, 그들의 건축이 되도록 풍요롭고 흥미로울 수 있도록 그들의 표현 기법을 확장시키는 데 주안점을 두고 있다. 또한 앤드루 프리어에 의하면, 대학에서는 대개 '고뇌하는 예술가'[86]가 되는 법을 가르치는 반면, 루럴 스튜디오의 학생들은 팀으로 기능하는 법을 배운다.

마지막으로 그곳에서의 체류는 그들에게 자신이나 동료들이 설계한 집을 자기 손으로 직접 지을 수 있는 기회를 제공한다. 이는 그들의 특별한 경력으로 남게 될 뿐만 아니라 '종이 위의 스케치와 땅 위에 서 있고 방수가 되어야 하는 건물 사이의 차이'[87]를 알게 해 준다. 2004년에 스튜디오를 거쳐 간 레아 프라이스는 그곳에서 '건축 데생을 구체적인 구조로 실현하는 과정에서 건축가의 역할'에 대해 알게 되었다. 이곳에서의 사례처럼 한 사람이 설계자와 건축가의 역할을 동시에 해낼 때는 그 둘 사이에서 '발생할 수 있는 손실이 엄청나게 줄어든다.'[88]

학생들은 매일 그들의 건축물이 세워지게 될 현장을 찾아간다. 심지어 때로는 거기서 야영을 하기도 한다. 빛과 대기의 작은 변화까지를 포함해 그곳에서 일어나는 모든 것과 친숙해지기 위해서다. "우리는 우리의 고객들 곁에서, 우리 마음대로 활용할 수 있는 재료들과 주위 환경 가운데서 영감을 얻는 법을 배웠다."[89] 1995년에 뉴번을 거쳐 간 스티브 더든의 말이다. 프로젝트의 또 다른 참여자는 꼬박 1년간 골판지와 짚의 가능한 응용을 익혔다. 스튜디오의 시설들은 건축 수습생들에게 훈련의 현장이 되어 주었다. 그 말은 즉, 만약 실험적인 건축물이 무너져 내린다면, 무엇보다 먼저 그들의 머리 위로 무너져 내린다는 것을 의미한다. 또한 그들은 한데 모여 있는 일종의 '캡슐형' 개인 공간들을 만들어 그 속에서 각자 잠자고 작업을 한다.

저메인 워싱턴은 이곳에서의 작업에 대해 다음과 같이 증언했다. "나는 내가 줄 수 있을 것보다 훨씬 더 많은 걸 끌어냈다."[90] 미시시피주 출신의 흑인인 그는 2003년에 루럴 스튜디오를 거쳐 가면서 예전에는 도망갈 생각만을 하게 했던 남부의 지역을 재발견하고 사랑하는 법을 배울 수 있었다. 앞서 언급한 제이 샌더스는 '뮤직맨'을 위한 집을 짓는 동안 매일 아침 들뜬 마음으로 침대를 뛰쳐나오고 매일 저녁 지친 상태로 잠드는 생활이 얼마나 행복했는지를 들려주었다. 그의 동료였던 로버트 라이트는 한술 더 떠서 이렇게 말했다. "그 시절 건축은 나를 어린 시절의 크리스마스로 다시 데려다주었습니다. 그날 아침에 선물들을 발견하곤 하던 순간으로 말이죠. 오래 지속되지는 않지만 영원히 우리 마음속에 새겨지는 순간들에 느끼는 것과 같은 강렬한 느낌을 심어 주었다고 할까요."[91]

이런 작업을 수행한 다음에는 평범한 일상으로의 복귀가 힘들게 느껴질 수밖에 없다. 이젠 40대에 접어든 브루스 러너어는 앨라배마주의 한 도시에서 자신의 건축사무소를 운영하고 있다. 그는 15년이 지난 뒤 자신의 일에서 생각했던 것만큼의 즐거움을 얻지 못한다고 고백했다. "건축 일은 애초에 기대했던 것보다 훨씬 실망스러웠다. 그래서 난 2년마다 루럴 스튜디오로 되돌아가 새로운 작품들을 만난다. 그리고 존경심과 함께 그것들의 정직성과 그 속에 담긴 예술적 야심, 건축물로서의 가치, 내구성 등을 분석하곤 한다. 그런 다음 나는 다시 내 사무실로 돌아와 우아하게 설계도를 그리고 천장들의 디테일을 꼼꼼하게 살핀다." 그러나 그는 좀 더 경쾌한 어조로 다음과 같이 결론짓는다. "나는 시간이 지나면서 이러한 긴장 상태(그의 열망과 목표 사이에 존재하는)가 해소될 거라고 생각한다. 나는 루럴 스튜디오에서 개인적이고 사회적이며 지적인 수준에서 매우 만족스러운 경험을 했다. 그리고 건축가의 삶을 사는 동안 이러한 경험이 온전히 또는 부분적으로 반복되리라는 가능성을 믿는다."[92]

디자이너와 교육가로 활동하는 로리 라이커는, 학생들의 주변 사람들이 그들의 루럴 스튜디오에서의 체험을 마치 진지한 일을 하기 전에 거쳐 가는 일종의 기분전환처럼 여긴다며 안타까워했다. 그녀는 학생들이 이런 종류의 교육을 이만큼 소중하게 여기는 이유에 관심을 기울이고 그 장점을 취해야 한다고 주장했다.[93] 그로 인해 건축은 더욱 발전하게 될 것이기 때문이다. 과연 2015년, 미국 건축가협회가 수여하는 휘트니 M. 영 주니어상을 수상한 루럴 스튜디오는 미국에서 그러는 것만큼 다른 나라들에서도 '거대한 건축물'[94]에 대한 대안을 제공하기를 열망했다. 휴머니티 건축협회 공동 창립자인 영국 출신의 건축가 캐머런 싱클레어는 단호하게 그들이 진행하는 프로젝트의 타당성을 역설한 바 있다.

"앞으로 20년 후에는 인류의 3분의 1이 판잣집이나 난민 수용소에서 살게 될 것이다. 그리고 미래 세계는 두바이[95]가 아닌 나이지리아의 라고스를 닮게 될 터다. 그런데도 건축계에서는 여전히 대부분의 학생들에게 사막 한가운데에 끔찍한 건물들을 짓는 법을 가르치고 있다. 그들에게 진정으로 가르쳐야 하는 것은 인류의 90퍼센트에 이르는 사람들에게 적합하고 저렴한 집들을 짓는 법인데 말이다."[96]

건축은 스스로 짓는 것

우리는 자신의 재능을 많은 사람을 위해 쓰는 건축가들을 그려 보는 것보다 더 큰 꿈을 꿀 수도 있다. 많은 사람이 설계자이자 건축가가 되는 게 그것이다. 그러나 현실은 그런 것과는 거리가 멀다. 이에 대해 이반 일리치는 다음과 같이 이야기한다. "산업사회는 각 개인을 잠자리를 제공해야 하는 하나의 요소로 취급하려는 유일한 사회다. 따라서 그 구성원은 스스로를 내가 '거주의 기술'이라고 부르는 사회적이고 공동체적인 행위를 면제받은 것처럼 여긴다." 그의 표현을 빌리면, 우리는 일종의 호모 카스트렌시스Homo castrensis, 즉 '병영兵營 인간'에 속한다." 파트리크 부생의 지적에 의하면, 집의 미래의 거주자는 건축에 전혀 참여하지 못할뿐더러, 누군가가 그에게 의견을 구하는 일도 없다. "누군가가 그에게 자녀를 몇이나 두기를 원하는지, 그의 어머니나 누이, 동생이 그와 가까이 살기를 바라는지 물어본 적이 있던가? 그가 대대로 물려받아 애착을 느끼는 가구들(그것들의 크기와는 상관없이)이 있는지, 혹은 그가 현기증을 자주 느끼는지 등을 궁금해한 적이 있던가? 그럼에도 불구하고 그는 그 집에서 얼마나 오랫동안 웃고 울고 두려워하고 사랑하고 아이들을 키우고 기념일들을 축하하고 친구들과의 모임을 가질 것인가? 시장이 건축허가를 내 주고, 부동산 개발업자가 출자하고, 건축가가 설계하고, 기술자, 장인, 노동자가 함께 짓게 될 그 집에서. 어떤 순간에라도 그의 의견을 구하지 않은 채."[98]

정책 입안자 및 건축가 그리고 거주자들 사이의 이 같은 단절은 건물의 형태에도 일련의 영향을 미치게 된다. 일례로 크리스토 퍼 알렉산더는 공간의 설계를 누구보다 잘할 수 있는 사람은 농부 임을 상기시켰다. 농부는 '공간의 기능과 밀접한 관계를 맺고 있는' 사람이기 때문이다. 그는 '높은 곳에서 모든 것을 통제하면서 생생 하게 살아 있는 건물이나 도시를 창조하는 건 불가능하다'고 판단 했다.[99] 한편 부생은 실업자들의 여유 시간을 '그들의 거주지를 포 함하게 될 도시의 일부를 실현하는 데' 쓸 수 있게 해야 한다고 주 장했다.[100]

　서양에서는 오직 열성적인 사람들만이 여전히 자신의 집을 직 접 짓는 일에 매달리고 있다. 이런 면에서 유럽에서 가장 커다란 실 험 현장으로 1971년 9월부터 자치 구역으로 지정된, 코펜하겐의 '자유 도시' 크리스티아니아Christiania를 들 수 있을 것이다. 예전에 군부대가 있었던 이 지역의 거주자들은 기존의 건물들을 새롭게 개조해 사용하지만 많은 집을 새로 짓기도 했다. 프랑스인 저널리 스트 로렌 샹팔은 그중 몇 군데를 방문했다.[101] 세 아이의 부모인 메 테와 쇠렌은 한 호수의 끝자락에 있는 그들의 유명한 파고다*에서 30년 넘게 살고 있다. 당시 목수였던 쇠렌은 1983년에 홀로 그곳에 왔다. 그는 그 장소를 처음 발견하고는 이웃들의 동의와 친구들의 도움으로 파고다를 짓기 시작했다. 그리고 건축 공부를 시작하면 서 메테를 만나 함께 살았다. 그들은 지속적으로 집을 확장해 나갔 다. 또한 그사이 도시에 건축 사무소를 열었다. 그들의 작품 중 세

― •　　pagoda. 유럽인들이 동양의 높은 탑 모양의 종교 건조물을 지칭하는 말.

간에 가장 잘 알려진 것은 단연 파고다였고, 그 사실은 그들을 즐겁게 했다.

그 지역의 다른 사람들처럼 그들은 크리스티아니아의 시설 중하나인 '그린 홀'에서 재활용 재료들을 조달했다. 그곳에서 찾아낸 창문 겸용 문은 그들이 지을 집의 크기를 결정하게 했다. "이것은 크리스티아니아 건축의 전형적인 방식입니다. 창고를 뒤지다 마음에 드는 재료를 발견하면 거기에 맞춰 집을 짓는 식이지요." 메테의 설명이다. "거기 있는 재료들은 대부분 질 좋은 고상한 자재들로 된 건물들의 해체 현장에서 건져 온 것들이거든요. 나무, 유리, 강철을 막론해서 말이죠. 그린 홀에는 PVC로 된 창문 같은 건 절대 없답니다!" 그들은 집의 본체에 약 2000유로를 들였을 뿐이다.

그곳에서는 남녀 할 것 없이 모두가 처음에는 아무것도 몰랐지만 장인들에게 조언을 구하면서 점차 건축 기술을 익혀 나갔다. 10년이나 걸려 자신이 살 집을 완성한 사람들도 있었다. 크리스티아니아의 규율에 따라 그들은 집을 소유할 수 없었다. 그들이 그곳을 떠나면 집은 다른 누군가에게 양도될 것이었다. 메테의 증언에 의하면, 많은 이에게 건축 현장은 '치료법의 효과'를 거두게 했다. "종종 생각지도 않았던 재능들을 발전시키면서 그처럼 중요한 프로젝트를 실현하는 것은 대단한 만족감을 선사하는 경험이었습니다." 사진가이면서 자유 도시의 거주자였던 카리나 텡베르그는 덴마크인들의 인테리어에 관한 책을 펴낸 바 있다.[102]

"덴마크에서 디자인은 일상의 한 부분입니다. 덴마크인들은 흔히 디자인의 고전이라고 일컫는 것들을 훤히 꿰고 있지요. 거의 모든 사람의 집 거실에는 으레 아르네 야콥센의 개미의자나 7번 시리즈 의자들이 놓여 있을 정도랍니다! 하지만 크리스티아니아에서는 그런 획일성을 찾아볼 수 없습니다. 자유 도시는 비교적 적은 공간에 다양한 삶의 방식과 각기 다른 스타일을 응축시키고 있거든요."

좀 더 보편적으로 스콰은 이처럼 이질적인 행보에 더없이 유리한 장소로 여겨진다. 여러 분야의 사람들이 참여해야 하는 거주지의 건축에는 몇 년간의 인내와 최소한의 재정적 여유 그리고 대부분 건축가의 도움이 필요하다. 그러나 스콰에서는 소수의 사람들이 모여서 다 같이 소맷자락을 걷어붙이고 장소를 꾸민 다음 자신이 원하는 대로 살기만 하면 된다. 자신의 경제적 상황과는 상관없이. 많은 돈을 벌 필요도 없고 자기 시간을 마음대로 쓸 수 있다는 사실은 여유롭게 주거에 필요한 작업들을 조금씩 해 나갈 수 있게 한다. 6개월간 '세상 밖에서' 동굴에 콘서트홀 만들기[103], 수 톤에 이르는 건물 잔해를 치우고, 벽을 무너뜨리고, 전기 시설과 배관 공사를 다시하고, 부엌이나 욕조를 새로 만들기 등등……. 그리하여 스콰의 거주자들은 그들의 드문 환경을 다루는 법과 오늘날 대부분 전문가들의 전유물인 건축의 노하우를 익혀 나가게 된다. 언젠가 나는 제네바에서 오빠와 그의 친구들이 꾸민 새 스콰에 불시에 찾아간 적이 있었다. 그때 그들은 그곳의 들보를 교체하고 있었다.

불어권 스위스에 있는 스콰들의 사례에서 영감을 받은 한 그룹은 생태학적인 건축 기술을 실현하고 싶어 했다. 그들은 2000년 중반부터 로잔 도심에 있는 한 공원의 경사진 땅에 자율적으로 집을 짓기를 꿈꾸었다. 이는 '묵다'와 '거주하다'를 구분한 이반 일리치의 분류를 예시하는 동시에, 합리적인 가격의 주거지가 절대적으로 부족한 도시(시장이 그 '지속적인 발전'에 대한 자부심을 천명한 바 있는)에서 논쟁을 야기하려는 의도로 비롯된 것이었다. 그들은 2007년 가을 오랫동안 준비해 온 프로젝트를 실행에 옮겼다. 이를 위해 그들은 압축한 짚단으로 벽을 쌓아 올리는 '네브라스카' 건축 방식*뿐만 아니라, 탁한 물을 식물로 정화하는 법(한 번 사용한 물을 수생식물로 가득 채운 수조에서 처리하기), 빗물의 재활용, 퇴비의 효능 등에 관해 많은 연구를 했다. 7월에는 한 농부가 그들에게 280개의 짚단을 제공해 주었고, 그들은 그 대가로 그의 추수를 도왔다. 농부는 "배운 사람들치고는 제법 잘한다!"라며 만족감을 드러냈다. 건축 현장에서 발견한 지주支柱들은 필로티로 사용되었다. 디데이에는 평소와는 다른 공원의 소란스러움에 놀란 이웃 사무실들의 직원들이 정오경 경찰에 신고했다. 그 집의 건축가들은 그것이 무허가로 설치한 임시 무도장 때문이라고 설명하여 경찰들을 놀라게 했다. 작업은 초보자들의 필연적인 실수 때문에 다소 늦어지긴 했지만 은밀하고도 만족스럽게 진행되었다. 그리고 일주일 만에 모든 게 완성되었다.

"자신이 직접 쌓아 올린 벽들 사이에서 잠잔다는 건 굉장히

— • 스트로베일이라는 압축한 육면체의 짚단으로 집(Strawbale House)을 짓는 건축 방식은 미국 네브라스카주에서 농부들의 손에 의해 처음 고안되었다.

흥분되는 일이었습니다!"[104]

집이 완성되고 넉 달 후 방화로 추정되는 화재로 파괴될 때까지 '로잔의 짚단 집'은 세간의 뜨거운 관심을 불러일으켰다. 대중과 정치권 그리고 미디어를 흥분 속으로 몰아넣었다. 짚단 집이 세워지고 얼마 지나지 않아 제네바의 한 건축가는 그곳을 방문해 그 구조를 면밀히 살피고, 그 견고함과 지반 침하 위험의 부재를 확인했다. 그의 동료이자 로잔연방공과대학의 퇴직 교수인 프랑수아 이즐랭은 이런 '도발적인 경험'을 지지하고 나섰다. 그는 그들의 작품에 감탄하며 이렇게 말했다. "그동안 나는 건축에 관해 수많은 콘퍼런스를 해 왔지만, 그런 것들이 실제의 작품 하나만큼 커다란 영향력을 발휘하지는 못했다." 그는 '1톤의 시멘트 생산에는 0.5톤의 온실가스 배출이 뒤따른다'는 사실을 상기시켰다. 한 저널리스트는 스위스 건축가 베르너 슈미트가 만든 짚단 집을 발견했다.[105] 그녀는 저렴하면서도 탁월한 단열 효과를 갖추고 '안락함과 안도감'을 제공해 주는 재료의 다양한 장점을 소개했다. 그러나 예의 그 그룹은 그들의 새로운 시도는 단순히 재료의 선택에만 그 의미가 있지 않다고 강조했다. "지구상의 생태학적인 재앙은 재앙 같은 사회 구조의 부산물이다." 그들은 "생계 문제를 떠나 개개인의 창조적 에너지를 발산할 수 있도록 지식과 경험을 쌓아 가는 일이 반드시 필요하다"라고 역설했다. 그들 자신이 이 야심 찬 시도와 함께 그 기회를 발견했던 것처럼.

호기심 어린 사람들은 짚단 집을 구경하기 위해 몰려들었다.

그들은 놀라우리만치 열광하는 모습을 보여 주었다. "마치 뜻밖의 상황 앞에서 평소에는 드러나지 않던 성격의 다양한 면모가 거침 없이 발산되는 것 같았다." 9월의 어느 날, 해 질 녘에 그곳을 방문한 한 여성은 이 도시의 UFO가 보이는 곳에 이르자 그 즉시 매료되었다. "지금까지 난 이토록 매력적인 건축물을 본 적이 없어요." 그곳의 거주자들은 그녀를 안으로 초대해 차를 대접했다. 실내에는 새하얀 종이 봉지로 덮인 채 빛을 비추는 전등, 짚단, 목재 가구들이 훈훈한 온기를 뿜어냈다. 그러나 무엇보다 그 집을 유일한 곳으로 만드는 것은 그곳에서 함께하는 삶과 거기서 느껴지는 유토피아적인 숨결이다. 그곳에서 사는 사람들도 자신들의 거주지가 안겨 주는 경이로움에 흠뻑 빠져들었다. 짚단 집의 벽 표면을 이루는 밀알에서는 싹이 텄다. 그들의 폐는 예전에는 알지 못하던 행복감을 맛보았다.

"우린 흙을 바른 짚단 벽에 습도 조절의 탁월한 효능이 있다는 걸 알고 있었습니다. 하지만 이 집의 공기가 이토록 상쾌할 거라고는 전혀 생각지 못했어요. 맑은 샘물을 마셔 보지 못한 사람은 수돗물이 얼마나 맛이 없는지 알지 못합니다. 마찬가지로 우린 '살아 숨 쉬는' 실내가 어떤 건지 전혀 감을 잡지 못하는 거죠. 그게 얼마나 사람의 마음을 달래 주는지를 말이죠."

그들은 몇 주에 걸쳐 스웨덴, 폴란드, 퀘벡 등지에서 찾아오는 방문객들을 그곳에서 유숙하게 했다. 12월 어느 날 밤, 그곳이 화재로 타 버리기 전까지 고작 4개월간의 일이었다. 그러나 그들에게는 가슴속 깊은 곳까지 잊지 못할 순간들로 가득 차게 했던 강렬한 4개월이었다.

보통의 오두막 짓기

집에 대한 우리의 꿈이 우리의 계획이나 이상과는 별개라는 사실은, 그것들이 서로 아무런 연관이 없거나 그 연관성에 대한 연구가 아무런 흥미를 유발하지 못한다는 의미가 아니다. 우리가 머릿속에 간직해 둔 채 수시로 가지고 노는 이미지들은 우리의 욕망과 삶의 방식에 어느 정도 영향을 미친다. 여기서는 집에 대한 우리의 환상을 바로잡으려고 하기보다는 그 속에 반복적으로 등장하는 테마들을 확인하고 그 기원들을 거슬러 올라가며, 그것들이 우회적으로 우리의 가정과 도시적 풍경들에 미치는 영향들을 분석하는 일에 집중하고자 한다. 일례로 나는 데이비드 로지의 소설 속에 나오는 프티부르주아들과 공유하던 중앙난방에 대한 꿈은 생태학적으로 지속 가능한 꿈이 아니라는 걸 알게 되었다. 그것은 말 그대로 화석화된 꿈이었다.[106]

게다가 나는 다른 많은 사람이 그렇듯 시골이나 황량한 풍경 가운데 있는 외딴집의 이미지에 매우 민감하게 반응하는 편이다. 레 모르 산악지대 숲속에 있는 레즈바니의 '라 베아트'는 그 완벽한 예를 제공한다. 이러한 모티브는 내 핀터레스트에 수집하는 이미지들 속에서도 끊임없이 발견된다. 앙드레 브르통의 컬렉션에서 흘러나온 〈언덕 위의 수도원〉이라는 화가 미상의 그림. 아이슬란드의 아주 작은 섬 엘리다예이의 사진. 그 속에서는 가파른 절벽으로 둘러싸인 초록 들판 위에 서 있는 새하얀 오두막 한 채가 우리의 눈길을 사로잡는다. 세르비아의 드리나강에 있는 바위섬의 사진 속에서는 조그만 붉은색 집이 거친 물결 속에서 아슬아슬 균형을 잡고 있는 듯 보인다……. 나한테는 세상살이에 고단함이 느껴질 때마다 '숲속 오두막집으로 살러 갈 것'이라고 소리치는 습관이 있다. 그럴 때마다 재빨리 마음속으로 내 예상 여명을 따져 보는 듯한 내 동반자의 황당한 표정 앞에서 다소 기계적인 열망을 재검토해 보게 된다.

원초적인 오두막을 꿈꾸는 것은 언제나 화려한 고립을 꿈꾸는 것이다. 바슐라르는 "전설 속의 나라에서는 보통의 오두막이 존재하지 않는다"[107]라고 단언한 바 있다. 아마도 서양에서는 헨리 데이비드 소로의 오두막이 이러한 꿈에 대한 가장 강력한 예시일 터다.[108] 이러한 도식을 중심으로 다양한 변주가 가능해진 것이다. 단순한 오두막이 궁전이 될 수도 있고, 은둔자의 삶이 미미 토리송의 경우처럼 가족의 삶이 될 수도 있다. 그녀의 성공 역시 이런 이미지의 재활성화에 있다. "여기서는 쾌적하고 진정한 삶, 행복하면서도 정직한 고독을 즐길 수 있습니다. 어떤 사업보다도 훨씬 이득이 되는 삶이지요."

고대 로마의 문인이자 정치가였던 소 플리니우스(?61~?113)도 오스티아 부근에 있던 자신의 별장에 매료되었음을 자랑한 바 있다. 그는 틈이 날 때마다 로마의 소란스러움을 피해 그곳으로 피신했다. 그는 '도시 외곽에 있는 근사한 별장'에 대한 상세한 묘사를 남겼다. "열주가 늘어선 이곳에 있다 보면 언제나 봄날인 것만 같다. 플라타너스들은 서늘한 그늘을 제공해 주고, 졸졸 흐르는 에메랄드 빛 개울은 아래쪽의 호수로 흘러든다. 부드러운 잔디가 깔린 오솔길과 온종일 햇빛이 비치는 수영장, 크고 작은 식당들 그리고 밤잠을 위한 방들과 낮잠을 위한 방들이 있다."[109]

인간을 소외시키는 사회에서 벗어나고, 도시가 유발하는 악취와 스트레스와 타락을 멀리하고, 가장 중요한 가치들을 회복시키고, 자연과 가까이하는 소박한 삶의 기쁨을 맛보는 것. 이러한 이상은 아주 오래되고 널리 공유된 문화적 유산에 속한다. 그리고 지리학자인 오귀스탱 베르크가 재구성한 놀라운 여정을 거쳐 우리에게로 전해져 왔다.[110] 예의 그 이상이 구체적인 형태를 띠기 위해서는 몇몇 조건들만 충족되면 되었다. 거기에는 자연과 분리되고 별개인 인간으로서의 자각과 '자연' 개념의 형성이 포함되었다. 후자의 발전은 베르크가 '판 신 ˙동굴의 원칙'이라고 부르는 것을 통해 이루어졌다. 고대 그리스의 목가적인 아르카디아에서는 판에게 다른 신들의 그것과 비슷한 신전을 지어 바쳤다. 그러나 아테네인들은 그를 동굴에 머물게 했다. 그때부터 판 신은 그 지위가 달라졌다. 그것은 '더 이상 염소 다리가 달린, 아르카디아의 목자들의 신

─ • Pan. 그리스 신화에 나오는 목신(牧神)으로, 허리에서 위쪽은 사람의 모습이고 염소의 다리와 뿔을 가졌으며, 산과 들에 살면서 가축을 지킨다. 로마 신화의 파우누스(Faunus)에 해당한다.

이 아니었다. 그는 아테네의 도시성都市性의 반대, 즉 야생의 자연을 상징하는 신이 되었다.'

또한 오늘날에는 지극히 당연해 보이는, 풍경을 감상하는 능력이 생겨나야 했다. 베르크의 설명에 의하면, 로마인들은 '풍경'을 발명할 뻔했다. 그러나 그들은 한 번도 그 개념을 명시적으로 보여 준 적이 없었다. 그들에게는 그런 주제를 다루는 개론이나 그림도, 관상용 정원도 존재하지 않았다. 그리고 기독교가 국교로 자리 잡으면서 세상에 대한 불신이 퍼져 나갔다. 성 아우구스티누스는 내성內省을 권장했다. 수도사들은 의도적으로 주변 세상의 아름다움을 외면했다. 우리는 여전히 당시에 일어났던 퇴행 현상의 영향에서 벗어나지 못하고 있다. 이와는 반대로 중국은 '현실 세계의 감각적 발현을 음미하는 능력'에 언제나 높은 가치를 부여했다. 베르크는 중국 남북조시대의 산수 시인 사령운(385~433)이 풍경의 탄생에 크게 기여했다고 설명한다. 그의 이행시가 그 사실을 함축해 말해 주는 것처럼.

'감각은 그 심미안으로 아름다움을 창조한다.

소리 내어 말하기 전에는 모호했던 그 무엇을.'

이처럼 그는 카스파르 다비드 프리드리히의 그림 〈안개바다 위의 방랑자〉가 무엇보다 잘 보여 주는 낭만주의자들의 고양高揚을 15세기나 앞서 예견했다. 중국에서 형성된, 사회와 떨어져 자연과 가까이 지내는 삶의 취향은 일본으로 전파되었고, 그곳에서 자신만의 색깔을 띠어 갔다. 그리고 18세기가 되어서야 유럽으로 전해져 다시 활기를 띠기 시작한 지역의 고유 유산과 결합했다.

풍경에 대한 감수성을 발달시키기 위해서는 관조적인 태도를 지녀야만 했다. 다시 말하면 어느 정도 행위의 필요성에서 벗어날 필요가 있었다. 목가적인 은거는 상류층 사람들의 발명품이었으며, 이 엘리트들은 자연에 대한 이상적인 비전을 유지할 수 있었다. 그들에게 시골은 곧 휴양과 휴식을 의미했기 때문이다. 게다가 그들은 야생의 자연과 가꿔진 전원의 차이를 알지 못했다. 베르크는 '성벽 밖의 삶'의 이상은 '타인의 노동의 은폐'를 내포한다는 사실을 주목하게 했다. 베르길리우스는 그의 《농경시》에서 "매우 공정한 대지의 여신은 땅에 손쉬운 양식을 퍼뜨려 준다"라고 썼다. 모두가 '손쉬운'이라고 말하지는 않았을 테지만, 이 말에 반박할 수 있는 이들은 발언권을 지닌 계층에 속하진 않았다. 마찬가지로 사령운은 일단의 농노들을 거느리고 산책을 가곤 했지만 그런 사실이 그가 홀로 자연을 관조하는 데에 방해가 되지는 않았다…….

이러한 사회적 배경 속에서 소박함에 대한 두드러진 취향은 부자들의 모순적인 세련됨에 속한다. '청빈함의 강렬한 행복감'(바슐라르가 은자의 오두막을 예로 들었던[111])과 와비로 대표되는 일본 미학의 '소박함'은 가난 빼고는 모든 걸 다 가진 사회적 그룹들에 의해 그 위상이 높아졌다. 일례로 일본 다도의 대성자 센 리큐의 삶의 방식과 프티 트리아농에서 목자 놀이를 했던(매우 진지하게[112]) 마리앙투아네트의 그것을 비교해 보자. 다도에 사용된 '소박한' 용기들은 굉장히 비싼 것일 수도 있다. 시골에 있는 은자의 거처를 도심에 옮겨다 놓은 것 같은 몇몇 '시골풍'의 다실을 꾸미는 데 필요한 자재들의 질과 장인의 기술은 다실들에 그것들과 이웃한 건물들보다 높은 가치를 부여했다.[113] 베르크의 표현을 빌리면, 다실은 절제의 가치를 극단으로 밀어붙인 경우에 속한다. 사람들은 천장이 없는 오두막은 '장식 오두막'으로, 천장이 있는 것은 '시골풍 오두막'이나 '시골 오두막'으로 불렀다. 물론 이러한 전복은 '가난한 이들과는 아무런 상관이 없었다. 판 신의 자연성이 아르카디아인들과는 거리가 멀게 느껴지는 것처럼.' 게다가 일본 전문가이기도 한 지리학자 베르크는 리큐가 발전시킨 다도의 미학이 본래 '평민의 미학'에서 비롯되었을 거라는 몇몇 주장에 강력한 반론을 제기했다. "널리 알려진 이런 견해는 완전히 허황된 것이다."

20세기에 들어서는 과거에 최상층 사람들의 이상이었던 자연 속으로의 화려한 고립이 민주화되었다. 미국인들이 '현실도피주의'라고 부르는 이런 현상은 미국을 비롯한 모든 부자 나라에서 대규모로 확산되었다. 베르크가 '자동차-달콤한 집 콤비'(본가나 별가가 모두 '달콤한 집'이 될 수 있다)라고 부르는 것 덕분이었다. 자동차는 너른 공간에 대한 사랑으로 특징지어지는 미국 문화의 오랜 열망을 전대미문의 차원으로 실현시켰다. 여기에서 '분산된 도시'가 생겨났고, 이제 온라인으로 쇼핑을 하고 도시와 단절되지 않으면서 도시를 벗어날 수 있게 한 인터넷의 발달로 그러한 현상은 더욱 널리 확산되고 있다. 지리학자인 브라이언 베리는 이를 '역도시화 또는 반反도시화'라는 용어로 설명한다. 문제는 그가 '두부 배달부의 우화'로 빗대어 설명하듯 이러한 현상이 자연을 위한다는 명목하에 자연을 파괴한다는 데 있다.

"자동차가 확산되기 전까지 그곳은 전통적인 조그만 도시였다. 100여 명의 주민은 길모퉁이에 있는 상점까지 걸어가 두부를 사오곤 했다. 하지만 분산된 도시가 그들의 삶에 어떤 변화를 가져왔는지 살펴보자. 이제 이 100명의 주민은 조그만 시골길 안쪽에 외따로 있는 자기 집에 틀어박힌 채 인터넷으로 두부를 주문한다. 그래서 배달부는 차로 100번에 걸쳐 100개의 길 끝에 있는 집들에 100개의 두부를 배달해야 한다. 인구가 밀집한 도시와 분산된 도시 중에서 어떤 게 더 생태학적일까?"[114]

시골에 사는 사람들은 인터넷이 보편화되기 이전부터 어쩔 수 없이 가장 가까운 대형 슈퍼마켓을 정기적으로 오가며 거대한 콘크리트 주차장, 폐쇄적인 분위기의 상품 창고 속에서 전혀 낭만적이지 않은 장보기에 적응해야만 했다. 나머지 시간 동안 진정한 삶의 기쁨을 맛보기 위해 이런 고역을 감내해야만 하는 걸까? 꼭 그런 것만은 아닐 터다. 이에 관해 저널리스트 제이드 린드가드는 다음과 같은 사실을 발표했다. "매주 식구들을 위한 식품을 사기 위해 자동차로 슈퍼마켓에 가는 일은 일주일에 여러 번 걸어서 가까운 상점에 가는 것보다 30배의 에너지를 소비하게 하고 대기 중에 70배의 이산화탄소를 배출시킨다."[115]

— • 도시 지역에서 비도시 지역으로의 인구이동이 전입자 수를 초과하여 도시가 쇠퇴하는 현상을 말한다. 도시의 쇠퇴 현상으로 일명 유턴(U-turn) 현상이라고도 한다.

타이니 하우스의 남자인 제이 셰퍼는 미국의 교외들에는 중간 단계가 없음을 강조한다. 지나치게 큰 집들이 마찬가지로 너른 도로를 따라 늘어서 있는 사실은 도시의 분산을 더욱 부추긴다. 집이 상점과 공공 서비스, 직장과 멀리 떨어진 사실은 과잉 설비된 거주지를 양산하고 자동차의 지배를 확산시킨다. 그리하여 모든 보행의 삶은 철저히 배제되기에 이른다. 이런 도시적 변이들의 거주자들은 바캉스 동안 유럽이나 퀘벡 지역 도시들의 비좁은 길들을 경탄하며 어슬렁거린다……:[116] 나는 셰퍼의 정치 성향에 대해서는 아는 바가 없지만, 퓨 리서치센터의 여론조사에 의하면 그와 생각이 일치하는 이들은 미국의 진보주의자들이라고 한다. 그들 중 77퍼센트가 '학교, 상점, 레스토랑과 가까이 있어서 걸어서 갈 수 있는 더 작은' 집들을 선호한다. 반면 보수주의자들의 75퍼센트는 좀 더 넓은 집에서 살 수만 있다면 기초 시설 같은 다른 건물들과 멀리 떨어져 사는 것을 기꺼워한다고 한다.[117] 벨기에의 경우는 덜 알려져 있긴 하지만 그곳에서도 도시의 분산 현상은 보편화되었다. 왈론 브라반트에서는 주택의 48퍼센트가 사방이 정원으로 둘러싸인 주택이며, 그 때문에 그 지역은 '왈리포니아'라는 별칭으로 불린다.[118]

"자연을 사랑하세요? 그렇다면 자연에 그 사실을 증명해 보이세요!"[119] 한 사륜구동 차의 광고는 이렇게 말하고 있다. 그러나 사실 '자연에 사랑을 증명하는'(그리고 부수적으로 지구상에 인류의 존속을 확보하는) 가장 좋은 방법은 다른 사람들과 떨어져 자연 속에서 살아가기를 포기하는 것일 터다. 이는 독신의 삶이 자원을 낭비한다는 주장(성급한 판단이기도 하다)에 대한 에릭 클리넨버그의 반론이기도 하다. 그는 시골의 뚝 떨어진 집에서 여럿이 사는 것보다 도시의 아파트에서 혼자 사는 게 낫다고 이야기한다. 가정의 구성은 발전적인 삶의 방식을 위한 결정적 요인이 아닌 것이다.[120]

요컨대 우리가 진정한 생태주의자이고자 한다면 보통의 오두막을 꿈꾸는 법을 배워야 할 터다. 그러나 이러한 현실을 받아들이고 풍경의 소비와 생물계의 보존을 혼동하지 않으려면 굉장히 어려운 정신적 전환이 전제되어야 한다. 상상에 의존한 생태학자는 '유해한 도시'[121]를 고발한 위생학 운동의 여세를 몰아, 68운동* 후의 '귀농' 현상이 보여 주는 것처럼 도시 세계에 대한 역겨움을 드러냈다. 그는 도시를 비겁하고 맹목적이고 음울하고 체념하는 삶과 연관시켰다. 1973년, 클로디 운징거는 《방부아, 초록의 삶》에서 자신의 동반자(그는 목동 교육과정을 이수한 다음 암양 목축을 시작했다)와 보주 지방의 한 농장에 정착한 이야기를 들려주었다. 시간이 지나면서 두 사람은 그들의 '용기'를 찬양하는 도시인들이 많다는 걸 알게 되었다. 이에 그녀는 이런 생각이 들었다. "난 오히려 용기 있는 건 그 사람들이라고 생각해요. 그들은 냉수와 온수가 나오는 수도와 양탄자를 갖춘 역겨운 도시의 집에서 살면서 영화관, 사교모임, 서글픈 직업을 뿌리치지도 못하고 더 나은 삶을 꿈꾸지도 못하니까요."[122]

— • 1968년 5월 프랑스에서 학생과 근로자들이 연합하여 벌인 대규모의 사회변혁운동.

도시의 삶에 대한 거부는 충분히 이해될 수 있다. 공해, 불결함, 혼잡함, 교통체증, 만원인 대중교통, 오줌 냄새를 풍기는 어두컴컴한 지하철 통로는 결코 매력적인 광경이 아니기 때문이다. 그러나 어쩌면 도시적 삶에서 달아나려 하기보다는 그것을 개선하려는 데에 자신의 에너지를 쏟아야 하지 않을까. 터무니없이 오른 집세를 더 이상 지불할 여력이 없는 도시인들이나 목가적인 은둔 생활을 꿈꾸는 이들은 필요성을 내세워 시골 같은 지역으로 이사하기도 한다. 그러나 앞서도 보았듯이 그런 희망은 종종 실망으로 바뀌곤 한다.[123] 도시에서 합리적인 금액으로 구입 가능한 거주지를 위한 투쟁은 이처럼 사회적 쟁점과 더불어 생태학적인 쟁점을 포함한다. 자연과 가까이하기를 원한다면 도시에서도 자연이 뿌리내릴 수 있게 해야 할 것이다. 도시를 살 만하게 만드는 방법을 연구해 온 벨기에의 건축가 질 드브룅은 도시 속 자연의 존재를 필수적인 것으로 보았다.

"왜 도시는 반½자연보호 지역이 될 수 없는 걸까?"

그럴 수 있기 위해서는 도시를 '인간의 지나친 관리 결벽증'으로부터 해방시키고, '도시에서 자라는 잡초에 익숙해져야'[124] 할 터다. 도시 농업은 흥미로운 통계를 제공한다. 2003년에는 전 세계에서 8억 명이 뉴욕의 커뮤니티 정원에서 페루의 빈민촌에 이르기까지 도시의 채소밭에서 재배한 농산물을 소비한 것으로 추산되었다.[125] 로잔에서 짚단 집을 선보였던 지역은 그 전까지 5년간 무단 거주자들이 채소밭을 재배하던 곳이었다. 거기서 그들은 '토마토,

싱싱한 사리에트, 커다란 접시꽃, 돼지감자'를 키우는 즐거움을 맛볼 수 있었다.[126]

　　게다가 우리는 우리로 하여금 모든 것과 멀리 떨어져 살고 싶게(클로디 운징거는 '모든 것과 가까이'로 수정한다) 하는 문화적 전제들을 좀 더 면밀하게 살펴볼 필요가 있다. 자기 삶의 여건들을 좀 더 잘 통제하고, 주거와 식생활의 기본적인 욕구를 채워 줄 것들을 직접 생산하고자 하는 욕망을 비난하기는 어렵다. 그러나 그러한 해방에의 열망은 때때로 자유주의 이데올로기(단지 경제상의 주의主義일 뿐만 아니라, 명예롭게 염세적인 주인공들이 등장하는 아인 랜드의 소설이 전형적으로 발전시킨 세계관)가 품고 있는 것과 그리 다르지 않은 개인주의와 혼동된다. 우리는 미처 의식하지 못하는 사이에 사회 바깥에 살면서 기발한 재능과 합리적인 생각과 노동으로 스스로 생필품을 만들어 내는 개인의 전형인 《로빈슨 크루소》의 주인공이 그 적절한 예시가 될 수 있는 인간과 사회에 관한 개념에 동조하는 것이다.[127]

　　요즘 유행하는 '손수 하기DIY'는 바로 이런 양면성을 입증한다. 어떤 경우에는, 예를 들어 망가진 물건을 재활용하는 경우 그 일의 생태학적 정당성을 부인할 수 없다면, 또 다른 경우에는 블로거인 오드 비달의 설명처럼 많은 의문이 들기도 한다. "집에서 직접 빵을 굽는 일은 종종 환경에 재앙으로 작용하기도 한다. 대단치 않은 빵을 한 번 굽기에는 너무 크고 예열까지 해야 하는 전기 오븐을 사용하기보다는 자전거를 타고 장작 오븐을 사용하는 빵집에 가서 빵을 사 오는 게 훨씬 더 자연을 배려하는 게 아닐까?

　유용하고 근사한 것들을 만드는 생태주의자 친구들은 언젠가 내게 솔직하게 이야기했다. 자신들 역시 나처럼 집에서 만드는 것들이 산업제품보다 에너지를 더 많이 소비한다고 생각하지만, 그럼에도 그러는 게 '더 멋지다고 생각된다'라고.[128] 따라서 도시적 세계에 자신의 욕망과 꿈을 투입하는 것은 곧 서로에 대한 각자의 필요성을 인식하는 것과도 통한다. 집안일처럼 저평가된 일을 떠넘기는 경우에는 다른 사람에게 의존하는 것이 문제시되겠지만, 내 경우에는 내가 갖지 못한 능력을 펼치는 사람을 보면(이런 일은 다반사다) 매우 강렬한 즐거움을 느끼게 된다.

　10년 전 나는 이전 책을 마무리하면서 오랫동안 나를 꿈꾸게 했던 이 도시에 사는 행복감에도 불구하고 언젠가 파리를 떠나고 싶다는 바람을 밝힌 바 있다.[129] 이제 와 뒤돌아보면 내가 너무 쉽게 이야기한 게 아닌가 하는 생각이 든다. 사는 동안 경제적, 가정적 또는 직업적 제약 등이 우리를 어디로 이끌지 예견하는 것은 언제나 어려운 일이다. 그러나 이제 난 언제나 도시인으로 남게 될 가능성을 배제하지 않는다. 나는 도시에 대한 사랑, 도시의 활기참과 생동감, 그곳의 무질서와 들끓는 삶을 더 잘 받아들이게 되었다. 도시인들의 상대적인 정치적 진보주의와 더불어.

　나는 몇 시간 동안 읽기와 쓰기를 한 뒤 거리로 나가 군중 속에 섞여 걷는 걸 좋아한다. 얼굴을 쳐들고 이미지와 소리와 빛과 향기에 취한 채. 또한 핀터레스트에서 도회적 풍경들에 관한 그림이나 사진을 수집한다. 나는 그것들 속에서 도시가 다양한 존재들을 서로 관계 맺게 하고 돋보이게 하는 방식을 음미한다. 저녁에 불 밝혀진 창문들이 연출하는 풍경, 더운 날 아파트 안에 서 있는 누군가와 빗속에서 거리를 가로질러 달려가는 사람을 대비시키고, 지상 전철의 다리 아래로 지나가는 사람들과 서둘러 지하철을 타려는 사람들을 대조시킨 구성. 나는 그런 것들 속에서 어렸을 적에 아코디언 모양의 판지에 그려진 건물들의 정면을 바라보며 느꼈던 현기증과 강렬한 호기심을 또다시 느끼곤 한다.

그 판지들 각각의 면은 신비스러운 삶들로 북적거렸다. 언젠가 당신이 그곳의 창문 뒤에 서 있는 마녀를 발견한다면, 그건 바로 나일 것이다.

주

● **서문**

1 Patrick BOUCHAIN et EXYZT, *Construire en habitant*, Actes Sud, 《L'Impensé》, Arles, 2011.

2 Julien GREGORIO, *Squats. Genève 2002-2012*, Labor et Fides, Genève, 2012.

3 Christopher ALEXANDER (avec Sara ISHIKAWA, Murray SILVERSTEIN, Max JACOBSON, Ingrid FIKSDAHL-KING et Shlomo ANGEL), *A Pattern Language. Towns, Buildings, Construction*, Oxford University Press, Center for Environmental Structure Series, New York, 1977.

4 Andrew FREEAR, Elena BARTHEL, Andrea OPPENHEIMER DEAN et Timothy HURSLEY, *Rural Studio at Twenty. Designing and Building in Hale County, Alabama*, Princeton Architectural Press, New York, 2014.

5 Chantal THOMAS, *Souffrir*, Payot, Paris, 2004.

● **1장**

1 Mario PRAZ, *An Illustrated History of Interior Decoration. From Pompeii to Art Nouveau*, Thames & Hudson, London, 1964.

2 Mona CHOLLET, Olivier CYRAN, Sébastien FONTENELLE et Mathias REYMOND, *Les Éditocrates*, La Découverte, Paris, 2009 참조.

3　Henry MILLER, *Le Colosse de Maroussi*(1941), traduit de l'anglais (États-Unis) par Georges Belmont, Buchet-Chastel, Paris, 2013.

4　Nicolas BOUVIER, *L'Usage du monde*(1963), dessins de Thierry Vernet, La Découverte, Paris, 2014. Ou *OEuvres*, Gallimard, 《Quarto》, Paris, 2004.

5　Nicolas BOUVIER, *L'Échappée belle. Éloge de quelques pérégrins*, Métropolis, Genève, 1996.

6　Nicolas BOUVIER, *La Chambre rouge*, Métropolis, Genève, 1998, ou *OEuvres*, op. cit.

7　Nicolas BOUVIER, *L'Usage du monde*, op. cit.

8　Nicolas BOUVIER et Thierry VERNET, *Correspondance des routes croisées. 1945-1964*, texte établi, annoté et présenté par Daniel Maggetti et Stéphane Pétermann, Zoé, Genève, 2010.

9　Idem.

10　Alberto MANGUEL, *Une histoire de la lecture*(1996), traduit de l'anglais (Canada) par Christine Le Boeuf, Actes Sud, 《Babel》, Arles, 2000.

11　Alberto MANGUEL, *Le Voyageur et la Tour: Le lecteur comme métaphore*, traduit par Christine Le Boeuf, Actes Sud, Arles, 2013.

12　Henry MILLER, *Le Colosse de Maroussi*, op. cit.

13　Nicolas BOUVIER, *L'Échappée belle*, op. cit.

14　Nicolas BOUVIER, *L'Usage du monde*, op. cit.

15　Nicolas BOUVIER, *L'Échappée belle*, op. cit.

16　Sylviane DUPUIS, 《La chambre-matrice du *Poisson-Scorpion*》, Europe, N. 974-975, juin-juillet 2010.

17　Nicolas BOUVIER et Thierry VERNET, *Correspondance des routes croisées*, op. cit.

18　Bernard LAHIRE, *La Condition littéraire: La double vie des écrivains*, La Découverte, Paris, 2006 참조.

19 Mahmoud DARWICH, *Entretiens sur la poésie*, traduit de l'arabe (Palestine) par Farouk Mardam-Bey, Actes Sud, Arles, 2006.

20 Cité par Thierry FABRE, *Éloge de la pensée de midi*, Actes Sud, Arles, 2007.

21 Ivan GONCHAROV, *Oblomov*(1859), traduit du russe par Arthur Adamov, Gallimard, 《Folio Classique》, Paris, 2007.

22 Xavier DE MAISTRE, *Voyage autour de ma chambre*(1794), Garnier Flammarion, Paris, 2003.

23 Mona CHOLLET, *Beauté fatale. Les nouveaux visages d'une aliénation féminine*, Zones, Paris, 2012; Le Découverte, 《Poches/Essais》, Paris, 2015.

24 Susan BORDO, 《Reading the slender body》, *Unbearable Weight. Feminism, Western Culture, and the Body*(1993), University of California Press, Berkeley, 2003.

25 《Anne Nivat: "Rester léger pour bouger vite"》, Le Maine Livres, 12 août 2013, http://lemainelivres.blogs.lemainelivres.fr.

26 Pascal DIBIE, *Ethnologie de la chambre à coucher*, Grasset, Paris, 1987.

27 Mario PRAZ, *An Illustrated History of Interior Decoration*, op. cit.

28 《Tibetan photographer shares lonely stories of fellow exiles》, NBCnews.com, 5 novembre 2014.

29 Nicolas BOUVIER, *Le Poisson-Scorpion*(1982), Gallimard, 《Folio》, Paris, 1996.

30 Michael POLLAN, *A Place of My Own. The Architecture of Daydreams*, Dell Publishing, New York, 1997.

31 Xavier DE MAISTRE, *Voyage autour de ma chambre*, op. cit.

32 Hartmut ROSA, *Aliénation et accélération. Vers une théorie critique*

de la modernité tardive(2010), traduit de l'anglais par Thomas Chaumont, La Découverte, 《Théorie critique》, Paris, 2012.

33 Hartmut ROSA, *Accélération. Une critique sociale du temps*(2005), traduit de l'allemand par Didier Renault, La Découverte, Paris, 2010.

34 Mario PRAZ, *An Illustrated History of Interior Decoration*, op. cit.

35 David Douglas DUNCAN, *The Silent Studio*, Norton, New York, 1976; *L'Atelier silencieux*, Fayard, Paris, 1976.

36 Ivan ILLICH, 《L'art d'habiter》, *Dans le miroir du passé. Conférences et discours, 1978-1990*(1992), traduit de l'anglais par Maud Sissung et Marc Duchamp, Descartes & Cie, Paris, 1994.

37 Cambria BOLD, 《Famous writers' small writing sheds and off-the-grid huts》, Apartment Therapy, 3 février 2011, www.apartmenttherapy.com

38 《World of ice and fire app》, Not A Blog, 30 novembre 2012, http://grrm.live-journal.com.

39 《The beast》, Not A Blog, 16 mars 2013.

40 Mona CHOLLET, 《"Un lieu, je veux un lieu!"》, *La Tyrannie de la réalité*(2004), Gallimard, 《Folio Essais》, Paris, 2006.

41 Gaston BACHELARD, *La Poétique de la rêverie*(1960), PUF, Paris, 1999; *La Poétique de l'espace*(1957), PUF, Paris, 2001.

42 Gaston BACHELARD, *La Poétique de l'espace*, op. cit.

43 Mona CHOLLET, 《Un intellectuel clandestin. Jean Sur, écrivain et formateur》, Peripheries.net, mars 2003.

● **2장**

1   Akiko BUSCH, *Geography of Home: Writings on Where We Live*, Princeton Architectural Press, New York, 1999.

2   Christopher ALEXANDER, *A Pattern Language*, op. cit.

3   소셜 네트워킹과 마이크로블로깅 플랫폼 사이에 있는 사이트. http://
     seenthis.net.

4   Emmanuelle PIREYRE, *Féerie générale*, Éditions de l'Olivier, Paris,
     2013.

5   Mona CHOLLET, 《D'images et d'eau fraîche – Ode à Pinterest》,
     Peripheries.net, 31 mars 2013 참조.

6   Tammy OLER, 《Pinned down》, Bitch Media, 2013, www.
     bitchmagazine.org. 참조.

7   Stéphane VIAL, *L'Être et l'Écran. Comment le numérique change la
     perception*, PUF, Paris, 2013.

8   Michael POLLAN, *A Place of My Own*, op. cit.

9   Catherine DUFOUR, *Guide des métiers pour les petites filles qui ne
     veulent pas finir princesses*, Fayard, Paris, 2014.

10   INSTITUT DE LA CONSCIENCE PRÉCAIRE, 《Nous sommes tous
     très anxieux》, Élodie Chatelais, 17 juin 2014, http://traduction.
     pokapok.net.

11   Imanol CORCOSTEGUI, 《Être écrivain aujourd'hui: "J'ai
     désactivémon compte Facebook "》, Rue89.com, 22 mars 2014.

12   Christian SALMON, *Tombeau de la fiction*, Denoël, Paris, 1999.

13   Imanol CORCOSTEGUI, 《Être écrivain aujourd'hui: "J'ai désactivé
     mon compte Facebook "》, art. cit.

14   Gaston BACHELARD, *La Poétique de l'espace*, op. cit.

15   Hubert GUILLAUD, 《Internet nous rend-il seuls? Non!》,
     InternetActu, 2 mai 2012, www.internetactu.net.

16   Zeynep TUFEKCI, 《Social media's small, positive role in human
     relationships》, *The Atlantic*, 25 avril 2012.

17   Michael POLLAN, *A Place of My Own*, op. cit.

● 3장

1   Alexander BRAUN, *Winsor McCay: The Complete Little Nemo, 1905~1927*, Taschen America, Los Angeles, 2014.

2   Jean BAUDRILLARD, *La Société de consommation*(1970), Gallimard, 《Folio Essais》, Paris, 2002.

3   Pascal DIBIE, *Ethnologie de la chambre à coucher*, op, cit.

4   Jonathan CRARY, *24/7. Le Capitalisme à l'assaut du sommeil*, traduit de l'anglais(États-Unis) par Grégoire Chamayou, Zones, Paris, 2014.

5   Christopher ALEXANDER, *A Pattern Language*, op. cit.

6   Gilles PATÉ et Stéphane ARGILLET(réal), *Le Repos du Fakir*, 2003, www.gilfakir.com. 참조.

7   Max ROUSSEAU, 《Le mouvement des immobiles》, *Le Monde diplomatique*, juillet 2011 참조.

8   Barbara EHRENREICH, 《Homeless in America》, TomDispatch.com, 23 octobre 2011.

9   Terrance HEATH, 《Utah is ending homelessness by giving people homes》, Nation of Change, 23 janvier 2014.

10   Idem.

11   James SUROWIECKI, 《Home free?》, *The New Yorker*, 22 september 2014.

12   Barbara EHRENREICH, 《Homeless in America》, art. cit.

13   Ben EHRENREICH, 《Tales of tent city》, *The Nation*, 22 juin 2009.

14   《How many people experience homelessness?》, National Coalition for the Homeless, www.nationalhomeless.org.

15   Catherine ROLLOT, 《Un quart des sans-domicile ont un emploi régulier ou un temps partiel》, *Le Monde*, 8 avril 2014.

16   Thomas FRANK, 《Révolte américaine contre les ogres du fast-food》, *Le Monde diplomatique*, février 2014.

17　Linda MAZIZ, 《Logement: "Les gens sont dans la merde et la réponse donnée n'est pas suffisante"》, Basta!, 31 janvier 2014, www.bastamag.net.

18　FONDATION ABBÉ PIERRE, 《L'état du mal-logement en France. 19e(*) rapport annuel》, 2014, www.fondation-abbe-pierre.fr.

191　Cédric LOUIS et Michel ZENDALI, 《Les riches rachètent les villes》, *Temps présent*, Radio Télévision suisse, 9 mai 2013.

20　Jézabel COUPPEY-SOUBEYRAN et Marianne RUBINSTEIN, *L'Économie pour toutes*, Le Découverte, Paris, 2014.

21　Luc LE CHATELIER, 《Crise du logement: l'habitat en pièces》, *Télérama*, 29 mars 2012.

22　FONDATION ABBÉ PIERRE, 《L'état du mal-logement en France》, art. cit.

23　Tonino SERAFINI, 《Je sacrifie la qualité de la nourriture》, *Libération*, 16 mai 2013.

24　Jézabel COUPPEY-SOUBEYRAN et Marianne RUBINSTEIN, *L'Économie pour toutes*, op. cit.

25　Tonino SERAFINI, 《À Paris, l'immobilier bétonne les inégalités》, *Libération*, 27 mai 2011.

26　Tonino SERAFINI, 《Immobilier: vers un cadeau aux nantis》, *Libération*, 27 août 2014.

27　《Duflot: "On fait payer à tout le monde la constitution du patrimoine des plus riches"》, Liberation.fr, 29 août 2014.

28　Samuel BOLLENDORFF et Mehdi AHOUDIG(réal.), *À l'abri de rien*, 2011, www.a-l-abri-de-rien.com.

29　Ondine MILLOT et Elhame MEDJAHED, 《"Loue studette contre pipe"》, *Libération*, 6 février 2008.

30　《Une annonce très sérieuse》, Megaconnard.com, 8 juin 2011.

31 Diane CAMBON et Blandine GROSJEAN, 《En Espagne, coloc' forcée et rupture impossible pour les couples endettés》, Rue89.com, 23 juin 2012.

32 Christophe ROBERT, 《Comment la crise du logement influe sur l'évolution des familles... et vice versa》, Le Plus, 1er(*) février 2013, http://leplus.nouvelobs.com.

33 《Les jeunes de milieu populaire accèdent difficilement à l'autonomie》, Observatoire des inégalités, 11 octobre 2014, www.inegalites.fr.

34 Christophe ROBERT, 《Comment la crise du logement influe sur l'évolution des familles... et vice versa》, art. cit.

35 Tonino SERAFINI, 《"Quand j'ai dû retourner chez mes parents..."》, *Libération*, 9 septembre 2009.

36 Pierre HASKI, 《Vous habitez chez vos parents? La carte d'Europe qui raconte la crise》, Rue89.com, 26 janvier 2014.

37 Linda MAZIZ, 《Logement: "Les gens sont dans la merde et la réponse donnée n'est pas suffisante"》, art. cit.

38 Louis CHAUVEL et Martin SCHRÖDER, 《Une France qui sacrifie sa jeunesse》, *Le Monde*, 9 juin 2014.

39 《Inégalités entre les générations: la jeunesse française est-elle sacrifiée?》, *Le Monde*, 9 juin 2014.

40 Linda MAZIZ, 《Logement: "Les gens sont dans la merde et la réponse donnée n'est pas suffisante"》, art. cit.

41 Lydia FLEM, *Comment j'ai vidé la maison de mes parents*, Seuil, 《La librairie du XXIe siècle》, Paris, 2004 참조.

42 Samuel BOLLENDORFF et Mehdi AHOUDIG(réal.), *À l'abri de rien*, op. cit.

43 Michael POLLAN, *A Place of My Own*, op. cit.

44 Lauren GREENFIELD(réal), *The Queen of Versailles*, Evergreen Pictures, 2012.

45 un immeuble de rapport. 여러 개의 주거 공간으로 나눈 건물을 한 사람 또는 여러 사람이 사들여 다시 세를 놓은 것을 가리킨다.

46 Michel PINÇON et Monique PINÇON-CHARLOT, *Les Ghettos du gotha. Comment la bourgeoisie défend ses espaces*, Seuil, Paris, 2007.

47 Idem.

48 www.mortsdelarue.org.

49 Alexandre LÉVY, 《Le garde-meuble, nouveau grenier des urbains mal logés》, *Libération*, 14 septembre 2004.

50 Christophe ROBERT, 《Comment la crise du logement influe sur l'évolution des familles... et vice versa》, art. cit.

51 Sixtine DUBLY, 《Tout changer sans déménager!》, *Marie Claire Maison*, février 2013.

52 en ligne, par exemple, la OH House d'Atelier Tekuto, la Near House de Mount Fuji Architects Studio ou la Promenade House de FORM/ Kouichi Kimura Architects. 참조.

53 (해리의 이 말은 영화 속에서만 나온다.) J. K. ROWLING, *Harry Potter et la coupe de feu*(2000), traduit de l'anglais par Jean-François Ménard, Gallimard, 《Folio Junior》, Paris, 2007.

54 《Stunning photos of architectural density in Hong Kong》, Demilked. com, 5 avril 2013.

55 Mathilde SAGAIRE, 《Hong Kong, la vie en cage》, Slate.fe, 1er mai 2013.

56 Anouk BUREL et Didier DAHAN, 《Hong Kong, des hommes en cage》, *Envoyé spécial*, France 2, 24 octobre 2013.

57 《The transformer: Hong Kong architect's tiny apartment has 24 room options》, HuffingtonPost.com, 30 juin 2010.

58 Virginia GARDINER, 《24 rooms tucked into one》, *The New York Times*, 14 janvier 2009.

59 《Inside a 96-square-foot home video》, www.oprah.com, février 2007.

60 Alec WILKINSON, 《Let's get small》, *The New Yorker*, 25 juillet 2011.

61 Merete MUELLER et Christopher SMITH(réal.), *Tiny. A Story About Living Small*, Speak Thunder Films, 2013.

62 Jay SHAFER, *The Small House Book*, Tumbleweed Tiny House. Sonoma, 2009.

63 Alec WILKINSON, 《Let's get small》, art. cit.

64 Merete MUELLER et Christopher SMITH, *Tiny. A Story About Living Small*, op. cit.

65 Tim MURPHY, 《Home petite home》, Buzzfeed.com, 16 janvier 2015.

66 Linda FEDERICO-O'MURCHU, 《Tiny houses: a big idea to end homelessness》, CNBC.com, 29 mars 2014.

67 Nicole COOLEY, 《My dollhouse, myself: miniature histories》, TheFeminist-Wire.com, 14 août 2013.

68 Chantal THOMAS, *Comment supporter sa liberté*, Payot, Paris, 1998.

69 Alec WILKINSON, 《Let's get small》, art. cit.

70 Christopher ALEXANDER, *A Pattern Language*, op. cit.

71 《Jay Shafer, the man with a tiny house, has had to expand-just a little》, HuffingtonPost.com, 19 février 2014.

72 Merete MUELLER et Christopher SMITH, *Tiny: A Story About Living Small*, op. cit.

73 Virginia GARDINER, 《24 rooms tucked into one》, art. cit.

74 Jacoba URIST, 《The health risks of small apartments》, TheAtlantic. com, 19 décembre 2013.

75 Michel PINÇON et Monique PINÇON-CHARLOT, *Les Ghettos du gotha*, op. cit.

76 《Habitat social - Existenz minimum》, Laboratoire Urbanisme insurrectionnel, mars 2013, http://laboratoireurbanismeinsurrection nel.blogspot.fr.

77 DATA PUBLICA, 《Les chiffres étonnants des résidences secondaires-occasionnelles et logements vacants à Paris》, Slate.fr, 14 mars 2014.

78 Rupert NEATE, 《Scandal of Europe's 11m empty homes》, *The Guardian*, 23 février 2014.

79 Nicole COOLIE, 《My dollhouse, myself: miniature histories》, art.cit.

80 Anouk BUREL et Didier DAHAN, 《Hong Kong, des hommes en cage》, loc. cit.

81 Eric ALTERMAN, 《Une timide brise de gauche souffle sur New York》, *Le Monde diplomatique*, juillet 2014.

82 Max RIVLIN-NADLER, 《Michael Bloomberg thinks lack of affordable housing is a "good sign"》, Gawker.com, 19 octobre 2013.

83 Jay SHAFER, *The Small House Book*, op. cit.

84 Source: Wikipédia.

85 Robert FRANK, 《Oprah: "It's great to have a private jet"》, *The Wealth Report*, 11 mai 2009.

86 Hervé KEMPF, *Comment les riches détruisent la planète*(2007), Points, 《Points Essais》, Paris, 2014 참조.

87 Lauren GREENFIELD, *The Queen of Versailles*, op. cit.

88 그러나 19세기 말과 20세기 초반(미국에는 1914년까지 소득세가 없었다)의 슈퍼리치들에 의해 지어진 거대한 저택들에 비하면 시겔 부부의 집은 소박해 보이기까지 한다. 역사상 가장 큰 개인 저택으로 기록된 것은 노스캐롤라이나주에 있는 빌트모어 하우스다. 1888년 조지 워싱턴 반더빌트가 프랑스의 루아르 강변의 성들을 본떠 건축한 1만 6000제곱미터의 대저택에는 무려 250개의 방이 있다. Bill BRYSON, *At Home: A Short History of Private Life*, Doubleday, Londres, 2010 참조.

89 Mona CHOLLET, 《Yoga du rire et colliers de nouilles》, *Le Monde diplomatique*, août 2009.

90 Luc LE CHATELIER, 《Crise du logement: l'habitat en pièces》, art. cit.

91 Marie CONQUY, 《Maisons Borloo - Le coup de gueule des proprietaires》, 29 novembre 2010, www.francesoir.fr.

92 Linda BENDALI et Amandine CHAMBELLAND(réal), 《Le scandale du logement》, *La France en face*, France 3, 20 janvier 2014.

93 Luc LE CHATELIER, 《Crise du logement: l'habitat en pièces》, art. cit.

94 Linda BENDALI et Amandine CHAMBELLAND, 《Le scandale du logement》, loc. cit.

95 Maurizio Lazzarato, *La Fabrique de l'homme endetté: Essai sur la condition néo-libérale*, Éditions Amsterdam, Paris, 2011.

96 Gatien ELIE, Allan POPELARD et Paul VANNIER, 《Exode urbain, exil rural》, *Le Monde diplomatique*, août 2010.

97 François FLAHAULT, 《Ni dieu, ni maître, ni impôts》, Le Monde diplomatique, août 2008 참조.

98 Anouk BUREL et Didier DAHAN, 《Hong Kong, des hommes en cage》, loc. cit.

99 Bernard BIRSINGER, Niamoye DIARRA, Jean-Claude MAIRAL, Fabienne POURRE, Jean-Louis SAGOT-DUVAUROUX et Malika ZEDIRI, 《Pour la gratuité du logement social - Interventions dans *L'Humanité*》, avril-octobre 2001, disponible sur www.peripheries. net.

100 《More on the saga of David and Jackie Siegel》, World Property Channel, 26 juillet 2013, www.worldpropertychannel.com.

101 Joe Nocera, 《House of Cards - "The Queen of Versailles" and its lawsuit》, *The New York Times*, 21 juin 2012.

102 Samuel BOLLENDORFF et Mehdi AHOUDIG(réal.), *À l'abri de rien*,

op. cit.

103 Michel PINÇON et Monique PINÇON-CHARLOT, *Les Ghettos du gotha*, op. cit.

104 Tonino SERAFINI, 《Le cursus d'élite d'Amira, jeune fille mal logé》, *Libération*, 15 janvier 2013.

105 Alain DE BOTTON, *L'Architecture du bonheur*(2006), Le Livre de poche, 《Références》, Paris, 2009.

● **4장**

1 Gaston BACHELARD, *La Poétique de l'espace*, op. cit.

2 Dominique Louise PÉLEGRIN, 《Esclaves des trois-huit. Témoignages sur la flexibilité et ses ravages》, *Télérama*, 14 février 2001.

3 Denis DUCLOS, 《Les casaniers de l'apocalypse》, *Le Monde diplomatique*, juillet 2012 참조.

4 《Bruit du frigo - Les refuges périurbains - 2010/2016》, www.zebra3. org

5 Ivan GONCHAROV, *Oblomov*, op, cit.

6 Annie LECLERC, *Éloge de la nage*, Actes Sud, Arles, 2002 참조.

7 Nicolas BOUVIER et Thierry VERNET, *Correspondance des routes croisées*, op. cit.

8 Xavier DE MAISTRE, *Voyage autour de ma chambre*, op. cit.

9 《In Brooklyn, a nomad puts down roots》, Design Sponge, novembre 2013, www.designsponge.com.

10 Véronique WILLEMIN, *Maisons mobiles*, Éditions Alternatives, 《Anarchitecture》, Paris, 2004.

11 http://desordre.net/bloc/contre/

12 Ivan GONCHAROV, *Oblomov*, op, cit.

13   Mahmoud DARWICH, *Entretiens sur la poésie*, op. cit.

14   Mario PRAZ, *An Illustrated History of Interior Decoration*, op. cit.

15   Nicolas BOUVIER, *Le Poisson-Scorpion*, op. cit.

16   Florian OPITZ(réal), *Speed: À la recherche du temps perdu*, Arte, 22 janvier 2014.

17   Xavier DE MAISTRE, *Voyage autour de ma chambre*, op, cit.

18   Chantal THOMAS, Comment supporter sa liberté, op, cit.

19   《Les étudiants touchés de plein fouet par la précarité sociale》, LeMonde.fr, 26 mai 2011.

20   Raoul VANEIGEM, *Éloge de la paresse affinée*, Éditions Turbulentes, Metz-Dijon, www.infokiosques.net.

21   Edward P. THOMPSON, *Temps, discipline du travail et capitalisme industriel*(1993), traduit de l'anglais par Isabelle Taudière, La Fabrique, Paris, 2004. De même pour les citations suivantes, sauf mention contraire.

22   Cité par Alain MAILLARD, 《Préface》, in Edward P. THOMPSON, *Temps, discipline du travail et capitalisme industriel*, op. cit.

23   Pascal DIBIE, *Ethnologie de la chambre à coucher*, op. cit.

24   Charles DICKENS, *Temps difficiles*(1854), traduit de l'anglais par Andhrée Vaillant, Gallimard, 《Folio Classique》, Paris, 2002.

25   Cité par Edward P. THOMPSON, *Temps, discipline du travail et capitalisme industriel*, op. cit.

26   *Le Canard enchaîné*, 4 mai 2005.

27   Dominique Louise PÉLEGRIN, 《Esclaves des trois-huit》, art. cit.

28   Cité par Edward P. THOMPSON, *Temps, discipline du travail et capitalisme industriel*, op. cit.

29   Charles-Ferdinand RAMUZ, *Raison d'être*, Mermod, Lausanne, 1952.

30   Ivan GONCHAROV, *Oblomov*, op. cit.

31 《Libérons-nous de l'emploi!》, Le blog d'Emmanuelle, 30 avril 2013, http://leblogdemmanuelle.overblog.com.

32 http://estcequecestbientotleweekend.fr 참조.

33 Witold RYBCZYNSKI, *Histoire du week-end*(1991), Liana Levi, 《Histoire》, Paris, 1992 참조.

34 Philippe DE JONCKHEERE, 《Liste des choses auxquelles tu as fini par t'habituer》, Desordre.net.

35 무엇보다 그는 프랑수아 트뤼포의 영화 〈줄과 짐〉에서 잔 모로가 부른 노래 〈인생의 소용돌이〉를 작곡했다.

36 Serge REZVANI, *Le Roman d'une maison*, Actes Sud, Arles, 2001.

37 Ivan GONCHAROV, *Oblomov*, op. cit.

38 Gilles BALBASTRE, 《Éternel refrain du travail le dimanche》, *Le Monde diplomatique*, novembre 2013, et Vincent LECOURT, 《La crise, prétexte idéal pour imposer le travail le dimanche》, Rue89. com, 17 octobre 2008 참조.

39 《"Laissons le dimanche tranquille!"》, témoignages sur LeMonde.fr, 15 octobre 2008.

40 《Soutien à l'économie: Sarkozy cible les entreprises》, LesEchos.fr, 23 octobre 2008.

41 Jonathan CRARY, *24/7*, op. cit.

42 Gilles ARDINAT, 《La compétitivité, un mythe en vogue》, *Le Monde diplomatique*, octobre 2012 참조.

43 《Les Français en déficit de sommeil》, LeMonde.fr, 28 novembre 2012.

44 Danièle GERKENS, 《J'veux du sommeil》, *Elle*, 4 octobre 2013.

45 Michel DE MONTAIGNE, 《Du dormir》, *Essais*, livre I, chapitre XLIV.

46 Pierre PACHET, La Force de dormir, Gallimard, 《NRF》, Paris, 1988.

47 Dorothy PARKER, 《Inscription for the ceiling of a bedroom》, *Not So Deep As A Well: Collected Poems*, The Viking Press, New York, 1936.

48   Bartek MUDRECKI, 《"Wakie", pour se faire réveiller par des inconnus》, *La Tribune de Genève*, 18 décembre 2014.

49   Pascal DIBIE, *Ethnologie de la chambre à coucher*, op. cit.

50   GÉBÉ, *L'An 01*(1973), L'Association, Paris, 2004.

51   《L'An 01-Le réveil tôt le matin-Avoir le temps》, YouTube.com

52   Max WEBER, *L'Éthique protestante et l'esprit du capitalisme* (1905), traduit et présenté par Isabelle Kalinowski, Flamma-rion, 《Champs classiques》, Paris, 2000.

53   J. K. ROWLING, *Harry Potter et la coupe de feu*, op. cit.

54   Carole ROUSSOPOULOS(réal), 《Monique et Christiane(Lip V)》 (1976), in *Caméra militante: Luttes de libération des années 1970*, MétisPresses, 2010.

55   Philippe SILBERZAHN, 《"Ne déjeunez jamais seul" et autres slogans stupides qui tuent l'innovation》, Contrepoints.org, 15 janvier 2014.

56   Danièle GERKENS, 《J'veux du sommeil》, art. cit.

57   《Faire une sieste, ça réveille》, Slate.fr, 13 novembre 2013.

58   《La sieste au travail: bénéfique pour tous, elle est pratiqué partout dans le monde··· sauf en France》, Atlantico.fr, 29 août 2012.

59   Jonathan CRARY, *24/7*, op. cit.

60   Cité par Edward P. THOMPSON, *Temps, discipline du travail et capitalisme industriel*, op. cit.

61   Idem.

62   Jonathan CRARY, *24/7*, op. cit.

63   Jacqueline KELEN, *Du sommeil et autres joies déraisonnables*, La Renaissance du livre, Tournai, 2003.

64   Pierre PACHET, *La Force de dormir*, op. cit.

65   Ibid.

66   Cité par Pierre PACHET, *La Force de dormir*, op. cit.

67 Jonathan CRARY, *24/7*, op. cit.

68 Idem.

69 Michel DE MONTAIGNE, 《De l'expérience》, *Essais*, livre III, chapitre XIII.

70 Jean-François BILLETER, *Chine trois fois muette*, Allia, Paris, 2000.

71 Raoul VANEIGEM, *Éloge de la paresse affinée*, op. cit.

72 Pierre MICHON, *Le roi vient quand il veut*, Albin Michel, Paris, 2007.

73 Jean-Claude KAUFMANN, *Le Coeur à l'ouvrage: Théorie de l'action ménagère*(1997), Pocket, Paris, 2011.

74 Ivan GONTCHAROV, *Oblomov*, op, cit.

75 《Louisa Pussy-cat sleeps late》, NYPL, Wire, 4 janvier 2014, http:// nypl.tumblr.com.

76 Gaston BACHELARD, *La Poétique de l'espace*, op. cit.

77 Alan WILDSMITH, *Un hiver aux Arpents*(1981), traduit de l'anglais(Canada) par Rose-Marie Vassallo, Flammarion, 《Castor Poche》, Paris, 2012.

78 Tove JANSSON, *Un hiver dans la vallée de Moumine*(1957), traduit du suédois par Kersti et Pierre Chaplet, Fernand Nathan, Paris, 1972.

79 Michael ENDE, *Momo*(1973), traduit de l'allemand par Marianne Strauss, Stock, 《Bel oranger》, Paris, 1980. Réédité dans une nouvelle traduction de Corinna Gepner chez Bayard Jeunesse, Paris, 2009.

80 Bernard UMBRECHT, 《Michael ENDE(3): Momo ou l'étrange histoire des voleurs de temps et de l'enfant qui rendit aux hommes le temps qu'on leur avait volé》, Le Saute-Rhin, 26 janvier 2014, www.lesauterhin.eu 참조.

81 Hartmut ROSA, *Aliénation et accélération* et *Accélération*, op. cit.

82 Henry MILLER, *Le Colosse de Maroussi*, op. cit.

83 Panagiotis GRIGORIOU, *La Grèce fantôme: Voyage au bout de la* *crise, 2010-2013*, Fayard, Paris, 2013.

84 《Grèce: qui sont les "hommes en noir" de la "troïka"?》, LeMonde.fr, 6 septembre 2012.

85 Expresso.pt, 6 février 2012.

86 Alain FRACHON, 《Et Dieu, dans la crise de l'euro?》, *Le Monde*, 23 décembre 2011.

87 Samuel MICHALON, Baptiste MYLONDO et Lilian ROBIN, *Non au temps plein subi!* Éditions du Croquant, Bellecombe-en-Bauges, 2013 참조.

88 Mona CHOLLET, 《Revenu garanti, "la première vision positive du XXIe siècle"》, Peripheries.net, décembre 2010; 《Imaginer un revenu garanti pour tous》(dossier), *Le Monde diplomatique*, mai 2013 참조.

89 《Je serais tellement plus utile au chômage》, JCFrogBlog4, 4 novembre 2013.

90 Edward BOND, *Pièces de guerre III: Grande paix*(1985), traduit de l'anglais par Michel Vittoz, L'Arche, Paris, 1994.

91 Raoul VANEIGEM, *Éloge de la paresse affinée*, op. cit.

92 Daniel HÄNI et Enno SCHMIDT(réal), Le Revenu de base. Une impulsion culturelle, disponible sur http://revenudebase.info.

● **5장**

1 Michael POLLAN, *A Place of My Own*, op. cit.

2 Jean-Claude KAUFMANN, *Le Coeur à l'ouvrage*, op. cit.

3 Nancy HUSTON, *Journal de la création*, Actes Sud, Arles, 1990.

4 Anne MARTIN-FUGIER, *La Place des bonnes: La domesticité féminine en 1900*(1979), Le Livre de poche, Paris, 1985.

5 Anne-Charlotte HUSSON, 《Slogans(3)-"Prolétaires de tous les

pays, qui lave vos chaussettes?"》, Genre!, 8 septembre 2014, http://
cafaitgenre.org.

6 Jean-Claude KAUFMANN, *Journal de la création*, op. cit.

7 Nancy HUSTON, *Journal de la création*, op. cit.

8 Jean-Claude KAUFMANN, *Journal de la création*, op. cit.

9 Gertrude STEIN, *Autobiographie d'Alice Toklas* (1933), Gallimard, Paris, 1973, cité par Geneviève FRAISSE, *Service ou servitude: Essai sur les femmes toutes mains* (1979), Le Bord de l'eau, Lormont, 2009.

10 Jean-Claude KAUFMANN, *Journal de la création*, op. cit.

11 Pierre RIMBERT, 《De la valeur ignorée des métiers》, *Le Monde diplomatique*, mars 2010.

12 Bénédicte RAMADE, 《Après la révolution, qui ramassera les poubelles?》, *Vacarme*, n° 57, automne 2011.

13 Anne MARTIN-FUGIER, *La Place des bonnes*, op. cit.

14 Gabriell MEAGHER, *Friend or Flunkey? Paid Domestic Workers in the New Economy*, UNSW Press, Sydney, 2003. Cité par François-Xavier DEVETTER et Sandrine ROUSSEAU, *Du balai: Essai sur le ménage à domicile et le retour de la domesticité*, Raisons d'agir, Ivry-sur-Seine, 2011.

15 Lauren GREENFIELD, *The Queen of Versailles*, op. cit.

16 Jean-Claude KAUFMANN, *Journal de la création*, op. cit.

17 DANIELLE, 《Keeping it clean》, RookieMag.com, 3 décembre 2014.

18 Bill BRYSON, *At Home*, op. cit.

19 Idem.

20 Cité par Anne MARTIN-FUGIER, *La Place des bonnes*, op. cit.

21 Idem.

22 Idem.

23 《Des domestiques réduites en esclavage en Arabie saoudite》,

LeMonde.fr, 25 juillet 2014.

24 《Liban: morts suspectes d'employées de maison malgaches》, CourrierInternational.com, 17 décembre 2010.

25 《Malaise: les bonnes se font la belle》, CourrierInternational.com, 23 juin 2010.

26 《Saudi Arabia in Indonesian maid beheading row》, BBC.co.uk, 21 juin 2011.

27 《Vingt-cinq employées de maisons indonésiennes condamnées à mort en Arabie saoudite》, LeMonde.fr, 6 avril 2012.

28 Julien BRYGO, 《Profession, domestique》, *Le Monde diplomatique*, septembre 2011.

29 Christine DELPHY(dir.), *Un troussage de domestique*, Syllepse, 《Nouvelles questions féministes》, Paris, 2011 참조.

30 Chantal REYES, 《Brésil: le torchon brûlé chez les bonnes》, *Libération*, 10 décembre 2012.

31 Arnaud BIHEL, 《L'égalité des droits pour les domestiques au Brésil》, LesNouvellesNews.fr, 27 mars 2013; Marcos CORONATO, 《Brésil: les femmes de ménage sont en voie de disparition》, CourrierInternational.com, 9 février 2012.

32 Jean-Claude KAUFMANN, *Journal de la création*, op. cit.

33 Cité par Geneviève FRAISSE, *Service ou servitude*, op. cit.

34 Anne MARTIN-FUGIER, *La Place des bonnes*, op. cit.

35 Natacha CZERWINSKI, 《Profession femme de ménage》, *L'Express*, 22 novembre 2004.

36 http://desordre.net/bloc/contre/

37 Willy LEDEVIN, 《Éboueurs: "Parfois, les gens balancent un papier par terre et me disent:'Tiens, ramasse'"》, *Libération*, 21 septembre 2012.

38   Source: Insee.

39   François-Xavier DEVETTER et Sandrine ROUSSEAU, *Du balai*, op. cit.

40   Idem.

41   Idem.

42   André GORZ, 《Pourquoi la société salariale a besoin de nouveaux valets》, *Le Monde diplomatique*, juin 1990.

43   Bill BRYSON, *At Home*, op. cit.

44   François-Xavier DEVETTER et François HORN, 《La malédiction du balai》, *Le Monde diplomatique*, septembre 2011.

45   Sylvie ESMAN-TUCCELLA, 《Faire le travail domestique chez les autres》, *Travailler*, N.8, février 2002, www.cairn.info.

46   Cité par Geneviève FRAISSE, *Service ou servitude*, op. cit.

47   André GORZ, 《Pourquoi la société salariale a besoin de nouveaux valets》, art. cit.

48   François-Xavier DEVETTER et Sandrine ROUSSEAU, *Du balai*, op. cit.

49   Bill BRYSON, *At Home*, op. cit.

50   François-Xavier DEVETTER et François HORN, 《La malédiction du balai》, art. cit.

51   Geneviève FRAISSE, *Service ou servitude*, op. cit.

52   Jean-Claude KAUFMANN, *Journal de la création*, op. cit.

53   Ann OAKLEY, *Housewife*, Penguin Books, Londres, 1974.

54   Idem.

55   J. K. ROWLING, *Harry Potter et la coupe de feu*, op. cit.

56   Anne MARTIN-FUGIER, *La Place des bonnes*, op. cit.

57   Bill BRYSON, *At Home*, op. cit.

58   Joan W. SCOTT, 《La travailleuse》, traduit de l'anglais(États-Unis)

par Geneviève Faure, in Georges DUBY et Michelle PERROT(dir.), *Histoire des femmes en Occident*, tome IV, *Le XIXe siècle*(1991), Plon, 《Tempus》, Paris, 2002.

59   Ann OAKLEY, *Housewife*, op. cit.

60   Geneviève FRAISSE, *Service ou servitude*, op. cit.

61   Ann OAKLEY, *Housewife*, op. cit.

62   《Principaux temps sociaux au cours d'une journée moyenne selon le type de ménage en 2010》, enquête 《Emploi du temps》, Insee, 2010. L'enquête ne fait toutefois pas la distinction entre les couples hétéro- et homosexuels.

63   《Depuis 11ans, moins de tâches ménagères, plus d'Internet》, *Insee Première*, No 1377, novembre 2011.

64   Les enquêtes portant sur la répartition des tâches au sein des couples homosexuels sont encore rares, mais tendraient à montrer un partage plus équitable, en particulier chez les lesbiennes. François-Xavier DEVETTER et Sandrine ROUSSEAU, *Du balai*, op. cit. 참조.

65   François-Xavier DEVETTER et Sandrine ROUSSEAU, *Du balai*, op. cit.

66   Stéphanie ALLENOU, *Mère épuisée*(2011), Marabout, Paris, 2012.

67   Cité par Violaine GUÉRITAULT, *La Fatigue émotionnelle et physique des mères: Le burn-out maternel*(2004), Odile Jacob, 《Poches/Psychologie》, Paris, 2008.

68   François FATOUX, 《Présentéisme: alibi masculin pour éviter les tâches ménagères?》, *Libération*, 26 mai 2014.

69   Jean-Claude KAUFMANN, *Journal de la création*, op. cit.

70   Cité par Ann OAKLEY, *Housewife*, op. cit.

71   Sophie DIVRY, *La Condition pavillonnaire*, Noir sur Blanc,

《Notabilia》, Paris, 2014.

72 Anne MARTIN-FUGIER, *La Place des bonnes*, op. cit.

73 Sophie DIVRY, *La Condition pavillonnaire*, op. cit.

74 Jean-Claude KAUFMANN, *Journal de la création*, op. cit.

75 Julien BRYGO, 《Profession, domestique》, art. cit. 참조.

76 Anne MARTIN-FUGIER, *La Place des bonnes*, op. cit.

77 Idem.

78 Cité par Violaine GUÉRITAULT, *La Fatigue émotionnelle et physique des mères*, op. cit.

79 Bénédicte RAMADE, 《Après la révolution, qui ramassera les poubelles?》, art. cit.

80 Ann OAKLEY, *Housewife*, op. cit.

81 Stéphanie ALLENOU, *Mère épuisée*, op. cit.

82 Cité par Ann OAKLEY, *Housewife*, op. cit.

83 미국의 철학자 수전 보르도는 (특히 광고에서 보이는) 여성의 전통적 역할은 다른 사람들, 남편과 아이들을 위해 사랑으로 맛있는 음식을 만들면서 거기서 자신의 행복을 발견하는 것임을 강조했다. 사람들은 여성이 그러한 애정과 배려의 수혜자가 될 수 있다는 사실을 생각지 못한다. Mona CHOLLET, 《Une femme disparaît. L'obsession de la minceur, un "désordre culturel"》, *Beauté fatale, op. cit.*, chapitre 4. 참조.

84 Julien BRYGO(réal.), *Profession, domestique*, film photographique réalisé pour le site du *Monde diplomatique*, adapté de l'article 《Profession, domestique》, art. cit.

85 Citépar Ann OAKLEY, *Housewife*, op. cit.

86 《Charlotte Gainsbourg intime》, *Elle*, 23 août 2004.

87 Laure LETER, 《Le partage des tâches nuit-il à la libido?》, *Elle*, 16 mai 2014.

88 《Partage des tâches et divorce: le mauvais titre de l'AFP(et des autres)», Les Nouvelles News, 27 septembre 2012, www. lesnouvellesnews.fr.

89 Ann OAKLEY, *Housewife*, op. cit.

90 《Principaux temps sociaux au cours d'une journée moyenne selon le type de ménage en 2010》, enquête 《Emploi du temps》, loc. cit.

91 François FATOUX, *Et si on en finissait avec la ménagère?* Belin, 《Égale à égal》, Paris, 2014.

92 《Ménage de printemps》, Les Entrailles de Mademoiselle, 21 mars 2009, http://blog.entrailles.fr.

93 *Evening Standard*, 22 janvier 1973. Cité par Ann OAKLEY, *Housewife*, op. cit.

94 Christine DELPHY, *L'Ennemi principal*, vol. 1, *Économie politique du patriarcat*(1997), Syllepse, 《Nouvelles questions féministes》, Paris, 2013.

95 Monique Meron et Margaret MARUANI, *Un Siècle de travail des femmes en France. 1901-2011*, La Découverte, 《Sciences humaines》, Paris, 2012 참조.

96 《Chevalière des arts domestiques》, Olympe et le plafond de verres, 5 juillet 2012, http://blog.plafonddeverre.fr.

97 Cité par Geneviève HELLER, 《Propre en ordre》. *Habitation et vie domestique, 1850-1930: l'exemple vaudois*, Éditions d'En Bas, 《Histoire populaire》, Lausanne, 1979.

98 Collectif L'INSOUMISE, *Le Foyer de l'insurrection: Textes sur le salaire pour le travail ménager*, Genève, 1977. De même pour les citations suivantes, sauf mention contraire.

99 Antonella CORSANI, 《Quelles sont les conditions nécessaires pour l'émergence de multiples récits du monde? Penser le revenu garanti à travers l'histoire des luttes des femmes et de la théorie féministe》,

Multitudes, No 27, avril 2006, www.cairn.info.

100　Joseph CONFAVREUX, 《Selma James: "Il faut salarier le travail domestique"》, Mediapart.fr, 19 février 2014.

101　Philippe DUPORT, 《Des médecins du travail alertent sur la multiplication des cas de burn-out》, FranceInfo.fr, 28 novembre 2014.

102　Arlie HOCHSCHILD(avec Anne MACHUNG), *The Second Shift: Working Families and the Revolution at Home*(1989), Penguin Books, New York, 2012.

103　Violaine GUÉRITAULT, *La Fatigue émotionnelle et physique des mères*, op. cit.

104　Ann OAKLEY, *Housewife*, op. cit.

105　Silvia FEDERICI, *Caliban et la Sorcière: Femmes, corps et accumulation primitive*(2004), traduit de l'anglais(États-Unis) par le collectif Senonevero, Entre-monde/Senonevero, Genève/Marseille, 2014.

106　Jean-Claude KAUFMANN, *Journal de la création*, op. cit.

● 6장

1　Mimi THORISSON, *A Kitchen in France: A Year of Cooking in my Farmhouse*, Clarkson Potter/Random House, New York, 2014.

2　Mireille GUILIANO, *French Women Don't Get Fat. The Secret of Eating for Pleasure*(2005), Vintage, New York, 2007, http://mireilleguiliano.com.

3　Mimi THORISSON, 《The busy bees》, Manger.fr, 11 juin 2014.

4　Géraldine DORMOY, 《L'interview de maman: Mimi Thorisson, blogueuse et auteure culinaire》, Café Mode, 28 octobre 2014, http://blogs.lexpress.fr.

5   Cité par *Télérama*, 3 mai 2000.

6   Chantal THOMAS, *Comment supporter sa liberté*, op. cit.

7   aussi les 《femivores》, ces Américaines très diplômées qui choisissent de s'installer à la compagne: Mona CHOLLET, 《Un héritage embarrassant. Interlude sur l'ambivalence》, *Beauté fatale*, op. cit., chapitre 2. 참조.

8   Mimi THORISSON, 《Jour de fête》, Manger.fr, 9 août 2014.

9   《"J'ai une femme exceptionnelle". Carrières des hommes hauts fonctionnaires et arrangements conjugaux》, Centre d'études de l'emploi, Paris, novembre 2014.

10   Ann OAKLEY, *Housewife*, op. cit.

11   Mimi THORISSON, 《Jour de fête》(dans les commentaires), art. cit.

12   Polly RUSSELL, 《Mrs Beeton, the first domestic goddess》, *Financial Times*, 3 décembre 2010.

13   Bill BRYSON, *At Home*, op. cit.

14   Abby ELLIN, 《Blame the princess. Chasing the fairy-tale wedding》, *The New York Times*, 21 novembre 2014.

15   la bande dessinée de Liv STRÖMAUIST, *Les Sentiments du Prince Charles*, traduit du suédois par Kirsi Kinnunen et Stéphanie Dubois, Rackham, Paris, 2012 참조.

16   Elizabeth GILBERT, *Mes alliances: Histoires d'amour et de mariages*(2010), traduit de l'anglais(États-Unis) par Christine Barbaste, Le Livre de poche, Paris, 2012.

17   François DE SINGLY, *Fortune et infortune de la femme mariée*(1987), PUF, 《Quadrige Essais Débats》, Paris, 2004 참조.

18   《Mère au foyer: dévalorisée, démunie et dépendante》, http://romy.tetue.net, 28 octobre 2010.

19   《Femme au foyer: une situation davantage subie qu'il y a 20 ans》,

LeMonde.fr, 20 août 2013.

20 Stéphane LAUER, 《De plus en plus de méres au foyer aux États-Unis》, LeMonde.fr, 9 avril 2014.

21 《Familles monoparentales et pauvreté》, Observatoire des inégalités, 1er ocotobre 2011, www.inegalites.fr.

22 Nathalie CHEYSSON-KAPLAN, 《Une garantie publique contre les pensions alimentaires impayées》, LeMonde.fr, 29 septembre 2014.

23 Samuel BOLLENDORFF et Mehdi AHOUDIG(réal.), À l'abri de rien, op. cit.

24 《Salma Hayek covers Latina: "I was born to be a wife and a mother"》, Celebitchy.com, 12 ocotobre 2011.

25 《Angelina Jolie says she wants to "be a better wife" to Brad Pitt》, HuffingtonPost.com, 25 novembre 2014.

26 Mona CHOLLET, 《Gossip Girl, célébration des élites américaines》, Le Monde diplomatique, août 2010 참조.

27 《Pregnant Blake Lively, Martha Stewart reunite after Preserve jab: pictures》, US Weekly, 8 novembre 2014.

28 Sophie GACHET, 《Blake Lively, une grossesse red carpet》, Elle, 14 novembre 2014.

29 Arlie HOCHSCHILD, The Second Shift, op. cit.

30 Lauren GREENFIELD, The Queen of Versailles, op. cit.

31 《Angelina Jolie knows that being mega-rich makes motherhood easier》, Jezebel.com, 21 mai 2014.

32 《Angelina Jolie "creeped out" by octuplets mother after receiving letters from her – and hearing rumours of her plastic surgery》, Dailymail.co.uk, 20 février 2009.

33 Lauren BASTIDE, 《Maternité: les people nous mentent!》, Elle, 30 mars 2012.

34   Pascale KRAMER, *L'Implacable Brutalité du réveil*, Mercure de France, 《Bleue》, Paris, 2009.

35   Julie PÊCHEUR, 《Les enfants modèles du Web》, *M le magazine du Monde*, 31 août 2013.

36   Virginie FÉLIX, 《Elle nous M6 fort》, *Télérama*, 11 avril 2012.

37   Mona CHOLLET, 《Femmes au foyer désespérantes》, Le lac des signes, Les blogs du Diplo, 21 mai 2010, http://blog.mondediplo.net 참조.

38   Barbara EHRENREICH et Deirdre ENGLISH, *For Her Own Good: Two Centuries of the Experts' Advice to Women*(1978), Anchor Books, New York, 2005.

39   Henry JAMES, Carnets, Denoël, Paris, 1984. Cité par Diane DE MARGERIE, 《Charlotte Perkins Gilman: écrire ou "ramper"》, postface in Charlotte PERKINS GILMAN, *La Séquestrée*(1890), Phébus, 《Libretto》, Paris, 2002.

40   Charlotte PERKINS GILMAN, *La Séquestrée*, op. cit.

41   Diane DE MARGERIE, *Edith Wharton, lecture d'une vie*, Flammarion, Paris, 2000.

42   Barbara EHRENREICH et Deirdre ENGLISH, *For Her Own Good*, op. cit.

43   Virginia WOOLF, *Une chambre à soi*(1929), traduit de l'anglais par Clara Malraux, 10/18, Paris, 2001.

44   Virginia WOOLF, 《Métiers de femmes》(1931), *Lectures intimes*, traduit de l'anglais par Florence Herbulot et Claudine Jardin, Robert Laffont, 《Pavillons Poche》, Paris, 2013.

45   Cité par Betty FRIEDAN, *La Femme mystifiée*, traduit de l'anglais((États-Unis) par Yvette Roudy, Gonthier, Paris, 1964.

46   Betty FRIEDAN, *La Femme mystifiée*, op. cit.

47 Stephanie COONTZ, *A Strange Stirring, 《The Feminine Mystique》 and American Women at the Dawn of the 1960s*, Basic Books, New York, 2011.

48 aussi Wini BREINES, *Young, White, and Miserable. Growing up Female in the Fifties*, University of Chicago Press, Chicago, 2001 참조.

49 Joan W. Scott, 《La travailleuse》, in Georges DUBY et Michelle PERROT(dir.), *Histoire des femmes en Occident*, op. cit.

50 Irène JONAS, 《Les ouvrages "psy" sur le couple》, Les mots sont importants, 12 avril 2012, www.lmsi.net, et *Moi Tarzan, toi Jane. Critique de la réhabilitation 《scientifique》 de la différence hommes/femmes*, Syllepse, 《Nouvelles questions féministes》, Paris, 2011 참조.

51 Ann OAKLEY, *Housewife*, op. cit.

52 Christopher ALEXANDER, *The Timeless Way of Building*, Oxford University Press, Center for Environmental Structure Series, New York, 1979.

53 Annie ERNAUX, *La Femme gelée*(1981), Gallimard, 《Folio》, Paris, 1987.

54 Stéphanie ALLENOU, *Mère épuisée*, op. cit.

55 Patricia GANDIN, 《Mères à bout de nerfs》, *Elle*, 4 mars 2011.

56 《"J'ai une femme exceptionnelle". Carrières des hommes hauts fonctionnaires et arrangements conjugaux》, art. cit.

57 Ann OAKLEY, *Housewife*, op. cit.

58 Stéphanie ALLENOU, *Mère épuisée*, op. cit.

59 Violaine GUÉRITAULT, *La Fatigue émotionnelle et physique des mères*, op. cit.

60 Ann OAKLEY, *Housewife*, op. cit.

61 Silvia FEDERICI, *Caliban et la Sorcière*, op. cit.

62 Idem.

63 Idem.

64 Idem.

65 Cité par Violaine GUÉRITAULT, *La Fatigue émotionnelle et physique des mères*, op. cit.

66 Annie ERNAUX, *La Femme gelée*, op. cit.

67 Silvia FEDERICI, *Caliban et la Sorcière*, op. cit.

68 Sophie DIVRY, *La Condition pavillonnaire*, op. cit.

69 Idem.

70 Source: Insee.

71 Au 1er janvier 2015.

72 Eric KLINENBERG, *Going Solo: The Extraordinary Rise and Surprising Appeal of Living Alone*(2012), Penguin Books, New York, 2013.

73 Annie ERNAUX, *La Femme gelée*, op. cit.

74 Pierre SÉRISIER, 《L'IVG, sujet délicat des séries US》, Le Monde des séries, 24 février 2010, http://seriestv.blog.lemonde.fr 참조.

75 Alain DE BOTTON, *L'Architecture du bonheur*, op. cit.

76 Virginia WOOLF, *Une chambre à soi*, op. cit.

77 Chantal THOMAS, *Comment supporter sa liberté*, op. cit.

78 Eric KLINENBERG, *Going Solo*, op. cit.

79 Christopher ALEXANDER, *A Pattern Language*, op. cit.

80 Martin DENOUN et Geoffroy VALADON, 《L'habitat coopératif ou la "propriété d'usage"》, in 《Changer la vie, mode d'emploi》, *Manière de voir*, No 136, août-septembre 2014 참조.

81 Rache KNAEBEL, 《Coopérative d'habitat: et si la France s'inspirait du modèle suisse?》, Basta!, 8 octobre 2012, www.bastamag.net.

82 Aline LECLERC, 《À Villeurbanne, un "village vertical" comme une alternative à la crise du logement》, Une année en France, 14 mai 2013, http://crise.blog.lemonde.fr.

83 Notamment auteur, sous le pseudonyme de P. M. de *Bolo'Bolo* (1983), Éditions de l'Éclat, 《Premier secours》, Paris, 1998, disponible sur www.lyber-eclat.net.

84 《"Le bien commun peut être un luxe partagé"》, Le Courrier, 26 juin 2014.

85 Marie VERDIER, 《Pour se loger aux Voirets, il faut participer》, *La Croix*, 28 juillet 2008.

86 Lucile JEANNIARD, 《Trois ans d'habitat participatif》: "pas facile tous les jours", Rue89.com, 25 mai 2013.

87 Marie VERDIER, 《Pour se loger aux Voirets, il faut participer》, art. cit.

88 Christopher ALEXANDER, *A Pattern Language*, op. cit.

89 Dominique HARTMANN et Mario TOGNI, 《"Vivre ensemble doit être un enrichissement"》, *Le Courrier*, 26 juin 2014.

90 www.codha.ch. aussi Mona CHOLLET, 《Quand on s'investit dans un lieu, il devient vivant". L'Îlot 13, un "périmètre alternatif" à Genève》, Peripheries.net, juin 2001 참조.

91 Christian BERNET, 《Des colocs à 13 pièces à Genève》, *La Tribune de Genève*, 20 novembre 2012.

92 Vincent BORCARD, 《Cluster: une expérience soft communautaire dans l'éco-quartier de la Jonction à Genève》, Villedurable.org, 16 mai 2013.

93 Le Monolecte, http://blog.monolecte.fr.

94 Seenthis.net, 29 novembre 2014, et e-mail, 2 décembre 2014.

95 Ondine MILLOT, 《Chambre à part》, *Libération*, 5-6 octobre 2002.

96 E-mail, 2 décembre 2014.

97 Ondine MILLOT, 《Chambre à part》, art. cit.

98 Seenthis.net, 29 novembre 2014, et e-mail, 2 décembre 2014.

99 Michelle PERROT, *Histoire de chambres*, Seuil, 《La Librairie du XXIe siècle》, Paris, 2009.

100 Barbara CASSIN, *La Nostalgie: Quand donc est-on chez soi?* Autrement, 《Les Grands Mots》, Paris, 2013 참조.

101 Laure BELOT, 《Sommes-nous vraiment faits pour dormir ensemble?》, *M le magazine du Monde*, 20 octobre 2012.

102 Michelle PERROT, *Histoire de chambres*, op. cit.

103 Ondine MILLOT, 《Chambre à part》, art. cit.

104 Assma MAAD, 《Un couple sur cinq fait chambre à part》, *Madame Figaro*, 28 novembre 2013.

105 Corinne COSTE, 《Couple: et si on faisait chambre à part?》, TopSante.com, 18 janvier 2011.

106 Khalil GIBRAN, *Le Prophète*(1923), Le Livre de poche, Paris, 1996.

107 Marie-Claude TREGLIA et Isabelle SOING, 《Vivre séparés···》, *Marie Claire*, décembre 2005.

108 《Vivre seule, quel bonheur!》, *Courrier international*, 8 mars 2012.

109 Eric KLINENBERG, *Going Solo*, op. cit.

110 Idem.

111 Chloé HUNZINGER(réal.), *Vivre seul*, France 3 Alsace, France 3 National et Ere Production, 2006.

112 Henry David THOREAU, *Walden ou la Vie dans les bois*(1854), traduit de l'anglais (États-Unis) par Louis Fabulet, Gallimard, 《L'Imaginaire》, Paris, 1990.

113 Eric KLINENBERG, *Going Solo*, op. cit.

114 《Vivre seule, quel bonheur!》, art. cit.

115 Eric KLINENBERG, *Going Solo*, op. cit.

116 Chloé HUNZINGER, *Vivre seul*, op. cit.

117 Eric KLINENBERG, *Going Solo*, op. cit.

118 Helen GURLEY BROWN, *Sex and the Single Girl*, Bernard Geis Associates, New York, 1962.

119 Georges MINOIS, *Histoire de la solitude et des solitaires*, Fayard, Paris, 2013.

120 Eric KLINENBERG, *Going Solo*, op. cit.

121 Marlène DURETZ, 《Le couple, cette norme qui culpabilise les célibataires》, LeMonde. fr, 25 novembre 2014.

122 Eric KLINENBERG, *Going Solo*, op. cit.

123 Idem.

124 aussi Chantal THOMAS, *Cafés de la mémoire*, Seuil, Paris, 2008 참조.

125 Chantal THOMAS, *Comment supporter sa liberté*, op. cit.

126 Claude HABIB, *Le Goût de la vie commune*, Flammarion, Paris, 2014.

127 《Claude HABIB: "Quand un couple va mal, on convoque Vallaud-Belkacem"》, *Le Journal du dimanche*, Paris, 5 mars 2014.

128 Dodai STEWART, 《George Clooney vs. Jennifer Aniston: a tale of two singles》, Jezebel.com, 28 avril 2014.

129 《Jennifer Aniston se défend de ne pas être mère》, ParisMatch.com, 28 août 2014.

130 Elizabeth GILBERT, *Mes alliances*, op. cit.

131 François DE SINGLY, 《Pourquoi nous avons aboli le mariage》, La Vie des idées, 4 novembre 2011, www.laviedesidees.fr.

132 Hilary HOWARD, 《A confederacy of bachelors》, *The New York Times*, 3 août 2012.

133 Christian BERNET, 《Des colocs à 13 pièces à Genève》 art. cit.

134 정확히는 42퍼센트다. Noam LEANDRI et Louis MAURIN, 《Les inégalités face aux retraites》, Observatoire des inégalités, 5

septembre 2013, www.inegalites.fr.

135 Anne DENIS, 《Les Babayagas, la silver solidarité au quotidien》, *Libération*, 2 février 2014.

136 Emmanuelle EYLE, 《Seniors en coloc》, *Marie Claire*, octobre 2011.

137 《Viens chez moi, j'habite avec ma coloc Arlette, 94 ans》, Les faits du logis, 3 avril 2012, http://blogs.rue89.nouvelobs.com.

138 《Vivre en colocation》, *Silence*, No 383, octobre 2010.

139 Hilary HOWARD, 《A confederacy of bachelors》, art. cit.

140 Julien GREGORIO, *Squats*, op. cit.

141 Muriel JOLIVET, *Un pays en mal d'enfants. Crise de la maternité au Japon*, La Découverte, 《Cahiers libres/Essais》, Paris, 1993.

142 《La natalité du Japon au plus bas》, Agence France-Presse, 27 août 2014.

● 7장

1 Nicole SCHNEEGANS et Roger FRACHON, 《L'anniversaire du potier》, *Les Belles Histoires de Pomme d'Api*, No 82, 1979.

2 Béatrice FONTANEL, 《Le lit superstar》, illustrations de Nicole Claveloux, *L'Univers d'Okapi*, No 272, 15-31 mars 1983.

3 Hayao MIYAZAKI(réal), *Le Château ambulant*, Studio Ghibli, 2004.

4 Alexander BRAUN, *Winsor McCay: The Complete Little Nemo, 1905~1927*, op, cit.

5 Gaston BACHELARD, *La Poétique de l'espace*, op. cit.

6 Véronique WILLEMIN, *Maisons mobiles*, op. cit.

7 Idem.

8 Mona CHOLLET, 《D'images et d'eau fraîche - Ode à Pinterest》, art. cit 참조.

9 Gaston BACHELARD, *La Poétique de l'espace*, op. cit. 그 반면 아파트 는 계단이 딸린 주택보다 안전하다는 장점이 있다. 계단은 치명적인 사고 의 두 번째 원인(자동차 사고 다음으로)이 되고 있다. 2002년까지 영국은 이 문제에 관한 자세한 통계를 내는 데 관심을 두지 않았던 나라 가운데 하나였다. 2002년 한 해에만 30만 6166명의 영국인이 계단 추락 사고로 병 원 신세를 져야 했다. Bill BRYSON, *At Home*, op. cit 참조.

10 Gaston BACHELARD, *La Poétique de l'espace*, op. cit.

11 Alec WILKINSON, 《Let's get small》, art. cit.

12 Georges PEREC, *Espèces d'espaces*(1974), Galilée, 《L'espace critique》, Paris, 2000.

13 Mona CHOLLET, *La Tyrannie de la réalité*, op. cit 참조.

14 Patrick WILLIAMS, 《La névrose immobilière》, Elle, 27 juin 2014.

15 Chantall THOMAS, *Comment supporter sa liberté*, op. cit.

16 Alain de BOTTON, *L'Architecture du bonheur*, op. cit.

17 Michael POLLAN, *A Place of My Own*, op. cit.

18 Karim BASBOUS, 《Bâtir ou briller?》, *Le Monde diplomatique*, août 2012.

19 Christopher ALEXANDER, *The Timeless Way of Building*, op. cit. De même pour les citations suivantes, sauf mention contraire.

20 Mona CHOLLET, 《Penser par monts et par vaux》, Peripheries.net, juin 2001 참조.

21 Serge REZVANI, *Le Roman d'une maison*, op. cit. Mona CHOLLET, 《Le cercle enchanté》, Peripheries.net, août 2001 참조.

22 Sôri YANAGI, 《Charlotte Perriand et le design japonais》, in Jacques BARSAC, *Charlotte Perriand et le Japon*, Norma Éditions, Paris, 2008.

23 Jacques BARSAC, *Charlotte Perriand et le Japon*, op. cit.

24 Charlotte PERRIAND, *Une vie de création*, Odile Jacob, Paris, 1998.

25 Cité par Jacques BARSAC, *Charlotte Perriand et le Japon*, op. cit.

26 Juhani PALLASMAA, *Le Regard des sens*(2005), traduit de l'anglais par Mathilde Bellaigue, Éditions du Linteau, Paris, 2010.

27 Michael POLLAN, *A Place of My Own*, op. cit.

28 《Patrick Bouchain: "Si on faisait du cinéma comme beaucoup font de l'architecture, il n'y aurait pas de films"》, propos recueillis par Grégoire Allix, *Le Monde*, 22 mars 2005.

29 Patrick BOUCHAIN et EXYZT, *Construire en habitant*, op. cit.

30 Dominique BUISSON, 《Aux sources du raffinement japonais》, in Jean-Marie BOUISSOU(dir.), *Esthétiques du quotidien au Japon*, Institut française de la mode/Regard, Paris, 2010.

31 Cité par Donald RICHIE, *A Tractate on Japanese Aesthetics*, Stone Bridge Press, Berkely, 2007.

32 Stéphane BARBERY, 《Le wabi-sabisme n'est pas un humanisme. Comme l'univers》, Tropiques japonaises, 9 février 2008, www.tropiques-japonaise.fr 참조.

33 Leonard KOREN, *Wabi-sabi for Artists, Designers, Poets & Philosophers*(1994), Imperfect Publishing, Point Reyes, 2008.

34 Caroline MATHIEU, 《La découverte de l'architecture japonaise. Le rôle des expositions universelles》, in Olivier GABET(dir.), *Japonismes*, Flammarion, Paris, 2014.

35 Leonard KOREN, *Wabi-sabi for Artists, Designers, Poets & Philosophers*, op. cit.

36 Kakuzo OKAKURA, *Le livre du thé*(1906), traduit de l'anglais par Corinne Atlan et Zéno Bianu, Philippe Picquier, Arles, 1996;Junichiro TANIZAKI, *Éloge de l'ombre*(1933), traduit du japonais par René Sieffert, Publications orientalistes de France, Cergy, 1993.

37 David MICHAUD, *Japon vu de l'intérieur: L'âme de la maison*, Éditions de Tokyo, Tokyo, 2011.

38 Cité par Caroline MATHIEU, 《La découverte de l'architecture japonaise. Le rôle des expositions universelles》, art. cit.

39 David MICHAUD, *Japon vu de l'intérieur*, op. cit.

40 Jacques BARSAC, *Charlotte Perriand et le Japon*, op. cit.

41 Cité par Jacques BARSAC, *Charlotte Perriand et le Japon*, op. cit.

42 Jaime GILLIN, 《Terunobu Fujimori》, Dwell.com, 14 avril 2009.

43 Dana BUNTROCK, 《Evoking the primal》, in Blaine BROWNELL, *Matter in the Floating World: Conversation with Leading Japanese Architects and Designers*, Princeton Architectural Press, New York, 2011.

44 Terunobu FUJIMORI, *Architecture*, Toto Publishing, Tokyo, 2007.

45 Juhani PALLASMAA, *Le Regard des sens*, op. cit.

46 Terunobu FUJIMORI, *Architecture*, op. cit.

47 Idem.

48 Idem.

49 Dana BUNTROCK, 《Evoking the primal》, art. cit.

50 Terunobu FUJIMORI, *Y'Avant-Garde Architecture*, Toto Publishing, Tokyo, 1998.

51 Terunobu FUJIMORI, *Architecture*, op. cit.

52 Jaime GILLIN, 《Terunobu Fujimori》, art. cit.

53 Idem.

54 Idem.

55 Genpei AKASEGAWA, 《Top of the roof》, in Terunobu FUJIMORI, *Architecture*, op. cit.

56 《Yuusuke Karasawa's maze-like S House has an entirely transparent façade》, Dezeen.com, 14 octobre 2014.

57 Jean-Marc HUYGEN, *La Poubelle et l'Architecte: Vers le réemploi des matériaux*, Actes Sud, 《L'Impensé》, Arles, 2008. aussi Julien

CHOPPIN et Nicola DELON, *Matière grise*, Pavillon de l'Arsenal, Paris, 2014 참조.

58 Jaime GILLIN, 《Terunobu Fujimori》, art. cit.

59 Dana BUNTROCK, 《Evoking the primal》, art. cit.

60 Terunobu FUJIMORI, *Y'Avant-Garde Architecture*, op. cit.

61 Dana GOODYEAR, 《Paper palaces》, *The New Yorker*, 11 août 2014.

62 Cité par Stephen PHELAN, 《Architecture in extremis》, *Boston Review*, 9 juin 2014.

63 Dana GOODYEAR, 《Paper palaces》, art. cit.

64 Shigeru BAN, 《Strength in weakness》, in Blaine BROWNELL, *Matter in the Floating World*, op. cit.

65 콘크리트의 경우는 이에 해당되지 않는다는 것을 기억하자. 콘크리트를 제조하는 과정에는 모래가 필요하고, 지구상에 무한대로 존재하지 않는 모래를 채취하는 일은 환경의 파괴를 야기한다.

66 Dana GOODYEAR, 《Paper palaces》, art. cit.

67 Kengo KUMA, 《The presence of absence》, in Blaine BROWNELL, *Matter in the Floating World*, op. cit.

68 Dana GOODYEAR, 《Paper palaces》, art. cit.

69 Shigeru BAN, 《Strength in weakness》, art. cit.

70 Stephen PHELAN, 《Architecture in extremis》, art. cit.

71 Idem.

72 Dana GOODYEAR, 《Paper palaces》, art. cit.

73 James RIACH, 《Zaha Hadid defends Qatar World Cup role following migrant worker deaths》, *The Guardian*, 25 février 2014.

74 Andrew FREEAR, Elena BARTHEL, Andrea OPPENHEIMER DEAN et Timothy HURSLEY, *Rural Studio at Twenty*, op. cit.

75 Andrea OPPENHEIMER DEAN et Timothy HURSLEY, *Rural Studio: Samuel Mockbee and an Architecture of Decency*, Princeton

Architectural Press, New York, 2002.

76 Samuel MOCKBEE, 《The Rural Studio》, 1998, http://samuelmockbee. net.

77 Sam WAINWRIGHT DOUGLAS(réal), *Citizen Architect: Samuel Mockbee and the Spirit of the Rural Studio*, Big Beard Films, 2010.

78 《Tour of Rural Studio's 32K(aka 20K) duplex house》, OnBeing.org, 3 juin 2010.

79 《Projects》, www.ruralstudio.org.

80 Andrew FREEAR, Elena BARTHEL, Andrea OPPENHEIMER DEAN et Timothy HURSLEY, *Rural Studio at Twenty*, op. cit.

81 Andrea OPPENHEIMER DEAN et Timothy HURSLEY, *Rural Studio: Samuel Mockbee and an Architecture of Decency*, op. cit.

82 Andrew FREEAR, Elena BARTHEL, Andrea OPPENHEIMER DEAN et Timothy HURSLEY, *Rural Studio at Twenty*, op. cit.

83 Sam WAINWRIGHT DOUGLAS, *Citizen Architect*, op. cit.

84 Andrew FREEAR, Elena BARTHEL, Andrea OPPENHEIMER DEAN et Timothy HURSLEY, *Rural Studio at Twenty*, op. cit.

85 Andrew FREEAR, Elena BARTHEL et Andrea OPPENHEIMER DEAN, 《Can these $20,000 houses save the American dream?》, Slate. com, 19 mai 2014.

86 Andrea OPPENHEIMER DEAN, *Rural Studio: Samuel Mockbee and an Architecture of Decency*, op. cit.

87 Robin POGREBIN, 《Built to last, and lasting》, *The New York Times*, 12 mai 2007.

88 Leia PRICE, 《Learning how to create》, in Andrew FREEAR, Elena BARTHEL, Andrea OPPENHEIMER DEAN et Timothy HURSLEY, *Rural Studio at Twenty*, op. cit.

89 Steve DURDEN, 《Green-bo》, in Andrew FREEAR, Elena BARTHEL,

Andrea OPPENHEIMER DEAN et Timothy HURSLEY, *Rural Studio at Twenty*, op. cit.

90   Jermaine WASHINGTON, 《An eye-opening classroom》, in Andrew FREEAR, Elena BARTHEL, Andrea OPPENHEIMER DEAN et Timothy HURSLEY, *Rural Studio at Twenty*, op. cit.

91   Sam WAINWRIGHT DOUGLAS, *Citizen Architect*, op. cit.

92   Bruce LANIER, 《Super-thesis 12》, in Andrew FREEAR, Elena BARTHEL, Andrea OPPENHEIMER DEAN et Timothy HURSLEY, *Rural Studio at Twenty*, op. cit.

93   Sam WAINWRIGHT DOUGLAS, *Citizen Architect*, op. cit.

94   Idem.

95   Mike DAVIS, *Le Stade Dubaï du capitalisme*, traduit de l'anglais(États-Unis) par Hugues Jallon et Marc Saint-Upéry, Les Prairies ordinaires, Paris, 2007 참조.

96   Sam WAINWRIGHT DOUGLAS, *Citizen Architect*, op. cit.

97   Ivan ILLICH, 《L'art d'habiter》, art. cit.

98   Patrick BOUCHAIN et Claire DAVID(dir.), *Construire ensemble, Le Grand Ensemble*, Actes Sud, 《L'Impensé》, Arles, 2010.

99   Christopher ALEXANDER, *The Timeless Way of Building*, op. cit.

100   Patrick BOUCHAIN et Édouard Dor, 《La conception, un abri pour la démocratie》, art. cit.

101   Laurène CHAMPALLE, Christiana ou les enfants de l'utopie, Éditions Intervalles, Paris, 2011. 다음에 나오는 인용문은 여기서 추린 것이다.

102   Tami CHRISTIANSEN et Karina TENGBERG, *Christiana Interi...r - Interior*(2004), Nyt Nordisk Forlag Arnold Busck, Copenhague, 2011.

103   Lisa NADA(réal), 《La culture squat》, *Viva*, Télévision suisse romande, 31 janvier 1993, www.rts.ch.

104   Collectif STRAW D'LA BALE, *La Maison de paille de Lausanne:*

Pourquoi nous l'avons construite, pourquoi elle fut incendié, La Lenteur, Paris, 2013. 다음에 나오는 인용문들도 이 책에 나오는 것이다.

105 www.atelierwernerschmidt.ch.

106 Jade LINDGAARD, 《Ma chaudière est un scandale politique》, *Je crise climatique*, La Découverte, Paris, 2014 참조.

107 Gaston BACHELARD, *La Poétique de l'espace*, op. cit.

108 Henry David THOREAU, *Walden ou la Vie dans les bois*, op. cit.

109 Cité par Georges MINOIS, *Histoire de la solitude et des solitaires*, op. cit.

110 Augustin BERQUE, *Histoire de l'habitat idéal. De l'Orient vers l'Occident*, Éditions du Félin, 《Les marches du temps》, Paris, 2010. 다음에 나오는 인용문들도 이 책에 나오는 것이다.

111 Gaston BACHELARD, *La Poétique de l'espace*, op. cit.

112 Leonard KOREN, *Wabi-sabi for Artists, Designers, Poets & Philosophers*, op. cit.

113 Idem.

114 Augustin BERQUE, 《Les rurbains contre la nature》, *Le Monde diplomatique*, février 2008.

115 Jade LINDGAARD, *Je crise climatique*, op. cit.

116 Jay SHAFER, *The Small House Book*, op. cit.

117 《Liberals want walkable communities, conservatives prefer more room》, Pew research Center, Washington, DC, 10 juin 2014.

118 Gilles BEBRUN, 《Pour une ère anthropocène soutenable et désirable》, in Marie-Hélène CONTAL(dir.), *Réenchanter le monde: L'architecture et la ville face aux grandes transitions*, Manifestô, 《Alternatives》, Paris, 2014.

119 Augustin BERQUE, *Histoire de l'habitat idéal*, op. cit.

120 Eric KLINENBERG, *Going Solo*, op. cit.

121 Augustin BERQUE, *Histoire de l'habitat idéal*, op. cit.

122 Claudie HUNZINGER, *Bambois ou la Vie verte*(1973), J'ai lu, Paris, 1975.

123 Gatien ELIE, Allan POPELARD et Paul VANNIER, 《Exode urbain, exil rural》, art. cit.

124 Gilles BEBRUN, 《Pour une ère anthropocène soutenable et désirable》, art. cit.

125 Dominique Louise PÉLEGRIN, *Stratégie de la framboise. Aventure potagères*, Autrement, Paris, 2003.

126 Collectif STRAW D'LA BALE, *La Maison de paille de Lausanne*, op. cit.

127 François FLAHAULT, *Le Paradoxe de Robinson: Capitalisme et société*(2003), Mille et une nuits, Paris, 2005.

128 Aude VIDAL, 《Le do-it-yourself me(fait chier) pose question》, Mon blog sur l'écologie politique, 8 janvier 2013, http://blog.ecologie-politique.eu.

129 Mona CHOLLET, *La Tyrannie de la réalité*, op. cit.

찾아보기

● ㅎ